第四册

致同研究之企业会计准则实务指引系列

新租赁准则解析与实务应用

致同会计师事务所（特殊普通合伙）专业技术部　编

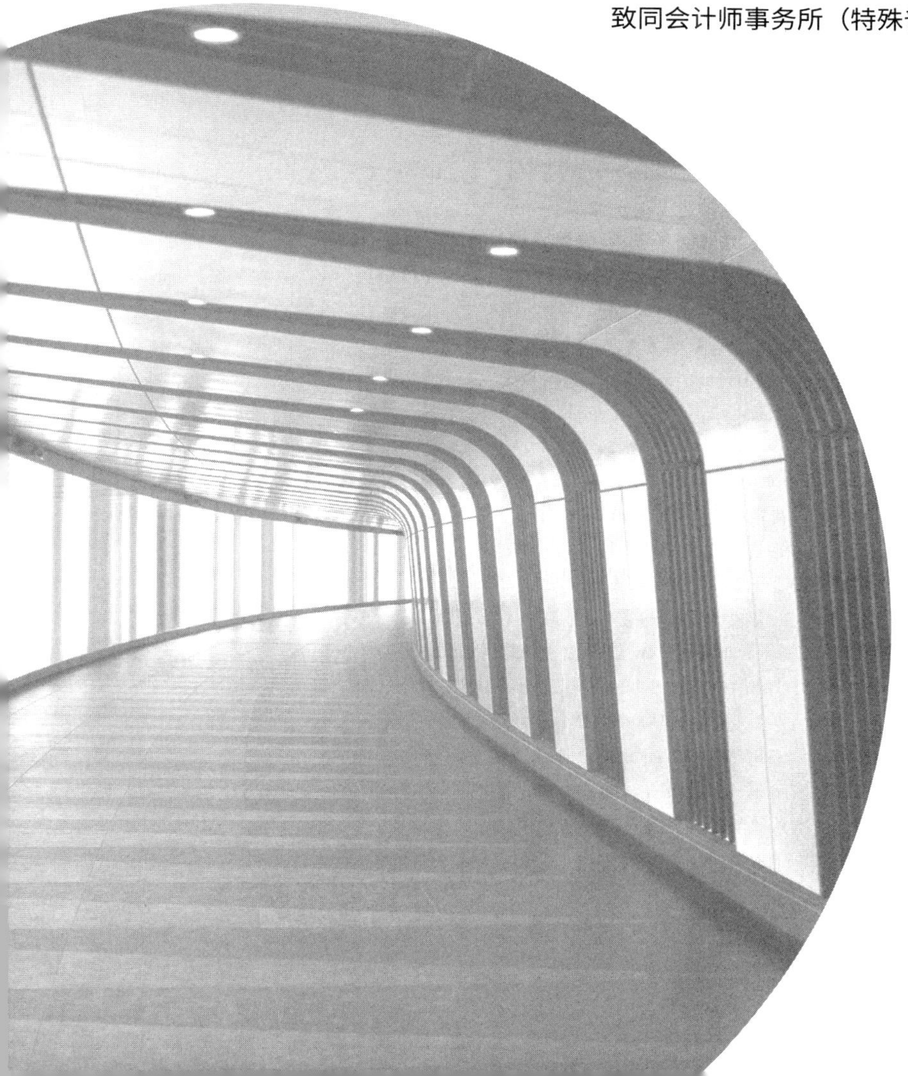

中国财经出版传媒集团
中国财政经济出版社
·北京·

图书在版编目（CIP）数据

新租赁准则解析与实务应用 / 致同会计师事务所（特殊普通合伙）专业技术部编写. -- 北京 : 中国财政经济出版社, 2024. 11. -- (致同研究之企业会计准则系列). -- ISBN 978-7-5223-3489-9

Ⅰ. F233.2

中国国家版本馆CIP数据核字第2024W4Q797号

责任编辑：李　静　　　　　责任印制：张　健
封面设计：陈宇琰　　　　　责任校对：张　凡

新租赁准则解析与实务应用
XINZULIN ZHUNZE JIEXI YU SHIWU YINGYONG

中国财政经济出版社 出版

URL：http://www.cfeph.cn
E-mail：cfeph@cfeph.cn

（版权所有　翻印必究）

社址：北京市海淀区阜成路甲 28 号　邮政编码：100142
营销中心电话：010 - 88191522
天猫网店：中国财政经济出版社旗舰店
网址：https://zgczjjcbs.tmall.com
北京密兴印刷有限公司印刷　各地新华书店经销
成品尺寸：185mm×260mm　16 开　22.25 印张　430 000 字
2024 年 11 月第 1 版　2024 年 11 月北京第 1 次印刷
定价：88.00 元
ISBN 978 - 7 - 5223 - 3489 - 9
（图书出现印装问题，本社负责调换，电话：010 - 88190548）
本社质量投诉电话：010 - 88190744
打击盗版举报热线：010 - 88191661　QQ：2242791300

致同免责声明

www.grantthornton.cn

致同会计师事务所（特殊普通合伙）是与致同国际有限公司（Grant Thornton International Ltd.）相关联的独立成员所。

"Grant Thornton（致同）"是指 Grant Thornton 成员所提供审计、税务和咨询等服务时所使用的品牌，可按语境指代一家或多家成员所。致同国际有限公司不以自身名义提供服务。致同国际有限公司及致同全球组织中的每一家成员所及其关联机构均为独立的法律实体，彼此间不存在任何义务，也不为彼此的行为或疏漏承担任何责任。

出版物所含信息仅作参考之用。致同会计师事务所（特殊普通合伙）不对任何依据本出版物内容所采取或不采取行动而导致的直接、间接或意外损失承担责任。

编 委 会

主　任：李惠琦

副主任：童登书　邱连强　储燕涛　刘丰收

编　委：于春红　申晓颖　李丽虹　张苏苏　曹　阳
　　　　任一优　梁卫丽　杨　志　韩瑞红　倪　军
　　　　王　娟　万思宁　高青山　蒋伶倩　章　娜

序　言

致同中国荣誉主席、致同研究院院长

　　致同研究之企业会计准则实务指引系列（第四册）《新租赁准则解析与实务应用》是致同会计师事务所在连续21年对沪深A股上市公司年度报告进行跟踪分析、归纳总结的基础上，结合新租赁准则的实施编写的一本对资本市场具有参考和借鉴意义的书籍。该书基于2018年财政部发布的新租赁准则，对准则的核心要点进行归纳，并结合实务案例分析和实务应用示例对准则的判断框架和关键点进行梳理，以准则解析为切入点，将租赁准则核心要点和上市公司年度财务报告的相关披露示例呈现于读者，是一本很好的工具书。

　　会计信息披露质量的关键在于披露是否真实、可靠，披露是否充分、及时以及披露的对象之间是否具有可比性。真实、可靠源自企业对会计准则的理解和应用。准则条文在实务中需要企业根据不同的情况作出判断和处理，准则涉及的内容繁多且部分要求较为原则，单纯地靠知识点记忆很难应对复杂的实务情形。本书以结构化、系统化、实例化的方式将新租赁准则的内容进行提炼，独特和创新之处在于对准则的判断框架或判断要点进行梳理的基础上，同时提供了实务案例分析和上市公司年报应用示例，会计处理和披露一目了然，以帮助读者深入理解新租赁准则。致同会计师事务所将结合企业会计准则的最新变化，持续关注上市公司年度报告，研究企业会计准则所涉及的复杂会计事项，深入挖掘市场案例，为资本市场提供更多有参考意义的实务案例。

2024年9月

前　　言

致同会计师事务所（特殊普通合伙）首席合伙人　李惠琦

　　致同研究包括企业会计准则实务指引、国际财务报告准则实务指引、美国公认会计原则实务指引、审计准则实务指引、行业及监管案例研究等五大系列，部分研究成果已陆续通过致同官微、致同官网等渠道对外发布。目前，致同研究出版物包括致同研究之美国公认会计原则实务指引系列（第一册至第四册）、致同研究之企业会计准则实务指引系列第一册《上市公司执行企业会计准则年报披露示例》、第二册《新金融工具准则解析及实务应用示例》、第三册《新收入准则解析与行业应用示例》，以及致同研究之审计准则实务指引系列第一册《新审计报告准则解读及上市公司审计报告案例解析》。本书是致同研究之企业会计准则实务指引系列的第四册。

　　在中国企业会计准则与国际财务报告准则持续趋同的大背景下，随着国际财务报告准则的变化，财政部自2017年以来陆续发布并实行新金融工具、新收入、新租赁等一系列新准则，新租赁准则的发布与实行是会计准则理论顺应经济发展作出的改变，是会计准则对控制理论的应用与发展，它对会计实务带来理念的转变和思考。新租赁准则的核心变化是取消了承租人关于融资租赁与经营租赁的分类，要求承租人对所有租赁（短期租赁和低价值资产租赁除外）确认使用权资产和租赁负债，并分别确认折旧和利息费用。

　　总结实务中执行新准则的情况是学习和执行新准则的重要方式。致同会计师事务所（特殊普通合伙）根据多年对上市公司年度报告的追踪分析，归纳总结了上市公司执行新租赁准则的出版物。《新租赁准则解析与实务应用》从新租赁准则的修订背景与主要变化入手，梳理了新租赁准则与其他相关准则的边界；以租赁的识别、租赁的分拆与合并为起点，深入探讨了租赁期的确定、承租人与出租人的会计处理以及售后租回的会计处理，分析了其中的常见问题和难点；并对新租赁准则的衔接方法进行了梳理和比较；本书还从理论研究的角度比较了国际财务报告准则与美国公认会计准则中租赁准则的差异；从实务应用的角度分析了新租赁准则对企业的影响，从会计师的角度提出了审计应对。我们希望本书能够为各相关方在执行新租赁准则的过程中提供一定的帮助。

2024 年 9 月

编者序

致同会计师事务所（特殊普通合伙）质量管理指导合伙人　**童登书**

　　信息披露是资本市场的命脉，会计信息的披露质量直接影响投资者的投资决策、经济利益以及资本市场的秩序稳定。上市公司会计信息披露的质量一直是我国政府监管部门重点关注的领域。为掌握上市公司执行企业会计准则、企业内部控制规范和财务信息披露规则的情况，中国证监会会计部每年都会组织专门力量，抽样审阅上市公司的年度财务报告，重点关注股权投资和企业合并、收入确认、金融工具、公允价值、资产减值、非经常性损益、所得税、政府补助等方面的会计处理、财务信息披露情况及其存在的问题，并对内部控制评价与审计报告的披露情况进行分析和总结，形成年度监管报告。因而，对上市公司执行企业会计准则的信息披露进行深入研究，可以为上市公司、非上市公司、会计师事务所、会计从业人员、会计研究者提供更多有参考意义的实务案例，有着重要的借鉴意义。

　　致同会计师事务所（特殊普通合伙）（以下简称致同）专业技术部从2003年年报开始，连续21年对沪深A股上市公司年度报告进行跟踪分析，形成事务所内部会计提示。新租赁准则的施行，为会计实务和理论研究带来了新的挑战。《新租赁准则解析与实务应用》结合年报分析研究成果以及执行新租赁准则的常见问题与难点，对新租赁准则的主要内容进行了深入分析和研究。本书共包括三个部分，第一部分包括第一章至第十一章，主要阐述了新租赁准则的基本原理、常见问题及难点分析、摘取了相关典型披露示例，包括新租赁准则修订背景及主要变化、承租人与出租人的会计处理、售后租回的会计处理、衔接规定、列报和披露等方面内容，并且将国际财务报告准则以及美国公认会计准则中的租赁准则进行了比较。第二部分包括第十二章至第十三章，从实务的角度分析了A+H股公司执行新租赁准则的情况，以及新租赁准则对企业的影响和注册会计师的审计应对。第三部分包括相关附录，如租赁准则新旧对比、财政部发布的租赁准则实施问答等。

　　我们希望本书可以作为会计专业学生、学者、会计从业人员、会计师事务所审计从业人员及财务报表使用者更好地理解和运用企业会计准则进行信息披露和报表分析的参考工具。

  本书的应用示例摘录自相关上市公司公开披露的年度报告，实务中应以企业会计准则的规定和监管要求为准。致同的分析成果是基于各上市公司公开披露的年度报告，致同不对其相关会计处理发表评论，本书引用的内容也不表明致同赞同或不赞同其做法。本书不应视为专业建议，未征得具体专业意见之前，不应依据本书所述内容采取或不采取任何行动。

2024 年 9 月

目 录

第一章　**新租赁准则修订背景及主要变化** ／ 1

　　第一节　新租赁准则修订背景和实施规定 ／ 1

　　第二节　新租赁准则主要变化 ／ 4

　　第三节　新租赁准则的内容体系和适用范围 ／ 8

　　第四节　新租赁准则与其他准则的衔接 ／ 9

第二章　**租赁的识别** ／ 16

　　第一节　准则规定及解析 ／ 16

　　第二节　常见问题及难点分析 ／ 21

　　第三节　披露示例 ／ 34

第三章　**租赁的分拆与合并** ／ 38

　　第一节　准则规定及解析 ／ 38

　　第二节　常见问题及难点分析 ／ 42

　　第三节　披露示例 ／ 45

第四章　**租赁期** ／ 47

　　第一节　准则规定及解析 ／ 47

第二节 常见问题及难点分析 / 51

第三节 披露示例 / 55

第五章 承租人的会计处理 / 57

第一节 准则规定及解析 / 57

第二节 常见问题及难点分析 / 77

第三节 披露示例 / 107

第六章 新租赁准则的简化处理 / 115

第一节 准则规定及解析 / 115

第二节 常见问题及难点分析 / 119

第三节 披露示例 / 123

第七章 出租人的会计处理 / 126

第一节 准则规定及解析 / 126

第二节 常见问题及难点分析 / 145

第三节 披露示例 / 150

第八章 售后租回交易的会计处理 / 154

第一节 准则规定及解析 / 154

第二节 常见问题及难点 / 166

第三节 披露示例 / 173

第九章 衔接规定 / 176

第一节 准则规定及解析 / 176

第二节 常见问题及难点 / 185

　　　　第三节　披露示例 / 186

第十章　**列报和披露** / 201
　　　　第一节　准则规定及解析 / 201
　　　　第二节　常见问题及难点分析 / 205
　　　　第三节　披露示例 / 209

第十一章　**新租赁准则与 IFRS 和 U. S. GAAP 之比较** / 223
　　　　第一节　新租赁准则与 IFRS 16 之比较 / 223
　　　　第二节　IFRS 16 与 ASC 842 之比较 / 227
　　　　第三节　国际会计准则后续更新 / 247

第十二章　**上市公司执行新租赁准则影响分析** / 251
　　　　第一节　执行租赁准则的总体影响及重点行业分析 / 251
　　　　第二节　首次执行新租赁准则衔接及影响 / 262
　　　　第三节　特殊事项衔接及个性化披露示例 / 270

第十三章　**审计应对** / 278
　　　　第一节　新旧衔接的审计应对 / 278
　　　　第二节　租赁识别的审计应对 / 279
　　　　第三节　租赁期的审计应对 / 282
　　　　第四节　折现率的审计应对 / 284
　　　　第五节　租赁变更的审计应对 / 284
　　　　第六节　短期租赁和低价值资产租赁的审计应对 / 285
　　　　第七节　特殊租赁业务的审计应对 / 285
　　　　第八节　披露示例 / 286

附录一： **租赁准则新旧对比** / 302

附录二： **《租赁准则实施问答》** / 322

附录三： **《会计准则实务问与答》** / 325

附录四： **《中华人民共和国民法典》摘录内容** / 328

后记 / 334

联系致同 / 335

第一章
新租赁准则修订背景及主要变化

国际会计准则理事会（IASB）于 2016 年 1 月修订发布了《国际财务报告准则第 16 号——租赁》（以下简称 IFRS 16），自 2019 年 1 月 1 日起实施，其核心变化是取消了承租人关于融资租赁与经营租赁的分类，要求承租人对所有租赁（选择简化处理的短期租赁和低价值资产租赁除外）确认使用权资产和租赁负债，并分别确认折旧和利息费用。为保持我国企业会计准则与国际财务报告准则持续全面趋同，适应社会主义市场经济发展需要，规范租赁的会计处理，提高会计信息质量，财政部修订了《企业会计准则第 21 号——租赁》（以下简称新租赁准则），并于 2018 年 12 月 7 日正式发布，要求在境内外同时上市的企业以及在境外上市并采用国际财务报告准则或企业会计准则编制财务报表的企业，自 2019 年 1 月 1 日起施行；其他执行企业会计准则的企业自 2021 年 1 月 1 日起施行。

本章主要阐述新租赁准则修订背景、实施规定、主要变化、适用范围以及与其他准则之间的衔接。

第一节 新租赁准则修订背景和实施规定

一、新租赁准则修订背景

2006 年 2 月，财政部发布《企业会计准则第 21 号——租赁》（2006 年）（以下简称原租赁准则），对企业发生的租赁业务的确认、计量和相关信息的列报进行了规范。原租赁准则下，承租人和出租人在租赁开始日，应当根据与资产所有权有关的全部风险和报酬是否转移，将租赁分为融资租赁和经营租赁。对于融资租赁，承租人在资产负债表中确认租入的资产和相关负债；对于经营租赁，承租人在资产负债表中不确认其取得的资产使用权和租金支付义务。由此导致承租人财务报表未全面反映因租赁交易取得的权利和承担的义务，也为实务中构造交易以符合特定类型租赁提供了动机和机会，降低了财务报表的可比性。

国际会计准则理事会与美国财务会计准则委员会（FASB）联合发起了租赁准则的修订，并先后发布了正式的租赁准则。国际会计准则理事会于 2016 年 1 月修订发布了 IFRS 16，自 2019 年 1 月 1 日起实施，其核心变化是取消了承租人关于融资租赁与经营租赁的分类，要求承租人对所有租赁（选择简化处理的短期租赁和低价值资产租赁除外）确认使用权资产和租赁负债，并分别确认折旧和利息费用。美国财务会计准则委员会于 2016 年 2 月修订发布了《会计准则汇编 842——租赁》（以下简称 ASC 842），自 2019 年 1 月 1 日起实施，其核心变化在于除短期租赁外，承租人所有租赁业务均需在财务报表中确认使用权资产和租赁负债，但在后续计量时，依然保留了融资租赁和经营租赁两种后续处理模式。

在上述背景下，为进一步规范租赁的确认、计量和相关信息的列报，同时保持我国企业会计准则与国际财务报告准则持续全面趋同，结合我国实际情况，财政部修订了租赁准则，并于 2018 年 12 月 7 日正式发布。新租赁准则明确了租赁的定义和识别标准，并分别规定了承租人和出租人的会计处理。

二、新租赁准则实施规定

（一）新租赁准则实施范围和时间安排

为了稳妥推进准则实施，兼顾我国市场环境和企业实际情况，财政部要求分步实施新租赁准则。

在境内外同时上市的企业以及在境外上市并采用国际财务报告准则或企业会计准则编制财务报表的企业，自 2019 年 1 月 1 日起施行；其他执行企业会计准则的企业自 2021 年 1 月 1 日起施行，其中母公司或子公司在境外上市且按照国际财务报告准则或企业会计准则编制其境外财务报表的企业，可以提前执行新租赁准则。

新租赁准则实施时间安排如表 1-1 所示。

表 1-1　　　　　　　　　　　新租赁准则实施时间安排

境内外同时上市的企业	在境外上市并按《国际财务报告准则》或《企业会计准则》编制财务报表的企业	其他执行企业会计准则的企业
自 2019 年 1 月 1 日起实施	自 2019 年 1 月 1 日起实施	自 2021 年 1 月 1 日起实施

（二）母子公司、联营企业、合营企业未同步执行新租赁准则的会计处理

根据财政部会计准则委员会 2019 年 12 月 31 日发布的"会计准则实务问与答"第 64 问，如果母公司执行新租赁准则但子公司尚未执行新租赁准则的，母公司在编制合并财务报表时，应当按照新租赁准则规定调整子公司的财务报表。如果母公司尚未执行新租赁准则而子公司已执行新租赁准则或 IFRS 16 的，母公司在编制合并财务报表时，可以将子公司的财务报表按照母公司的会计政策进行调整后合并，也可以将子公司按照新租赁准则或 IFRS 16 编制的财务报表直接合并。母公司将子公司按照新租赁准则或 IFRS 16 编制的财务报表直接合并的，应当在合并财务报表中披露该事实，并且对母公司和子公司的会计政策及其他相关信息分别进行披露。

企业对联营企业或合营企业的长期股权投资采用权益法核算的，比照上述原则进行处理，但不切实可行的除外。

因此，公司与子公司、联营企业或合营企业未同步执行新租赁准则时的会计处理汇总如表 1-2 所示。

表 1-2　　　　母子公司以及联营、合营企业未同步执行新租赁准则的会计处理

公司执行新准则情况	公司之子公司执行新准则情况	公司之联营企业或合营企业执行新准则情况	公司或合并财务报表是否需要统一会计政策
未执行	已执行	已执行	可以将子公司的财务报表按照母公司的会计政策进行调整后合并，也可以将子公司按照新租赁准则编制的财务报表直接合并。 可以对每个联营企业或合营企业单独选择是否进行统一会计政策的调整
已执行	未执行	未执行	应当按照新准则规定调整子公司的财务报表。 应统一联营企业或合营企业的会计政策，不切实可行的除外

（三）所有企业都执行新租赁准则时，对于历史上未统一会计政策产生差异的会计处理

新金融工具准则、新收入准则、新租赁准则均系分批次实施，实务中存在投资方

（如上市公司）已执行这三项新准则，但联营企业、合营企业尚未执行这三项新准则，投资方在进行权益法核算时因客观条件限制未按照投资方采用的新准则的会计政策对联营企业、合营企业的财务报表进行调整。按照新准则分批次实施时间表，所有执行企业会计准则的企业自2021年1月1日起均需施行这三项新准则。财政部2021年11月发布的《长期股权投资准则实施问答》中指出，投资方的联营企业或合营企业因2021年1月1日起执行新准则而仅对2021年财务报表的期初数进行调整的，投资方在采用权益法核算时应当相应调整其2021年财务报表的期初数，并在其财务报表附注中披露这一事实。

第二节 新租赁准则主要变化

新租赁准则完善了租赁的定义，增加了租赁识别、分拆、合并等内容；取消了承租人对经营租赁和融资租赁的分类，要求对所有租赁（短期租赁和低价值资产租赁除外）确认使用权资产和租赁负债；改进了承租人的后续计量，增加选择权重估和租赁变更情形下的会计处理；丰富了出租人的披露内容，为报表使用者提供更多有用信息。

一、完善了租赁的定义等内容

新租赁准则完善了租赁的定义，增加了租赁识别、分拆、合并等内容。将租赁定义为"在一定期间内，出租人将资产的使用权让与承租人以获取对价的合同"，并进一步说明如果合同中一方让渡了在一定期间内控制一项或多项已识别资产使用的权利以换取对价，则该合同为租赁或者包含租赁。

评估合同中是否包含租赁，首先识别合同中是否存在已识别资产，然后判断客户是否在使用期间内有权获得因使用已识别资产所产生的几乎全部经济利益，如果上述两个环节都满足，那么合同中包含租赁。《企业会计准则应用指南汇编2024》"第二十三章 租赁"对已识别资产以及有权获得几乎全部经济利益的具体判断给出了指引。

新租赁准则下，企业基于单项租赁应用新租赁准则。合同中同时包含多项单独租赁的，承租人和出租人应当将合同予以分拆，并分别各项单独租赁进行会计处理。合同中同时包含租赁和非租赁部分的承租人和出租人应当将租赁和非租赁部分进行分拆。分拆时，各租赁部分应当分别按照新租赁准则进行会计处理，非租赁部分应当按照其他适用的企业会计准则进行会计处理。

为简化处理，承租人可以按照租赁资产的类别选择是否分拆合同包含的租赁和非租赁部分。承租人选择不分拆的，应当将各租赁部分及与其相关的非租赁部分分别合并为租赁，按照新租赁准则进行会计处理。但是，对于按照《企业会计准则第22号——金融工具确认和计量》（以下简称CAS 22）应分拆的嵌入衍生工具，承租人不应将其与租赁部分合并进行会计处理。

与新收入准则类似，新租赁准则定义了以单独租赁作为租赁确认和计量的单元。当企业与同一交易方或其关联方在同一时间或相近时间订立的两份或多份包含租赁的合同，在符合一揽子交易、某份合同的对价取决于其他合同的定价或履行的情况下或者两份以上合同的资产使用权构成一项单独租赁时，应当合并为一份合同进行会计处理。

二、要求承租人确认使用权资产和租赁负债

新租赁准则下，承租人不再将租赁区分为经营租赁或融资租赁，而是采用统一的会计处理模型，对短期租赁和低价值资产租赁以外的其他所有租赁均确认使用权资产和租赁负债，并分别计提折旧和利息费用。

租赁负债按照租赁期开始日尚未支付的租赁付款额的现值进行初始计量。识别应纳入租赁负债的相关付款项目是计量租赁负债的关键。租赁付款额包括：

（1）固定付款额及实质固定付款额，存在租赁激励的，扣除租赁激励相关金额；

（2）取决于指数或比率的可变租赁付款额；

（3）购买选择权的行权价格，前提是承租人合理确定将行使该选择权；

（4）行使终止租赁选择权需支付的款项，前提是在租赁期反映出承租人将行使终止租赁选择权。

使用权资产，是指承租人可在租赁期内使用租赁资产的权利。在租赁期开始日，承租人应当按照成本对使用权资产进行初始计量。该成本包括下列四项：

（1）租赁负债的初始计量金额；

（2）在租赁期开始日或之前支付的租赁付款额；存在租赁激励的，应扣除已享受的租赁激励相关金额；

（3）承租人发生的初始直接费用；

（4）承租人为拆卸及移除租赁资产、复原租赁资产所在场地或将租赁资产恢复至租赁条款约定状态预计将发生的成本。

三、改进了承租人后续计量

原租赁准则未对租赁期开始日后选择权重估或合同变更等情形下的会计处理作出明确规范,导致实务中多有争议且会计处理不统一。

新租赁准则规定,发生承租人可控范围内的重大事件或变化,且影响承租人是否合理确定将行使相应选择权的,承租人应当对其是否合理确定将行使续租选择权、购买选择权或不行使终止租赁选择权进行重新评估,并根据重新评估结果修改租赁期。承租人可控范围内的重大事件或变化包括但不限于下列情形:

(1) 在租赁期开始日未预计到的重大租赁资产改良,在可行使续租选择权、终止租赁选择权或购买选择权时,预期将为承租人带来重大经济利益;

(2) 在租赁期开始日未预计到的租赁资产的重大改动或定制化调整;

(3) 承租人作出的与行使或不行使选择权直接相关的经营决策。例如,决定续租互补性资产、处置可替代的资产或处置包含相关使用权资产的业务。

如果不可撤销的租赁期间发生变化,企业应当修改租赁期。

租赁变更,是指原合同条款之外的租赁范围、租赁对价、租赁期限的变更,包括增加或终止一项或多项租赁资产的使用权,延长或缩短合同规定的租赁期等。租赁发生变更按照是否满足新增单项租赁的条件而采用不同的会计处理方法。对承租人而言,租赁变更作为单项租赁处理的,新确认一项租赁负债和使用权资产。未作为单项租赁进行会计处理的,在租赁变更生效日,重新计量租赁负债,并且对变更导致租赁范围缩小或租赁期缩短的,调减使用权资产的账面价值,将部分终止或完全终止租赁的相关利得或损失计入当期损益。其他租赁变更,承租人应当相应调整使用权资产的账面价值。

四、规定了特殊租赁业务的会计处理

新租赁准则对于转租赁、生产商或经销商出租人的融资租赁以及售后租回的会计处理进行规范。

(一) 转租赁

承租人在对转租赁进行分类时,转租出租人应基于原租赁中产生的使用权资产,而不是租赁资产(如作为租赁对象的不动产或设备)进行分类。原租赁资产不归转租出租人所有,原租赁资产也未计入其资产负债表。因此,转租出租人应基于其控制

的资产（即使用权资产）进行会计处理。

（二）生产商或经销商出租人的融资租赁

生产商或经销商通常为客户提供购买或租赁其产品或商品的选择。如果生产商或经销商出租其产品或商品构成融资租赁，则该交易产生的损益应相当于按照考虑适用的交易量或商业折扣后的正常售价直接销售该资产所产生的损益。

构成融资租赁的，生产商或经销商出租人在租赁期开始日应当按照租赁资产公允价值与租赁收款额按市场利率折现的现值两者孰低确认收入，并按照租赁资产账面价值扣除未担保余值的现值后的余额结转销售成本，收入和销售成本的差额作为销售损益。为吸引客户，生产商或经销商出租人有时以较低利率报价。使用该利率会导致出租人在租赁期开始日确认的收入偏高。在这种情况下，生产商或经销商出租人应当将销售损益限制为采用市场利率所能取得的销售损益。

（三）售后租回

若企业（卖方兼承租人）将资产转让给其他企业（买方兼出租人），并从买方兼出租人租回该项资产，则卖方兼承租人和买方兼出租人均应按照售后租回交易的规定进行会计处理。企业应当按照《会计准则第 14 号——收入》的规定，评估确定售后租回交易中的资产转让是否属于销售，并区别进行会计处理。

1. 售后租回交易中的资产转让属于销售

卖方兼承租人应当按原资产账面价值中与租回获得的使用权有关的部分，计量售后租回所形成的使用权资产，并仅就转让至买方兼出租人的权利确认相关利得或损失。

2. 售后租回交易中的资产转让不属于销售

卖方兼承租人不终止确认所转让的资产，而应当将收到的现金作为金融负债，并按照 CAS 22 进行会计处理。买方兼出租人不确认被转让资产，而应当将支付的现金作为金融资产，并按照 CAS 22 进行会计处理。

五、丰富了出租人披露内容

关于出租人发生的经营租赁，原租赁准则仅要求出租人披露各类租出资产的账面价值。新租赁准则要求出租人增加披露相关租赁收入及未折现租赁收款额等信息。此外，出租人还应当根据理解财务报表的需要，披露有关租赁活动的其他定性和定量信息。

第三节　新租赁准则的内容体系和适用范围

一、新租赁准则的内容体系

新租赁准则的相关内容不仅包括财政部发布的《企业会计准则第 21 号——租赁（修订）》(2017)、《企业会计准则第 21 号——租赁》应用指南（2019）（2024 年 3 月财政部发布《企业会计准则应用指南汇编 2024》，对租赁准则应用指南进行了修改完善，以下内容称修订后的租赁准则指南为"新租赁准则应用指南"），还包括财政部发布的会计准则应用案例、会计准则实施问答——租赁准则实施问答、会计准则实务问答等相关内容。

二、新租赁准则关于适用范围的规定

新租赁准则第三条明确规定了新租赁准则的适用范围，具体分析如表 1-3 所示。

表 1-3　　　　　关于新租赁准则适用范围的分析

相关业务内容	承租人	出租人
1. 通过许可使用协议取得的电影、录像、剧本、文稿等版权、专利等项目的权利	《企业会计准则第 6 号——无形资产》	《企业会计准则第 14 号——收入》
2. 授予除电影、录像、剧本、文稿等版权、专利外的其他知识产权许可	可以适用《企业会计准则第 21 号——租赁》	《企业会计准则第 14 号——收入》
3. 以出让、划拨或转让方式取得的土地使用权	《企业会计准则第 6 号——无形资产》	新租赁准则适用范围未排除
4. 以租赁方式取得的土地使用权	《企业会计准则第 21 号——租赁》	《企业会计准则第 21 号——租赁》
5. 勘探或使用矿产、石油、天然气及类似不可再生资源的租赁	《企业会计准则第 27 号——石油天然气开采》	《企业会计准则第 27 号——石油天然气开采》
6. 生物资产租赁	《企业会计准则第 5 号——生物资产》	《企业会计准则第 21 号——租赁》
7. 投资性房地产租赁	《企业会计准则第 21 号——租赁》	《企业会计准则第 3 号——投资性房地产》

续表

相关业务内容	承租人	出租人
8. 采用建设经营移交等方式参与公共基础设施建设、运营的特许经营权合同（满足双特征和双控制的项目资产）	适用《企业会计准则解释第 14 号》	
9. 按照租赁准则简化处理的短期租赁和低价值资产租赁合同变成亏损合同的，以及在租赁期开始日前已是亏损合同的租赁合同	适用《企业会计准则第 13 号——或有事项》	

三、新租赁准则与 IFRS 16 适用范围的比较

在适用范围方面，新租赁准则与 IFRS 16 相比，承租人在某些无形资产、生物资产和转租建筑物类使用权方面存在一些细微的差异，具体见本书第十一章第一节"一、适用范围的比较及差异"。

第四节　新租赁准则与其他准则的衔接

新租赁准则下承租人需要对几乎所有的租赁入表，即在资产负债表上确认一项使用权资产和租赁负债，这是执行新租赁准则最显著的影响。除此之外，由于租赁准则与其他准则之间也存在相互关联，采用租赁准则还会对其他准则产生一些影响。

一、与《企业会计准则第 3 号——投资性房地产》（CAS 3）的衔接

CAS 3 主要规范出租人对于土地使用权和建筑物作为投资性房地产的初始与后续计量以及转换与处置的会计处理。出租人对于投资性房地产出租业务的会计处理，适用新租赁准则。

出租方将以出让、划拨、转让方式取得的土地使用权对外出租，以及出租方将自有产权的建筑物对外出租，适用 CAS 3。而以租赁方式租入土地使用权和建筑物再转租给其他单位的，不能确认为投资性房地产，对于转租方而言只能确认为使用权资产。即对于租入再转租的土地使用权和建筑物适用新租赁准则，不适用 CAS 3。

二、与《企业会计准则第 4 号——固定资产》（CAS 4）的衔接

1. 承租人适用 CAS 4 还是新租赁准则

这个问题的本质是对于承租人而言如何区分租赁与采购的问题。

租赁是指在一定期间内，出租人将资产的使用权让与承租人以获取对价的合同。因为转移了一段时间内使用租赁资产的权利，属于租赁准则的范畴。当企业之间转移的是资产的控制权，且对于获取资产控制权的一方该资产满足固定资产的定义，则适用固定资产准则。

国际会计准则理事会考虑过土地的长期租赁是购买还是租赁的问题。在结论基础（BC78）中提到，土地长期租赁有时被视为与购买土地经济上类似。因此，部分利益相关方建议土地的长期租赁应排除在 IFRS 16 的范围之外。但国际会计准则理事会未作此决定。理由如下：

（1）将土地长期租赁与其他租赁进行区分缺乏概念基础。如果合同未将土地的控制权转让给承租人，但赋予承租人在租赁期内控制土地使用的权利，则该合同为租赁合同并且应按此进行会计处理。

（2）对于土地长期租赁（例如，99 年期的租赁）租赁付款额的现值可能代表该土地的几乎全部公允价值。在此情况下，承租人采用的会计处理将与购买土地的会计处理类似。如果承租人获得对土地的控制，其将按照《国际会计准则第 16 号——不动产、厂场和设备》（IAS 16）将该合同视为购买土地进行会计处理，而非采用 IFRS 16。

国际会计准则理事会决定不在 IFRS 16 中提供区分资产租赁与资产销售或采购的规定。此外，国际会计准则理事会还观察到：

（1）对类似标的资产的租赁进行的会计处理与应用《国际财务报告准则第 15 号——收入》（IFRS 15）和《国际会计准则第 16 号——不动产、厂场和设备》（IAS 16）相应规定对销售和采购进行的会计处理是类似的；而且

（2）交易的会计处理取决于交易的实质而非法律形式。因此，如果合同授予的权利代表实质购买不动产、厂场和设备，则无论法定所有权是否发生转移，这些权利均符合《国际会计准则第 16 号——不动产、厂场和设备》（IAS 16）中对不动产、厂场和设备的定义，并应采用该准则进行会计处理。如果合同授予的权利不代表实质购买不动产、厂场和设备，但符合租赁的定义，则应采用 IFRS 16 对合同进行会计处理。

IFRS 16 适用于转移了在一段时间内使用标的资产的权利的合同，不适用于将标的资产控制权转移给某一主体的交易，此类交易属于其他准则（如 IFRS 15 或 IAS 16）范围内的销售或采购。

2. 使用权资产的折旧参照 CAS 4

新租赁准则规定，承租人应当参照 CAS 4 有关折旧规定，自租赁期开始日起对使用权资产计提折旧。承租人在确定使用权资产的折旧方法时，应当根据与使用权资产有关的经济利益的预期实现方式作出决定。通常，承租人按直线法对使用权资产计提折旧，其他折旧方法更能反映使用权资产有关经济利益预期实现方式的，应采用其他折旧方法。

3. 租赁资产的改造适用 CAS 4

在某些情况下，承租人可能在租赁期开始前就发生了与租赁资产相关的经济业务或事项。例如，租赁合同双方经协商在租赁合同中约定，租赁资产需经建造或重新设计后方可供承租人使用；根据合同条款与条件，承租人需支付与资产建造或设计相关的成本。承租人如发生与租赁资产建造或设计相关的成本，应适用其他相关准则（如《企业会计准则第 4 号——固定资产》）进行会计处理。

三、与《企业会计准则第 5 号——生物性资产》（CAS 5）的衔接

1. 原租赁准则未将承租人承租生物资产排除在外

根据原租赁准则第三条规定：（1）出租人以经营租赁方式租出的土地使用权和建筑物，适用 CAS 3。（2）电影、录像、剧本、文稿、专利和版权等项目的许可使用协议，适用《企业会计准则第 6 号——无形资产》（CAS 6）。（3）出租人因融资租赁形成的长期债权的减值，适用 CAS 22。

因此，对于租赁生物资产交易，在原租赁准则范围之内。无论是出租人还是承租人，均应适用原租赁准则进行会计处理。

2. 新租赁准则将承租人承租生物资产排除在外

根据新租赁准则第三条，承租人承租生物资产，不适用新租赁准则，出租人出租生物资产没有作为排除项，因而应该适用新租赁准则。

《企业会计准则应用指南汇编 2024》"第六章 生物资产"对于承租生物资产的会计处理做了如下规定："对于以融资租赁方式租入生物资产的，承租人应当将租赁开始日租赁资产公允价值与最低租赁付款额现值两者中较低者作为租入资产的入账价值。""出租人以经营租赁方式租出的生产性生物资产，应当计提折旧，承租人相应不应计提折旧；出租人以融资租赁租出的生产性生物资产，不应计提折旧，承租人应采用与自有应折旧资产相一致的折旧政策计提折旧。"

即如果租赁生物资产对出租人构成融资租赁的，承租人将承租的生物资产视同为自有生物资产，进行会计处理；如果租赁生物资产对出租人构成经营租赁的，承租人

不应将承租的生物资产确认为自有生物资产，而应将支付或应付的租金按合理方法计入相关资产（例如农产品）成本或当期损益（相当于采用原租赁准则下经营租赁承租人的会计处理）。此外，消耗性生物资产（存货）通常不会采取租赁的形式，也不太可能符合租赁的定义。

四、与《企业会计准则第 6 号——无形资产》（CAS 6）的衔接

按照新租赁准则的适用范围，下列资产的租赁适用 CAS 6：

1. 承租人通过许可使用协议取得的电影、录像、剧本、文稿等版权、专利等项目的权利

上述资产项目已由无形资产准则进行规范，已经作为无形资产入表，按照无形资产准则规定进行会计处理即可。新租赁准则主要解决原有准则体系下没有入表的资产使用权的入表问题。

2. 以出让、划拨或转让方式取得的土地使用权

对于土地使用权，如果是以出让、划拨或转让方式取得，适用 CAS 6；但是以租赁方式取得的土地使用权，适用新租赁准则。

五、与《企业会计准则第 8 号——资产减值》（CAS 8）的衔接

新租赁准则规定，在租赁期开始日后，承租人应当按照 CAS 8 的规定，确定使用权资产是否发生减值，并对已识别的减值损失进行会计处理。

六、与《企业会计准则第 14 号——收入》（CAS 14）的衔接

新租赁准则与 CAS 14 以及《企业会计准则解释第 14 号》（以下简称"解释第 14 号"）在下列方面存在一些关联：

1. 出租人授予知识产权许可，适用 CAS 14

新租赁准则和 CAS 14 都明确规定出租人授予知识产权许可，适用 CAS 14。

2. 采用建设经营移交等方式参与公共基础设施建设、运营的特许经营权合同，不适用租赁准则

采用建设经营移交等方式参与公共基础设施建设、运营的特许经营权合同满足解释第 14 号规定的双特征、双控制的，适用解释第 14 号，其中为政府方提供建造服务、运营服务按照 CAS 14 进行会计处理。

3. 不包含已识别资产的租赁合同，不适用新租赁准则

按照新租赁准则的规定，已识别资产是租赁的要素之一，如果一项租赁合同没有已识别资产，则不满足租赁的定义。例如，出租方对资产有实质替换权，则不存在已识别资产，合同中不包含租赁部分或不是租赁。因此，出租人不能适用租赁准则，可能适用收入准则。

4. 新租赁准则要求出租人对合同中的租赁和非租赁部分进行分拆

新租赁准则明确，合同中同时包含租赁和非租赁部分的，出租人应当分拆租赁部分和非租赁部分，根据 CAS 14 第二十条至第二十五条关于交易价格分摊的规定分摊合同对价。租赁部分应当分别按照租赁准则进行会计处理，非租赁部分应当按照其他适用的企业会计准则进行会计处理，其他适用的准则包括收入准则。

5. 生产商或经销商作为出租人的融资租赁应确认收入

按照新租赁准则，生产商或经销商作为出租人的融资租赁，在租赁期开始日，该出租人应当按照租赁资产公允价值与租赁收款额按市场利率折现的现值两者孰低确认收入，并按照租赁资产账面价值扣除未担保余值的现值后的余额结转销售成本。生产商或经销商作为出租人为取得融资租赁发生的成本，应当在租赁期开始日计入当期损益。

虽然新租赁准则要求生产商或经销商出租人在融资租赁业务中确认营业收入和营业成本，但是具体的会计处理是依据租赁准则，与新收入准则下销售商品的会计处理存在一些差别，具体内容见第七章第一节"八、生产商或经销商出租人的融资租赁"。

七、与《企业会计准则第 17 号——借款费用》（CAS 17）的衔接

新租赁准则明确承租人应当按照固定的周期性利率计算租赁负债在租赁期内各期间的利息费用，并计入当期损益，但按照《企业会计准则第 17 号——借款费用》等其他准则规定应当计入相关资产成本的，从其规定。

同时，中国证监会发布的《监管规则适用指引——会计类第 3 号》明确企业应当将租赁负债视同获取使用权资产而发生的专门借款。使用权资产作为一项权利资产，租赁期开始日即可供承租人使用，因而无论租赁资产本身是否达到企业预定用途，使用权资产于租赁期开始日便达到预定可使用状态，租赁负债相关利息费用不应资本化计入使用权资产。租赁期开始日后，租赁负债可视同企业的一般借款。

八、与《企业会计准则第 18 号——所得税》（CAS 18）衔接

在新租赁准则下，承租人不再区分经营租赁还是融资租赁，都需要确认一项使用

权资产和租赁负债。而《企业所得税法实施条例》并未适时跟进新租赁准则的变化，在税前扣除时仍然区分经营租赁和融资租赁进行不同的处理。因此，新租赁准则实施后，使用权资产和租赁负债项目都可能产生暂时性差异。

2022 年 11 月 30 日，财政部发布了《企业会计准则解释第 16 号》（以下简称解释第 16 号），"关于单项交易产生的资产和负债相关的递延所得税不适用初始确认简化处理的会计处理"规定"对于不是企业合并、交易发生时既不影响会计利润也不影响应纳税所得额（或可抵扣亏损）、且初始确认的资产和负债导致产生等额应纳税暂时性差异和可抵扣暂时性差异的单项交易（包括承租人在租赁期开始日初始确认租赁负债并计入使用权资产的租赁交易，以及因固定资产等存在弃置义务而确认预计负债并计入相关资产成本的交易等），不适用 CAS 18 第十一条（二）、第十三条关于简化处理初始确认递延所得税负债和递延所得税资产的规定。企业对该交易因资产和负债的初始确认所产生的应纳税暂时性差异和可抵扣暂时性差异，应当根据 CAS 18 等有关规定，在交易发生时分别确认相应的递延所得税负债和递延所得税资产。"

因此对于使用权资产和租赁负债产生应纳税暂时性差异和可抵扣暂时性差异的，企业应当按照解释 16 号相关规定和 CAS 18 的规定进行会计处理。具体内容与示例见第五章第二节"十、使用权资产和租赁负债的递延所得税问题"。

九、与《企业会计准则第 20 号——企业合并》（CAS 20）的衔接

根据 CAS 20 的规定，非同一控制下的企业合并中，应确认被购买方可辨认资产、负债的公允价值。如果被购买方为承租人，需确定购买日使用权资产和租赁负债的公允价值。

根据 IFRS 16 的规定，出于成本效益及重要性原则，若企业合并中的被购买方为承租人，则购买方应按剩余租赁付款额的现值计量被购买方的租赁负债，如同被购买租赁在收购日是一项新租赁。被购买方的使用权资产按照等于租赁负债的金额计量，并对租赁中存在的任何偏离市场的条款进行调整。（IFRS 16 BC296）即，在购买日按照一项新租赁确认租赁负债，使用权资产为租赁负债的金额并调整租赁合同中不利或有利条款后确认。无须对使用权资产和租赁负债的公允价值进行单独评估。

十、与金融工具系列准则（CAS 22/23/37）的衔接

租赁负债与其他金融负债具有许多共同特征，例如属于向其他方交付现金或其他金融资产的合同义务，但是租赁负债与相应资产存在合同上的关联，其特征（如选

择权、可变租赁付款额及计算利息费用的固定的周期性利率）往往与其他负债有所不同，因此，租赁负债的确认和计量按照新租赁准则的规定进行处理。同时，按照《企业会计准则第37号——金融工具列报》（CAS 37）进行披露，包括单独披露租赁负债的到期期限分析、对相关流动性风险的管理等。另外，租赁应付款的终止确认，以及租赁中嵌入的衍生工具，适用CAS 22。

对出租人而言，租赁应收款的减值、终止确认，以及租赁中嵌入的衍生工具同样适用CAS 22。

售后租回交易中的资产转让不属于销售的，承租人（出售方）应当继续确认该资产，同时确认一项与转让收入等额的金融负债，并按照CAS 22对该金融负债进行会计处理；出租人不确认该资产，但应当确认一项与转让收入等额的金融资产，并按照CAS 22对该金融资产进行会计处理。

融资租赁的变更未作为一项单独租赁进行会计处理的，假如变更在租赁开始日生效，该租赁会被分类为融资租赁的，出租人应当按照CAS 22关于修改或重新议定合同的规定进行会计处理。

不以企业功能货币计价的租赁负债或租赁应收款将导致外汇风险，满足条件时可作为被套期项目。套期会计按照《企业会计准则第24号——套期会计》（CAS 24）进行会计处理。

第二章
租赁的识别

新租赁准则完善了租赁的定义,将租赁定义为"在一定期间内,出租人将资产的使用权让与承租人以获取对价的合同",该定义中包含了租赁的三要素即租赁期、已识别资产、资产供应方向客户转移对已识别资产使用权的控制。该定义和三要素是判断一项合同是否为租赁或者包含租赁的重要依据,识别合同是否为租赁或者包含租赁是应用租赁准则的起点。

本章将讨论如何通过对租赁三要素的分析,判断合同是否为租赁或包含租赁,对判断过程中的常见难点问题进行分析,对实务案例进行探讨。

第一节 准则规定及解析

一、租赁的定义

新租赁准则将租赁定义为"在一定期间内,出租人将资产的使用权让与承租人以获取对价的合同",在合同开始日,企业应当评估合同是否为租赁或者包含租赁。如果合同中一方让渡了在一定期间内控制一项或多项已识别资产使用的权利以换取对价,则该合同为租赁或者包含租赁。

租赁定义强调的是,承租人获得了对资产使用权的控制,而不是对标的资产的控制。控制是指有权主导资产的使用方式和使用目的,并能够获得因使用资产而产生的几乎所有的经济利益。对租赁的判断非常重要,关系到承租人和出租人发生的相关业务适用的准则是否正确。

二、租赁的要素

相比原准则而言，新租赁准则对于如何判断合同是否为租赁或包含租赁，作出了更明确的规定。一项合同包含租赁，必须要满足以下三个要素：

一是存在一定期间，即租赁期；

二是存在已识别资产；

三是资产供应方向客户转移对已识别资产使用权的控制。

（一）租赁期

在合同中，"一定期间"也可以表述为已识别资产的使用量，例如，某项设备的产出量。如果客户有权在部分合同期内控制已识别资产的使用，则合同包含一项在该部分合同期间的租赁。租赁期的判断是新租赁准则的难点，关于租赁期的解析和示例详见本书第四章。

（二）已识别资产

合同中是否包含"已识别资产"是识别该合同是否为租赁或包含租赁的起点。已识别资产是合同中指定的不可替换的租赁资产。

合同已对资产进行了指定，出租方不拥有对资产的实质替换权且资产在物理上可区分时，才存在已识别资产。一项标的资产同时满足下列条件才能成为已识别资产：

1. 通过合同明确指定或隐含指定

已识别资产通常由合同明确指定，也可以在资产可供客户使用时隐性指定。

【示例 2-1】隐含指定一项已识别资产（摘自新租赁准则应用指南例 21-1）

甲公司（客户）与乙公司（供应方）签订了使用乙公司一节火车车厢的 5 年期合同。该车厢专为用于运输甲公司生产过程中使用的特殊材料而设计，未经重大改造不适合其他客户使用。合同中通过序列号等明确指定车厢，但是乙公司仅拥有一节适合客户甲使用的火车车厢。如果车厢不能正常工作，合同要求乙公司修理或更换车厢。

本例中，虽然甲公司具体使用哪节火车车厢虽未在合同中明确指定，但因为乙公司仅拥有一节适合甲公司使用的火车车厢，必须使用其来履行合同，乙公司无法自由替换该车厢。因此，火车车厢是一项被隐性指定的已识别资产。

2. 物理可区分

如果资产的部分产能在物理上可区分（例如，建筑物的一层），则该部分产能属于已识别资产。如果资产的某部分产能与其他部分在物理上不可区分（例如，光缆的部分容量），则该部分不属于已识别资产，除非其实质上代表该资产的全部产能，从而使客户获得因使用该资产所产生的几乎全部经济利益的权利。

3. 实质性替换权

如果资产供应方在整个使用期间拥有对该资产的实质性替换权，即使合同已对资产进行指定，那么该资产也不属于已识别资产。因为如果资产供应方在整个使用期间均能自由替换合同指定的资产，那么实际上，合同只规定了满足客户需求的一类资产，而不是被唯一识别出的一项或几项资产。也就是说，在这种情况下，合同中指定的资产并未和资产供应方的其他同类资产明确区分开，从而不能被单独识别出来。

同时符合下列条件时，表明供应方拥有资产的实质性替换权：

①资产供应方拥有在整个使用期间替换资产的实际能力。例如，客户无法阻止供应方替换资产，且资产供应方易于获得或可以在合理期间内取得用于替换的资产。

②资产供应方通过行使替换资产的权利将获得经济利益。即替换资产的预期经济利益将超过替换资产所需成本。

需要注意的是，如果合同仅赋予资产供应方在特定日期或者特定事件发生日或之后拥有替换资产的权利或义务，考虑到资产供应方没有在整个使用期间替换资产的实际能力，资产供应方的替换权不具有实质性。

企业应当在各潜在单独租赁部分（如可单独使用的资产）的层面评估资产供应方的替换权是否为实质性权利，并注意下列事项：

（1）应基于合同开始日的事实和情况，而不应考虑在合同开始日企业认为不可能发生的未来事件，例如：①未来某个客户为使用该资产同意支付高于市价的价格；②引入了在合同开始日尚未实质开发的新技术；③客户对资产的实际使用或资产实际性能与在合同开始日认为可能的使用或性能存在重大差异；④使用期间资产市价与合同开始日认为可能的市价存在重大差异。

（2）应考虑资产供应方是否在整个使用期间都具有替换资产的实际能力，并能通过行使替换资产的权利获得经济利益。如果合同仅赋予资产供应方在特定日期或者特定事件发生日或之后拥有替换资产的权利或义务，考虑到资产供应方没有在整个使用期间替换资产的实际能力，资产供应方的替换权不具有实质性。例如，资产供应方在资产运行结果不佳或者进行技术升级的情况下，因修理和维护而替换资产的权利或义务不属于实质性替换权。

企业难以确定供应方是否拥有对该资产的实质性替换权的，应当视为供应方没有对该资产的实质性替换权。

（三）资产供应方向客户转移对已识别资产使用权的控制

对已识别资产使用权的控制体现在两个方面：一是客户有权在该使用期间主导已识别资产的使用；二是有权获得在使用期间因使用已识别资产所产生的几乎全部经济利益。分别阐述如下：

（1）客户有权在使用期间主导已识别资产的使用

存在下列情形之一的，可视为客户有权主导已识别资产在整个使用期间的使用：

情形1：客户有权在整个使用期间主导已识别资产的使用目的和使用方式；

情形2：已识别资产的使用目的和使用方式在使用期间前已预先确定，并且客户有权在整个使用期间自行或主导他人按照其确定的方式运营该资产，或者客户设计了已识别资产（或资产的特定方面）并在设计时已预先确定了该资产在整个使用期间的使用目的和使用方式。

关于上述情形1，如果客户有权在整个使用期间在合同界定的使用权范围内改变资产的使用目的和使用方式，则视为客户有权在该使用期间主导资产的使用目的和使用方式。在判断客户是否有权在整个使用期间主导，已识别资产的使用目的和使用方式时，企业应当考虑在该使用期间与改变资产的使用目的和使用方式最为相关的决策权。相关决策权是指对使用资产所产生的经济利益产生影响的决策权。最为相关的决策权可能因资产性质、合同条款和条件的不同而不同。此类例子包括：①变更资产产出类型的权利。例如，决定将集装箱用于运输商品还是储存商品，或者决定在零售区域销售的产品组合。②变更资产的产出时间的权利。例如，决定机器或发电厂的运行时间。③变更资产的产出地点的权利。例如，决定卡车或船舶的目的地，或者决定设备的使用地点。④变更资产是否产出以及产出数量的权利。例如，决定是否使用发电厂发电以及发电量的多少。

某些决策权并未授予客户改变资产的使用目的和使用方式的权利，例如，在资产的使用目的和使用方式未预先确定的情况下，客户所拥有运行或维护资产的权利。这些权利对于资产的高效使用通常是必要的，而并非主导资产的使用目的和使用方式的权利。

关于上述情形2，与资产使用目的和使用方式相关的决策可以通过很多方式预先确定，例如，通过设计资产或在合同中对资产的使用作出限制来预先确定相关决策。

对于在合同中预先确定关于资产使用目的和使用方式相关决策的，企业应当考虑该做法是对客户使用资产的范围作出限定，还是对客户在整个使用期间与改变资产使用目的和使用方式相关的决策权作出限定,如果仅是对客户使用资产的范围作出限定的,该限定不妨碍客户获得主导资产使用的权利,例如对客户使用资产权利的范围作出限定的保护性权利,本身不足以否定客户拥有主导资产使用的权利。

需要强调的是,在评估客户是否有权主导资产的使用时,除非资产(或资产的特定方面)由客户设计,否则,企业应当仅考虑在使用期间对资产使用作出决策的权利。例如,如果客户仅能在使用期间之前指定资产的产出而没有与资产使用相关的任何其他决策权,则该客户享有的权利与购买该项商品或服务的其他客户享有的权利并无不同。

(2) 客户有权获得在使用期间因使用资产所产生的几乎全部经济利益

在评估客户是否有权获得因使用已识别资产所产生的几乎全部经济利益时,企业应当在约定的客户权利范围内考虑其所产生的经济利益。例如,如果合同规定汽车在使用期间仅限在某一特定区域使用,则企业应当仅考虑在该区域内使用汽车所产生的经济利益,而不包括在该区域外使用汽车所产生的经济利益。又如,如果合同规定,客户在使用期间仅能在特定里程范围内驾驶汽车,则企业应当仅考虑在允许的里程范围内使用汽车所产生的经济利益,而不包括超出该里程范围使用汽车所产生的经济利益。

如果客户获得几乎全部经济利益的方式包括使用、持有或转租资产等,使用资产所产生的经济利益包括资产的主要产出和副产品(包括来源于这些项目的潜在现金流量)以及通过与第三方之间的商业交易实现的其他经济利益。

合同规定,客户应向供应方或另一方支付因使用资产所产生的部分现金流量作为对价,该现金流量应视为客户因使用资产而获得的经济利益的一部分。例如,如果客户因使用零售区域需向供应方支付零售收入的一定比例作为对价,该条款本身并不妨碍客户拥有获得使用零售区域所产生的几乎全部经济利益的权利。因为零售收入所产生的现金流量是客户使用零售区域而获得的经济利益,而客户支付给零售区域供应方的部分现金流量是使用零售区域的权利的对价。

(四) 评估流程

租赁的识别是租赁准则实施的起点,评估过程中涉及较多的判断,因此也是难点之一。值得注意的是,租赁的识别仅在合同开始日进行评估,除非合同条款和条件发生变化,企业无须重新评估合同是否为租赁或者包含租赁。

评估合同是否包含租赁的流程如图 2-1 所示。

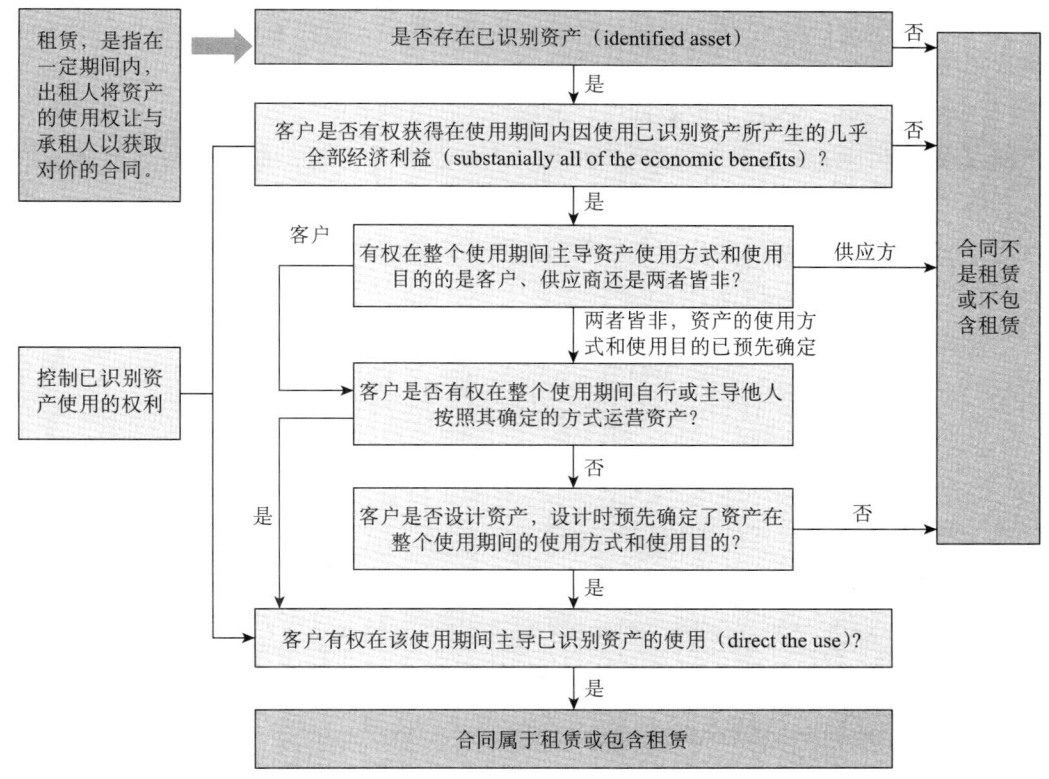

图 2-1 评估合同是否包含租赁的流程

第二节 常见问题及难点分析

一、租赁与服务的区别

原租赁准则下承租人的经营租赁与购买服务的会计处理方法类似,即使未准确区分租赁与服务也不会造成会计处理结果的重大差异。新租赁准则要求承租人在资产负债表中确认经营租赁的相关权利和义务,从而使承租人的经营租赁与购买服务的会计处理产生较大差异,因此,准确识别租赁成为会计处理的重要问题。

租赁产生的权利和义务与服务合同产生的权利和义务不同。区别在于承租人在租赁资产可供其使用时,控制了一项使用权资产。

当提供资产供承租人使用时,出租人已履行向承租人转移使用该项资产权利的义务,承租人控制了该项使用权资产。因此,承租人承担了就该项使用权资产无条件支付款项的义务。

与之相比,在典型的服务合同中,客户并未在合同开始时获得一项其能控制的资产使用权(即不存在已识别资产)。相反,客户仅在服务提供时才获得该服务。因此,客户通常承担仅就截至目前所提供的服务而支付付款额的无条件义务。此外,虽然履行服务合同通常要求使用资产,但履行服务合同通常并不要求提供这些资产供客户在整个合同期内使用。

简言之,当不能同时满足租赁的三要素时,很可能是一项服务合同,如表 2-1 所示。

表 2-1　　　　　　　　　　　租赁与服务的区别

租赁三要素	租赁、服务还是其他
存在一定期间	如不存在一定期间,则不是租赁;服务可能在一定期间内提供,也可能按次数提供
存在已识别资产	如不存在已识别资产,很可能是一项服务
资产供应方向客户转移对已识别资产使用权的控制	如标的资产使用权由资产供应方控制,往往是一项服务

【示例 2-2】网络服务合同(摘自新租赁准则应用指南例 10、IFRS 16 示例 10)

甲公司(客户)与电信公司乙公司(供应方)签订了两年期的网络服务合同,合同要求乙公司提供约定传输速度和质量的网络服务。为提供这项服务,乙公司在甲公司处安装并配置了服务器;在保证约定的甲公司在网络上使用服务器传输数据的速度和质量的前提下,乙公司有权决定使用服务器传输数据的方式(包括服务器接入的网络)、是否重新配置服务器以及是否将服务器用于其他用途。甲公司并不操作服务器或对其使用作出任何重大决定。

本例中,乙公司供应商是使用期内唯一可就服务器的使用作出相关决定的一方。供应商有权决定使用服务器传输数据的方式,是否重新配置服务器以及是否将服务器用于其他用途。因此,在向客户提供网络服务时,供应商控制服务器的使用。该合同属于供应商使用设备以满足客户确定的网络服务水平的服务合同。

二、部分产能是否属于已识别资产

部分产能是否属于已识别资产,依然需要按照已识别资产的条件进行评估。即资产是否被指定，物理上是否可区分，资产供应方是否有实质替换权。不同的合同条款，可能会导致不同的结论。

如果资产的部分产能在物理上可区分，则该部分产能属于已识别资产。如果资产的某部分产能与其他部分在物理上不可区分，则该部分不属于已识别资产，除非其实质上代表该资产的全部产能，从而使客户获得因使用该资产所产生的几乎全部经济利益的权利。

【示例2-3】部分产能（光纤容量）不属于已识别资产（摘自新租赁准则应用指南例21-2）

甲公司（客户）与乙公司（公用设施公司）签订了一份为期15年的合同，以取得连接A、B城市光缆中约定带宽的光纤使用权。甲公司约定的带宽相当于使用光缆中三条光纤的全部传输容量（乙公司光缆包含15条传输容量相近的光纤）。

本例中，甲公司仅使用光缆的部分传输容量，提供给甲公司使用的光纤与其余光纤在物理上不可区分，且不代表光缆的几乎全部传输容量，因此不存在已识别资产。

【示例2-4】部分产能属于已识别资产（摘自新租赁准则应用指南例21-2）

甲公司（客户）与乙公司（公用设施公司）签订了一份为期15年的合同，以取得连接A、B城市光缆中三条指定的物理上可区分的光纤使用权。若光纤损坏，乙公司应负责修理和维护。乙公司拥有额外的光纤，但仅可因修理、维护或故障等原因替换指定给甲公司使用的光纤。

在本例中，合同明确指定了三条光纤，并且这些光纤与光缆中的其他光纤在物理上可区分、乙公司不可因修理、维护或故障以外的原因替换光纤，因此存在三条已识别光纤。

三、实质性替换权的评估

资产供应方的实质性替换权要综合考虑资产供应方的替换能力、替换权涵盖的期限、替换的经济动因等因素。

【示例2-5】替换资产的实际能力（摘自新租赁准则应用指南例21-3）

甲公司（客户）与乙公司（供应方）签订合同，合同要求乙公司在5年内按照约定的时间表使用指定型号的火车车厢为甲公司运输约定数量的货物。合同中约定的时间表和货物数量相当于甲公司在5年内有权使用10节指定型号火车车厢。合同规定了所运输货物的性质。乙公司有大量类似的车厢可以满足合同要求。车厢不用于运输货物时存放在乙公司处。

本例中，(1) 乙公司在整个使用期间有替换每节车厢的实际能力。用于替换的车厢是乙公司易于获得的，且无须甲公司批准即可替换。

(2) 乙公司可通过替换车厢获得经济利益。车厢存放在乙公司处，乙公司拥有大量类似的车厢，替换每节车厢的成本极小，乙公司可以通过替换车厢获益，例如，使用已位于任务所在地的车厢执行任务，或利用某客户未使用而闲置的车厢。

因此，乙公司拥有车厢的实质性替换权，合同中用于运输甲公司货物的车厢不属于已识别资产。

【示例2-6】替换权并非贯穿于整个使用期间

乙公司（客户）与甲公司（供应方）签订合同，以获得一套机器设备的10年使用权。

判断下列情况下甲公司的替换权是否具有实质性：

情形1：甲公司有权在合同开始5年之后的任何时间替换该设备（即，甲公司在前5年没有替换权）。

情形2：甲公司有权在合同签订5年之后的特定日期替换该设备，而无权在其他时间替换。

情形3：甲公司仅在发生特定事件时有权替换该设备。

本例中，上述三种情形下，甲公司均不能在整个使用期间内行使替换权，因此该替换权不具有实质性。

【示例2-7】资产供应方存在行使替换权的经济动因（摘自新租赁准则应用指南例21-4）

甲公司是一家便利店运营企业，与某机场运营商乙公司签订了使用机场内某处商业区域销售商品的3年期合同。合同规定了商业区域的面积，商业区域可以位于机场内的任一登机区域，乙公司有权在整个使用期间随时调整分配给甲公司的商业区域位置。甲公司使用易于移动的自有售货亭销售商品。机场有很多符合合同规定的区域，可供甲公司使用。

本例中，(1) 乙公司在整个使用期间有变更甲公司使用的商业区域的实际能力。机场内有许多符合合同规定的商业区域，乙公司有权随时将甲公司使用的商业区域的位置变更至其他区域，而无须甲公司批准。

(2) 乙公司通过替换商业区域将获得经济利益。因为售货亭易于移动，所以乙公司变更甲公司所使用商业区域的成本极小。乙公司能够根据情况变化最有效地利用机场登机区域。因此，乙公司能够通过替换机场内的商业区域获益。

甲公司控制的是自有的售货亭，而合同约定的是机场内的商业区域，乙公司可随意变更该商业区域。因此，乙公司有替换甲公司所使用商业区域的实质性权利。从而尽管合同具体规定了甲公司使用的商业区域的面积，但合同中不存在已识别资产。因此，尽管合同具体规定了甲公司使用的商业区域的面积，但合同中不存在已识别资产。

【示例 2–8】资产供应方不存在行使替换权的经济动因（摘自新租赁准则应用指南例 21–5）

甲公司（客户）与乙公司（供应方）签订了使用一架指定飞机的两年期合同，合同详细规定了飞机的内、外部规格。合同规定，乙公司在两年合同期内可以随时替换飞机，在飞机出现故障时则必须替换飞机；无论哪种情况下，所替换的飞机必须符合合同中规定的内、外部规格。在乙公司的机队中配备符合甲公司要求规格的飞机所需成本高昂。

本例中，合同明确指定了飞机，尽管合同允许乙公司替换飞机，但配备另一架符合合同要求规格的飞机会发生高昂的成本，乙公司不会因替换飞机而获益，因此，乙公司的替换权不具有实质性。合同指定的飞机属于已识别资产。

四、是否让渡了在一定期间内控制已识别资产使用的权利

为确定合同是否让渡了在一定期间内控制已识别资产使用的权利，企业应当评估合同中的客户是否有权获得在使用期间因使用已识别资产所产生的几乎全部经济利益，并有权在该使用期间主导已识别资产的使用。

【示例 2–9】控制已识别资产使用的权利（摘自 IFRS 16 示例 9B）

客户与供应商签订了一份合同，购买被明确指定的一家电厂三年生产的全部电力。该电厂为供应商所有，并由供应商运营。供应商不能通过另一家电厂向客户供应电力。合同规定了整个使用期内该电厂的发电数量和时间安排，非特殊情况（例如紧急情况）不可变动。供应商按照行业认可的运营实务负责电厂的日常运营和维护。在以前年度建设电厂时，供应商对该电厂进行了设计，客户未参与该设计。

本例中，存在已识别资产，因为合同明确指定了该电厂，且供应商无权替换被指定的电厂。

客户有权获得在三年使用期内使用已识别电厂所产生的几乎全部经济利益。客户

将获得电厂在三年使用期内生产的全部电力。

然而,客户并不拥有控制电厂使用的权利,因为客户无权在整个期间主导电厂的使用方式和使用目的,电厂的使用方式和使用目的(即是否发电、发电的时间和发电量)在合同中已预先确定。且在使用期内,客户没有关于电厂使用的其他决策权(例如,客户不运营电厂),且并未参与电厂的设计。供应商通过决定电厂的运营和维护方式,成为使用期内唯一可就电厂作出决定的一方。从而交易的实质是客户从电厂获取电力。

【示例2-10】有权决定资产的使用方式和目的(摘自新租赁准则应用指南例21-11)

甲公司(客户)与乙公司(供应方)签订了使用指定船只的5年期合同。合同明确规定了船只,且乙公司没有替换权。甲公司在整个5年使用期决定运输的货物、船只是否航行以及航行的时间和目的港,但需遵守合同规定的限制条件。这些限制条件是为了防止甲公司将船只驶入遭遇海盗风险较高的水域或装载危险品。乙公司负责船只的操作与维护、并负责船上货物的安全运输。合同期间,甲公司不得雇佣其他人员操作船只或自行操作船只。

本例中,合同明确指定了船只,且乙公司无权替换,因此存在已识别资产。合同中关于船只可航行水域和可运输货物的限制限定了甲公司使用船只的权利的范围,但目的仅是保护乙公司船只和人员安全。因为甲公司在使用权范围内可以决定船只是否航行、航行的时间和地点以及所运输的货物,所以甲公司在整个5年使用期可以决定船只的使用目的和使用方式,并有权改变这些决定。尽管船只的操作和维护对于船只的有效使用必不可少,但乙公司在这些方面的决策并未赋予其主导船只使用目的和使用方式的权利。相反,乙公司的决策取决于甲公司关于船只使用目的和使用方式的决定。

因此,甲公司在整个5年使用期有权主导该船只的使用。

五、实务案例分析

在新租赁准则执行过程中,不断出现一些与租赁识别有关并值得讨论的实务案例。

【案例2-1】楼宇墙体及电梯平面媒体合作合同是否包含租赁

案例背景:

广告传媒(甲公司)与A楼宇的物业管理方(乙公司)签订合同,约定甲公司在 A 楼宇的具体位置（包括电梯等候厅和电梯轿厢内等位置）安置 LCD 液晶屏、数码海报和画框等平面媒体系统，播放发布各类信息，且该平面媒体系统的具体规格也在合同中明确约定。甲公司负责该平面媒体系统的维护保养工作，有权更换平面媒体系统信息，设备的所有权属于甲公司。合同履行期限为三年，未经协商一致，甲乙双方均不得改变该平面媒体系统的安装位置和具体规格。

问题：

该合同是否包含租赁？

案例分析及结论：

本案例中合同明确约定了一定的期间——三年。

该合同中存在一项已识别资产，即"A 楼宇约定的具体位置"，物理上可区分，且乙方不能随意更换。

乙方仅提供具体位置的使用权（仅提供场所）。甲方负责在该位置安装相应的系统、软件、播放的内容。甲方有权排他地使用该具体位置，有权获得因使用该已识别资产所产生的几乎全部经济利益；甲方有权决定设备播放内容和信息，可以决定已识别资产的使用目的和使用方式，从而主导该已识别资产的使用。因此，甲方能够主导该已识别资产的使用目的和使用方式，并获取经济利益。因此，该合同包含租赁。

【案例 2-2】租赁的定义——决策权（IFRIC 议程决议 2020 年 1 月）

案例背景：

客户与供应商签订为期 5 年使用指定船只的合同。供应商不能替换该船只，且合同约定客户只能使用该指定船只自 X、Y、Z 三地运输煤炭至 S 地，客户在各地区每年的采购量是固定的，且在 5 年内不得改变。船运合同明确船只的运载量和运费，并明确必须连续运输。客户有权决定运输的顺序，供应商负责运营和维护船只，且客户不能雇佣其他经营方。客户并未设计船只。

问题：

当许多而非全部有关资产"使用方式和使用目的"的决策已预先确定时，客户应如何确定其是否有权在整个使用期间主导已识别资产的使用？

IFRIC 结论：

合同明确了指定的船只，且供应商不能替换该船只，因此，该船只是 IFRS 16 中的已识别资产。客户享有 5 年内船只的独家使用权，因此，其有权获得船只使用的几乎全部经济利益。因此，是否包含租赁的关键点在于判断客户是否具备在 5 年内主导船只使用的权利。

虽然合同条款规定船只仅用于运输煤炭，且对运输的起点和终点、每次运输的重量和必须持续运输作出了规定，但是客户可以自主决定运输安排，如从哪个地区运输煤炭等，且该决定运输安排的权利将影响船只所产生的经济利益，因此，该决策权也是相关的。

综上所述，在本议题所述的合同中，尽管决定船只的"使用方式和使用目的"的许多决策已预先确定，但客户在整个使用期间仍可对船只的"使用方式和使用目的"作出剩余重要决策，如决定运输安排，因此，合同包含一项租赁。

尽管船只的操作和维护对于其高效使用至关重要，但供应商在这方面的决策不会赋予其主导船只"使用方式和使用目的"的权利。

【案例 2-3】关于房地产企业以租代售合同是否包含租赁

案例背景：

甲房地产公司通过土地出让方式获得一宗住宅用地，土地使用权年限为 70 年，土地使用权出让合同明确规定"宗地地上建筑物建成后在土地出让年限内不得转让，宗地使用权及建筑物允许抵押"。宗地地上建筑物建成后包括若干可区分的住宅单位。为加快现金回流，甲公司拟通过与客户签订经营管理协议的方式转让这些住宅单位的经营管理权，经营管理协议约定如下：甲公司转让给客户特定住宅单位 70 年剩余年限的经营管理权、保留产权，承担住宅单位的建造、交付和维修保障义务，并一次性向客户收取对价，客户有权自行决定该住宅单位的装修、改造方式、经营用途、经营方式等，无权将住宅单位用于设立抵押等，但有权转让住宅单位的经营管理权；土地使用权到期后如可续期，甲公司应协助客户续期，续期费用由客户承担。

问题：

上述合同是否构成租赁？

案例分析及结论：

特定住宅单位构成一项已识别资产，客户有权决定该住宅单位的使用目的和使用方式，客户可自行居住住宅单位获益，客户亦可通过转让住宅单位的经营管理权获益，客户可获得经营管理期内因使用住宅单位所产生的几乎全部经济利益，因此，合同包含一项租赁。

【案例 2-4】云计算服务合同是否包含租赁

案例背景：

云计算服务，是指企业对于安排中的软件不具有所有权，而是通过互联网等媒介，按需登录并使用软件的一种安排形式。云计算安排也称软件即服务，即 Software as a Service（简称 SaaS）。

云计算服务是指将网络、计算、存储等基础IT资源提供给用户，本质上是主要提供云区域给用户，辅以多种标准化的虚拟机模板，用户可按照自身需求，提交计算资源及其配套的内存、硬盘、网络等资源，可根据自身发展规划，灵活地创建不同规格的虚拟机，用以承载用户的应用系统。

例如：某运营商为某省政府提供政务云服务，合约期从2020年1月1日至2025年12月31日。运营商的主要职责包括：负责按客户业务需求，派出专家参与制定云平台建设方案，按照上线的时间要求完成云平台资源建设和扩容等工作；按照客户的运维管理要求，开展运维工作；负责依据客户提出的正式需求，提供云服务；负责提供云平台所需的数据中心基础环境服务，包括保障云服务正常运行所需的基础环境服务（包括但不限于机房、机柜、电源、空调制冷、网络带宽、安全等）；负责提供符合项目要求的其他专业配套服务，以及提供云服务配套的驻场运维及运维技术支持服务；保证其所提供的服务满足法律法规要求达到的标准，符合合同中所述的相关技术规范和质量标准的要求。合同中明确了与服务质量密切关联的设备参数要求，同时对服务指标也有明确要求。合同中未要求设备的所有权转移给客户。

问题：

上述云计算服务合同中是否包含租赁？

案例分析及结论：

1. 云计算服务中是否包含租赁成分？

对于云计算服务中的软件许可是否排除在租赁准则范围之外，在国际财务报告准则下，根据IFRS 16第3(5)段"承租人通过许可使用协议取得的属于《国际会计准则第38号——无形资产》（IAS 38）范围内的诸如电影、录像、剧本、文稿、专利、版权等项目的权利不适用租赁准则"，关于软件许可是否属于上述IFRS 16第3(5)段排除的范围，存在不同的看法。如果认为软件许可属于上述准则排除的项目，则不适用租赁准则；如果认为不属于上述准则排除的项目，则根据IFRS 16第4段"承租人可以将本准则应用于第3(5)段所述项目以外的无形资产的租赁，但这并非强制要求"，即对于承租人，可以选择应用无形资产准则或者租赁准则。在企业会计准则下，租赁准则的适用范围处明确，出租人授予的知识产权许可，适用收入准则；承租人通过许可使用协议取得的电影、录像、剧本、文稿等版权、专利等项目的权利，适用无形资产准则。实务中，通常理解承租人通过许可使用协议取得的软件许可不适用租赁准则。

如果适用租赁准则，云计算服务中是否包含租赁成分需要回归到租赁的三要素进行分析，即存在一定期间；存在已识别资产；资产供应方向客户转移对已识别资产一定期间使用权的控制。

如果以上三要素都能满足，那么云计算安排满足租赁的定义，对承租人而言成本支出应确认为使用权资产。对此，IFRIC 在 2019 年 3 月发布的讨论议程中对该问题进行了讨论："企业拥有的对于供应商提供的软件的未来使用权本身不一定给予企业决定如何和以何种目的使用该软件的权利。相反地，软件提供商很可能才是拥有这些权利的一方（例如：如何、何时去更新或配置软件；在什么样的硬件设备上运行该软件）。因此，如果合同仅给予企业在合同期内登陆、使用应用软件的权利，则该合同不构成租赁。"通常云计算安排合同很难满足租赁的定义。因为对应用软件的使用权本身，不代表企业就可以自己决定如何使用、以何种目的使用软件。

如果云计算安排合同中包含了使用硬件设备（例如服务器）的权利，那么该硬件设备使用权，需要根据新租赁准则的要求单独对租赁成分进行核算。此外，为简化处理，新租赁准则明确承租人可以按照租赁资产的类别选择是否分拆合同包含的租赁和非租赁部分，承租人选择不分拆的，应当将各租赁部分及与其相关的非租赁部分合并为租赁进行会计处理。

2. 云计算服务是否应确认为一项无形资产？

《国际会计准则 38 号——无形资产》（IAS 38）第 13 段可以帮助企业判断一项资产是否是企业的无形资产。该段落提及"当企业可以获取潜在的资产或资源所产生的未来经济利益、并且这种利益获取是排他性的（即限制其他人获得这些未来经济利益）的时候，企业就被认定为对于这项资产有控制权。"控制权的存在是关键点，是判断成本支出是否可以资本化为无形资产的根本所在。

通常来说云计算安排合同中很少能形成一项无形资产，因为云计算服务相关的供应商提供的服务通常不会是仅开放给某一个个别企业（即不太会是排他性的）。因此，企业对于软件没有控制权，也就无法满足 IAS 38 中确认无形资产的条件。

仅在非常少的情况下可能可以确认无形资产。相关的合同应该有以下特征：

（1）企业拥有软件的所有权，并在企业自己（或第三方）的电脑基础设施上运行该软件；

（2）对于软件有排他性使用权；或

（3）企业对于某些需要经过企业定制的软件拥有知识产权，即软件提供商无法将该定制过的软件提供给其他顾客。

3. 云计算服务是否应视为接受服务？

更加普遍的情况是，云计算服务安排既不符合租赁，也不符合无形资产准则资本化的条件，这样的合同会被视为一般服务合同。一般服务合同的会计处理相对简单，可以归纳为：

（1）利润表：费用化。企业使用相关服务时在相应合同期内确认为当期费用。

（2）资产负债表：如果先支付款项再使用相关服务，先确认"预付账款"，后续按期摊销为费用；相反地，如果先使用服务再结算费用，应按期确认费用和负债。

4. 实务中常见的云计算服务安排

常见的云计算服务安排中，通常包含下列服务要素。假设合同中不包含租赁成分，那么接受服务一方对于合同下各个服务要素的会计处理如表2-2所示。

表2-2

服务要素	无形资产	服务合同
软件使用费	资本化	费用化
购买硬件成本	固定资产	固定资产
研发费用	费用化	费用化
配置、定制成本	资本化	费用化
变更现有系统	资本化	资本化
数据转换	软件资本化，其他费用化	软件资本化，其他费用化
测试费用	通常资本化	通常费用化
培训费	费用化	费用化

通过实务观察发现，大多数云计算安排里都可能涉及不止一项系统软件实施任务，如何将成本费用在多任务中进行分摊可能会很复杂。企业（接受服务方）需要将最终费用分摊的原理和计算过程记录存档，包括人工时间如何分配等。

当云计算服务供应商同时提供实施服务时，企业（接受服务方）将成本费用恰当地分摊入每一个合同元素（软件使用费、系统实施相关费用等）可能比较困难。

企业（接受服务方）需要分别来看每一项成本要素。当要素符合无形资产的定义时，就需要按照无形资产准则的要求来核算。当要素不符合无形资产的定义时，则按照其他准则对各项要素恰当计量。比如合同内采购的电脑硬件设备应当按照固定资产核算，而合同内的服务则应当按照服务合同的做法，对有关支出进行费用化。

综上所述，云计算行业涉及的业务场景复杂，如公有云、私有云及混合云，需要结合具体业务安排以及合同条款判断。如在该业务安排中包含租赁，需要按照租赁准则的要求进行会计处理。对于合同当中的非租赁安排，出租方应当按照新收入准则或其他相应准则进行处理，承租方可能涉及无形资产准则或其他准则。

【案例2-5】客户访问供应商云平台上软件的权利是否包含租赁（IFRIC议程决议2019年3月）

案例背景：

供应商的软件在由其管理和控制的云平台上运行，客户可根据需要通过互联网或专用线路访问该软件。此外，合同没有向客户转让对有形资产的任何权利。

问题：

客户是在合同生效日取得软件资产还是在合同期限内获得服务？

IFRIC 结论：

在供应商的云平台上运行的软件的未来访问权本身并不赋予客户关于软件使用方式和用途的任何决策权。因此，根据 IFRS 16，有关合同不包含软件租赁。

这种权利既不能使客户将来有权从软件本身获得经济利益，也不限制他人获得这些利益。因此，根据《国际会计准则第 38 号——无形资产》，客户在合同生效日并未取得软件无形资产。

因此，一份合同若仅给予客户在未来访问供应商软件的权利，该合同是一份服务合同。

【案例 2-6】租用地下空间放置输油管道的合同是否租赁（IFRIC 议程决议 2019 年 6 月）

案例背景：

管道运营商（客户）支付对价获得了一项地下空间放置输油管道 20 年的权利。合同指定了地下输油管道的确切位置和尺寸（路径、宽度和深度）。土地所有者保留了管道之上土地表面的使用权。在 20 年的使用期内，土地所有者没有权利访问或改变地下空间，只有客户能进入地下管道和放置地下管道的空间。客户有权进行检查、维修和维护工作（包括必要时更换受损管道），每年向土地所有者预付租金。

问题：

该合同是否包含租赁？

案例分析及结论：

案例所述合同中，指定地下空间在物理上与土地其余部分可区分。合同约定了管道的路径、宽度和深度，从而定义了物理上可区分的地下空间。该空间在地下并不影响其是否为已识别资产——该指定地下空间与该土地表面物理可区分的指定区域一样，在物理上可区分。该土地所有者在使用期内不具有对该地下空间的实质替换权。因此，该指定地下空间属于已识别资产。

从所述情况看，客户在 20 年间有权获得使用该资产的全部经济利益。因为在 20 年间，客户具有排他的使用权，土地所有者无权进入管道，也无权改变客户对特定地下空间的使用。

客户有权主导特定地下空间的使用方式，有权改变地下空间的使用目的和使用方式；如果地下使用空间的使用方式和使用目的已经预先确定，客户有权按照既定的目的和方式经营该地下空间，土地所有者无权改变这些经营设施。

综上所述，合同中存在已识别资产，客户有权在 20 年间主导资产的使用，并获得几乎全部的经济利益，满足租赁的定义。

【案例 2-7】通过租赁方式取得用于在建工程的租赁物交易实质的判断

案例背景：

企业向租赁公司租入建筑材料（例如，钢材等），用于办公用房的建设。租赁期 5 年；租金总额 100 万元，每年年末支付；包含购买选择权，租期届满后，企业可以按 1 元的价格购买建筑材料，企业将行使购买选择权。房屋建设周期为 1 年半，属于"符合资本化条件的资产"，房屋建成后的使用年限为 50 年。开工时间为 2021 年 1 月 1 日，当日，租赁钢材运抵施工现场。

问题：

通过租赁方式取得的用于在建工程的租赁物（最终构成在建工程的一部分），经济实质属于租赁还是分期付款购买材料？适用租赁准则还是固定资产准则？

案例分析及结论：

本案例中，钢材属于通用材料，租赁的钢材用于办公用房建设，使用后构成办公用房不可分割的一部分，租赁期满不会归还租赁公司，很可能并不存在已识别资产。此外，从"控制"钢材还是控制"钢材使用权"的角度分析，倾向认为企业控制了钢材、按照分期付款购买资产处理。

【案例 2-8】适用租赁准则还是金融工具准则

案例背景：

为建造一项工程项目，甲公司与供应商以及金融租赁公司作出了如下安排：

（1）金融租赁公司根据甲公司的选择和要求，与供应商签订标的物的建造合同，按照建造合同支付价款，建设期为两年；

（2）同时，金融租赁公司与甲公司签订融资租赁合同，租赁物为建造合同的标的物，起租日为租赁合同生效日即签约日，租赁期为 12 年，甲公司按时足额支付全部租金后，租赁期满可支付 1 元留购费后取得租赁物的所有权。

（3）该工程项目建设在甲公司的土地上。

（4）金融租赁公司仅承担甲公司信用风险。对于金融租赁公司针对标的物的其他权利，均由甲公司行使，例如，若甲公司发现标的物质量问题、供应商延迟交货等属于供货方责任的情况时，金融租赁公司不承担责任，不构成甲公司减免或推迟支付租金的理由，由甲公司依据建造合同向供应商行使索赔权等。自租赁合同生效日起，不论甲公司实际使用租赁物与否,或者发生其他任何情况(包括但不限于租赁物毁损、灭失等),均不影响甲公司向金融租赁公司支付租金的义务。

问题:

本案例适用租赁准则还是金融工具准则?

案例分析及结论:

判断该交易属于借款还是租赁,关键在于建造期间由甲公司还是融资租赁公司控制在建资产。由于该工程项目在甲公司的土地上建设,且金融租赁公司仅承担来源于甲公司的信用风险,不承担项目的建造风险,因此,本例中在建期间甲公司控制在建项目,其交易实质是甲公司向金融租赁公司借款开展自建项目,甲公司应当按照相关准则的规定分别确认在建工程和金融负债,本案例不适用租赁准则。

第三节 披露示例

【披露示例2-1】002596.SZ 海南瑞泽 2023年度报告

使用权资产(见表2-3)。

表2-3　　　　　　　　　　使用权资产　　　　　　　　单位:元　币种:人民币

项目	房屋及建筑物	土地承包经营权	机器设备	运输工具	合计
一、账面原值					
1. 期初余额	31 946 286.20	27 315 671.45	4 323 360.08	4 569 911.50	68 155 229.23
2. 本期增加金额					
3. 本期减少金额	18 974 679.91				18 974 679.91
(1) 退租	18 974 679.91				18 974 679.91
4. 期末余额	12 971 606.29	27 315 671.45	4 323 360.08	4 569 911.50	49 180 549.32
二、累计折旧					
1. 期初余额	9 364 108.84	3 913 922.51	2 161 680.02	920 778.23	16 360 489.60
2. 本期增加金额	4 586 171.13	1 112 953.78	1 080 840.03	812 299.04	7 592 263.98
(1) 计提	4 586 171.13	1 112 953.78	1 080 840.03	812 299.04	7 592 263.98
3. 本期减少金额	11 141 325.54				11 141 325.54
(1) 处置					
(2) 退租	11 141 325.54				11 141 325.54
4. 期末余额	2 808 954.43	5 026 876.29	3 242 520.05	1 733 077.27	12 811 428.04

续表

项目	房屋及建筑物	土地承包经营权	机器设备	运输工具	合计
三、减值准备					
1. 期初余额					
2. 本期增加金额					
（1）计提					
3. 本期减少金额					
（1）处置					
4. 期末余额					
四、账面价值					
1. 期末账面价值	10 162 651.86	22 288 795.16	1 080 840.03	2 836 834.23	36 369 121.28
2. 期初账面价值	22 582 177.36	23 401 748.94	2 161 680.06	3 649 133.27	51 794 739.63

【披露示例 2-2】688095.SH 福昕软件　2023 年度报告

1. 无形资产的计价方法、使用寿命、减值测试

使用寿命有限的无形资产预计寿命及依据如表 2-4 所示。

表 2-4　　　　　　　使用寿命有限的无形资产预计寿命及依据

类别	摊销方法	预计使用寿命	依据	残值率（%）
专利、商标等无形资产组合	直线法	10 年、受益期间或合同授权期间	约定授权期间的，按照约定期间进行摊销；未约定期限的，按照 10 年或管理层确定的受益期间摊销	0
软件	直线法	10 年、受益期间或合同授权期间	约定授权期间的，按照约定期间进行摊销；未约定期限的，按照管理层确定的受益期间摊销	0
云服务	直线法	10.5 年	按照预计无形资产组合的受益年限	0

无形资产情况如表 2-5 所示。

表 2-5　　　　　　　无形资产情况　　　　　　　单位：元　币种：人民币

项目	专利、商标等无形资产组合	软件及专有技术	云服务无形资产	域名	合计
一、账面原值					
1. 期初余额	70 796 332.34	12 723 962.05	6 268 146.96	6 268 140.00	96 056 581.35
2. 本期增加金额		977 677.87			977 677.87
（1）购置		977 677.87			977 677.87

续表

项目	专利、商标等无形资产组合	软件及专有技术	云服务无形资产	域名	合计
3. 本期减少金额		519 171.78			519 171.78
（1）处置		519 171.78			519 171.78
4. 汇率调整	892 734.36	107 107.24	106 290.12	106 290.00	1 212 421.72
5. 期末余额	71 689 066.70	13 289 575.38	6 374 437.08	6 374 430.00	97 727 509.16
二、累计摊销					
1. 期初余额	28 817 322.55	10 789 396.41	3 861 174.24	731 283.00	44 199 176.20
2. 本期增加金额	8 135 519.67	780 510.59	609 621.98	423 348.60	9 949 000.84
（1）计提	8 135 519.67	780 510.59	609 621.98	423 348.60	9 949 000.84
3. 本期减少金额		493 490.11			493 490.11
（1）处置		493 490.11			493 490.11
4. 汇率调整	317 109.59	89 371.11	67 797.94	14 013.90	488 292.54
5. 期末余额	37 269 951.81	11 165 788.00	4 538 594.16	1 168 645.50	54 142 979.47
三、减值准备					
1. 期初余额					
2. 本期增加金额					
（1）计提					
3. 本期减少金额					
（1）处置					
4. 期末余额					
四、账面价值					
1. 期末账面价值	34 419 114.89	2 123 787.38	1 835 842.92	5 205 784.50	43 584 529.69
2. 期初账面价值	41 979 009.79	1 934 565.64	2 406 972.72	5 536 857.00	51 857 405.15

【披露示例2-3】600801.SH 华新水泥 2022年度报告

使用权资产如表2-6所示。

表2-6　　　　　　　　　　　使用权资产　　　　　　　单位：元　币种：人民币

项目	土地及矿山使用权	建筑物及相关设施	机器设备	汽车及运输设备	合计
一、账面原值					
1. 期初余额	125 116 788	106 996 215	75 671 463	231 522	308 015 988
2. 本期增加金额	242 445 844	267 910 469	296 972 679	125 261	807 454 253

续表

项目	土地及矿山使用权	建筑物及相关设施	机器设备	汽车及运输设备	合计
（1）新增租入	242 445 844	267 910 469	296 972 679	125 261	807 454 253
3. 期末余额	367 562 632	374 906 684	372 644 142	356 783	1 115 470 241
二、累计折旧					
1. 期初余额	17 610 936	14 946 789	2 143 673	123 328	34 824 726
2. 本期增加金额	39 222 904	31 507 954	30 578 888	24 699	101 334 445
（1）计提	39 222 904	31 507 954	30 578 888	24 699	101 334 445
3. 期末余额	56 833 840	46 454 743	32 722 561	148 027	136 159 171
三、账面价值					
1. 期末账面价值	310 728 792	328 451 941	339 921 581	208 756	979 311 070
2. 期初账面价值	107 505 852	92 049 426	73 527 790	108 194	273 191 262

【披露示例 2－4】601326.SH 秦港股份 2022 年度报告

合同是否为租赁或包含租赁

本集团就办公房屋及车辆签订了相关资产的租赁协议。本集团认为，根据租赁协议，资产供应方对办公房屋及车辆拥有实质性替换权，协议未授予本集团改变该资产的使用目的和使用方式的权利，也未授予本集团自行或主导他人按照本集团确定的方式运营该资产，且本集团未参与设计该资产，因此，该租赁协议不包含租赁，本集团将其作为接受服务进行处理。

【披露示例 2－5】000063.SZ 中兴通讯 2020 年度报告

合同是否为租赁或包含租赁

本集团签订了关于海外仓库、通勤车辆的租赁协议。本集团认为，根据租赁协议，不存在已识别资产，资产供应方对该仓库、车辆等拥有实质性替换权，协议未授予本集团改变仓库、车辆的使用目的和使用方式的权利，也未授予本集团自行或主导他人按照本集团确定的方式运营该仓库、车辆，因此，该租赁协议不包含租赁，本集团将其作为接受服务进行处理。

第三章
租赁的分拆与合并

合同中同时包含租赁和非租赁部分应当分拆（为简化处理，承租人可以按照租赁资产的类别选择是否分拆合同包含的租赁和非租赁部分）；合同中同时包含多项单独的租赁，承租人和出租人应当予以分拆，基于单项租赁进行会计处理。但是为便于实务操作，如果企业能够合理预计，应用于具有类似特征的租赁组合与应用于该组合中的各单项租赁相比，不会对财务报表产生显著不同的影响，则企业可根据租赁组合进行会计处理。企业与同一交易方或其关联方在同一时间或相近时间订立的两份或多份包含租赁的合同，在满足特定条件时，应当合并为一份合同进行会计处理。

本章在分析准则对租赁分拆、组合与合并的相关规定基础上，讨论实务中的常见问题及难点。

第一节 准则规定及解析

一、租赁的分拆

租赁分拆包含两个方面的含义：(1) 合同中同时包含租赁和非租赁部分应当分拆（为简化处理，承租人可以按照租赁资产的类别选择是否分拆合同包含的租赁和非租赁部分）；(2) 合同中同时包含多项单独租赁的，承租人和出租人应当予以分拆。

1. 租赁和非租赁部分的分拆

合同中同时包含租赁和非租赁部分的,准则对于承租人和出租人的要求有所不同。准则给予承租人一项选择权,即承租人可以按照租赁资产的类别选择是否分拆合同包含的租赁和非租赁部分,但出租人只能进行分拆处理。

(1) 承租人的处理

承租人选择不分拆租赁和非租赁部分,应当将各租赁部分及与其相关的非租赁部分分别合并为租赁,按照租赁准则进行会计处理。但是,对于按照 CAS 22 应分拆的嵌入衍生工具,承租人不应将其与租赁部分合并进行会计处理。

承租人选择分拆合同包含的租赁和非租赁部分时,承租人应当按照各项租赁部分单独价格及非租赁部分的单独价格之和的相对比例分担合同对价。租赁和非租赁部分的单独相对价格,应当根据出租人或类似资产供应方就该部分或类似部分向企业单独收取的价格确定。如果可观察的单独价格不易于获得,承租人应当最大限度地利用可观察的信息估计单独价格。

(2) 出租人的处理

对于出租人,应当将租赁和非租赁部分进行分拆,租赁部分应当按照租赁准则进行会计处理,非租赁部分应当按照其他适用的企业会计准则进行会计处理。

在分拆合同包含的租赁和非租赁部分时,出租人应当根据 CAS 14 关于交易价格分摊的规定分摊合同对价。

对于合同包含租赁和非租赁部分,承租人与出租人的会计处理流程如图 3-1 所示。

2. 多项单独租赁的分拆

合同中同时包含多项单独租赁的,承租人和出租人应当将合同予以分拆,并分别各项单独租赁进行会计处理。

同时符合下列条件的,使用已识别资产的权利构成合同中的一项单独租赁:

(1) 承租人可从单独使用该资产或将其与易于获得的其他资源一起使用中获利。易于获得的资源是指(出租人或其他供应方)单独销售或租赁的商品或服务,或者承租人已(从出租人或从其他交易或事项)获得的资源。

(2) 该资产与合同中的其他资产不存在高度依赖或高度关联关系。例如,承租人租赁资产的决定不会对承租人使用合同中的其他资产的权利产生重大影响,这一事实表明标的资产与该等其他资产不存在高度依赖或关联关系。

合同中包含多项租赁的分拆流程,如图 3-2 所示。

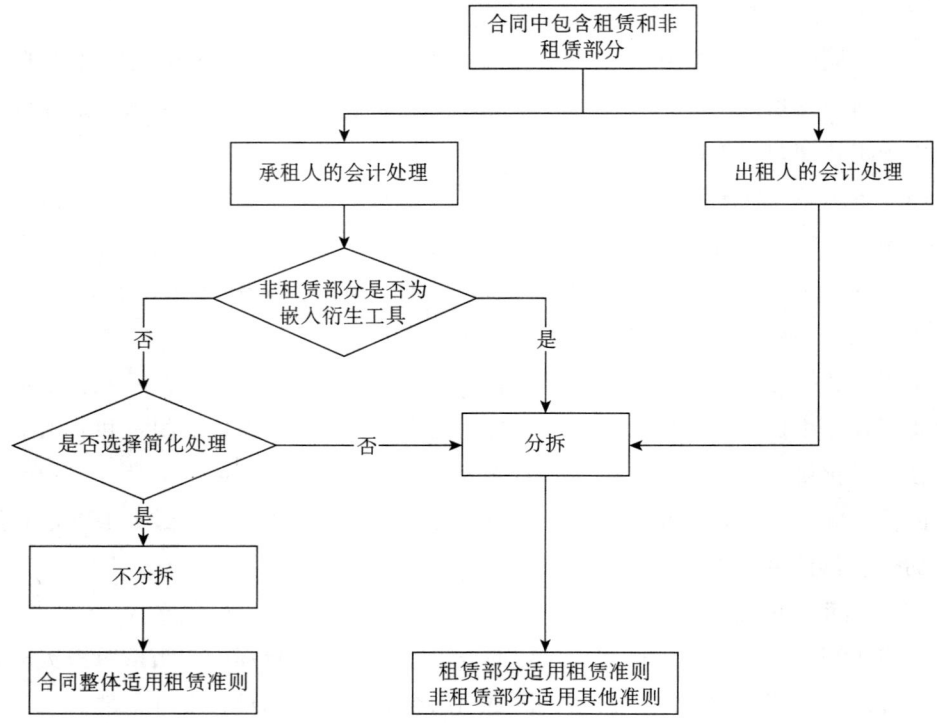

图 3-1 租赁的分拆流程——租赁和非租赁部分

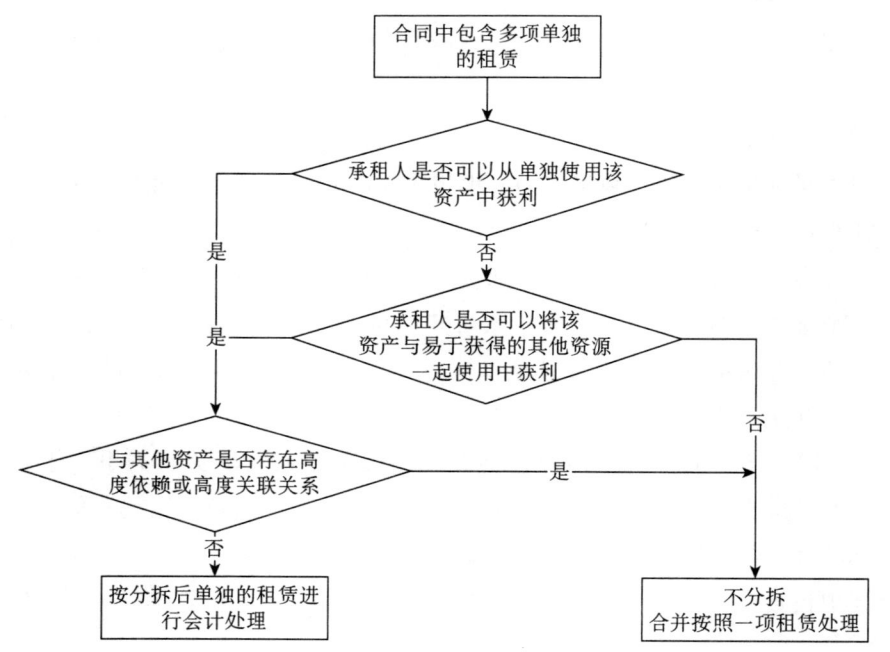

图 3-2 租赁的分拆流程——包含多项单独租赁

企业应基于单项租赁进行会计处理，为便于实务操作，如果企业能够合理预计，应用于具有类似特征的租赁组合与应用于该组合中的各单项租赁相比，不会对财务报表产生显著不同的影响，则企业可根据租赁组合进行会计处理。两份或多份合同合并为一份合同进行会计处理的，仍然需要区分该一份合同中租赁部分和非租赁部分。

【示例 3-1】租赁的组合应用（根据 IFRS 16 示例 11 改编）

某承租人持有众多卡车或厢式货车租赁合同，这些车辆用于运输，大小和价值不等。承租人的卡车和厢式货车是根据单独的租赁协议租赁的，共有 6 500 项租赁。所有卡车租赁都是相似的条款，厢式货车租赁也是如此。卡车的租期一般为四年，涉及的卡车车型也相似。厢式货车的租期一般为五年，涉及的厢式货车车型也相似。

本例中，承租人合理地预计按照资产类型、地区和协议签订年份的季度划分的卡车租赁和厢式货车租赁组合并对其应用租赁准则的规定，与对每个单项的卡车或厢式货车租赁应用租赁准则的规定，两者的影响不会有重大差异。因此，承租人对不同的卡车或厢式货车的租赁组合应用租赁准则的规定，而非对 6 500 项单项租赁分别应用租赁准则。

二、租赁的合并

企业与同一交易方或其关联方在同一时间或相近时间订立的两份或多份包含租赁的合同，在符合下列条件之一时，应当合并为一份合同进行会计处理：

（1）该两份或多份合同基于总体商业目的而订立并构成一揽子交易，若不作为整体考虑则无法理解其总体商业目的。

（2）该两份或多份合同中的某份合同的对价金额取决于其他合同的定价或履行情况。

（3）该两份或多份合同让渡的资产使用权合起来构成一项单独租赁。

两份或多份合同合并为一份合同进行会计处理的，仍然需要区分该一份合同中的租赁部分和非租赁部分（见图 3-3）。

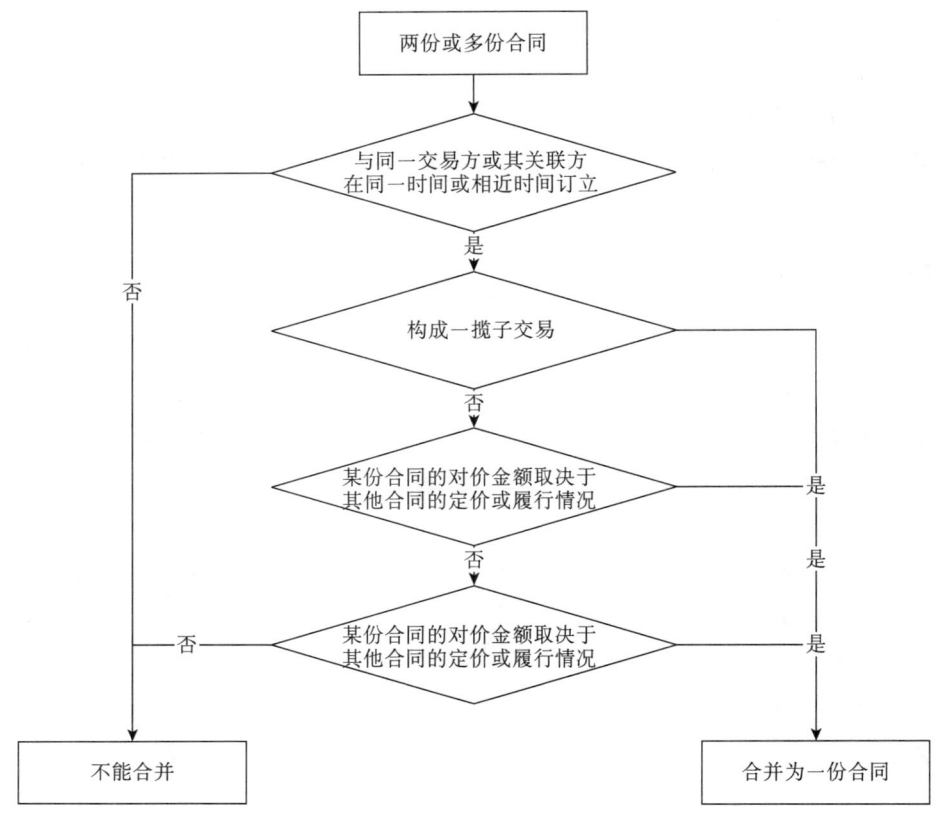

图 3-3 租赁的合并流程

第二节 常见问题及难点分析

一、要求承租人支付某些款项但未向承租人转移商品或服务

实务中，出租人可能要求承租人承担某些款项，却未向承租人转移商品或服务。例如，出租人可能将管理费或与租赁相关的其他成本计入应付金额，而并未向承租人转移商品或服务。此类应付不构成合同中单独的组成部分，而应视为总对价的一部分分摊至单独识别的合同组成部分。

【示例 3-2】租赁和非租赁部分以及没有转让服务的对价分摊

出租人与承租人签订了一份三年期的设备租赁合同，其中年度固定付款额为 120

万元。该合同年度固定付款额包括：租金 90 万元、维护费 25 万元以及管理费用 5 万元。

本例中，该合同包含两项组成部分，租赁部分（设备租赁）和非租赁部分（维护）。所支付的管理费用金额并未向承租人转移商品或服务。因此，将 360 万元的合同总对价分配至租赁部分（设备）和非租赁部分（维护）。

如果按照设备租金和维护费的单独价格比例 90:25 进行分摊，其中设备租赁分摊的价格为 282 万元，维护分摊的价格为 78 万元。

二、分拆合同中的租赁和非租赁成分部分

新租赁准则为承租人提供了实务简便操作方法，即承租人可选择不分拆租赁部分与非租赁部分，而将每一个租赁部分与任何相关的非租赁部分一起作为单一租赁部分进行会计处理。该选择应当基于租赁资产的类别而作出。

新租赁准则为承租人提供的实务简便操作方法，不适用于按照金融工具准则应分拆的嵌入衍生工具。但是，①与通货膨胀有关的指数（例如消费品物价指数）挂钩的租赁付款额指数（假设该租赁不是杠杆租赁，且该指数与企业自身经济环境中的通货膨胀有关）；②基于相关销售额的或有租金；③基于变动利率的或有租金。这类衍生工具与主合同紧密相关，不属于应分拆的嵌入衍生工具。

另外，新租赁准则并未向出租人提供同样的实务简便操作方法。因此，出租人在任何情况下都需要分拆各租赁部分和非租赁部分。

实务中存在一些复杂的合同，出租人在提供租赁服务的同时，往往会配备人员，提供培训、维修等各项服务。合同中往往会存在租赁和非租赁部分，比如船只的租赁、飞机的租赁、钻井设备的租赁等，出租人需要进行分拆。

【示例 3-3】轮船（或飞机）的期租与光租

航运业期租业务指远洋运输企业（船东）将配备有操作人员的船舶提供给承租方使用一定期限，租赁期内由承租方主导船舶的使用，无论是否经营，均按天向承租方收取租赁费，期租业务中船东负责配备船员，负担船员工资。

光租指远洋运输企业将船舶在约定的时间内出租给他人使用，不配备操作人员，不承担运输过程中发生的各种费用，只收取固定租赁费的业务。

本例中，从租赁业务的定义和相关合同条款来看，期租和光租业务均在一定期间内转移了船舶的使用权，且期租业务的履行依赖某个特定船舶（一般在协议中规定船名等）。不同的是，期租业务同时配备了船舶操作人员，在租赁期间内，船舶及出

租人配备的人员均听从承租人的调遣，出租人不对租赁期间相关船舶及人员进行管理。因此，出租人实际上提供了船舶租赁和人员服务这两部分业务，前者属于租赁准则的规范范围，而后者属于收入准则所规范的提供劳务收入。承租人在进行会计处理时需要对这两部分以适当的方式予以分拆，前者列报为一项租赁交易，后者按提供劳务收入的原则进行会计处理和报表列报。

对于承租人来说，可能首先需要向出租人了解关于期租定价的更详细的信息。但从出租人处获取足够的信息并非没有难度，这意味着承租人可能需要寻求其他信息来源以对相关单独价格作出估计。

如果针对同一条船或者类似的船舶，在类似的时间或者条件下同时存在具有可比性的光租和期租业务，则这两类业务租金的差额即可认为是对应于提供人员服务的劳务收入。如果没有上述信息，确定租赁和服务的价格可能较为困难且涉及更复杂的判断。如果预计服务的部分并不重要或者作出相关判断十分困难，承租人可以决定运用简化处理的方法无须进行拆分，而是一并作为租赁处理。但对于出租人来说，则没有简化处理的选择，只能进行分拆。

【示例3-4】分摊租赁和非租赁部分（摘自新租赁准则应用指南例21-7）

甲公司从乙公司租赁一台推土机、一辆卡车和一台长臂挖掘机用于采矿业务，租赁期为4年。乙公司同意在整个租赁期内维护各项设备。合同固定对价为300万元，按年分期支付，每年支付75万元。合同对价包含了各项设备的维护费用。

本例中，甲公司未采用简化处理，而是将非租赁部分（维护服务）与租入的各项设备分别进行会计处理。甲公司认为租入的推土机、卡车和长臂挖掘机分别属于单独租赁，原因如下：（1）甲公司可以单独使用这三项设备中的每一项，或将其与易于获得的其他资源一起使用中获利（如甲公司易于租入或购买其他卡车或挖掘机用于其采矿业务）；（2）尽管甲公司租入这三项设备只有一个目的（即从事采矿业务），但这些设备不存在高度依赖或高度关联关系。因此，甲公司得出结论，合同中存在三个租赁部分和对应的三个非租赁部分（维护服务）。甲公司将合同对价分摊至三个租赁部分和非租赁部分。

市场上有多家供应方提供类似推土机和卡车的维护服务。因此，这两项租入设备的维护服务存在可观察的单独价格。假设其他供应方的支付条款与甲、乙公司签订的合同条款相似，甲公司能够确定推土机和卡车维护服务的可观察单独价格分别为16万元和8万元。长臂挖掘机是高度专业化机械，其他供应方不出租类似挖掘机或为其提供维护服务。乙公司对从本公司购买相似长臂挖掘机的客户提供4年的维护服务，可观察对价为固定金额28万元，分4年支付。因此，甲公司估计长臂挖掘机维护服务的单独价格为 28 万元。甲公司观察到乙公司在市场上单独出租租赁期为 4 年的推土机、卡车和长臂挖掘机的价格分别为 90 万元、58 万元和 120 万元。

甲公司将合同固定对价 300 万元分摊至租赁和非租赁部分的情况如表 3-1 所示。

表 3-1　　　　　　　　　　租赁和非租赁对价的分摊

		推土机	卡车	长臂挖掘机	合计
可观察的单独价格	租赁	90	58	120	268
	非租赁				52[*]
	合计				320
	固定对价总额				300
分摊率	分摊率（%）[**]				93.75

注：[*] 16+8+28=52；[**] 按照租赁准则规定，承租人按照推土机、卡车、长臂挖掘机这三个租赁部分单独价格 90 万元、58 万元、120 万元和非租赁部分的单独价格之和 52 万元的相对比例来分摊合同对价。分拆后，推土机、卡车和长臂挖掘机的租赁付款额（折现前）分别为 84.375 万元、54.375 万元和 112.5 万元。

第三节　披露示例

【披露示例 3-1】0788. HK 中国铁塔　2022 年度报告

重大会计政策摘录

塔类业务

本集团塔类业务包括提供予三家通信运营商的宏站业务及微站业务，两类业务均包括以下内容：

（1）提供站址空间

本集团提供铁塔站址空间给三家通信运营商，以供其安装通信设备。

（2）维护服务

维护服务包括本集团将机房或机柜与配套设施提供给三家通信运营商以满足通信设备的运作需要、设备运营状况监控、日常巡检、故障处理、物业维系、机房环境保障以及运营分析等。通维服务，本集团协助客户维持设备运作。

（3）电力服务

本集团向客户通信设备提供电力接入、蓄电池或后备电力供应及发电服务。本集团通常向客户提供市电接入。当市电供应中断时，本集团的蓄电池将会提供后备电力。此外，本集团在市电中断及蓄电池电力耗尽时利用汽油或柴油发电机向客户设备提供发电服务。

本集团与三家通信运营商就塔类业务和 DAS 业务签订《商务定价协议》、补充协议及相关的单站服务协议。与三家通信运营商达成的协议由如前述的多个分开的并分别提供的部分组成。总交易价格以成本加成为基础经共享折扣调整确定，并根据各自独立的销售价格分配给提供站址空间、维护服务、电力服务和 DAS 服务。独立销售价格根据预期成本和成本加成率确定。

作为出租人，本集团提供站址空间被视为经营租赁。来自提供站址空间的收入在租赁期内按直线法确认。不以指数或费率为基础的变动租赁付款应在发生时确认为收入。本集团就维护服务、重力服务、DAS 服务及其他服务在这些服务提供时确认收入。

第四章

租赁期

租赁期是指承租人有权使用租赁资产且不可撤销的期间。在新租赁准则下，租赁期的判断是重要且有难度的，租赁期是决定租赁负债和使用权资产计量的重要因素。租赁期的判断涉及租赁期开始日、不可撤销期间以及续租选择权和终止租赁选择权的判断和评估，并且新租赁准则还规定，发生承租人可控范围内的重大事件或变化，且影响承租人是否合理确定将行使相应选择权的，承租人需要对其是否行使选择权进行重新评估，并修改租赁期。

本章在分析准则对租赁期规定的基础上，讨论关于租赁期确定的常见问题及难点。

第一节 准则规定及解析

一、租赁期开始日

租赁期开始日，是指出租人提供租赁资产使其可供承租人使用的起始日期。租赁期自租赁期开始日起计算。

租赁协议中对起租日或租金支付时间的约定，并不影响租赁期开始日的判断。如果承租人在租赁协议约定的起租日或租金起付日之前，已获得对租赁资产使用权的控制，则表明租赁期已经开始。租赁期开始日可能不同于合同中约定的租赁起始时间。

例如，签订某一租赁合同后，出租人于2023年1月1日将钥匙交付承租人，承租人在收到钥匙后，就可以自主安排对房屋的装修，并安排搬迁。合同约定3个月的免租期，起租日为2023年4月1日，承租人自起租日开始支付租金。本例中，承租人自2023年1月1日起就已经拥有对该房屋使用权的控制。因此，租赁期开始日为2023年1月1日。租赁期包括出租人提供的免租期。

二、不可撤销期间

租赁期是指承租人有权使用租赁资产且不可撤销的期间。在确定租赁期和评估不可撤销租赁期间时，企业应根据合同条款确定可强制执行合同的期间。

1. 如果承租人和出租人双方均有权在未经另一方许可的情况下终止租赁，且所受惩罚不重大，则该租赁不再可强制执行。

2. 如果只有承租人有权终止租赁，则在确定租赁期时，企业应将该项权利视为承租人可行使的终止租赁选择权予以考虑。

3. 如果只有出租人有权终止租赁，则不可撤销的租赁期包括终止租赁选择权所涵盖的期间。

从上述规定可以看出，合同是否可强制执行，要看是否双方均有权在低成本条件下终止租赁。合同是否不可撤销，是从出租人是否有单方面终止权的角度考虑的。举例如下：

承租人与出租人签订了一份租赁合同，约定自租赁期开始日1年内不可撤销，如果任何一方提出撤销，将向另一方支付重大罚金，1年期满后，经双方同意可再延长1年，如有一方不同意，将不再续期，且没有罚款。假设承租人对于租赁资产并不具有重大依赖。

在此情况下，自租赁期开始日起的第1年有强制的权利和义务，是不可撤销期间。而此后1年的延长期并非不可撤销期间，因为承租人或出租人均可单方面选择不续约而无须支付任何罚款。

三、续租选择权和终止租赁选择权涵盖的期间

租赁期是指承租人有权使用租赁资产且不可撤销的期间；承租人有续租选择权，即有权选择续租该资产，且合理确定将行使该选择权的，租赁期还应当包含续租选择权涵盖的期间；承租人有终止租赁选择权即有权终止租赁该资产，但合理确定将不会行使该选择权的，租赁期应当包含终止租赁选择权涵盖的期间。

（一） 续租选择权和终止租赁选择权对租赁期间的影响

如果承租人合理确定将会行使续租选择权或者不会行使终止选择权，租赁期应当包括这两个权利所涵盖的期间。

例如，承租人签订了一份设备租赁合同，包括 4 年的不可撤销期限和 2 年期固定价格续租选择权。续租期间的合同条款和条件与市价接近，没有终止罚款或其他因素表明承租人能合理确定将行使续租选择权，那么在租赁期开始日确定租赁期为 4 年。

例如，承租人签订了一份建筑租赁合同，包括 4 年不可撤销期限和 2 年按照市价行使的续租选择权。在搬入该建筑之前，承租人花费了大量资金对租赁建筑进行了改良，预计在 4 年结束时租赁资产改良仍将具有重大价值，且该价值仅可通过继续使用租赁资产实现。在此情况下，承租人合理确定将行使续租选择权，因为如果在 4 年结束时放弃该租赁资产改良，将蒙受重大经济损失。因此，在租赁开始时，承租人确定租赁期为 6 年。

（二） 评估是否会行使两项权利的考虑因素

在合理确定是否会行使这两项权利时，企业应当考虑促使承租人作出选择的经济动机的所有相关事实和情况，包括但不限于：

（1） 与市价相比，选择权期间的合同条款和条件。例如：选择权期间内为使用租赁资产而需支付的租金；可变租赁付款额或其他或有款项（如因终止租赁罚款和余值担保导致的应付款项）；初始选择权期间后可行使的其他选择权的条款和条件（如续租期结束时可按低于市价的价格行使购买选择权）。

（2） 在合同期内，承租人进行或预期进行重大租赁资产改良的，在可行使续租选择权、终止租赁选择权或者购买租赁资产选择权时，预期能为承租人带来的重大经济利益。

（3） 与终止租赁相关的成本。例如谈判成本、搬迁成本、寻找与选择适合承租人需求的替代资产所发生的成本、将新资产融入运营所发生的整合成本、终止租赁的罚款、将租赁资产恢复至租赁条款约定状态的成本、将租赁资产归还至租赁条款约定地点的成本等。

（4） 租赁资产对承租人运营的重要程度。例如，租赁资产是否为一项专门资产，租赁资产位于何地以及是否可获得合适的替换资产等。

（5） 与行使选择权相关的条件及满足相关条件的可能性。例如，租赁条款约定仅在满足一项或多项条件时方可行使选择权，此时还应考虑相关条件及满足相关条件的可能性。

租赁的不可撤销期间的长短会影响对承租人是否合理确定将行使或不行使选择权的评估。通常,租赁的不可撤销期间越短,获取替代资产的成本就越高,承租人行使续租选择权或不行使终止租赁选择权的可能性就越大。此外,评估承租人是否合理确定将行使或不行使选择权时,如果承租人以往曾经使用过特定类型的租赁资产或自有资产,则可以参考承租人使用该类资产的通常期限及原因。例如,承租人通常在特定时期内使用某类资产,或承租人通常对某类租赁资产行使选择权,则承租人应考虑以往这些做法的原因,以评估是否合理确定将对此类租赁资产行使选择权。

续租选择权或终止租赁选择权可能与租赁的其他条款相结合。例如,无论承租人是否行使选择权,均保证向出租人支付基本相等的最低或固定现金,在此情形下,应假设承租人合理确定将行使续租选择权或不行使终止租赁选择权。又如,同时存在原租赁和转租赁时,转租赁期限超过原租赁期限,如原租赁包含 5 年的不可撤销期间和 2 年的续租选择权,而转租赁的不可撤销期限为 7 年,此时应考虑转租赁期限及相关租赁条款对续租选择权评价的可能影响。

购买选择权的评估方式应与续租选择权或终止租赁选择权的评估方式相同,购买选择权在经济上与将租赁期延长至租赁资产全部剩余经济寿命的续租选择权类似。

四、对租赁期和购买选择权的重新评估

新租赁准则规定,发生承租人可控范围内的重大事件或变化,且影响承租人是否合理确定将行使相应选择权的,承租人应当对其是否合理确定将行使续租选择权、购买选择权或不行使终止租赁选择权进行重新评估,并根据重新评估结果修改租赁期。承租人可控范围内的重大事件或变化包括但不限于下列情形:

(1) 在租赁期开始日未预计到的重大租赁资产改良,在可行使续租选择权、终止租赁选择权或购买选择权时,预期将为承租人带来重大经济利益;

(2) 在租赁期开始日未预计到的租赁资产的重大改动或定制化调整;

(3) 承租人作出的与行使或不行使选择权直接相关的经营决策。例如,决定续租互补性资产、处置可替代的资产或处置包含相关使用权资产的业务。

如果不可撤销的租赁期间发生变化,企业应当修改租赁期。例如,在下述情况下,不可撤销的租赁期将发生变化:

一是承租人实际行使了选择权,但该选择权在之前企业确定租赁期时未涵盖;

二是承租人未实际行使选择权但该选择权在之前企业确定租赁期时已涵盖;

三是某些事件的发生导致根据合同规定承租人有义务行使选择权,但该选择权在之前企业确定租赁期时未涵盖;

四是某些事件的发生导致根据合同规定禁止承租人行使选择权,但该选择权在之前企业确定租赁期时已涵盖。

经重新评估后,租赁期发生了变化,承租人应采用修订后的折现率对变动后的租赁付款额进行折现,以重新计量租赁负债,同时调整使用权资产。使用权资产的账面价值已调减至零,但租赁负债仍需进一步调减的,承租人应当将剩余金额计入当期损益。

第二节 常见问题及难点分析

一、租赁开始日和租赁期开始日

租赁开始日和租赁期开始日是不同的。租赁开始日用于做会计判断,租赁期开始日用于确认和计量。

租赁开始日,是指租赁合同签署日与租赁各方就主要租赁条款作出承诺日中的较早者。租赁开始日是企业评价合同以确定其是否为一项租赁或包含一项租赁的日期。对于出租人,该日期为确定租赁分类的日期。

租赁期开始日,是指出租人提供租赁资产使其可供承租人使用的起始日期。租赁期始于租赁期开始日,这是承租人对使用权资产和租赁负债进行初始确认和计量的日期,同时也是出租人终止确认融资租赁下持有的资产的日期。出租人和承租人对租赁期开始日的判断应当是一致的。

租赁合同可能包括因租赁开始日与租赁期开始日之间发生的特定变化而需对租赁付款额进行调整的条款与条件(例如,出租人标的资产的成本发生变动,或出租人对该租赁的融资成本发生变动)。在此情况下,出于出租人租赁分类目的,此类变动的影响均视为在租赁开始日已发生。

在租赁开始日和租赁期开始日需要进行的会计判断和处理如表 4-1 所示。

表 4-1   租赁开始日和租赁期开始日需要做的会计判断和会计处理

租赁开始日	租赁期开始日
出租人应当在租赁开始日将租赁分为融资租赁和经营租赁。承租人确定租赁期	在租赁期开始日,承租人应当对租赁确认使用权资产和租赁负债,进行简化处理的短期租赁和低价值资产租赁除外
	在租赁期开始日,出租人应当对融资租赁确认应收融资租赁款,并终止确认融资租赁资产

二、对续租选择权和终止租赁选择权的考虑

在实务中准确评估租赁期是很有挑战性的,是实施新租赁准则的重大判断之一。租赁期的判断会直接影响企业的租赁负债与相关使用权资产的入账金额,租赁期越长,租赁负债与相关使用权资产的入账金额越大。

租赁期包含承租人合理确定会行使的续约选择权和承租人合理确定不会行使的终止租赁选择权所涵盖的期间。

续约选择权和终止租赁选择权是合同中约定的承租人单方面的权利。承租人行使上述权利无须出租人的同意,是合同中的可强制执行权力。

在存在上述选择权的情况下,除非承租人合理确定会将标的资产的使用期延长,否则,租赁期应为较短期间。

在租赁期开始日,企业应当基于所有相关事实和情况判断可强制执行合同的期间以及是否存在实质续租、终止等选择权以合理确定租赁期,其他相关会计估计应与此一致。例如,与该租赁相关的租赁资产改良支出、初始直接费用等的摊销期限应当与租赁期保持一致。

"合理确定"是一项会计估计,企业应当考虑促使承租人行使选择权的经济动机(行使选择权带来经济利益的所有相关事实和情况)并作出判断。租赁的不可撤销期间的长短会影响对承租人是否合理确定将行使或不行使选择权的评估。通常,租赁的不可撤销期间越短,承租人行使续租选择权或不行使终止租赁选择权的可能性就越大,原因在于不可撤销期间越短,获取替代资产的相对成本就越高。

【示例 4-1】包含续租选择权的租赁期的判断

承租人就某幢建筑物的某一层楼签订了为期 10 年的租赁,租赁期届满时承租人具有 5 年的续租选择权。在初始租赁期 10 年中的前 9 年内承租人和出租人均不能单方面解除合同。第 10 年承租人可在提前 6 个月通知出租人的前提下行使终止租赁选择权。初始租赁期内租赁付款额为每年人民币 50 000 元,续租选择权期间为每年人民币 55 000 元,所有款项均在每年年初支付。

不可撤销期间为 9 年,可强制执行期间为 15 年。在租赁期开始日,承租人得出结论认为不能合理确定将行使续租选择权,但能合理确定将不行使终止租赁选择权,因此,将租赁期确定为 10 年。

【示例 4-2】确定租赁期（会计准则委员会"会计准则实务问与答"）

某租赁合同约定，初始租赁期为 1 年，如有一方撤销租赁将支付重大罚金；1 年期满后，经双方同意可再延长 2 年，如有一方不同意将不再续期，没有罚金且预计对交易双方带来的经济损失不重大。上述情形下，租赁期应如何确定？

根据租赁准则第十五条，租赁期是指承租人有权使用租赁资产且不可撤销的期间，包括合理确定承租人将行使续租选择权的期间和不行使终止租赁选择权的期间。

按照上述租赁合同约定，自租赁期开始日的第 1 年有强制的权利和义务，是不可撤销期间。如果承租人和出租人双方均有权在未经另一方许可的情况下终止租赁，且罚款金额、预计对交易双方带来的经济损失不重大，则该租赁不再可强制执行。按照上述租赁合同约定，此后 2 年的延长期中，承租人和出租人均可单方面选择不续约而无须支付任何罚金且预计对交易双方带来的经济损失不重大，该租赁不再可强制执行。因此，2 年的延长期并非不可撤销期间。

综上所述，该租赁合同在初始确认时的租赁期应确定为 1 年。

三、优先续租权与续租选择权

实务中，合同条款中常常会约定承租人的优先续租权，自 2021 年 1 月 1 日起执行的《中华人民共和国民法典》也将优先承租权法定化，用以保障居住权人的权利。

《中华人民共和国民法典》第七百三十四条规定："租赁期限届满，承租人继续使用租赁物，出租人没有提出异议的，原租赁合同继续有效，但是租赁期限为不定期。租赁期限届满，房屋承租人享有以同等条件优先承租的权利。"

但"优先续租权"并不等同于承租人的"续租选择权"。"优先续租权"是指在租赁关系中，原房屋租赁合同到期时，房屋出租人如果愿意继续出租，且原承租人要求续租的，在同等条件下，原承租人有优于第三人承租的权利，是在合同到期后同等条件下行使的权力，不属于承租人单方面的续租选择权。

如果合同中约定，原房屋租赁合同到期时，续租、租金、期限等必备条款皆确定，只需要承租人单方告知出租人，即产生续租效力，则属于承租人单方面的续约选择权，承租人需要合理确定是否会行使续租选择权。

综上所述，续租选择权是合同中约定的一项强制执行权利，而优先承租权不是合同中的一项强制执行权利。

四、合同中未约定租赁起止日

合同中未约定租赁起止日,属于合同要素缺失,为企业的内控缺陷,需要企业加以改进。对于已经签署的合同要素缺失的租赁合同,如未明确租赁期,根据《中华人民共和国民法典》,视为不定期租赁,出租人可随时解除合同,可判断为短期租赁。

《中华人民共和国民法典》规定,租赁期限为六个月以上的,应当采用书面形式。当事人未采用书面形式,无法确定租赁期限的,视为不定期租赁。

五、在不可撤销期间、可强制执行期间的基础上判断租赁期

国际财务报告解释委员会(IFRIC)于2019年11月在讨论租赁期和租赁改良的有效使用寿命问题时,通过图4-1进一步阐明了不可撤销期间、可强制执行期间与租赁期的基本关系。

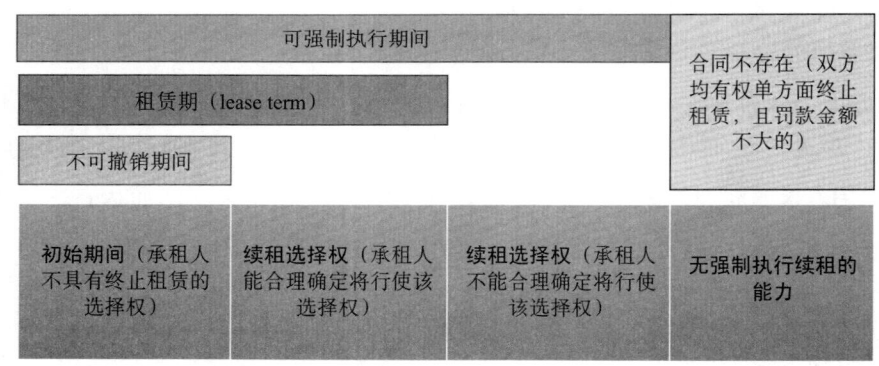

图4-1 不可撤销期间、租赁期和可强制执行期间

1. 租赁的不可撤销期间是承租人不能终止租赁合同的期间,所以,任何不可撤销期间实际上设定了租赁期的最小值。

2. 企业按照不可撤销的期间确定租赁期,同时还应考虑承租人可能将行使的权力:承租人合理确定将行使续租选择权的,续租选择权所涵盖的期间也为租赁期。

3. 在确定租赁期和评估不可撤销的租赁期间时,应采用合同的定义,确定可强制执行合同的期间。在可强制执行合同的期间,承租人和出租人之间具有可强制执行的权利和义务。如果承租人和出租人双方均有权在未经另一方许可的情况下终止租赁,且罚款金额不大,则该租赁不再可强制执行。因此,可强制执行期间事实上设定

了租赁期的最大值。

在一个没有选择权的简单合同中，不可撤销期间、租赁期和可强制执行期间是一致的。图4-1描述了一个存在多项选择权的复杂合同的情形。

因此，在确定租赁期时，企业应该首先确定合同的可强制执行期间和不可撤销期间，然后租赁期在不可撤销期间（租赁期的最小值）和可强制执行期间（租赁期的最大值）之间。

第三节　披露示例

【披露示例4-1】600138.SH 中青旅　2023年度报告

重大会计判断和估计

租赁期——包含续租选择权的租赁合同

租赁期是本集团有权使用租赁资产且不可撤销的期间，有续租选择权，且合理确定将行使该选择权的，租赁期还包含续租选择权涵盖的期间。本集团部分租赁合同拥有1—3年的续租选择权。本集团在评估是否合理确定将行使续租选择权时，综合考虑与本集团行使续租选择权带来经济利益的所有相关事实和情况，包括自租赁期开始日至选择权行使日之间的事实和情况的预期变化。租赁期开始日，本集团认为，由于与市价相比，续租选择权期间的合同条款和条件更优惠，租赁资产对本集团的运营重要，且不易获取合适的替换资产，与行使选择权相关的条件及满足相关条件的可能性较大，本集团能够合理确定将行使续租选择权。因此，租赁期中包含续租选择权涵盖的期间。租赁期开始日后，如发生本集团可控范围内的重大事件或变化，且影响本集团是否合理确定将行使相应续租选择权的，本集团将对是否行使续租选择权进行重新评估，并根据重新评估结果修改租赁期。

【披露示例4-2】000063.SZ 中兴通讯　2022年报

重大会计判断和估计

租赁期——包含续租选择权的租赁合同

租赁期是本集团有权使用租赁资产且不可撤销的期间，有续租选择权，且合理确定将行使该选择权的，租赁期还包含续租选择权涵盖的期间。本集团部分租赁合同拥有1—5年的续租选择权。本集团在评估是否合理确定将行使续租选择权时，综合考虑与本集团行使续租选择权带来经济利益的所有相关事实和情况，包括自租赁期开始日至选择权行使日之间的事实和情况的预期变化。租赁期开始日，本集团认为，由于终止租赁相关成本重大，与行使选择权相关的条件及满足相关条件的可能性较大，本集团能够合理确定将行使续租选择权，因此，租赁期中包含续租选择权涵盖的期间。租赁期开始日后，如发生本集团可控范围内的重大事件或变化，且影响本集团是否合理确定将行使相应续租选择权的，本集团将对是否行使续租选择权进行重新评估，并根据重新评估结果修改租赁期。

【披露示例4-3】831689.BJ 克莱特 审核问询与回复问题

使用权资产入账价值准确性。根据申请文件，发行人向控股股东克莱特集团租赁厂房7 752.72m^2，合同一年一签，用途为装配车间及仓库，发行人按5年租赁期计算使用权资产及租赁负债现值。租赁单价低于威海地区厂房租赁市场价格0.04—0.07元/（m^2·天）。请发行人说明使用权资产及租赁负债初始入账价值的确认依据及计算过程，租赁期确认为5年是否谨慎？

回复

发行人与克莱特集团签订的租赁合同为一年一签。根据财政部会计准则委员会的会计准则实施问答："当承租人与出租人签订租赁期为1年的租赁合同时，不能简单认为该租赁的租赁期为1年，而应当基于所有相关事实和情况判断可强制执行合同的期间以及是否存在实质续租、终止等选择权以合理确定租赁期。如果历史上承租人与出租人之间存在逐年续签的惯例，或者承租人与出租人互为关联方，尤其应当谨慎确定租赁期。"

克莱特集团系发行人的母公司，发行人与克莱特集团互为关联方，根据发行人未来的生产管理计划及克莱特集团出具的说明，发行人计划在2021年起5年内长期租赁克莱特集团的房产，且克莱特集团亦计划在未来5年内将相关房产租赁给发行人。结合上述因素，发行人合理确定租赁期为5年。

2021年1—6月，发行人实现营业收入19 820.09万元，同比增长53.10%。在公司业务处于快速发展的背景下，发行人现有自有生产车间及仓库已基本饱和。当前，发行人租赁克莱特集团厂房主要用于部分产品（主要为海洋工程及高技术船舶领域产品）装配车间及仓库。截至目前，发行人暂无新购土地并新建厂房的计划，拟建设的募投项目"新能源通风冷却设备制造中心项目"未来主要用于满足风电、核电、燃气轮机等新能源装备领域产品，与租赁厂房当前生产产品不同。基于上述情况，发行人制定在2021年起5年内长期租赁克莱特集团房产的计划具备合理性，租赁期确认为5年谨慎。

第五章
承租人的会计处理

承租人的会计处理是新租赁准则的主要变化。新租赁准则下，承租人不再将租赁区分为经营租赁和融资租赁，而是采用统一的会计处理模型，对短期租赁和低价值资产租赁以外的其他所有租赁均确认使用权资产和租赁负债，并分别计提折旧和利息费用。

本章在分析准则对于使用权资产和租赁负债初始和后续计量的基础上，探讨实务常见问题及难点。

第一节 准则规定及解析

一、使用权资产和租赁负债

承租人的会计处理是新租赁准则主要变化的部分，即承租人不再区分融资租赁和经营租赁，要求对几乎所有租赁合同确认使用权资产和相应的租赁负债，并分别确认折旧和利息费用。租赁合同实质上被看作是以分期付款的方式取得租赁资产一定期间内的使用权。

在租赁期开始日，承租人应当对租赁确认使用权资产和租赁负债，应用短期租赁和低价值资产租赁简化处理的除外。

"使用权资产"和"租赁负债"是新租赁准则新增的会计科目和报表项目。承租人需要确认使用权资产和租赁负债，因为其符合资产、负债的定义。

1. 承租人拥有使用标的资产的权利符合资产定义

（1）承租人在整个租赁期内控制租赁资产使用的权利。尽管出租人是租赁资产的法定所有人，但一旦出租人将资产提供给承租人使用，则其不可在租赁期内收回租赁资产或以其他方式将租赁资产用于自身目的。

（2）承租人有能力主导租赁资产的使用，从而确定如何通过该项使用权产生未来经济利益。该能力表明承租人对使用权实施控制。

（3）即使对承租人使用资产的权利存在一些使用上的限制，但是控制和使用资产的权利仍然存在。

（4）承租人对使用权资产的控制源自过去的事项，该事项既包括对租赁合同作出的承诺，也包括将租赁资产提供给承租人在不可撤销的租赁期间使用。

2. 承租人支付租赁付款额的义务符合负债的定义

（1）租赁标的资产可供承租人使用，承租人即承担了支付租赁付款额的现时义务。

（2）该项义务导致经济利益未来从承租人流出，流出金额通常为根据租赁的条款和条件确定的合同付款额。

3. 设置"使用权资产"等相关科目

设置"使用权资产"科目，核算承租人持有的使用权资产的原价，可按租赁资产的类别和项目进行明细核算。

设置"使用权资产累计折旧"科目，核算使用权资产的累计折旧，可按租赁资产的类别和项目进行明细核算。

设置"使用权资产减值准备"科目，核算使用权资产的减值准备，可按租赁资产的类别和项目进行明细核算。

4. 设置"租赁负债"科目

设置"租赁负债"核算承租人尚未支付的租赁付款额的现值，本科目可分别设置"租赁付款额""未确认融资费用"等进行明细核算。

二、租赁负债的初始计量

承租人应当首先计量租赁负债，租赁负债应当按照租赁期开始日尚未支付的租赁付款额的现值进行初始计量。识别应纳入租赁负债的相关付款项目是计量租赁负债的关键，此外还需要确定用以计算现值的折现率。租赁付款额所包含的内容如图 5-1 中右侧虚线框所示。

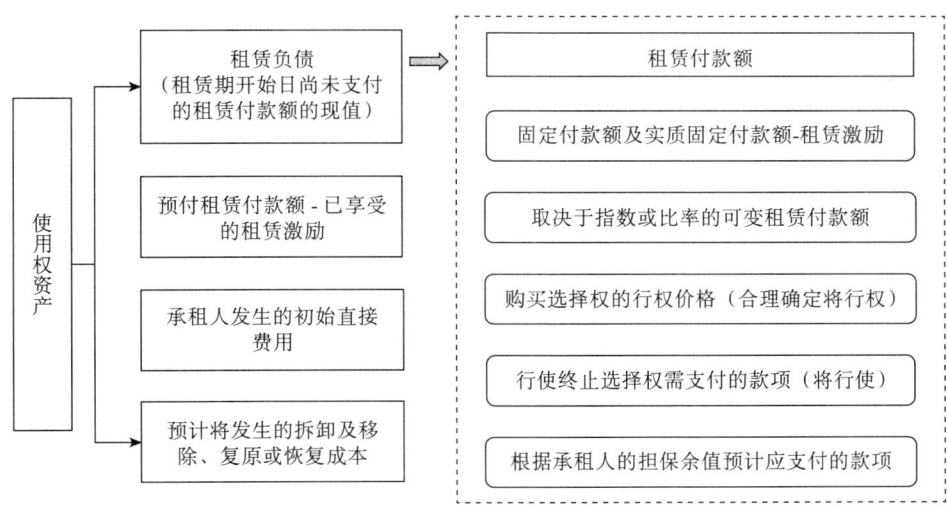

图 5-1 使用权资产、租赁负债的内容和关系

(一) 租赁付款额

租赁付款额,是指承租人向出租人支付的与在租赁期内使用租赁资产的权利相关的款项。租赁付款额包括以下五项内容,如表 5-1 所示。

表 5-1 租赁付款额包含的内容

	项 目	说 明
1	固定付款额及实质固定付款额(扣减租赁激励)	实质固定付款额是指在形式上可能包含变量但实质上无法避免的付款额。租赁激励,是指出租人为达成租赁向承租人提供的优惠
2	取决于指数或比率的可变租赁付款额	例如,根据基准利率或消费者价格指数调整的租赁付款额
3	购买选择权的行权价格	在租赁期开始日,承租人应评估是否合理确定将行使购买选择权或终止租赁选择权
4	行使终止租赁选择权需支付的款项	
5	根据承租人提供的担保余值预计应支付的款项	反映承租人预计将支付的金额

1. 固定付款额及实质固定付款额

一般情况下,合同中会明确约定固定的租金,即固定付款额。但有的合同中并未明确约定固定付款额,付款在形式上可能包含可变性,但实质上却不可避免,这类付款实质上也是固定付款额。

①付款额设定为可变租赁付款额,但该可变条款几乎不可能发生,没有真正的经济实质。例如,付款额仅需在租赁资产经证实能够在租赁期间正常运行时支付,或者

仅需在不可能不发生的事件发生时支付。又如，付款额初始设定为与租赁资产使用情况相关的可变付款额，但其潜在可变性将于租赁期开始日之后的某个时点消除，在可变性消除时，该类付款额成为实质固定付款额。

②承租人有多套付款额方案，但其中仅有一套是可行的。在此情况下，承租人应采用该可行的付款额方案作为租赁付款额。

③承租人有多套可行的付款额方案，但必须选择其中一套。在此情况下，承租人应采用总折现金额最低的一套作为租赁付款额。

租赁激励，是指出租人为达成租赁向承租人提供的优惠，包括出租人向承租人支付的与租赁有关的款项、出租人为承租人偿付或承担的成本等。存在租赁激励的，承租人在确定租赁付款额时，应扣除租赁激励相关金额。

【示例 5-1】付款额设定为可变租赁付款额，但可变条款几乎不可能发生（摘自新租赁准则应用指南例 21-22）

甲公司是一家知名零售商，从乙公司处租入已成熟开发的零售场所开设一家商店。根据租赁合同，甲公司在正常工作时间内必须经营该商店，且甲公司不得将商店闲置或进行分租。合同中关于租赁付款额的条款为：如果甲公司开设的这家商店没有发生销售，则甲公司应付的年租金为 100 元；如果这家商店发生了任何销售，则甲公司应付的年租金为 100 万元。

本例中，该租赁包含每年 100 万元的实质固定付款额。该金额不是取决于销售额的可变付款额。因为甲公司是一家知名零售商，根据租赁合同，甲公司应在正常工作时间内经营该商店，所以甲公司开设的这家商店不可能不发生销售。

【示例 5-2】形式上包含变量，但实质上无法避免的付款（摘自新租赁准则应用指南例 21-23）

承租人甲公司签订了一份为期 5 年的卡车租赁合同。合同中关于租赁付款额约条款为：如果该卡车在某月份的行驶里程不超过 1 万公里，则该月应付租金为 10 000 元；如果该卡车在某月份的行驶里程超过 1 万公里但不超过 2 万公里，则该月应付的租金为 16 000 元；该卡车 1 个月内的行驶里程最高不能超过 2 万公里，否则承租人须支付巨额罚款。

本例中，租赁付款额中包含基于使用情况的可变性，且在某些月份里确实可避免支付较高租金，然而，月付款额 10 000 元是不可避免的。因此，月付款额 10 000 元属于实质固定付款额，应被纳入租赁负债的初始计量中。

【示例 5-3】承租人有多套可行的付款额方案，但必须选择其中一套（摘自新租赁准则应用指南例 21-24）

承租人甲公司租入一台预计使用寿命为 5 年的机器。不可撤销的租赁期为 3 年。在第 3 年末，甲公司必须以 20 000 元购买该机器，或者必须将租赁期延长 2 年，如延长，则在续租期内每年年末支付 10 500 元。

甲公司在租赁期开始时评估认为，不能合理确定在第 3 年末将是购买该机器，还是将租赁期延长 2 年。如果甲公司单独考虑购买选择权或续租选择权，那么在租赁期开始时，购买选择权的行权价格与续租期内的应付租金都不会纳入租赁负债中。然而，该安排在第 3 年末包含一项实质固定付款额。这是因为，甲公司必须行使上述两种选择权中的其中一个，且不论在哪种选择权下，甲公司都必须进行付款。因而在该安排中，实质固定付款额的金额是下述两项金额中的较低者：购买选择权的行权价格（20 000 元）的现值与续租期内付款额（每年末支付 10 500 元）的现值。

2. 取决于指数或比率的可变租赁付款额

可变租赁付款额，是指承租人为取得在租赁期内使用租赁资产的权利，而向出租人支付的因租赁期开始日后的事实或情况发生变化（而非时间推移）而变动的款项。可变租赁付款额可能与下列各项指标或情况挂钩：

①由于市场比率或指数数值变动导致的价格变动。例如，基准利率或消费者价格指数变动可能导致租赁付款额调整。

②承租人源自租赁资产的绩效。例如，零售业不动产租赁可能会要求基于使用该不动产取得的销售收入的一定比例确定租赁付款额；某设备租赁可能基于该设备运营收入的一定比例确定租赁付款额。

③租赁资产的使用。例如，车辆租赁可能要求承租人在超过特定里程数时支付额外的租赁付款额。

需要注意的是，纳入租赁负债的初始计量的可变租赁付款额仅限取决于指数或比率的可变租赁付款额，包括与消费者价格指数挂钩的款项、与基准利率挂钩的款项和为反映市场租金费率变化而变动的款项等。此类可变租赁付款额应当根据租赁期开始日的指数或比率确定。除了取决于指数或比率的可变租赁付款额之外，其他可变租赁付款额均不纳入租赁负债的初始计量中，而应当在实际发生时计入当期损益（按照其他准则规定应计入相关资产成本的除外）。

3. 购买选择权的行权价格

在租赁期开始日，承租人应评估是否合理确定将行使购买租赁资产的选择权。在评估时，承租人应考虑对其行使或不行使购买选择权产生经济激励的所有相关事实和情况。如果承租人合理确定将行使购买标的资产的选择权,则租赁付款额中应包含购买选择权的行权价格。

4. 行使终止租赁选择权需支付的款项

在租赁期开始日,承租人应评估是否合理确定将行使终止租赁的选择权。在评估时,承租人应考虑对其行使或不行使终止租赁选择权产生经济激励的所有相关事实和情况。如果承租人合理确定将行使终止租赁选择权,则租赁付款额中应包含行使终止租赁选择权需支付的款项,并且租赁期不应包含终止租赁选择权涵盖的期间。

5. 根据承租人提供的担保余值预计应支付的款项

担保余值,是指与出租人无关的一方向出租人提供担保,保证在租赁结束时租赁资产的价值至少为某指定的金额。如果承租人提供了对余值的担保,则租赁付款额应包含该担保下预计应支付的款项,它反映了承租人预计将支付的金额,而不是承租人在该担保余值下的最大敞口。

注意:这和原租赁准则下的租赁付款额包含的"由承租人或与其有关的第三方担保的资产余值"不同。

【示例5-4】租赁付款额包含余值担保下应支付的差额(摘自新租赁准则应用指南例21-28)

承租人甲公司与出租人乙公司签订了汽车租赁合同,租赁期为5年。合同中就担保余值的规定为:如果该汽车在租赁期结束时的公允价值低于40 000元,则甲公司需向乙公司支付40 000元与汽车公允价值之间的差额。因此,甲公司在该担保余值下的最大敞口为40 000元。

本例中,在租赁期开始日,甲公司预计该汽车在租赁期结束时的公允价值为40 000元,即,甲公司预计在担保余值下将支付的金额为零。因此,甲公司在计算租赁负债时,与担保余值相关的付款额为零。

(二) 折现率的确定

新租赁准则规定租赁负债应当按照租赁期开始日尚未支付的租赁付款额的现值进行初始计量。在计算租赁付款额的现值时,承租人应当采用租赁内含利率作为折现率;无法确定租赁内含利率的,应当采用承租人增量借款利率作为折现率。

1. 租赁内含利率

租赁内含利率,是指使出租人的租赁收款额的现值与未担保余值的现值之和等于租赁资产公允价值与出租人的初始直接费用之和的利率。

从定义来看,租赁内含利率所需的信息是从出租人的角度获取的。其中,未担保余值是指租赁资产余值中，出租人无法保证能够实现或仅由与出租人有关的一方予以担保的部分。初始直接费用，是指为达成租赁所发生的增量成本。增量成本是指若企业不取得该租赁，则不会发生的成本，如佣金、印花税等。无论是否实际取得租赁都会发生的支出，不属于初始直接费用，例如为评估是否签订租赁而发生的差旅费、法律费用等，此类费用应当在发生时计入当期损益。

【示例 5-5】租赁内含利率的计算（摘自新租赁准则应用指南例 21-29）

承租人甲公司与出租人乙公司签订了一份车辆租赁合同，租赁期为 5 年。在租赁开始日，该车辆的公允价值为 100 000 元，乙公司预计在租赁结束时其公允价值（即未担保余值）将为 10 000 元。租赁付款额为每年 23 000 元，于年末支付。乙公司发生的初始直接费用为 5 000 元。

乙公司计算租赁内含利率 r 的方法如下：

$23\,000(P/A, r, 5) + 10\,000(P/F, r, 5) = 100\,000 + 5\,000$

本例中，计算得出的租赁内含利率 r 为 5.79%。

2. 承租人增量借款利率

承租人增量借款利率，是指承租人在类似经济环境下为获得与使用权资产价值接近的资产，在类似期间以类似抵押条件借入资金须支付的利率。

在许多情况下，租赁内含利率可能与承租人的增量借款利率相近。因为这两个利率均考虑了承租人的信用情况、租赁期长度、所提供担保物的性质和质量以及交易发生的经济环境。然而，租赁内含利率通常还会受出租人对租赁资产租赁期结束时余值估计的影响，并可能受税收或只有出租人知晓的其他因素（如出租人的初始直接费用）的影响。因此，对于许多租赁（尤其是租赁资产在租赁期结束时有重大余值的租赁），承租人确定租赁内含利率可能较为困难。因此准则规定，如果承租人能够获得租赁内含利率，承租人应采用该利率将租赁付款额折现。如果不能获得租赁内含利率，承租人应采用增量借款利率。增量借款利率与下列事项相关：（1）承租人自身情况，即承租人的偿债能力和信用状况；（2）"借款"的期限，即租赁期；（3）"借入"资金的金额，即租赁负债的金额；（4）"抵押条件"，即租赁资产的性质和质量；（5）经济环境，包括承租人所处的司法管辖区、计价货币、合同签订时间等。

在具体操作时，承租人可以先根据所处经济环境，以可观察的利率作为确定增量借款利率的参考基础，然后根据承租人自身情况、租赁资产情况、租赁期和租赁负债金额等租赁业务具体情况对参考基础进行调整，得出适用的承租人增量借款利率。企业应当对确定承租人增量借款利率的依据和过程做好记录。

实务中，承租人增量借款利率常见的参考基础包括承租人同期银行贷款利率、相关租赁合同利率、承租人最近一期类似资产抵押贷款利率、与承租人信用状况相似的企业发行的同期债券利率等,但承租人还需根据上述事项在参考基础上相应进行调整。

【示例 5-6】承租人增量借款利率的确定（摘自新租赁准则应用指南例 21-30）

2×21 年 1 月 1 日,承租人甲公司签订了一份为期 10 年的不动产租赁协议,并拥有 5 年的续租选择权。每年的租赁付款额固定为人民币 90 万元,于每年年末支付。

在租赁期开始日,甲公司评估后认为,不能合理确定将行使续租选择权,因此将租赁期确定为 10 年。甲公司无法确定租赁内含利率,需采用增量借款利率作为折现率来计算租赁付款额的现值。甲公司现有的借款包括:

一笔为期 6 个月的短期借款,金额为 50 万元,借款起始日为 2×20 年 10 月 1 日,到期日为 2×21 年 3 月 31 日,利率为 4.0%,每季末支付利息,到期时一次性偿还本金,无任何抵押;

一笔为期 15 年的债券,金额为 5 000 万元,发行日为 2×19 年 1 月 1 日,到期日为 2×33 年 12 月 31 日,票面利率为 9.0%,每年年末支付利息,到期时一次性偿还本金,无任何抵押。

本例中,为确定该租赁的增量借款利率,甲公司需要找到类似期限（即租赁期 10 年）、类似抵押条件（即以租赁资产作为抵押）、类似经济环境下（例如,借入时点是租赁期开始日,偿付方式是每年等额偿付 90 万元,10 年后拥有与续租权类似的借款选择权）,借入与使用权资产价值接近的资金（即人民币 900 万元）须支付的固定利率。由于无法直接获取满足上述全部条件的利率,甲公司以其现有的借款利率以及市场可参考信息（如相同期限的国债利率等）作为基础,估计该租赁的增量借款利率。

以可观察的借款利率作为参考基础确定增量借款利率时,通常需要考虑的调整事项包括但不限于:

● 本息偿付方式不同,例如,作为参考基础的借款是每年付息且到期一次性偿还本金,而不是每年等额偿付本息;

● 借款金额不同,例如,作为参考基础的借款金额远高于租赁负债;

● 借款期限不同,例如,作为参考基础的借款短于或长于租赁期;

● 抵押、担保情况不同,例如,作为参考基础的借款为无抵押借款;

● 资金借入时间的不同,例如,作为参考基础的债券是 2 年前发行的,而市场利率水平在 2 年内发生了较大变化;

● 提前偿付或其他选择权的影响;

- 借款币种不同，例如，作为参考基础的借款为人民币借款，但租赁付款额的币种为美元。

情形1：甲公司发行的债券有公开市场

当甲公司发行的债券有公开市场时，通常考虑该债券的市场价格及市场利率，因为其反映了甲公司的现有信用状况以及债权投资者所要求的现时回报率。甲公司结合其自身情况判断后认为，以自己发行的15年期债券利率作为估计增量借款利率的起点最为恰当。

甲公司在15年期债券利率的基础上，执行了如下步骤，以确定该租赁的增量借款利率：

第一步，确定15年期债券的市场利率。甲公司根据该债券的市场价格和剩余13年的还款情况（即，每年年末根据票面利率支付利息、到期一次性偿还本金），计算该债券的市场利率。该市场利率反映了甲公司的现有信用状况以及债权投资者所要求的现时回报率，甲公司无须因该债券的发行时间（即2年前）而进行额外调整。

第二步，考虑借款金额的不同并视情况作必要调整。15年期债券的金额为5 000万元，租赁付款总额为900万元。甲公司根据估计日市场情况考虑上述借款金额的不同是否影响借款利率并相应进行调整。

第三步，考虑本息偿付方式的不同并视情况作必要调整。该租赁是每年支付固定的租赁付款额，而15年期债券是每年末付息并到期一次性偿还本金。甲公司应考虑该事项对借款利率的影响并作相应调整。

第四步，考虑借款期间的不同并视情况作必要调整。该租赁的租赁期为10年，而15年期债券的剩余期间为13年。甲公司应考虑该事项对借款利率的影响并作相应调整。

第五步，考虑抵押情况的不同并视情况作必要调整。在确定增量借款利率时，租赁合同视为以租赁资产作为抵押而获得借款，而15年期债券无任何抵押。甲公司应考虑该事项对借款利率的影响并作相应调整。

情形2：甲公司发行的债券没有公开市场

当甲公司发行的债券没有公开市场，但甲公司存在可观察的信用评级时，可考虑以与甲公司信用评级相同的企业所发行的公开交易的债券利率为基础，确定上述第一步的参考利率。

当甲公司发行的债券没有公开市场且甲公司没有可观察的信用评级时，在市场利率水平和甲公司信用状况在债券发行日至增量借款利率估计日期间没有发生重大变化的情况下，可考虑以该15年期债券发行时的实际利率为基础，然后再参照情形1下的步骤将其调整为增量借款利率。

情形 3：甲公司没有任何借款

当甲公司没有任何借款时，可考虑通过银行询价的方式获取同期借款利率，并进行适当调整后确定其增量借款利率；或者，可考虑聘用第三方评级机构获取其信用评级，参考情形 1 下的方法确定其增量借款利率。

国际会计准则理事会提到，《概念框架》和《国际会计准则第 1 号——财务报表的列报》中的重要性水平概念应当应用于租赁。如果承租人的租赁活动对其财务报表非常重大，但采用现值对租赁负债计量的影响不重大，则承租人可以不采用现值，而是采用非折现值等计量租赁负债（IFRS 16. BC86）。

3. 首次衔接时承租人增量借款利率的确定

在首次衔接时，如果采用方法 2.1 和方法 2.2（参见第九章第一节"一、承租人的衔接规定"），准则对于折现率给与了简化处理的选择，即"计量租赁负债时，具有相似特征的租赁可采用同一折现率；使用权资产的计量可不包含初始直接费用。"在评估相似特征的租赁组合时，可以考虑经济环境、标的资产类别、剩余租赁期均相似的租赁（IFRS 16. C10）。因此，可按照上述指引将租赁分组，具有相似特征的租赁分为一组，每一组可采用同样的折现率。企业应考虑租赁的特征，对所有项目采用统一的折现率。

首次衔接后，应按每项租赁判断增量借款利率，即使同一个行业、同一家公司，由于租赁物标的不同，租赁期间不同，租金不同，承租人的增量借款利率均有所不同。最终评估的结果可能为某几项租赁的增量借款利率相同，但不能在开始评估时就按照统一的折现率进行处理。

三、使用权资产的初始计量

使用权资产，是指承租人可在租赁期内使用租赁资产的权利。在租赁期开始日，承租人应当按照成本对使用权资产进行初始计量。该成本包括下列四项，如表 5-2 所示。

表 5-2 使用权资产的初始成本

	项目	说明
1	租赁负债	租赁付款额的现值
2	预付租金	存在租赁激励的，应扣除已享受的租赁激励相关金额
3	初始直接费用	指为达成租赁，承租人所发生的增量成本，如支付给房地产中介的佣金
4	拆除、复原成本	按照《企业会计准则第 13 号——或有事项》对该成本的支付义务进行确认和计量（承租人由于在特定期间内将使用权资产用于生产存货而发生的该项成本，应按照 CAS 1 存货准则进行会计处理的除外）。拆除、复原成本需要考虑折现影响

在某些情况下,承租人可能在租赁期开始前就发生了与租赁资产相关的经济业务或事项。例如:租赁合同双方经协商在租赁合同中约定,租赁资产需经建造或重新设计后方可供承租人使用。根据合同条款与条件,承租人需支付与资产建造或设计相关的成本。承租人如发生与租赁资产建造或设计相关的成本,应适用其他相关准则(如 CAS 4)进行会计处理。同时,需要注意的是与租赁资产建造或设计相关的成本不包括承租人为获取租赁资产使用权而支付的款项,此类款项无论在何时支付,均属于租赁付款额。

承租人发生的租赁改良支出不属于使用权资产,应当计入"长期待摊费用"科目。由租赁资产改良导致的预计复原支出按照有关使用权资产初始计量的规定进行处理。

【示例 5-7】使用权资产的初始计量(摘自新租赁准则应用指南例 21-31):

承租人甲公司就某栋建筑物的某一层楼与出租人乙公司签订了为期 10 年的租赁协议,并拥有 5 年的续租选择权。有关资料如下:(1)初始租赁期内的不含税租金为每年 50 000 元,续租期间为每年 55 000 元,所有款项应于每年年初支付;(2)为获得该项租赁,甲公司发生的初始直接费用为 20 000 元,其中,15 000 元为向该楼层前任租户支付的款项,5 000 元为向促成此租赁交易的房地产中介支付的佣金;(3)作为对甲公司的激励,乙公司同意补偿甲公司 5 000 元的佣金;(4)在租赁期开始日,甲公司评估后认为,不能合理确定将行使续租选择权,因此,将租赁期确定为 10 年;(5)甲公司无法确定租赁内含利率,其增量借款利率为每年 5%,该利率反映的是甲公司以类似抵押条件借入期限为 10 年、与使用权资产等值的相同币种的借款而必须支付的利率。为简化处理,假设不考虑相关税费影响。

本例中,承租人甲公司的会计处理如下:

第一步,计算租赁期开始日租赁付款额的现值,并确认租赁负债和使用权资产。

在租赁期开始日,甲公司支付第 1 年的租金 50 000 元,并以剩余 9 年租金(每年 50 000 元)按 5% 的年利率折现后的现值计量租赁负债。计算租赁付款额现值的过程如下:

剩余 9 期租赁付款额 = 50 000 × 9 = 450 000(元)

租赁负债 = 剩余 9 期租赁付款额的现值 = 50 000 × (P/A,5%,9) = 355 391(元)

未确认融资费用 = 剩余 9 期租赁付款额 − 剩余 9 期租赁付款额的现值 = 450 000 − 355 391 = 94 609(元)

借:使用权资产 405 391
　　租赁负债——未确认融资费用 94 609

贷：租赁负债——租赁付款额　　　　　　　　　　　　　　　450 000
　　　　银行存款（第1年的租赁付款额）　　　　　　　　　　　 50 000
第二步，将初始直接费用计入使用权资产的初始成本。
借：使用权资产　　　　　　　　　　　　　　　　　　　　　　　20 000
　　贷：银行存款　　　　　　　　　　　　　　　　　　　　　　　20 000
第三步，将已收的租赁激励相关金额从使用权资产入账价值中扣除。
借：银行存款　　　　　　　　　　　　　　　　　　　　　　　　 5 000
　　贷：使用权资产　　　　　　　　　　　　　　　　　　　　　　5 000
综上所述，甲公司使用权资产的初始成本为：405 391 + 20 000 − 5 000 = 420 391（元）。

四、租赁负债后续计量

1. 租赁负债后续计量的一般原则

在租赁期开始日后，承租人确认租赁负债的利息、支付租赁付款额、租赁付款额发生变动时，按照表5-3中所列原则进行计量。

表5-3　　　　　　　　　　　　租赁负债后续计量的原则

会计事项	计量原则	会计分录
确认租赁负债的利息	增加租赁负债的账面金额	借：财务费用——利息费用 　　贷：租赁负债——未确认融资费用
支付租赁付款额	减少租赁负债的账面金额	借：租赁负债——租赁付款额 　　贷：银行存款
因重估导致租赁付款额变动	重新计量租赁负债的账面价值	借：使用权资产 　　　租赁负债——未确认融资费用 　　贷：租赁负债——租赁付款额 或上述相反的分录
租赁变更时	重新计量租赁负债的账面价值	见本节"六、租赁变更的会计处理"

2. 租赁负债的重新计量

租赁期开始日后，实质租赁付款额发生变动、担保余值预计的应付金额发生变动、用于确定租赁付款额的指数或比率发生变动以及购买选择权、续租选择权或终止租赁选择权的评估结果或实际行使情况发生变化，承租人应当按照变动后的租赁付款额的现值重新计量租赁负债，并调整使用权资产的账面价值。使用权资产的账面价值已调减至零，但租赁负债仍需进一步调减的，承租人应当将剩余金额计入当期损益（视使用权资产的使用目的记入"营业成本""销售费用""管理费用""研发支出"等科目）。租赁负债重新计量的情形如表 5-4 所示。

表 5-4　　　　　　　　　　租赁负债重新计量的几种情形

情形	具体内容	计量原则	折现率
实质固定付款额发生变动	租赁付款额最初是可变的，但在租赁期开始日后的某一时点转为固定，成为实质固定付款额	该付款额成为实质固定付款额，应纳入租赁负债的计量中，应当按照变动后租赁付款额的现值重新计量租赁负债	采用租赁期开始日确定的折现率
担保余值预计的应付金额发生变动	在租赁期开始日后，承租人应对其在担保余值下预计支付的金额进行估计，该金额可能发生变动	按照变动后租赁付款额的现值重新计量租赁负债	采用租赁期开始日确定的折现率
用于确定租赁付款额的指数或比率发生变动	因浮动利率的变动而导致未来租赁付款额发生变动	按照变动后租赁付款额的现值重新计量租赁负债	采用反映利率变动的修订后的折现率
	用于确定租赁付款额的指数或比率（浮动利率除外）的变动而导致未来租赁付款额发生变动	按照变动后租赁付款额的现值重新计量租赁负债	采用租赁期开始日确定的折现率
购买选择权、续租选择权或终止租赁选择权的评估结果或实际行使情况发生变化	发生承租人可控范围内的重大事件或变化，且影响承租人是否合理确定将行使续租选择权、终止租赁选择权或购买选择权	根据新的评估结果重新确定租赁期和租赁付款额	采用剩余租赁期间的租赁内含利率作为折现率，无法合理确定剩余租赁期间的租赁内含利率的，采用重估日的承租人增量借款利率作为折现率

【示例 5-8】实质固定付款额发生变动（摘自新租赁准则应用指南例 21-34）：

承租人甲公司签订了一份为期 10 年的机器租赁合同。租金于每年年末支付，并按以下方式确定：第 1 年，根据该机器在第 1 年下半年的实际产能确定；第 2 至 10 年，每年的租金根据该机器在第 1 年下半年的实际产能确定，即，租金将在第 1 年年末转变为固定付款额。在租赁期开始日，甲公司无法确定租赁内含利率，其增量借款利率为 5%。假设在第 1 年年末，根据该机器在第 1 年下半年的实际产能所确定的租赁付款额为每年 20 000 元。

本例中，在租赁期开始时，由于未来的租金金额不确定，因此，甲公司的租赁负债为零。在第 1 年年末，租金的潜在可变性消除，成为实质固定付款额（即每年 20 000 元）。因此，甲公司应基于变动后的租赁付款额重新计量租赁负债，并采用不变的折现率（即 5%）进行折现。在支付第 1 年的租金之后，甲公司后续年度支付的租赁付款额为 180 000 元（即 20 000×9），租赁付款额在第 1 年年末的现值为 142 156 元［即 20 000×(P/A,5%,9)］，未确认融资费用为 37 844 元（即 180 000 - 142 156）。甲公司在第 1 年年末的相关账务处理如下：

支付第 1 年租金：

借：制造费用等　　　　　　　　　　　　　　　　　　20 000
　　贷：银行存款　　　　　　　　　　　　　　　　　　　20 000

第 1 年年末，确认使用权资产和租赁负债：

借：使用权资产　　　　　　　　　　　　　　　　　　142 156
　　租赁负债——未确认融资费用　　　　　　　　　　　37 844
　　贷：租赁负债——租赁付款额　　　　　　　　　　　180 000

五、使用权资产后续计量

1. 使用权资产后续计量的一般原则

（1）在租赁期开始日后，承租人应当采用成本模式对使用权资产进行后续计量，即，以成本减累计折旧及累计减值损失计量使用权资产。

（2）租赁负债的重新计量应相应调整使用权资产的账面价值。另外，拆除、复原成本的估计发生变化后，也会导致使用权资产的重新计量。

2. 使用权资产的折旧

承租人应当参照《企业会计准则第 4 号——固定资产》有关折旧规定，自租赁期开始日起对使用权资产计提折旧。使用权资产通常应自租赁期开始的当月计提折旧，当月计提确有困难的，为便于实务操作，企业也可以选择自租赁期开始的下月计提折旧，但应对同类使用权资产采取相同的折旧政策。计提的折旧金额应根据使用权资产的用途，计入相关资产的成本或者当期损益。

承租人在确定使用权资产的折旧方法时，应当根据与使用权资产有关的经济利益的预期消耗方式作出决定。通常，承租人按直线法对使用权资产计提折旧，其他折旧方法更能反映使用权资产有关经济利益预期消耗方式的，应采用其他折旧方法。

承租人在确定使用权资产的折旧年限时，应遵循以下原则：

（1）如果租赁期结束时标的资产的所有权将转让给承租人，或者使用权资产的

成本反映出承租人将行使购买选择权,则承租人应在租赁期开始日至标的资产的使用寿命结束的期间对使用权资产计提折旧;

(2) 否则,承租人应在租赁期开始日至使用权资产的使用寿命结束与租赁期孰短的期间对使用权资产计提折旧。

简言之,上述原则为:将获得标的资产所有权的,在标的资产的剩余使用寿命内计提折旧;否则在使用权资产的剩余使用寿命和租赁期孰短的期间内计提折旧。

3. 使用权资产的减值

在租赁期开始日后,承租人应当按照《企业会计准则第 8 号——资产减值》的规定,确定使用权资产是否发生减值,并对已识别的减值损失进行会计处理。使用权资产发生减值的,按应减记的金额,借记"资产减值损失"科目,贷记"使用权资产减值准备"科目。使用权资产减值准备一旦计提,不得转回。承租人应当按照扣除减值损失之后的使用权资产的账面价值,计提后续折旧。

《企业会计准则第 8 号——资产减值》针对其他非金融资产减值的原则和步骤同样适用于使用权资产。例如,承租人应当将使用权资产分摊至现金产出单元,并在当且仅当出现《企业会计准则第 8 号——资产减值》规定的情形时进行减值测试。

如果在现金产出单元处置时潜在购买者将必须承担相关租赁负债,则在计量该现金产出单元的账面金额时同样应纳入该租赁负债。企业需要进行该项评估,其结果也会影响现金产出单元的可收回金额。

根据新租赁准则的规定,承租人可以选择对某些租赁(即短期租赁和低价值标的资产租赁)不采用使用权资产模式。对于此类租赁,承租人在计算现金产出单元的可收回金额时应将未来租赁付款额纳入现金流量预测。

六、租赁变更的会计处理

租赁变更,是指原合同条款之外的租赁范围、租赁对价、租赁期限的变更,包括增加或终止一项或多项租赁资产的使用权,延长或缩短合同规定的租赁期等。租赁变更生效日,是指双方就租赁变更达成一致的日期。

租赁变更的会计处理根据是否构成一项单独租赁的判断而有所不同。判断流程如图 5-2 所示。

1. 构成一项单独租赁

构成一项单独租赁是指租赁变更增加了一项或多项租赁资产的使用权从而扩大了租赁范围,同时,增加的对价与租赁范围扩大部分的单独价格按该合同情况调整后的金额相当。此时,应将该租赁变更作为一项单独租赁进行会计处理。

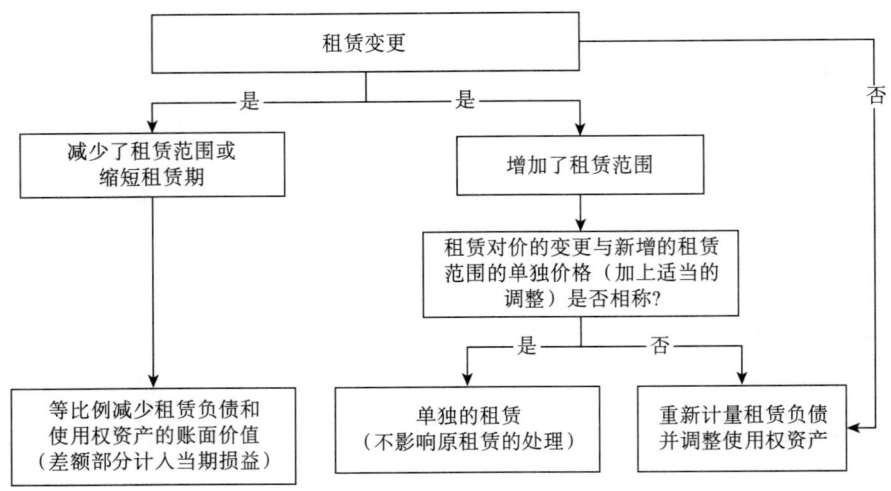

图 5-2 租赁变更的会计处理

【示例 5-9】租赁范围扩大且构成一项单独租赁（摘自新租赁准则应用指南例 21-42）：

承租人甲公司与出租人乙公司就 2 000 平方米的办公场所签订了一项为期 10 年的租赁合同。在第 6 年年初，甲公司和乙公司同意对原租赁合同进行变更，以扩租同一办公楼内 3 000 平方米的办公场所。扩租的场所于第 6 年第二季度末可供甲公司使用。增加的租赁对价与新增 3 000 平方米办公场所的当前市价（根据甲公司获取的扩租折扣进行调整后的金额）相当。扩租折扣反映了乙公司节约的成本，即，若将相同场所租赁给新租户，乙公司将会发生额外成本（如营销成本）。

在本例中，甲公司应当将该变更作为一项单独的租赁，与原来的 10 年期租赁分别进行会计处理，原因在于，该租赁变更通过增加 3 000 平方米办公场所的使用权而扩大了租赁范围，并且增加的租赁对价与新增使用权的单独价格按该合同情况调整后的金额相当。据此，在新租赁的租赁期开始日（即第 6 年第二季度末），甲公司确认与新增 3 000 平方米办公场所租赁相关的使用权资产和租赁负债。甲公司对原有 2 000 平方米办公场所租赁的会计处理不会因为该租赁变更而进行任何调整。

2. 未构成一项单独租赁

租赁变更未作为一项单独租赁进行会计处理的，在租赁变更生效日，承租人应当按照新租赁准则有关租赁分拆的规定对变更后合同的对价进行分摊；按照新租赁准则有关租赁期的规定确定变更后的租赁期；并采用变更后的折现率对变更后的租赁付款额进行折现，以重新计量租赁负债。在计算变更后租赁付款额的现值时，承租人应当采用剩余租赁期间的租赁内含利率作为折现率；无法确定剩余租赁期间的租赁内含利率的，应当采用租赁变更生效日的承租人增量借款利率作为折现率。

就上述租赁负债调整的影响，承租人应区分以下情形进行会计处理：

（1）租赁变更导致租赁范围缩小或租赁期缩短的，承租人应当调减使用权资产的账面价值，以反映租赁的部分终止或完全终止。承租人应将部分终止或完全终止租赁的相关利得或损失计入当期损益（资产处置损益）。

（2）对于其他租赁变更，承租人应当相应调整使用权资产的账面价值，不影响当期损益。

需要注意的是，租赁变更导致租赁期缩短至一年以内的，承租人应当调减使用权资产账面价值，将部分终止租赁的相关利得和损失记入"资产处置损益"科目，不得改按短期租赁进行简化处理或追溯调整。

【示例 5-10】租赁范围缩小（摘自新租赁准则应用指南例 21-43）

承租人甲公司与出租人乙公司就 5 000 平方米的办公场所签订了 10 年期的租赁合同。年租赁付款额为 100 000 元，在每年年末支付。甲公司无法确定租赁内含利率。在租赁开始日，甲公司的增量借款利率为 6%，相应的租赁负债和使用权资产的初始确认金额均为 736 000 元，即 736 000 = 100 000 × (P/A,6%,10)。在第 6 年年初，甲公司和乙公司同意对原租赁合同进行变更，即自第 6 年年初起，将原租赁场所缩减至 2 500 平方米。每年的租赁付款额（自第 6 年至 10 年）调整为 60 000 元。承租人在第 6 年年初的增量借款利率为 5%。

本例中，在租赁变更生效日（即第 6 年年初），甲公司基于以下情况对租赁负债进行重新计量：①剩余租赁期为 5 年；②年付款额为 60 000 元；③采用修订后的折现率 5% 进行折现。据此，计算得出租赁变更后的租赁负债为 259 770 元 [60 000 × (P/A,5%,5)]。

甲公司应基于原使用权资产部分终止的比例（即缩减的 2 500 平方米占原使用权资产的 50%）来确定使用权资产账面价值的调减金额。在租赁变更之前，原使用权资产的账面价值为 368 000 元（736 000 × 5/10），50% 的账面价值为 184 000 元；原租赁负债的账面价值为 421 240 元 [100 000 × (P/A,6%,5)]，50% 的账面价值为 210 620 元。因此，在租赁变更生效日（第 6 年年初），甲公司终止确认 50% 的原使用权资产和原租赁负债，并将租赁负债减少额与使用权资产减少额之间的差额 26 620 元（210 620 - 184 000），作为利得计入当期损益。其中，租赁负债的减少额（210 620 元）包括：租赁付款额的减少额 250 000 元（100 000 × 50% × 5），以及未确认融资费用的减少额 39 380 元（250 000 - 210 620）。甲公司终止确认 50% 的原使用

权资产和原租赁负债的账务处理为:

借:租赁负债——租赁付款额		250 000
贷:租赁负债——未确认融资费用		39 380
使用权资产		184 000
资产处置损益		26 620

此外,甲公司将剩余租赁负债(210 620元)与变更后重新计量的租赁负债(259 770元)之间的差额49 150元,相应调整使用权资产的账面价值。其中,租赁负债的增加额(49 150元)包括两部分:租赁付款额的增加额50 000元〔(60 000 - 100 000 × 50%) × 5〕,以及未确认融资费用的增加额850元(50 000 - 49 150)。甲公司调整现使用权资产价值的账务处理为:

借:使用权资产		49 150
租赁负债——未确认融资费用		850
贷:租赁负债——租赁付款额		50 000

注:$100\,000 \times (P/A, 6\%, 10) = 736\,010$(元),为便于计算,本例中,作尾数调整,取736 000元。

【示例5-11】租赁期延长（摘自新租赁准则应用指南例21-44)

承租人甲公司与出租人乙公司就5 000平方米的办公场所签订了一项为期10年的租赁。年租赁付款额为100 000元,在每年年末支付。甲公司无法确定租赁内含利率。甲公司在租赁期开始日的增量借款利率为6%。在第7年年初,甲公司和乙公司同意对原租赁合同进行变更,即将租赁期延长4年。每年的租赁付款额不变(即在第7年至第14年的每年年末支付100 000元)。甲公司在第7年年初的增量借款利率为7%。

本例中,在租赁变更生效日(即第7年年初),甲公司基于下列情况对租赁负债进行重新计量:①剩余租赁期为8年;②年付款额为100 000元;③采用修订后的折现率7%进行折现。据此,计算得出租赁变更后的租赁负债为597 130元〔$100\,000 \times (P/A, 7\%, 8)$〕。租赁变更前的租赁负债为346 510元〔$100\,000 \times (P/A, 6\%, 4)$〕。甲公司将变更后租赁负债的账面价值与变更前的账面价值之间的差额250 620元(597 130 - 346 510),相应调整使用权资产的账面价值。

【示例5-12】增加租赁范围并缩短租赁期（IFRS 16 IE3示例)

承租人就2 000平方米的办公场所签订了一项为期10年的租赁。年租赁付款额为100 000元,于每年年末支付。租赁内含利率无法直接确定。承租人在租赁期开始日的年增量借款利率为6%。第6年年初，承租人和出租人同意对原租赁进行合同修改，即自第6年年初起，扩租同一建筑物内1 500平方米的场所，同时将租赁期由10年缩减至8年。3 500平方米场所的年固定付款额为150 000元，于每年年末支付（自第6年至第8年）。承租人在第6年年初的年增量借款利率为7%。

本例中，为扩租的1 500平方米场所支付的对价与新增场所的单独价格并不相当，因此，承租人不会就增加1 500平方米的场所使用权作为一项单独的租赁进行会计处理。

1. 租赁变更前的使用权资产和租赁负债情况如表5-5所示。

初始计量时租赁负债按照10年的租赁付款额进行折现，折现率为6%，折现后的金额为736 009元。

表5-5　　　　　　　租赁变更前的使用权资产和租赁负债　　　　　　单位：元

年份	使用权资产			租赁负债			
	期初余额	折旧费用	期末余额	期初余额	利息费用	租赁付款额	期末余额
1	736 009	73 601	662 408	736 009	44 161	(100 000)	680 169
2	662 408	73 601	588 807	680 169	40 810	(100 000)	620 979
3	588 807	73 601	515 206	620 979	37 259	(100 000)	558 238
4	515 206	73 601	441 605	558 238	33 494	(100 000)	491 732
5	441 605	73 601	368 004	491 732	29 504	(100 000)	421 236
6	368 004	73 601	294 403	421 236	25 274	(100 000)	346 511
7	294 403	73 601	220 803	346 511	20 791	(100 000)	267 301
8	220 803	73 601	147 202	267 301	16 038	(100 000)	183 339
9	147 202	73 601	73 601	183 339	11 000	(100 000)	94 340
10	73 601	73 601	—	94 340	5 660	(100 000)	—

在租赁修改生效日（第6年年初），承租人基于下列情况对租赁负债进行重新计量：（1）租赁期的缩短（剩余租赁期由原来的5年修改为3年）；（2）租赁范围的扩大（租赁面积由原来的2 000平方米修改为3 500平方米）；（3）年付款额为150 000元；（4）租赁变更日承租人的增量借款利率为7%。

2. 租赁变更日的使用权资产和租赁负债情况如下：

（1）租赁期的缩短

根据新租赁准则的规定，租赁变更导致租赁期缩短的，承租人应当调减使用权资产的账面价值，以反映租赁的部分终止或完全终止。承租人应将部分终止或完全终止租赁的相关利得或损失计入当期损益。

第6年年初原使用权资产的账面金额为368 004元，承租人基于原2 000平方米办公场所的剩余使用权资产（即剩余三年租赁期而非原来的五年租赁期）确定使用权资产账面金额的调减额。原 2 000 平方米办公场所的剩余使用权资产为 220 802 元（368 004÷5×3）。

第 6 年年初原租赁负债的账面余额为 421 236 元，仅租赁期的缩短导致租赁负债变更为 267 301 元（即三期年租赁付款额 100 000 按原折现率 6% 进行折现）。

因此，承租人的使用权资产的账面金额减少 147 202 元，租赁负债的账面金额减少 153 935 元。承租人在租赁变更日，将租赁负债减少额与使用权资产减少额之间的差额 6 733 元（153 935 - 147 202）确认为资产处置收益，会计处理如下：

借：租赁负债　　　　　　　　　　　　　　　　　153 935
　　贷：使用权资产　　　　　　　　　　　　　　　147 202
　　　　资产处置收益　　　　　　　　　　　　　　　6 733

同时，承租人应将为反映年折现率修改为 7% 而对剩余租赁负债进行重新计量，重新计量后的金额为 262 431 元，影响的金额对使用权资产进行调整，调整金额为 4 870 元（267 301 - 262 431），会计处理如下：

借：租赁负债　　　　　　　　　　　　　　　　　　4 870
　　贷：使用权资产　　　　　　　　　　　　　　　　4 870

（2）租赁范围的扩大

在第 6 年年初，租赁场所新增 1 500 平方米，承租人将因扩大租赁范围而确认的租赁负债的增加额，作为对使用权资产的调整。租赁负债按照更新后的折现率 7%，以及增加的租赁付款额 50 000 元进行折现，折现后的金额为 131 216 元。会计处理如下：

借：使用权资产　　　　　　　　　　　　　　　　131 216
　　贷：租赁负债　　　　　　　　　　　　　　　　131 216

修改后使用权资产和租赁负债的账面金额分别为 347 148 元（368 004 - 147 202 - 4 870 + 131 216）和 393 647 元（421 236 - 153 935 - 4 870 + 131 216）。

后续三年使用权资产和租赁负债确认金额如表 5-6 所示。

表 5-6　　　　　　后续三年使用权资产和租赁负债金额

年份	使用权资产			租赁负债			
	期初余额	折旧费用	期末余额	期初余额	利息费用	租赁付款额	期末余额
6	347 148	115 716.12	231 432	393 647	27 555	(150 000)	271 203
7	231 432	115 716	115 716	271 203	18 984	(150 000)	140 187
8	115 716	115 716	—	140 187	9 813	(150 000)	0

第二节　常见问题及难点分析

一、承租人发生的租赁资产改良支出及其导致的预计复原支出的会计处理（《租赁准则实施问答》2021 年 4 月 25 日）

根据租赁准则第十四条和第十六条，使用权资产是指承租人可在租赁期内使用租赁资产的权利。使用权资产应当按照成本进行初始计量。对于承租人为拆卸及移除租赁资产、复原租赁资产所在场地或将租赁资产恢复至租赁条款约定状态预计将发生的成本，属于为生产存货而发生的，适用《企业会计准则第 1 号——存货》，否则计入使用权资产的初始计量成本；承租人应当按照《企业会计准则第 13 号——或有事项》进行确认和计量。参照《企业会计准则——应用指南》（2006）会计科目和主要账务处理，长期待摊费用科目核算企业已经发生但应由本期和以后各期负担的分摊期限在 1 年以上的各项费用。

因此，承租人发生的租赁资产改良支出不属于使用权资产，应当记入"长期待摊费用"科目。对于由租赁资产改良导致的预计复原支出，承租人应当按照租赁准则第十六条处理，即视目的不同适用存货准则或计入使用权资产成本。另外，对于装修或改造期间发生的使用权资产的折旧（租赁费用）也应资本化计入长期待摊费用中，长期待摊费用在租赁期限与装修或改造预计可使用期限两者孰短的期限内按直线法摊销。

二、租赁负债产生的利息能否资本化

根据新租赁准则第二十三条，承租人应当按照固定的周期性利率计算租赁负债在租赁期内各期间的利息费用，并计入当期损益。按照《企业会计准则第 17 号——借款费用》等其他准则规定应当计入相关资产成本的，从其规定。

中国证监会发布的《监管规则适用指引——会计类第 3 号》明确"企业应当将租赁负债视同为获取使用权资产而发生的专门借款。使用权资产作为一项权利资产，租赁期开始日即可供承租人使用，因而无论租赁资产本身是否达到企业计划用途，使用权资产于租赁期开始日便达到预定可使用状态，租赁负债相关利息费用不应资本化计入使用权资产。租赁期开始日后，租赁负债可视同企业的一般借款"。

因此，如果租赁负债用于满足资本化条件的资产的购建，应按照一般借款的原则将其产生的利息费用予以资本化，计入相关资产成本。

根据《企业会计准则第 17 号——借款费用》准则以及会计准则委员会"会计准则实务问与答"（2019 年 12 月 31 日）的规定，符合资本化条件的资产，是指需要经过相当长时间的购建或者生产活动才能达到预定可使用或者可销售状态的固定资产、投资性房地产和存货等资产。其中，"相当长时间"应当是指资产的购建或者生产所必需的时间，通常为一年以上（含一年）。具体包括：（1）固定资产或在建工程；（2）投资性房地产；（3）符合一定条件的存货。即房地产开发企业开发的用于对外出售的房地产开发产品、企业制造的用于对外出售的大型机器设备等；（4）符合一定条件的确认为无形资产的开发支出。

在实务中，如果由于人为或者故意等非正常因素导致资产的购建或者生产时间相当长的，该资产不属于符合资本化条件的资产。购入即可使用的资产，或者购入后需要安装但所需安装时间较短的资产，或者需要建造或者生产但所需建造或者生产时间较短的资产，均不属于符合资本化条件的资产。

【示例 5-13】使用权资产改扩建期间租赁负债的利息费用是否可以资本化？

A 上市公司自 2021 年 6 月起承租一个工厂，租赁期限为 20 年。公司就工厂租赁确认相应的使用权资产和租赁负债。公司租入工厂的目的是用于新项目生产线的生产，新生产线使用寿命预计为 10 年。为配合新生产线的建设，公司于 2021 年 6 月开始对工厂进行装修改建，改建工期超过 1 年。在装修改建期间，公司将租赁负债利息计入使用权资产。A 上市公司上述会计处理是否恰当？若不恰当，应如何进行会计处理？

根据《企业会计准则第 17 号——借款费用》及相关应用指南，符合资本化条件的资产，是指需要经过相当长时间的购建或者生产活动才能达到预定可使用或可销售状态的资产。因使用权资产在租赁期开始日已达到可使用状态，不满足借款费用准则要求的"符合资本化条件的资产"定义，故租赁负债的利息支出不应资本化计入使用权资产。但是，租赁负债也可以看作是为了购建特定使用权资产而发生的专门借款。对于专门借款，国际会计准则指出，企业为购建符合资本化条件的资产所借入的专项借款在相关资产达到预计可使用状态之后尚未偿还的，可以转化为企业的一般借款，如果企业存在其他符合资本化条件的资产，那么就可以将租赁负债的利息费用按照一般借款资本化原则资本化计入该资产。本案例中，若无其他特殊情形，在参考国际会计准则的情况下，由于工厂装修改建属于符合资本化条件的资产，故公司能够将使用权资产改扩建期间的租赁负债利息费用按照一般借款资本化原则资本化计入在建工程。

三、承租人收到的与租金相关的政府补助的分类判断

原租赁准则下，承租人对于经营租赁的租金，通常在租赁期内各个期间按照直线法计入相关资产成本或当期损益。承租人在经营租赁中并不形成相关资产，其收到的与该项经营租赁相关的政府补助被视为与收益相关的政府补助进行会计处理。

新租赁准则实施后，承租人不再将租赁区分为经营租赁或融资租赁，而是采用统一的会计处理模型，对短期租赁和低价值资产租赁以外的所有其他租赁均确认使用权资产和租赁负债，并分别计提折旧和利息费用。承租人在租赁中将形成使用权资产，因此在判断其收到的与该项租赁相关的政府补助属于与资产相关还是与收益相关时存在一定的困惑。

财政部 2022 年 6 月 21 日发布的《政府补助准则实施问答》已经对该问题做了明确，应该作为收益相关的政府补助。该问答的具体内容如下：

问：甲公司租赁某物业，租赁期为 5 年，每 3 个月支付一次租金。为支持甲公司经营发展，当地政府为甲公司提供租金扶持补贴，甲公司在每 3 个月支付租金后向政府提交租金支付凭证等申请文件，政府审核通过后发放相应 3 个月的租金扶持补贴。甲公司收到的上述租金扶持补贴应当作为与资产相关的政府补助还是与收益相关的政府补助进行会计处理？

答：按照《企业会计准则第 16 号——政府补助》（财会〔2017〕15 号）第四条等相关规定，政府补助分为与资产相关的政府补助和与收益相关的政府补助；与资产相关的政府补助指企业取得的、用于购建或以其他方式形成长期资产的政府补助；与收益相关的政府补助指除与资产相关的政府补助之外的政府补助。通常情况下，与资产相关的政府补助文件会要求企业将补助资金用于取得固定资产或无形资产等长期资产。本问题中的甲公司收到的政府补助在性质上为政府对企业所付物业租金的补贴，弥补的是企业相关期间的租赁成本费用，不符合与资产相关的政府补助的定义，因此属于与收益相关的政府补助，应当按照《企业会计准则第 16 号——政府补助》第九条等相关规定进行会计处理。

四、应确认使用权资产还是固定资产

原租赁准则下，融资租入固定资产确认为"固定资产"；新租赁准则下，未来将行使购买选择权的租赁以及租赁期几乎等于资产的使用寿命的租赁，即，从出租方判断仍然是融资租赁的业务，对于承租方来说，应当确认使用权资产还是固定资产，在

某些情况下可能存在一定的判断空间。

【案例 5-1】 租赁期几乎等于资产的使用寿命，承租人应确认使用权资产还是固定资产？

案例背景：

A 公司（乙方）于 2016 年 7 月与 D 市创新产业园发展有限公司（甲方）签订产业园产业用房有偿使用合同。该产业用房的土地规划用途为科研用地，土地使用权年限 50 年。该产业用房性质为科技研发、办公用房。A 公司可以使用其中一栋楼的两个单元；A 公司应支付产业用房有偿使用费、物业管理费及其他相关费用。

合同特别提醒，本合同项下，乙方取得产业用房使用权，对此乙方完全理解并接受。在取得房产证之前，乙方如需将本合同项下的全部权利和义务一并转让给第三方，受让方应该符合甲方入园条件，乙方转让前应事先向甲方提出书面申请并获得甲方书面同意。

首个使用期从甲方交付（或视为交付）该产业用房之日起二十年。首个使用期间届满后，如果双方无其他书面约定，则 A 公司继续使用该产业用房，第二个使用期自动续期二十年。第二个使用期间届满后，如果双方无其他书面约定，则公司继续使用该产业用房，第三个使用期限自动续期直至该土地使用年限止（大约 10 年）。

乙公司不再就以上自动延续期限向甲方另行支付本合同项下产业用房使用费。但必须继续按照法定或本合同约定支付使用期间的物业管理费、水电费、政府税费及其他应付费用。

在土地使用权到期以后，如果政府主管部门批准统一产业用房所在土地的使用权期限自动续期，有权继续使用该产业用房至土地使用权续期期限届满，无须另行向甲方支付产业用房使用费。

该产业用房使用费总价款共计人民币 2 500 万元已付清。

问题：

A 公司对上述产业用房应该确认使用权资产还是固定资产？

案例分析与结论：

该交易的达成，可能存在 A 公司实际要购买产业用房，但是受限于某些客观条件无法达成，A 公司支付了 2 500 万元的使用费，获得了产业用房几乎全部年限的使用权。

使用权资产强调企业获得的是对资产使用权的控制，固定资产强调的是对资产的控制，上述背景中合同条款特别强调 A 公司获得的是资产使用权，在取得房产证之前，A 公司如需将本合同项下的全部权利和义务一并转让给第三方，受让方应该符合甲方入园条件，转让前应事先向甲方提出书面申请并获得甲方书面同意，这些说明A公司不能控制该资产，但是能控制资产的使用权，且满足在一定期间不可替换的条件，对照租赁的三要素，满足租赁的定义，因而确认为使用权资产更合理。根据租赁三要素分析如下：

租赁三要素	公司合同约定	分析是否满足
存在一定期间	A公司对租入的产业园用房享有使用权，直至土地使用权到期日	满足一定期间
存在已识别资产	产业用房两个单元物理上可区分，且不可替换	存在已识别资产
资产供应方向客户转移对已识别资产使用权的控制	合同特别提醒，本合同项下，乙方取得产业用房使用权，对此乙方完全理解并接受。在取得房产证之前，乙方如需将本合同项下的全部权利和义务一并转让给第三方，受让方应该符合甲方入园条件，乙方转让前应事先向甲方提出书面申请并获得甲方书面同意	A公司按照约定的用途自主决定房产的使用方式和目的，但是转让权利需要甲方认可，说明A公司控制的是资产的使用权，不控制该项资产

五、使用权资产和租赁负债是否包含增值税

1. 租赁付款额中不包含增值税

租赁付款额，是指承租人向出租人支付的与在租赁期内使用租赁资产的权利相关的款项。而增值税是向税务机关支付的税款，因此租赁付款额不含增值税，不论该增值税能否被抵扣。

2. 使用权资产成本中不包含增值税

根据新租赁准则，在租赁期开始日，承租人应以成本计量使用权资产，并按照固定资产中的折旧规定对使用权资产计提折旧。成本包含四项内容：租赁负债的初始计量金额、租赁期开始日或之前支付的租赁付款额、初始直接费用以及拆卸、移除租赁资产、复原场地或恢复到预定状态所发生的成本。因而，使用权资产的初始成本中不包含可以抵扣的进项税额。

综上所述，承租人向出租人支付的款项中包含增值税的，该增值税不属于租赁付款额的范畴，不应纳入使用权资产和租赁负债的初始和后续计量中。当发生增值税进项税额不能抵扣的情形时，承租人应当将支付的税金计入当期损益。

六、初始直接费用会计处理的汇总和比较

初始直接费用，是指为达成租赁所发生的增量成本。增量成本，是指若企业不取

得该租赁，则不会发生的成本，如佣金、印花税等。无论是否实际取得租赁都会发生的支出，不属于初始直接费用，例如为评估是否签订租赁而发生的差旅费、法律费用等，此类费用应当在发生时计入当期损益。

2023年2月3日，中国证监会发布的《监管规则适用指引——会计类第3号》"3-7承租人为使租赁资产达到企业计划用途所发生的运输、安装费用相关会计处理"指出，在租赁期开始日，承租人应当对租赁确认使用权资产和租赁负债。承租人为使租赁资产达到企业计划用途所发生的运输、安装费用，与达成租赁无关，不属于承租人的初始直接费用，不应计入使用权资产成本。上述费用支出如果形成了其他准则所规定的资产，企业应按照相关准则进行处理；如果未形成其他准则所规定的资产，企业应进一步判断其是否符合资产的一般定义，以确定是否将其计入长期待摊费用。

承租人和出租人支付的初始直接费用的会计处理汇总如表5-7所示。

表5-7　　　　　　　　　初始直接费用的会计汇总

承租人	出租人	
	融资租赁	经营租赁
承租人发生的初始直接费用计入使用权资产的成本	在确定出租人的租赁内含利率时，考虑出租人的初始直接费用，是指使出租人的租赁收款额的现值与未担保余值的现值之和（即租赁投资净额）等于租赁资产公允价值与出租人的初始直接费用之和的利率。因此，出租人发生的初始直接费用包括在租赁投资净额中，也即包括在应收融资租赁款的初始入账价值中。但是，生产商或经销商出租人取得融资租赁所发生的成本不属于初始直接费用，不计入租赁投资净额，而是直接计入当期费用（销售费用）	出租人发生的与经营租赁有关的初始直接费用应当资本化，在租赁期内按照与租金收入确认相同的基础进行分摊，分期计入当期损益。具体会计处理为：根据租赁标的资产不同，分别记入"固定资产""投资性房地产"等会计科目，租赁期内按照与租赁收入相同的确认基础分期记入相应成本费用等损益科目

通过上述比较可知，除了生产商或经销商出租人取得融资租赁所发生的成本直接计入当期费用（销售费用）之外，承租人与出租人发生的初始直接费用都应资本化。

七、基于指数或比率的可变租赁付款额的初始计量和后续计量

1. 初始计量

可变租赁付款额中，仅取决于指数或比率的可变租赁付款额纳入租赁负债的初始计量中，包括与消费者价格指数挂钩的款项、与基准利率挂钩的款项和为反映市场租

金费率变化而变动的款项等。此类可变租赁付款额应当根据租赁期开始日的指数或比率确定。除了取决于指数或比率的可变租赁付款额之外，其他可变租赁付款额均不纳入租赁负债的初始计量中。

2. 后续计量

在租赁期开始日后，因浮动利率的变动而导致未来租赁付款额发生变动的，承租人应当按照变动后租赁付款额的现值重新计量租赁负债。在该情形下，承租人应采用反映利率变动的修订后的折现率进行折现。

在租赁期开始日后，因用于确定租赁付款额的指数或比率（浮动利率除外）的变动而导致未来租赁付款额发生变动的，承租人应当按照变动后租赁付款额的现值重新计量租赁负债。在该情形下，承租人采用的折现率不变。

需要注意的是，仅当现金流量发生变动时，即租赁付款额的变动生效时，承租人才应重新计量租赁负债，以反映变动后的租赁付款额。承租人应基于变动后的合同付款额，确定剩余租赁期内的租赁付款额。

【示例 5–14】基于消费价格指数的可变租赁付款额（摘自新租赁准则应用指南例 21–25、例 21–36）

承租人甲公司签订了一项为期 10 年的不动产租赁合同，每年的租赁付款额为 50 000 元，于每年年初支付。合同规定，租赁付款额在租赁期开始日后每两年基于过去 24 个月消费者价格指数的上涨进行上调。租赁期开始日的消费者价格指数为 125。假设在租赁第 3 年年初的消费者价格指数为 135。甲公司在租赁期开始日采用的折现率为 5%。甲公司如何计量租赁付款额？

本例中，甲公司在初始计量租赁负债时，应基于租赁期开始日的消费者物价指数确定租赁付款额，无须对后续年度因消费者物价指数变化而导致的租金变动作出估计。因此，在租赁期开始日，甲公司应以每年 50 000 元的租赁付款额为基础计量租赁负债。

在第 3 年年初，再对因消费者价格指数变化而导致未来租赁付款额的变动进行会计处理。支付第 3 年的租赁付款额之前，租赁负债为 339 320 元，即 50 000 + 50 000 × (P/A,5%,7) = 339 320。经消费者价格指数调整后的第 3 年租赁付款额为 54 000 元，即 50 000 × 135 ÷ 125 = 54 000。

因用于确定租赁付款额的消费者价格指数的变动，而导致未来租赁付款额发生变动，甲公司应当于第 3 年年初重新计量租赁负债，以反映变动后的租赁付款额，即租赁负债应当以每年 54 000 元的租赁付款额（剩余 8 笔）为基础进行重新计量。在第 3 年年初，甲公司按以下金额重新计量租赁负债：每年 5 4000 元的租赁付款额按不变的折现率 5% 进行折现，现值为 366 466 元 [54 000 + 54 000 × (P/A,5%,7)]。因此，甲公司的租赁负债将增加 27 146 元，即重新计量后的租赁负债（366 466 元）与重新计量前的租赁负债（339 320 元）之间的差额。不考虑其他因素，甲公司相关账务处理如下：

借：使用权资产   27 146
　　租赁负债——未确认融资费用   4 854
　贷：租赁负债——租赁付款额   32 000[(54 000 - 50 000) × 8]

3. 取决于指数和比率的可变租赁付款额的判断

对于取决于指数和比率的可变租赁付款额的具体判断，指南只是以列举的方式做了举例，并没有对其进行定义。在实务中，比较常见的按照农作物收购价格确定土地租金是否属于取决于指数或比率的可变租赁付款额，存在不同的观点和理解。

【案例 5-2】按照农作物收购价格确定土地租金是否属于取决于指数或比率的可变租赁付款额

案例背景：

甲公司是一家发电企业。下属 3 个水电站因水库蓄水淹没土地与土地所属单位签订土地租赁合同（包括村集体、个人、单位共一万多个合同），租赁主要条款如下：

（1）租赁期限：

2015 年 7 月至电站废弃（折旧年限最长的资产为 50 年）。

（2）租金计算方式：

每年的土地租金按库区占用土地的面积结合该土地原先种植的稻谷、甘蔗当年的收购价格和每亩单产确定，即：当年土地租金 = 占用原种植稻谷的土地面积 × 规定的每亩稻谷产量 × 当年稻谷收购价格 + 占用原种植甘蔗的土地面积 × 规定的每亩甘蔗产量 × 当年甘蔗收购价格。

（3）租金支付：每年 12 月底前付清租金。

假设 2020 年公司共支付土地租金 2 500 万元，预计以后每年租金有 5% 左右的波动。

问题：

公司自 2021 年 1 月 1 日起执行新租赁准则，如何确定各年度的租赁付款额？

案例分析与讨论：

观点 1：按照 2020 年的租金确认租赁负债

合同约定土地租金是按照水电站所淹没农田原种植农作物（稻谷、甘蔗）在租赁期内当年收购价格和合同中约定的亩产量计算，即每年租金金额变量为农作物收购价格，不属于挂钩指数和比例的可变租金。2021年1月1日首次执行新租赁准则时，该租赁合同实质上是以2020年度的2 500万元/年为租金基础，后续剩余租赁期在此基础上根据农作物当年收购价格相应调整租金。因此，2 500万元/年属于实质上固定的租金，后续租金变动按照其他可变租金的原则进行核算。因此，公司在首次执行新租赁准则时，应当按2020年实际支付的租金2 500万元作为整个租赁期每年支付的租金来测算使用权资产和租赁负债，以后每年支付的租金超过或者低于2 500万元的金额直接计入当期损益。

观点2：按照取决于指数或比率的可变租金处理

土地租赁费用结算以当年稻谷和甘蔗收购价格计算为准。该收购价格通常是以发展和改革委员会（以下简称发改委）公布的最新最低收购保护价格为准，最低收购保护价格的确定主要受国家稻谷安全战略和乡村振兴战略、市场供需情况、稻谷产业上下游的产业链情况等因素影响。从广义理解角度，属于指数或比率的可变租金。

若属于指数或比率的可变租金，在2021年1月1日首次执行新租赁准则时，租赁付款额中包含取决于指数或比例的可变租金，该款项在初始计量时根据租赁期开始日的指数或比率确定。即按照2020年实际支付的租金2 500万元作为每年的租金在租赁期内进行折现，确定使用权资产和租赁负债。2021年12月31日（之后资产负债表日核算类似）需对租赁负债进行重新评估，未来租赁付款额因指数或比率变化而发生改变，承租人以不变的折现率对修订后的付款额进行折现，对租赁负债进行重新计量。若重新计量租赁负债增加，借：使用权资产；贷：租赁负债，减少则反之。

倾向于观点1。

【案例5-3】关于实质固定付款额和可变租赁付款额的区分

案例背景：

甲上市公司经营场地由某园区开发公司提供，双方在租赁合同中约定租金水平与亩产税收（亩产税收=实际缴纳的税收/实际土地面积）挂钩，并参照政府指导价确定。租赁期内，若当年亩产税收低于18万元，按政府指导价收取租金；亩产税收每超出4万元，租金水平按政府指导价下浮8%。近年来甲上市公司主营业务市场价格不存在大幅变动，政府指导价较为稳定。该公司认为，根据租赁合同的约定，由于租赁付款额与亩产税收挂钩，属于可变租赁付款额，但该可变租赁付款额是取决于租赁资产的未来绩效而不是指数或比率，因而无须纳入租赁负债的初始计量。

问题：

对与租赁资产未来绩效挂钩的租金，公司是否能套用可变租赁付款额的规定而不将其纳入租赁负债的初始计量？

案例分析与结论：

根据《企业会计准则第21号——租赁》第十八条规定，实质固定付款额是指在形式上可能包含变量但实质上无法避免的付款额。由于这些租赁付款额是不可避免的，故应被纳入租赁负债的初始计量中。因此根据新租赁准则，承租人应当判断租赁协议中是否存在实质固定付款额，不能简单地因租赁付款额取决于租赁资产的未来绩效，而整体认定为可变租金。

本案例中，租金按照亩产税收情况分档计算，形式上属于与绩效挂钩的可变租赁付款额。但结合具体业务来看，由于公司主营业务会受到场地大小的限制，故在政府指导价较为稳定的情形下，亩产税收存在上限。一般而言，以亩产税收达到上限时的"最低租金水平"计算的租金支出在实质上是无法避免的，符合实质固定付款额的概念。

因此，公司应当按该实质固定付款额确认使用权资产和租赁负债，后续超过"最低租金水平"的可变租赁付款额则应在实际发生时计入当期损益。

八、取决于租赁资产未来绩效或使用情况的可变租赁付款额

可变租赁付款额中，除上述取决于指数或比率的可变租赁付款额之外，其他可变租赁付款额均不纳入租赁负债的初始计量中。主要包括两类：（1）与承租人源自租赁资产的绩效挂钩。例如，零售业不动产租赁可能会要求基于使用该不动产取得的销售收入的一定比例确定租赁付款额。（2）与租赁资产的使用挂钩。例如，车辆租赁可能要求承租人在超过特定里程数时支付额外的租赁付款额。

未纳入租赁负债计量的可变租赁付款额（即并非取决于指数或者比率的可变租赁付款额），应当在实际发生时计入当期损益，但按照《企业会计准则第1号——存货》等其他准则规定应当计入相关资产成本的，从其规定。

【示例5-15】取决于租赁资产未来绩效或使用情况的可变租赁付款额的会计处理（"会计准则实务问与答"2019年12月31日）

根据《企业会计准则第21号——租赁》（财会〔2018〕35号），某租赁合同约定，租赁期为5年，年租金按照租赁资产当年运营收入的80%计算，于每年年末支付给出租人。假定不考虑其他因素，该租赁合同应如何对租赁负债进行初始计量和后续计量？

根据租赁准则第十七条、第十八条及相关应用指南，租赁负债应当按照租赁期开

始日尚未支付的租赁付款额的现值进行初始计量。租赁付款额包括固定付款额及实质固定付款额（扣除租赁激励相关金额）、取决于指数或比率的可变租赁付款额、购买选择权的行权价格、行使终止租赁选择权需支付的款项、根据承租人提供的担保余值预计应支付的款项。可变租赁付款额中，仅取决于指数或比率的可变租赁付款额纳入租赁负债的初始计量中。

按照上述租赁合同约定，租赁付款额按照租赁资产年运营收入的一定比例计算，属于可变租赁付款额，但该可变租赁付款额不取决于指数或比率的变化，而是取决于租赁资产的未来绩效，因此，初始计量时取决于指数或比率的可变租赁付款额为0。在假定不考虑其他因素的情况下，租赁负债的初始计量金额为0。

根据租赁准则第二十四条及相关应用指南，未纳入租赁负债计量的可变租赁付款额，即，并非取决于指数或者比率的可变租赁付款额，应当在实际发生时计入当期损益，但按照《企业会计准则第1号——存货》等其他准则规定应当计入相关资产成本的，从其规定。

九、使用权资产和租赁负债的递延所得税问题

《企业所得税法实施条例》第四十七条对租赁费支出的税前扣除问题做了规定，即以经营租赁方式租入固定资产发生的租赁费支出，按照租赁期限均匀扣除；以融资租赁方式租入固定资产发生的租赁费支出，按照规定构成融资租入固定资产价值的部分应当提取折旧费用，分期扣除。

《企业所得税法实施条例》第五十八条规定融资租入的固定资产，以租赁合同约定的付款总额和承租人在签订租赁合同过程中发生的相关费用为计税基础，租赁合同未约定付款总额的，以该资产的公允价值和承租人在签订租赁合同过程中发生的相关费用为计税基础。

因此，新租赁准则实施后，因经营租赁形成使用权资产、租赁负债、预付账款、初始直接费用的账面价值和计税基础将产生差异，从而影响递延所得税资产或负债的确认和计量。

融资租赁业务模式下，承租人发生的初始直接费用会计上计入租赁资产价值，税法上也构成融资租入固定资产价值的一部分，与经营租赁不同，初始直接费用不会形成暂时性差异。但因折现形成的未确认融资费用，税法上不允许扣除分期摊销计入的财务费用，而是包含在固定资产计税基础上以折旧的方式予以扣除，因此与经营租赁相同，形成暂时性差异。

（一） 初始确认使用权资产和租赁负债应确认相应的递延所得税

2021 年 5 月，国际会计准则理事会（IASB）发布了对《国际会计准则第 12 号——所得税》（IAS 12）的有限修订。该修订缩小了初始确认简化处理的适用范围，规定该简化处理不得适用于会产生金额相同且方向相反的暂时性差异的交易。因此，企业需要为初始确认租赁产生的暂时性差异确认一项递延所得税资产和一项递延所得税负债。该修订自 2023 年 1 月 1 日或之后开始的年度报告期间生效。允许提前采用。

2022 年 11 月 30 日，财政部发布了《企业会计准则解释第 16 号》，"关于单项交易产生的资产和负债相关的递延所得税不适用初始确认简化处理的会计处理"规定"对于不是企业合并、交易发生时既不影响会计利润也不影响应纳税所得额（或可抵扣亏损）、且初始确认的资产和负债导致产生等额应纳税暂时性差异和可抵扣暂时性差异的单项交易（包括承租人在租赁期开始日初始确认租赁负债并计入使用权资产的租赁交易，以及因固定资产等存在弃置义务而确认预计负债并计入相关资产成本的交易等，以下简称适用本解释的单项交易），不适用《企业会计准则第 18 号——所得税》第十一条（二）、第十三条关于简化处理初始确认递延所得税负债和递延所得税资产的规定。企业对该交易因资产和负债的初始确认所产生的应纳税暂时性差异和可抵扣暂时性差异，应当根据《企业会计准则第 18 号——所得税》等有关规定，在交易发生时分别确认相应的递延所得税负债和递延所得税资产。"

同时也作出新旧衔接的规定，"对于在首次施行本解释的财务报表列报最早期间的期初至本解释施行日之间发生的适用本解释的单项交易，企业应当按照本解释的规定进行调整。对于在首次施行本解释的财务报表列报最早期间的期初因适用本解释的单项交易而确认的租赁负债和使用权资产，以及确认的弃置义务相关预计负债和对应的相关资产，产生应纳税暂时性差异和可抵扣暂时性差异的，企业应当按照本解释和《企业会计准则第 18 号——所得税》的规定，将累积影响数调整财务报表列报最早期间的期初留存收益及其他相关财务报表项目。企业进行上述调整的，应当在财务报表附注中披露相关情况。本解释内容允许企业自发布年度提前执行，若提前执行还应在财务报表附注中披露相关情况。"

在解释 16 号发布之后，按照解释 16 号（即与 IAS 12 的修订一致的方法）的规定进行会计处理。

按照中国税法的规定，对于税法上认定的经营租赁，只有在支付租金后，租金在相应的期间内摊销进行税前扣除。因此，税法和会计的暂时性差异主要与付款相关，即与租赁负债相关。使用权资产和租赁负债在初始确认和后续计量的计税基础均为零，形成暂时性差异需要分别确认递延所得税资产和递延所得税负债（IAS 12. BC76）。

（二）预计未来期间公司应纳税所得额整体为负数的情况下，是否确认租赁负债相关的递延所得税资产

2024 年 2 月 8 日，中国证监会发布的《监管规则适用指引——会计类第 4 号》"4-8 关于租赁负债相关递延所得税资产的确认"指出，公司在确认递延所得税资产时，应当考虑公司当前应纳税暂时性差异在未来期间转回时将产生的可用来抵扣可抵扣暂时性差异的所得税影响。对于租赁交易，即使预计未来期间公司根据相关税法规定确定的应纳税所得额整体为负数，公司也应当考虑预计未来期间转回的使用权资产等所产生的应纳税暂时性差异，确认与租赁负债相关的可抵扣暂时性差异产生的递延所得税资产。

分析：对于持续亏损且预计未来很可能继续亏损的企业，在判断企业于可抵扣暂时性差异转回的未来期间是否能够产生足够的应纳税所得额时，应当考虑未来期间正常生产经营活动实现的应纳税所得额，以及应纳税暂时性差异在未来期间转回时将增加的应纳税所得额。由租赁交易产生的应纳税暂时性差异在未来期间转回时将产生确定的可用来抵扣可抵扣暂时性差异的应纳税所得额，如果满足所得税准则中递延所得税资产确认条件，应当确认相应递延所得税资产。

企业确认由可抵扣暂时性差异产生的递延所得税资产，应当以未来期间很可能取得用以抵扣可抵扣暂时性差异的应纳税所得额为限，至于将该结果确认为连续补亏、资产减值、信用减值还是租赁负债产生的递延所得税资产，实务中有不同的理解。《监管规则适用指引——会计类第 4 号》明确是确认与租赁负债相关的可抵扣暂时性差异产生的递延所得税资产。

（三） 关于递延所得税资产和递延所得税负债的列报

在财务报表列报时，根据《企业会计准则应用指南汇编（2024）》第十八章所得税指出，对于同一法人实体因租赁形成的递延所得税资产和递延所得税负债应当抵销列示。

1. 同时满足下列条件时，企业应当将当期所得税资产及当期所得税负债以抵销后的净额列示：

（1） 企业拥有以净额结算的法定权利；

（2） 意图以净额结算或取得资产、清偿债务同时进行。

对于当期所得税资产及当期所得税负债以净额列示是指，当企业实际交纳的所得税税款大于按照税法规定计算的应交税时，超过部分在资产负债表中应当列示为"其他流动资产"；当企业实际交纳的所得税税款小于按照税法规定计算的应交税时，差额部分应当作为资产负债表中的"应交税费"项目列示。

2. 同时满足下列条件时,企业应当将递延所得税资产及递延所得税负债以抵销后的净额列示:

(1) 企业拥有以净额结算当期所得税资产及当期所得税负债的法定权利;

(2) 递延所得税资产及递延所得税负债是与同一税收征管部门对同一纳税主体征收的所得税相关或者是对不同的纳税主体相关,但在未来每一具有重要性的递延所得税资产及负债转回的期间内,涉及的纳税主体意图以净额结算当期所得税资产和负债或是同时取得资产、清偿债务。

(四)新旧租赁准则首次衔接时,承租人租赁业务如何确认递延所得税

按照租赁准则规定,首次衔接时,如采用方法 1,需使用租赁期开始日的折现率,如采用方法 2.1 和方法 2.2 时,需使用首次执行日的折现率。以下示例中,简化考虑,假设租赁期开始日和首次执行日,折现率均是相同的。

【示例 5–16】对于等额差异采用简化处理的方法,经营租赁业务存在初始直接费用。

租赁期为 2020 年 1 月 1 日至 2022 年 12 月 31 日,不存在预付租金,初始直接费用为 50 000 元,每年年末支付租金。税法上认定为经营租赁,可以按照年度支付的租金税前扣除,初始直接费用在实际发生时扣除。所得税税率为 25%。折现率为年化 4%。不考虑增值税的影响。

1. 假设企业从 2020 年 1 月 1 日开始执行新租赁准则

各年年末,使用权资产、租赁负债、折旧费用、利息费用数据如表 5–8 所示。

表 5–8　　　　　　使用权资产、租赁负债以及相关费用的计算

时点	每年租金	租赁负债余额	利息费用	折旧费用	费用合计	使用权资产余额
	A	B	$C = B \times 4\%$	D	$E = C + D$	F
2020.1.1		277 509.10*				327 509.10 (= 277 509.10 + 50 000)
2020.12.31	100 000.00	188 609.47	11 100.36	109 169.70	120 270.07	218 339.40
2021.12.31	100 000.00	96 153.85	7 544.38	109 169.70	116 714.08	109 169.70
2022.12.31	100 000.00	—	3 846.15	109 169.70	113 015.85	—

* $277\,509.10 = 100\,000.00 / (1 + 4\%)^3$

初始直接费用视为独立于确认使用权资产和租赁负债之外的一项单独交易。仅就初始直接费用导致的暂时性差异确认递延所得税。会计上，初始直接费用按照3年计提折旧；税法允许初始直接费用在实际发生时一次性在税前扣除；其账面价值、计税基础、暂时性差异及递延所得税的影响如表5-9所示。

表5-9　　　　　　初始直接费用产生递延所得税负债的计算

时点	使用权资产——初始直接费用			递延所得税负债
	账面价值	计税基础	暂时性差异	
	A	B	C = A - B	D = C × 25%
2020.1.1	50 000.00	0	50 000.00	12 500.00
2020.12.31	33 333.33	0	33 333.33	8 333.33
2021.12.31	16 666.67	0	16 666.67	4 166.67
2022.12.31	—	—	—	—

各年会计处理如下：

2020年1月1日

借：使用权资产　　　　　　　　　　　　　　　327 509.10

　　所得税费用——递延所得税　　　　　　　　 12 500.00

　　贷：租赁负债　　　　　　　　　　　　　　 277 509.10

　　　　递延所得税负债　　　　　　　　　　　　12 500.00

　　　　银行存款　　　　　　　　　　　　　　　50 000.00（初始直接费用）

2020年12月31日（2021年12月31日和2022年12月31日会计处理相同）

借：递延所得税负债　　　　　4 166.67（12 500.00 - 8 333.33）

　　贷：所得税费用——递延所得税　　　　　　　4 166.67

2. 若企业在2021年1月1日首次适用新租赁准则

（1）如采用方法1进行首次衔接，会计处理如下：

借：使用权资产　　　　　　　　　　　　　　　218 339.40

　　贷：租赁负债　　　　　　　　　　　　　　 188 609.47

　　　　递延所得税负债　　　　　　　　　　　　 8 333.33

　　　　留存收益（未分配利润和盈余公积，下同）　21 396.60

（2）如采用方法2.1进行首次衔接（采用方法2.1时，可选择简化处理的方法，不考虑初始直接费用的影响），使用权资产的账面价值需重新计算，计算过程和会计处理如下。

表 5-10　　使用权资产、租赁负债以及相关费用的计算

时点	每年租金	租赁负债余额	利息费用	折旧费用	费用合计	使用权资产余额
2020.1.1		277 509.10				277 509.10
2020.12.31	100 000.00	188 609.47	11 100.36	92 503.03	103 603.40	185 006.07
2021.12.31	100 000.00	96 153.85	7 544.38	92 503.03	100 047.41	92 503.03
2022.12.31	100 000.00	—	3 846.15	92 503.03	96 349.19	—

借：使用权资产　　　　　　　　　　　　　　　185 006.07
　　留存收益　　　　　　　　　　　　　　　　　3 603.40
　　贷：租赁负债　　　　　　　　　　　　　　　188 609.47

（3）如采用方法 2.2 进行首次衔接，会计处理如下：

借：使用权资产　　　　　　　　　　　　　　　188 609.47
　　贷：租赁负债　　　　　　　　　　　　　　　188 609.47

【示例 5-17】对等额差异不简化处理（即采用修正后的 IAS 12 或解释 16 号），经营租赁业务不存在初始直接费用和预付租金。

租赁期为 2020 年 1 月 1 日至 2022 年 12 月 31 日，不存在预付租金和初始直接费用，每年年末支付租金。税法上认定为经营租赁，可以按照年度支付的租金税前扣除，所得税税率为 25%。折现率为年化 4%。不考虑增值税的影响。

1. 假设企业从 2020 年 1 月 1 日开始执行新租赁准则

各年年末，使用权资产、租赁负债、折旧费用、利息费用数据如表 5-11 所示。

表 5-11　　使用权资产、租赁负债以及相关费用的计算

时点	每年租金	租赁负债余额	利息费用	折旧费用	费用合计	使用权资产余额
	A	B	C = B × 4%	D	E = C + D	F
2020.1.1	—	277 509.10*	—	—	—	277 509.10
2020.12.31	100 000.00	188 609.47	11 100.36	92 503.03	103 603.40	185 006.07
2021.12.31	100 000.00	96 153.85	7 544.38	92 503.03	100 047.41	92 503.03
2022.12.31	100 000.00	—	3 846.15	92 503.03	96 349.19	—

* 277 509.10 = 100 000.00 / (1 + 4%)³

使用权资产和租赁负债的账面价值、计税基础、暂时性差异及递延所得税的计算如表 5-12 所示。

表 5−12 使用权资产和租赁负债的递延所得税的计算

时点	租赁负债			使用权资产			递延所得税资产	递延所得税负债
	账面价值	计税基础	暂时性差异	账面价值	计税基础	暂时性差异		
	A	B	C = A − B	D	E	F = D − E	G = C × 25%	H = F × 25%
2020.1.1	277 509.10	0	277 509.10	277 509.10	0	277 509.10	69 377.28	69 377.28
2020.12.31	188 609.47	0	188 609.47	185 006.07	0	185 006.07	47 152.37	46 251.52
2021.12.31	96 153.85	0	96 153.85	92 503.03	0	92 503.03	24 038.46	23 125.76
2022.12.31	—	—	—	—	—	—	—	—

各年会计处理如下：

2020 年 1 月 1 日

借：使用权资产　　　　　　　　　　　　　　　277 509.10
　　贷：租赁负债　　　　　　　　　　　　　　　277 509.10
借：递延所得税资产　　　　　　69 377.28（277 509.10 × 25%）
　　贷：递延所得税负债　　　　　69 377.28（277 509.10 × 25%）

2020 年 12 月 31 日（2021 年 12 月 31 日和 2022 年 12 月 31 日会计处理相同）

借：递延所得税负债　　　　　　23 125.76（69 377.28 − 46 251.52）
　　贷：递延所得税资产　　　　　22 224.91（69 377.28 − 47 152.37）
　　　　所得税费用——递延所得税　　　　　　　900.85

2. 若企业在 2021 年 1 月 1 日首次适用租赁准则

（1）如采用方法 1 和方法 2.1 进行首次衔接，会计处理如下：

借：使用权资产　　　　　　　　　　　　　　　185 006.07
　　留存收益　　　　　　　　　　　　　　　　　3 603.40
　　贷：租赁负债　　　　　　　　　　　　　　　188 609.47
借：递延所得税资产　　　　　　47 152.37（188 609.47 × 25%）
　　贷：递延所得税负债　　　　　46 251.52（185 006.07 × 25%）
　　　　留存收益　　　　　　　　　　　　　　　900.85

（2）如采用方法 2.2 进行首次衔接，会计处理如下：

借：使用权资产　　　　　　　　　　　　　　　188 609.47
　　贷：租赁负债　　　　　　　　　　　　　　　188 609.47
借：递延所得税资产　　　　　　47 152.37（188 609.47 × 25%）
　　贷：递延所得税负债　　　　　47 152.37（188 609.47 × 25%）

【示例 5-18】 对等额差异不简化处理（即采用修正后的 IAS 12 或解释 16 号），经营租赁业务存在初始直接费用，不存在预付租金。

租赁期为 2020 年 1 月 1 日至 2022 年 12 月 31 日，不存在预付租金，初始直接费用为 50 000 元，每年年末支付租金。税法上认定为经营租赁，按照年度支付的租金税前扣除，初始直接费用在实际发生时扣除。所得税税率为 25%。折现率为年化 4%。不考虑增值税的影响。

1. 假设企业从 2020 年 1 月 1 日开始执行新租赁准则

各年年末，使用权资产、租赁负债、折旧费用、利息费用数据如表 5-13 所示。

表 5-13　　　　　使用权资产、租赁负债以及相关费用的计算

时点	每年租金	租赁负债余额	利息费用	折旧费用	费用合计	期末使用权资产
	A	B	C = B×4%	D	E = C + D	F
2020.1.1		277 509.10*				327 509.10
2020.12.31	100 000.00	188 609.47	11 100.36	109 169.70	120 270.07	218 339.40
2021.12.31	100 000.00	96 153.85	7 544.38	109 169.70	116 714.08	109 169.70
2022.12.31	100 000.00	—	3 846.15	109 169.70	113 015.85	—

* $277\ 509.10 = 100\ 000.00/(1 + 4\%)^3$

使用权资产和租赁负债的账面价值、计税基础、暂时性差异及递延所得税的影响如表 5-14 所示。

表 5-14　　　　　使用权资产、租赁负债以及相关递延所得税的计算

时点	租赁负债			使用权资产			递延所得税资产	递延所得税负债
	账面价值	计税基础	暂时性差异	账面价值	计税基础	暂时性差异		
	A	B	C = A - B	D	E	F = D - E	G = C×25%	H = F×25%
2020.1.1	277 509.10	0	277 509.10	327 509.10	0	327 509.10	69 377.28	81 877.28
2020.12.31	188 609.47	0	188 609.47	218 339.40	0	218 339.40	47 152.37	54 584.85
2021.12.31	96 153.85	0	96 153.85	109 169.70	0	109 169.70	24 038.46	27 292.43
2022.12.31	—	—	—	—	—	—	—	—

各年会计处理如下：

2020 年 1 月 1 日

借：使用权资产　　　　　　　　　　　　　　　　327 509.10
　　贷：租赁负债　　　　　　　　　　　　　　　277 509.10
　　　　银行存款　　　　　　　　　　　　　　　50 000.00（初始直接费用）
借：递延所得税资产　　　　　　　　　　　　　　69 377.28
　　所得税费用——递延所得税　　　　　　　　　12 500.00
　　贷：递延所得税负债　　　　　　　　　　　　81 877.28

2020年12月31日（2021年12月31日和2022年12月31日会计处理相同）

借：递延所得税负债　　　　　　27 292.43（81 877.28 − 54 584.85）
　　贷：递延所得税资产　　　　22 224.91（69 377.28 − 47 152.37）
　　　　所得税费用——递延所得税　　　　　　　5 067.52

2. 若企业在2021年1月1日首次适用租赁准则

（1）如采用方法1进行首次衔接，会计处理如下：

借：使用权资产　　　　　　　　　　　　　　　　218 339.40
　　递延所得税资产　　　　　47 152.37（188 609.47×25%）
　　贷：租赁负债　　　　　　　　　　　　　　　188 609.47
　　　　递延所得税负债　　　54 584.85（218 339.40×25%）
　　　　留存收益　　　　　　　　　　　　　　　22 297.45

（2）如采用方法2.1进行首次衔接（采用方法2.1时，可选择简化处理的方法，不考虑初始直接费用的影响），使用权资产的账面价值需重新计算，计算过程如表5-15所示。

表 5-15　　　　　使用权资产、租赁负债以及相关费用的计算

时点	每年租金	租赁负债余额	利息费用	折旧费用	费用合计	使用权资产余额
2020.1.1		277 509.10				277 509.10
2020.12.31	100 000.00	188 609.47	11 100.36	92 503.03	103 603.40	185 006.07
2021.12.31	100 000.00	96 153.85	7 544.38	92 503.03	100 047.41	92 503.03
2022.12.31	100 000.00	—	3 846.15	92 503.03	96 349.19	—

会计处理如下：

借：使用权资产　　　　　　　　　　　　　　　　185 006.07
　　递延所得税资产　　　　　47 152.37（188 609.47×25%）
　　贷：租赁负债　　　　　　　　　　　　　　　188 609.47
　　　　递延所得税负债　　　46 251.52（185 006.07×25%）
　　　　留存收益　　　　　　　　　　　　　　　2 702.55

(3) 如采用方法 2.2 进行首次衔接，会计处理如下：

借：使用权资产　　　　　　　　　　　　　　188 609.47
　　贷：租赁负债　　　　　　　　　　　　　　　188 609.47
借：递延所得税资产　　　　　　　47 152.37（188 609.47×25%）
　　贷：递延所得税负债　　　　　47 152.37（188 609.47×25%）

【示例 5-19】对等额差异不简化处理（即采用修正后的 IAS 12 或解释 16 号），经营租赁业务不存在初始直接费用，存在预付租金。

租赁期为 2020 年 1 月 1 日至 2022 年 12 月 31 日，不存在初始直接费用，年租金为 100 000 元，每年支付一次租金，各期期初预付。税法上认定为经营租赁，租金在租赁期限均匀税前扣除。所得税税率为 25%。折现率为年化 4%。不考虑增值税的影响。

1. 假设企业从 2020 年 1 月 1 日开始执行新租赁准则

各年年末，使用权资产、租赁负债、折旧费用、利息费用数据如表 5-16 所示。

表 5-16　　　　　　使用权资产、租赁负债及相关费用的计算　　　　单位：人民币元

时点	每年租金	租赁负债余额	利息费用	折旧费用	费用合计	期末使用权资产
	A	B	C = B × 4%	D	E = C + D	F
2020.1.1	100 000.00	277 509.10 *	11 100.36		11 100.36	377 509.10
2020.12.31	100 000.00	288 609.47	7 544.38	125 836.37	133 380.75	251 672.74
2021.12.31	100 000.00	196 153.85	3 846.15	125 836.37	129 682.52	125 836.37
2022.12.31		100 000.00	—	125 836.37	125 836.37	—
合计			22 490.90		377 509.10	

* 277 509.10 = 100 000.00/$(1+4\%)^3$

使用权资产和租赁负债的账面价值、计税基础、暂时性差异及递延所得税的计算如表 5-17 所示。

各年会计处理如下：

2020 年 1 月 1 日

借：使用权资产　　　　　　　　　　　　　　377 509.10
　　贷：租赁负债　　　　　　　　　　　　　　　277 509.10
　　　　银行存款（预付租金）　　　　　　　　　100 000.00
借：递延所得税资产　　　　　　　　　　　　　69 377.28
　　贷：递延所得税负债　　　　　　　　　　　　69 377.28

第五章 承租人的会计处理

表5-17 使用权资产、租赁负债以及相关递延所得税计算

时点	租赁负债			使用权资产 - 租赁付款额			使用权资产 - 预付租金			递延所得税资产	递延所得税负债
	账面价值 A	计税基础 B	暂时性差异 C = A − B	账面价值 D	计税基础 E	暂时性差异 F = D − E	账面价值 I	计税基础 J	暂时性差异 K = I − J	G = C × 25%	H = (F + K) × 25%
2020.1.1	277 509.10	0	277 509.10	277 509.10	0	277 509.10	100 000.00	100 000.00	0.00	69 377.28	69 377.28
2020.12.31	188 609.46	0	188 609.46	185 006.07	0	185 006.07	66 666.67	0	66 666.67	47 152.37	62 918.18
2021.12.31	96 153.84	0	96 153.84	92 503.03	0	92 503.03	33 333.33	0	33 333.33	24 038.46	31 459.09
2022.12.31	—	—	—	—	—	—	—	—	—	—	—

2020 年 12 月 31 日（2021 年 12 月 31 日和 2022 年 12 月 31 日会计处理相同）

借：递延所得税负债　　　　　　　6 459.09（62 918.18 – 69 377.28）

　　所得税费用——递延所得税　　　　　　　　　　　15 765.82

　　贷：递延所得税资产　　　　　　22 224.91（47 152.37 – 69 377.28）

2. 若企业在 2021 年 1 月 1 日首次适用租赁准则：

（1）如采用方法 1 和方法 2.1 进行首次衔接，会计处理如下：

借：使用权资产　　　　　　　　　　　　　　　　　251 672.74

　　递延所得税资产　　　　　　　　47 152.37（188 609.47 ×25%）

　　留存收益　　　　　　　　　　　　　　　　　　　52 702.55

　　贷：租赁负债　　　　　　　　　　　　　　　　　188 609.47

　　　　递延所得税负债　　　　　　62 918.19（251 672.74 ×25%）

　　　　预付账款　　　　　　　　　　　　　　　　　100 000.00

（2）如采用方法 2.2 进行首次衔接，会计处理如下：

借：使用权资产　　　　　　　　　　　　　　　　　288 609.47

　　递延所得税资产　　　　　　　　47 152.37（188 609.47 ×25%）

　　贷：租赁负债　　　　　　　　　　　　　　　　　188 609.47

　　　　递延所得税负债　　　　　　47 152.37（188 609.47 ×25%）

　　　　预付账款　　　　　　　　　　　　　　　　　100 000.00

【示例 5–20】融资租赁业务存在初始直接费用，不存在预付租金

融资租赁业务存在初始直接费用，不存在预付租金。融资租赁业务的税务抵扣与资产相关。

租赁期为 2020 年 1 月 1 日至 2022 年 12 月 31 日，不存在预付租金，初始直接费用为 50 000 元，每年年末支付租金。税法上认定为融资租赁，承租人发生的初始直接费用和因折现形成的未确认融资费用，税法上均包含在固定资产计税基础上以折旧的方式予以扣除。所得税税率为 25%。折现率为年化 4%。不考虑增值税的影响。

因此，融资租赁业务的税务抵扣与资产相关。根据 IAS 12. BC76 的规定，使用权资产和租赁负债的计税基础与账面价值一致，在初始确认时，没有暂时性差异，不确认递延所得税（不属于简化处理的范围）。但后续计量时形成的暂时性差异需要确认递延所得税。在新旧租赁准则下，会计处理一致。

1. 假设企业从 2020 年 1 月 1 日开始执行新租赁准则

各年年末，使用权资产、租赁负债、折旧费用、利息费用数据如表 5–18 所示。

第五章 承租人的会计处理

表 5-18   使用权资产、租赁负债以及相关费用的计算

时点	每年租金	租赁负债余额（原准则为长期应付款）	利息费用	折旧费用	费用合计	期末使用权资产（原准则为固定资产）
	A	B	C = B × 4%	D	E = C + D	F
2020.1.1		277 509.10				327 509.10
2020.12.31	100 000.00	188 609.47	11 100.36	109 169.70	120 270.07	218 339.40
2021.12.31	100 000.00	96 153.85	7 544.38	109 169.70	116 714.08	109 169.70
2022.12.31	100 000.00	—	3 846.15	109 169.70	113 015.85	—

各期资产和负债的账面价值、计税基础、暂时性差异及递延所得税的影响如表 5-19 所示。

表 5-19   使用权资产、租赁负债以及相关递延所得税的计算

时点	租赁负债（长期应付款）			使用权资产（固定资产）			递延所得税资产	递延所得税负债
	账面价值	计税基础	暂时性差异	账面价值	计税基础	暂时性差异		
	A	B	C = A - B	D	E（注）	F = D - E	G = F × 25%	H = C × 25%
2020.1.1	277 509.10	277 509.10	—	327 509.10	327 509.10	—		
2020.12.31	188 609.47	188 609.47	—	218 339.40	221 942.80	-3 603.40	900.85	
2021.12.31	96 153.85	96 153.85	—	109 169.70	112 820.51	-3 650.81	912.70	
2022.12.31	—							

注：使用权资产（固定资产）的计税基础的计算过程以 2020 年 12 月 31 日的数据为例加以说明：税法上每年允许扣除的总费用为 350 000.00 ÷ 3 = 116 666.67（元），会计上计入当期利息费用的金额为 11 100.36 元，税法上允许扣除的折旧费用为 116 666.67 - 11 100.36 = 105 566.31（元），使用权资产的计税基础为 327 509.10 - 105 566.31 = 221 942.80（元）。

各年会计处理如下：

2020 年 1 月 1 日

借：使用权资产　　　　　　　　　　　　　327 509.10
　　贷：租赁负债　　　　　　　　　　　　　　277 509.10
　　　　银行存款　　　　　　　　　　　　　　 50 000.00（初始直接费用）

2020 年 12 月 31 日（2021 年 12 月 31 日和 2022 年 12 月 31 日会计处理相同）

借：递延所得税资产　　　　　　　　　　　　900.85
　　贷：所得税费用——递延所得税　　　　　　900.85

2. 若企业在 2021 年 1 月 1 日首次适用租赁准则

如企业在原租赁准则下就已经确认了递延所得税,则递延所得税不会因新旧准则衔接产生差异)。

首次衔接会计处理如下:

借:使用权资产　　　　　　　　　　　　　　　218 339.40
　　贷:固定资产——融资租入固定资产　　　　　　　　218 339.40
借:长期应付款——应付融资租赁款　　　　　　　188 609.47
　　贷:租赁负债　　　　　　　　　　　　　　　　　　188 609.47

【示例 5-21】融资租赁业务存在初始直接费用,不存在预付租金。融资租赁业务的税务抵扣与负债相关,即税法在实际支付时开始计算抵扣金额。

租赁期为 2020 年 1 月 1 日至 2022 年 12 月 31 日,不存在预付租金,初始直接费用为 50 000 元,每年年末支付租金。税法上认定为融资租赁,承租人发生的初始直接费用和因折现形成的未确认融资费用,税法上均包含在固定资产计税基础上以折旧的方式予以扣除。所得税税率为 25%。折现率为年化 4%。不考虑增值税的影响。

如融资租赁业务的税务抵扣与负债相关。根据 IAS 12. BC76 的规定,使用权资产和租赁负债的计税基础为零,形成暂时性差异。交易发生时既不影响会计利润也不影响应纳税所得额(或可抵扣亏损),初始确认时适用简化处理,后续计量也不需要进行递延所得税的转回(CAS 18.11)。但如提前适用修正后的 IAS 12,则应确认递延所得税。

1. 假设企业从 2020 年 1 月 1 日开始执行新租赁准则

各年年末,使用权资产、租赁负债、折旧费用、利息费用数据如表 5-20 所示。

表 5-20　　　　使用权资产、租赁负债以及相关费用的计算

时点	每年租金	租赁负债余额(原准则为长期应付款)	利息费用	折旧费用	费用合计	期末使用权资产(原准则为固定资产)
	A	B	C = B × 4%	D	E = C + D	F
2020.1.1		277 509.10				327 509.10
2020.12.31	100 000.00	188 609.47	11 100.36	109 169.70	120 270.07	218 339.40
2021.12.31	100 000.00	96 153.85	7 544.38	109 169.70	116 714.08	109 169.70
2022.12.31	100 000.00	—	3 846.15	109 169.70	113 015.85	—

各期资产和负债的账面价值、计税基础、暂时性差异及递延所得税的影响如表 5-21 所示。

第五章 | 承租人的会计处理

表 5-21　使用权资产、租赁负债以及相关递延所得税的计算

时点	使用权资产			租赁负债			预付账款			递延所得税资产	递延所得税负债
	账面价值	计税基础	暂时性差异	账面价值	计税基础	暂时性差异	账面价值	计税基础	暂时性差异		
	A	B	C = A − B	D	E	F = D − E	G	H	I = G − H	J = (F + I) × 25%	K = C × 25%
2020.1.1	327 509.10	—	327 509.10	277 509.10	—	277 509.10	—	50 000.00	50 000.00	81 877.28	81 877.28
2020.12.31	218 339.40	—	218 339.40	188 609.47	—	188 609.47	—	33 333.33	33 333.33	55 485.70	54 584.85
2021.12.31	109 169.70	—	109 169.70	96 153.85	—	96 153.85	—	16 666.67	16 666.67	28 205.13	27 292.43
2022.12.31	—	—	—	—	—	—	—	—	—	—	—

· 101 ·

各年会计处理如下：

2020 年 1 月 1 日

借：使用权资产　　　　　　　　　　　　　　327 509.10
　　递延所得税资产　　　　　　　　　　　　　 81 877.28
　贷：租赁负债　　　　　　　　　　　　　　　277 509.10
　　　递延所得税负债　　　　　　　　　　　　 81 877.28
　　　银行存款　　　　　　　　　　　　　　　 50 000.00（初始直接费用）

2020 年 12 月 31 日（2021 年 12 月 31 日和 2022 年 12 月 31 日会计处理相同）

借：递延所得税负债　　　　　　27 292.43（81 877.28 - 54 584.85）
　贷：递延所得税资产　　　　　　26 391.58（81 877.28 - 55 485.70）
　　　所得税费用——递延所得税　　　　　　　　　　 900.85

2. 企业在 2021 年 1 月 1 日首次适用租赁准则

在原租赁准则下适用简化处理无须确认递延所得税。执行新租赁准则时，如企业提前适用修正后的 IAS 12，需同时调整递延所得税。

首次衔接会计处理如下：

借：使用权资产　　　　　　　　　　　　　　218 339.40
　贷：固定资产——融资租入固定资产　　　　　218 339.40
借：长期应付款——应付融资租赁款　　　　　　188 609.47
　贷：租赁负债　　　　　　　　　　　　　　　188 609.47
借：递延所得税资产　　　　　　　　　　　　　 55 485.70
　贷：递延所得税负债　　　　　　　　　　　　 54 584.85
　　　留存收益　　　　　　　　　　　　　　　　 900.85

十、非同一控制下企业合并中被购买方使用权资产和租赁负债公允价值的确定

根据 CAS 20 的规定，非同一控制下的企业合并中，购买方应确认被购买方可辨认资产、负债的公允价值。如果被购买方为承租人，需确定购买日使用权资产和租赁负债的公允价值。

根据 IFRS 16 的规定，出于成本效益及重要性原则，若企业合并中的被购买方为承租人，则购买方应按剩余租赁付款额的现值计量被购买方的租赁负债，如同被购买的租赁在收购日是一项新租赁。被购买方的使用权资产按照等于租赁负债的金额计量，并对租赁中存在的任何偏离市场的条款进行调整（IFRS 16 BC296）。即，在购买

日按照一项新租赁确认租赁负债，使用权资产为租赁负债的金额并调整租赁合同中不利或有利条款后确认。无须对使用权资产和租赁负债的公允价值进行单独评估。

首次适用新租赁准则时，被购买方使用权资产的特殊考虑见第九章、第二节"二、企业合并中形成的优惠租赁如何衔接"。

十一、承租人支付租赁保证金的会计处理

财政部会计准则委员会2019年12月31日发布的实务问答对出租人收取的租赁保证金如何进行会计处理进行了明确（见第七章第二节"二、收取租赁保证金的会计处理"），比照该规定，承租方支付的保证金应当作为单独的应收款项处理，不调整使用权资产的账面价值，也不影响折现率的确定。

实务中存在一些合同，约定承租人按照合同约定履行了义务，可将保证金冲抵最后的租金。对于存在上述情形的，需要按照合同条款具体进行分析：

（1）如合同约定承租人可以选择收回保证金，也可以选择用保证金抵减租赁付款额，或者合同约定当承租人按期履行了一定的义务后才能抵减租赁付款额，该项抵销权利并非现时可执行的，应将所支付的保证金单独确认为"其他应收款（或长期应收款）——保证金"处理。

（2）如合同中明确约定租赁保证金未来不予退还，在承租人没有其他赔偿等义务后，用来抵减最后一期租金。那么租赁保证金也可以选择在一开始抵减租赁负债，与预付租金的处理方式一致，不包含在租赁付款额中。

十二、使用权资产计提折旧时对预计净残值的考虑

根据新租赁准则的规定，承租人应当参照CAS 4的有关折旧规定，对使用权资产计提折旧，并未直接提及净残值的处理。

如果仅是拥有使用权资产，使用权资产代表的仅是一种使用权利，而残值是处置该权利所在具体资产的收益。因此，就使用权资产而言，企业并没有权利取得净残值，在计提折旧时不应考虑残值。

如果承租人能够合理确定租赁期届满时将取得租赁资产所有权的，应当在租赁资产剩余使用寿命内计提折旧，意味着计提折旧也应该考虑净残值。租赁期满将取得租赁资产所有权意味着租赁资产本质上是企业承担所有权上所有风险与报酬的资产，承租人未来将获得该资产的净残值，因而计提折旧时应该考虑净残值。

综上所述，承租人对使用权资产进行后续计量时是否考虑残值，关键在于判断使

用权资产的初始计量金额中是否实质性地包含残值,实务中应当根据具体合同安排具体分析确定。

【示例 5-22】承租人将会行使购买选择权的情形下,使用权资产计提折旧时对残值的考虑

案例背景:

A 公司向船舶制造厂发出制造船舶的需求;但因资金安排,并不直接购买该船舶,而是引入第三方融资租赁公司融资租入该船舶,并与融资租赁公司签订带有购买选择权条款的租赁合同,A 公司预计会行使该购买选择权。在执行旧租赁准则时,A 公司将其确认为融资租入固定资产,采用与自有固定资产相一致的折旧政策计提租赁资产折旧,即考虑了预计净残值率,并按照固定资产的原价扣除其预计净残值后的金额计提折旧。

问题:

新旧租赁准则衔接时,对于首次执行日前的融资租赁,甲公司在首次执行日按照融资租入资产和应付融资租赁款的原账面价值,分别计量使用权资产和租赁负债。预计净残值该如何处理?

案例分析与结论:

新旧准则衔接时,对于首次执行日前的融资租赁,甲公司在首次执行日按照融资租入资产和应付融资租赁款的原账面价值,分别计量使用权资产和租赁负债,且承租人将会行使购买选择权。根据新租赁准则的规定,使用权资产的折旧参考固定资产折旧,虽然未直接提及净残值的问题,但是对于会行使购买选择权的资产,应与自有固定资产一样,考虑净残值后计提折旧。

从另一个角度看,虽然发生新旧租赁准则的衔接转换,承租人的业务实质没有发生变化,仍然是融资租入固定资产,未来将行使购买选择权,承担该资产所有权相关的所有风险和报酬,因而在计提折旧时,需要考虑未来享有该资产的净残值,从应计折旧总额中扣除。

十三、承租人预付租金中的利息的会计处理

实务中,承租人在租赁期开始日之前预付融资租赁公司租金,其中包含合同约定的本金及利息,对于其中的利息应如何进行会计处理,在实务中存在不同观点。

【示例 5-23】承租人预付租金中的利息的会计处理

案例背景：

甲公司与融资租赁公司、大型设备生产制造商（乙公司）签订了一项三方协议，甲公司与融资租赁公司开展融资租赁业务，融资租赁公司向乙公司购买设备并出租给甲公司使用；

乙公司是甲公司自主选择的供应商，大型设备的建造、质量保证、交付、验收等由甲公司与乙公司按合同约定执行，融资租赁公司仅负有按合同约定进度支付租赁物价款的义务，在租赁期内，设备所有权归融资租赁公司所有。

大型设备的建造期为一年，融资租赁公司按约定进度支付款项，在设备建造完工、验收合格、交付至甲公司时支付至总价款的95%；质保金5%，在设备交付一年内无质量问题再支付。

甲公司与融资租赁公司签订的融资租赁合同中约定：设备的租赁期限自融资租赁公司向乙公司支付第一笔款开始计算，租赁期8年，租金支付方式为等额本金、半年支付。

大型设备于2021年9月建造完成、通过验收并交付甲公司使用，甲公司在取得设备使用权之前已经向融资租赁公司支付了3期租金合计479万元（其中本金332万元，利息147万元）。

问题：

A公司预付的前3期租金属于在租赁期开始日之前支付的租赁付款额，但是A公司预付前3期租金中的利息应如何进行会计处理，属于使用权资产的成本还是租赁负债的利息？

案例分析与结论：

预付融资租赁公司租金中的利息属于租赁期开始日或之前支付的租赁付款额，应属于使用权资产初始成本的组成部分，理由如下：

（1）准则已明确规定，在租赁期开始日或之前支付的租赁付款额构成使用权资产初始计量的成本；租赁负债按照租赁期开始日尚未支付的租赁付款额的现值进行初始计量。因此，准则认可的承租人筹资活动的开始日是租赁期开始日，而租赁期开始日之前支付的租金属于使用权资产的成本，无须考虑这部分支付是否存在融资部分，而是全部确认为使用权资产的成本。

（2）融资租赁公司采用预付方式购买大型设备，在考虑了货款支付时间的基础上（建造期1年）与甲公司确定起息日（假设是2020年8月2日），从而导致起息日早于租赁期开始日（2021年9月）。但是，从甲公司的角度看，租赁交易对应的筹资行为自租赁期开始日（2021 年 9 月）开始，因此，应从该时点开始计算并确认租赁负债和相应的利息；即重新计算的本金、利率和利息费用可能与合同约定的金额不同。

十四、对于不存在购买选择权的租赁，在租赁到期前购买租赁资产导致租赁终止的会计处理

租赁变更导致租赁范围缩小或租赁期缩短的，承租人应当相应调减使用权资产的账面价值，并将部分终止或完全终止租赁的相关利得或损失计入当期损益。企业行使租赁购买选择权导致租赁终止的，应当终止确认使用权资产以及租赁负债，并将两者账面价值的差额调整取得固定资产的成本。

2023 年 2 月 3 日，中国证监会发布的《监管规则适用指引——会计类第 3 号》"3-8 租赁到期前购买租赁资产导致租赁终止的会计处理"指出，无论租赁双方是否明确约定购买选择权，因承租人购买租赁资产导致租赁提前终止，其经济实质与双方协商补充增加购买选择权并立即行权相同。企业应参照租赁准则关于承租人行使购买选择权的有关规定，将租赁到期前购买租赁资产与终止租赁作为一项交易整体进行处理，因终止确认使用权资产和租赁负债产生的差额调整固定资产初始确认成本。

分析：

不存在购买选择权时，承租人在租赁到期前购买租赁资产导致租赁终止，会计处理上，是将购买资产与终止租赁作为一项交易，因终止确认使用权资产和租赁负债产生的差额调整固定资产初始确认成本（观点 1），还是将购买资产与终止租赁作为两项单独交易分别处理，因终止确认使用权资产和租赁负债产生的差额计入当期损益（观点 2），实务中有不同的理解：

观点 1 认为，如果承租人合理预期租赁期将至租赁资产全部剩余经济寿命，后续购买后仍将按照此前方式使用相关资产，经济实质并无变化，终止租赁的相关利得或损失计入当期损益不合理。

观点 2 认为，因约定购买选择权，所以不适用购买选择权的估计变更的相关规定，应根据《企业会计准则第 21 号——租赁》第二十九条，按租赁变更处理。公司后续购买资产导致其享有的权利由使用权变更为所有权，资产性质发生了变化，融资也已结算，因此作为两项交易分别进行处理是恰当的。

《监管规则适用指引——会计类第 3 号》明确无论租赁双方是否明确约定购买选择权，因承租人购买租赁资产导致租赁提前终止，其经济实质与双方协商补充增加购买选择权并立即行权相同，因此不应确认损益，因终止确认使用权资产和租赁负债产生的差额调整固定资产初始确认成本，会计处理与观点 1 一致。

第三节 披露示例

一、包含续租选择权的租赁合同披露示例

【披露示例 5-1】000063.SZ 中兴通讯 2022 年度报告

重大会计判断和估计

租赁期——包含续租选择权的租赁合同

租赁期是本集团有权使用租赁资产且不可撤销的期间,有续租选择权,且合理确定将行使该选择权的,租赁期还包含续租选择权涵盖的期间。本集团部分租赁合同拥有 1—5 年的续租选择权。本集团在评估是否合理确定将行使续租选择权时,综合考虑与本集团行使续租选择权带来经济利益的所有相关事实和情况,包括自租赁期开始日至选择权行使日之间的事实和情况的预期变化。租赁期开始日,本集团认为,由于终止租赁相关成本重大,与行使选择权相关的条件及满足相关条件的可能性较大,本集团能够合理确定将行使续租选择权,因此,租赁期中包含续租选择权涵盖的期间。租赁期开始日后,如发生本集团可控范围内的重大事件或变化,且影响本集团是否合理确定将行使相应续租选择权的,本集团将对是否行使续租选择权进行重新评估,并根据重新评估结果修改租赁期。

二、取决于指数或比率的可变租赁付款额披露示例

【披露示例 5-2】600011.SH 华能国际 2019 年度报告

对于 2018 年财务报表中披露的重大经营租赁尚未支付的最低租赁付款额,本公司及其子公司按 2019 年 1 月 1 日本公司及其子公司作为承租人的增量借款利率折现的现值,与 2019 年 1 月 1 日计入资产负债表的租赁负债的差异调整过程如下:

单位:元

2018 年 12 月 31 日重大经营租赁最低租赁付款额	1 647 251 092
减:采用简化处理的租赁付款额	85 603 831
其中:短期租赁	85 603 831

续表

加：2018 年 12 月 31 日融资租赁租赁付款额	1 758 970 455
减：取决于指数或比率的可变租赁付款额调节	755 986 193
2019 年 1 月 1 日新租赁准则下最低租赁付款额	2 564 631 523
2019 年 1 月 1 日增量借款利率加权平均值	4.75%
2019 年 1 月 1 日租赁负债	2 216 791 389

【披露示例 5-3】600977.SH 中国电影 2021 半年报

对于 2020 年度财务报表中披露的重大经营租赁尚未支付的最低租赁付款额，本公司按照 2021 年 1 月 1 日作为承租人的增量借款利率，将原租赁准则下披露的尚未支付的最低经营租赁付款额调整为新租赁准则下确认的租赁负债的调节表如下：

2020 年 12 月 31 日重大经营租赁最低租赁付款额	3 113 309 093.58
减：采用简化处理的最低租赁付款额	3 328 614.24
其中：短期租赁	3 328 614.24
加：2020 年 12 月 31 日融资租赁最低租赁付款额	-
减：取决于指数或比率的可变租赁付款额调节	61 065 778.74
2021 年 1 月 1 日新租赁准则下最低租赁付款额	3 048 914 700.60
2021 年 1 月 1 日增量借款利率加权平均值	5.00%
2021 年 1 月 1 日租赁负债	2 251 373 402.44

三、取决于指数或比率之外的可变租赁付款额披露示例

【披露示例 5-4】601088.SH 中国神华 2023 年度报告

租赁负债

单位：百万元

	2023 年	2022 年
选择简化处理方法的短期租赁费用	293	161
未纳入租赁负债计量的可变租赁付款额	103	111
与租赁相关的总现金流出	563	553

（a）短期租赁

本集团租用车辆、房屋及设备，部分租赁期小于 12 个月。该等租赁为短期租赁（参见附注三、29）。

（b）基于租赁标的使用量的可变租赁付款额

本集团的部分租赁为可变租赁付款额形式的租赁，主要与设备和车辆的使用量挂钩。2023年，本集团可变租赁付款额如下：

单位：百万元

	2023年	
	可变付款额	使用量增加1%对年租金的估计影响
基于使用量确定的租赁付款额的租赁	103	1

四、增量借款利率披露示例

【披露示例5-5】601288.SH 农业银行 2019年度报告

重要会计政策变更

本集团内的各个承租人以与其发行的相似期限的债券的到期收益率作为基础，综合考虑租赁剩余期限、租赁规模和担保状况，确定承租人增量借款利率。

【披露示例5-6】600138.SH 中青旅 2023年度报告

承租人增量借款利率

对于无法确定租赁内含利率的租赁，本集团采用承租人增量借款利率作为折现率计算租赁付款额的现值。确定增量借款利率时，本集团根据所处经济环境，以可观察的利率作为确定增量借款利率的参考基础，在此基础上，根据自身情况、标的资产情况、租赁期和租赁负债金额等租赁业务具体情况对参考利率进行调整以得出适用的增量借款利率。

【披露示例5-7】600061.SH 国投资本 2023年度报告

重要会计政策及会计估计

折现率

在计算租赁付款额的现值时，本公司因无法确定租赁内含利率的，采用增量借款利率作为折现率。该增量借款利率，是指本公司在类似经济环境下为获得与使用权资产价值接近的资产，在类似期间以类似抵押条件借入资金须支付的利率。本公司主要以AAA企业债到期收盘收益率为基础确定增量借款利率。

【披露示例 5-8】000563.SZ 陕国投 A　2023 年度报告

重要会计政策及会计估计

折现率

在计算租赁付款额的现值时，公司因无法确定租赁内含利率，采用增量借款利率作为折现率。该增量借款利率，是指公司在类似经济环境下为获得与使用权资产价值接近的资产，在类似期间以类似抵押条件借入资金须支付的利率。该利率与下列事项相关：①公司自身情况，即公司的偿债能力和信用状况；②"借款"的期限，即租赁期；③"借入"资金的金额，即租赁负债的金额；④经济环境，包括承租人所处的司法管辖区、计价货币、合同签订时间等。公司以中国人民银行公布的 LPR 为基础，考虑上述因素进行调整而得出该增量借款利率。

【披露示例 5-9】601919.SH 中远海控　2022 年度报告

重要会计政策

租赁负债——折现率

在计算租赁付款额的现值时，本公司采用租赁内含利率作为折现率，该利率是指使出租人的租赁收款额的现值与未担保余值的现值之和等于租赁资产公允价值与出租人的初始直接费用之和的利率。本公司因无法确定租赁内含利率的，采用增量借款利率作为折现率。该增量借款利率是指本公司在类似经济环境下为获得与使用权资产价值接近的资产，在类似期间以类似抵押条件借入资金须支付的利率。该利率与下列事项相关：①本公司自身情况，即集团的偿债能力和信用状况；②"借款"的期限，即租赁期；③"借入"资金的金额，即租赁负债的金额；④"抵押条件"，即标的资产的性质和质量；⑤经济环境，包括承租人所处的司法管辖区、计价货币、合同签订时间等。本公司以银行贷款利率为基础，考虑上述因素进行调整而得出该增量借款利率。

五、预计将发生的拆卸及移除、复原或恢复成本披露示例

【披露示例 5-10】601598.SH 中国外运　2019 年度报告

重要会计政策变更

2019 年 1 月 1 日使用权资产的账面价值构成如下：

项目	金额
使用权资产：	—
对于首次执行日前的经营租赁确认的使用权资产	1 881 202 768.47

续表

项目	金额
重分类预付租金（注1）	112 648 670.89
重分类租赁资产拆卸、移除和复原成本（注2）	561 423.73
首次执行日对租赁押金的调整（注3）	5 503 001.83
减：2018年12月31日的计提经营租赁相关负债（注4）	21 761 617.66
2018年12月31日的租赁相关亏损合同准备	—
合计：	1 978 154 247.26

注1：本集团租赁仓储场地、办公场所、机器设备、土地等的预付租金于2018年12月31日作为预付款项或长期待摊费用列报。首次执行日，将其重分类至使用权资产。

注2：本集团按预计将发生的复原租赁资产所在场地的成本的现值从长期待摊费用重分类至使用权资产。

注3：在新准则下不予返还的押金是与使用权资产相关的款项，故在首次执行日进行调整以反映折现的影响，同时调增使用权资产及调减其他应收款5 503 001.83元。

注4：于2019年1月1日，账面金额为人民币18 267 948.20元的应付账款和48 444.83元的其他应付款及其他流动负债3 542 114.29元与所计提的房屋建筑物的租赁负债相关，故进行相应调整。按类别：

项目	
房屋建筑物	1 880 158 598.61
土地使用权	69 849 299.84
汽车及船舶	2 652 056.50
机器设备、家具、器具及其他设备	9 446 113.69
其他	16 048 178.62
合计：	1 978 154 247.26

【披露示例5-11】601111.SH 中国国航 2019年度报告

重要会计政策变更

2019年1月1日本集团使用权资产的账面价值构成如下：

单位：千元

项目	注	2019年1月1日
使用权资产：		
对于首次执行日前的经营租赁确认的使用权资产		34 107 831
重分类预付租金		559 580
原租赁准则下确认为固定资产的融资租入资产	1	69 288 713
售后租回确认的使用权资产	2	(52 522)
复原成本		2 377 798
合计		106 281 400

按类别构成如下：

单位：千元

项目	2019年1月1日
飞机及发动机	105 128 019
房屋及建筑物	1 141 040
其他	12 341
合计	106 281 400

注1：本集团将原租赁准则下分类为融资租赁且尚在租赁期内的账面价值为人民币69 288 713千元资产确认为使用权资产。同时，本集团将人民币7 125 586千元和人民币45 848 095千元的应付融资租赁款重分类为一年内到期的非流动负债和租赁负债。

注2：本集团将原租赁准则下作为销售和经营租赁进行会计处理的售后租回交易按照与首次执行日存在的其他经营租赁相同的方法进行会计处理，根据首次执行日前计入长期待摊费用和递延收益的金额调整使用权资产。

六、租赁变更披露示例

【披露示例5-12】601598.SH 中国外运 2019年度报告

重要会计政策

27.1 本集团作为承租人

27.1.6 租赁变更

租赁发生变更且同时符合下列条件的，本集团将该租赁变更作为一项单独租赁进行会计处理：

- 该租赁变更通过增加一项或多项租赁资产的使用权而扩大了租赁范围；
- 增加的对价与租赁范围扩大部分的单独价格按该合同情况调整后的金额相当。

租赁变更未作为一项单独租赁进行会计处理的，在租赁变更生效日，本集团重新分摊变更后合同的对价，重新确定租赁期，并按照变更后租赁付款额和修订后的折现率计算的现值重新计量租赁负债。

27.2 本集团作为出租人

27.2.7 租赁变更

经营租赁发生变更的，本集团自变更生效日起将其作为一项新租赁进行会计处理，与变更前租赁有关的预收或应收租赁收款额视为新租赁的收款额。

融资租赁发生变更且同时符合下列条件的，本集团将该变更作为一项单独租赁进行会计处理：

- 该变更通过增加一项或多项租赁资产的使用权而扩大了租赁范围；
- 增加的对价与租赁范围扩大部分的单独价格按该合同情况调整后的金额相当。

融资租赁的变更未作为一项单独租赁进行会计处理的，本集团分别下列情形对变更后的租赁进行处理：

假如变更在租赁开始日生效，该租赁会被分类为经营租赁的，本集团自租赁变更生效日开始将其作为一项新租赁进行会计处理，并以租赁变更生效日前的租赁投资净额作为租赁资产的账面价值；

假如变更在租赁开始日生效，该租赁会被分类为融资租赁的，本集团按照《企业会计准则第 22 号——金融工具确认和计量》关于修改或重新议定合同的规定进行会计处理。

重要会计政策变更

本集团于 2019 年 1 月 1 日确认的租赁负债与 2018 年度财务报表中披露的重大经营租赁承诺的差额信息如下：

项目	
一、2018 年 12 月 31 日经营租赁承诺	1 120 697 221.68
按首次执行日增量借款利率折现计算的租赁负债	925 614 141.48
加：现有租赁的租赁变更形成的租赁负债（注1）	774 486 058.57
合理确定将行使的续租选择权	631 020 952.22
租赁和非租赁部分合同对价分摊的变更	—
减：确认简化处理——短期租赁	347 955 900.06
确认简化处理——低价值资产租赁	20 930 400.74
租赁和非租赁部分合同对价分摊的变更	—
执行新租赁准则确认的与原经营租赁相关的租赁负债	1 962 234 851.47
加：2018 年 12 月 31 日应付融资租赁款	—
二、2019 年 1 月 1 日租赁负债	1 962 234 851.47
列示为：	
流动负债	387 602 306.48
非流动负债	1 574 632 544.99

注1：本集团已通过签订新租赁合同的方式续租了仓储场地、办公场所、机器设备等，这些合同租赁期开始日在首次执行日后，应用新租赁准则上述已签订的续租合同作为原租赁合同的变更处理。

七、租赁保证金披露示例

【披露示例 5-13】600660.SH 福耀玻璃 2019 年度报告

各项目调整情况的说明:

(1) 本集团及本公司于 2019 年 1 月 1 日首次执行新租赁准则,根据相关规定,本集团及本公司对于首次执行日前已存在的合同选择不再重新评估。2018 年度的比较财务报表未重列。

对于剩余租赁期超过 12 个月的,本集团及本公司根据 2019 年 1 月 1 日的剩余租赁付款额和增量借款利率确认租赁负债,并根据与租赁负债相等的金额计量使用权资产,同时根据预付租金进行必要调整。

于 2019 年 1 月 1 日,本集团及本公司在计量租赁负债时,对于具有相似特征的租赁合同采用同一折现率,所采用的增量借款利率的加权平均值为 1.92%。

(2) 其他应收款的调整是将上年末资产负债表中可用于抵减租赁费的保证金调整为使用权资产计量;长期待摊费用的调整是将上年末资产负债表中与租赁相关的长期预付租金费用调整为使用权资产计量。

第六章
新租赁准则的简化处理

在新租赁准则下,在租赁期开始日,承租人应对租赁确认使用权资产和租赁负债。考虑到成本效益原则,新租赁准则规定,承租人可选择对短期租赁和低价值资产租赁进行简化处理,不需要确认使用权资产和租赁负债,将短期租赁和低价值资产租赁的租赁付款额,在租赁期内各个期间按照直线法或其他系统合理的方法计入相关资产成本或当期损益。其他系统合理的方法能够更好地反映承租人的受益模式的,承租人应当采用该方法。

本章在分析短期租赁和低价值租赁准则规定的基础上,讨论相关常见问题及难点的会计处理。

第一节 准则规定及解析

一、短期租赁

新租赁准则规定,短期租赁,是指在租赁期开始日,租赁期不超过 12 个月的租赁。判断是否符合短期租赁简化处理条件时,主要考虑因素如表 6-1 所示。

表 6-1　　　　　　　　　判断短期租赁的主要考虑因素

项目	主要考虑因素	准则规定
1	包含购买选择权的租赁	不符合短期租赁简化处理的条件
2	包含续租选择权的租赁	应评估承租人是否能够合理确定将行使续租选择权以确定租赁期

续表

项目	主要考虑因素	准则规定
3	按照资产类别进行选择	根据标的资产的类别对短期租赁是否简化处理作出选择
4	租赁变更	简化处理的短期租赁发生租赁变更或者因租赁变更之外的原因导致一项短期租赁的租赁期发生变化的，承租人应当将其视为一项新租赁进行会计处理

具体分析如下：

1. 包含购买选择权的租赁

对于包含购买选择权的租赁，无论承租人是否打算行使该购买选择权，均不适用简化处理。

2. 包含续租选择权的租赁

新租赁准则规定，评估租赁期时，应评估承租人是否能够合理确定将行使续租选择权。因此，评价租赁期是否超过12个月时，不应仅仅考虑租赁合同本身的约定，还需要考虑续租选择权的影响。不能仅仅因为租赁合同为一年一签，就认定该租赁为短期租赁。但经过评估后认为租赁期不超过12个月的，那么即使包括续租选择权的租赁也可以被视为短期租赁。

3. 按照资产类别进行选择

新租赁准则规定，承租人可以根据使用权相关标的资产的类别对短期租赁的简化处理作出选择。某一类标的资产，是指在企业运营中具有类似性质和用途的一组标的资产。例如，企业租赁了很多办公设备，有的租赁期少于12个月，有的租赁期超过12个月，且均不具有购买选择权。这些办公设备被认定为同一类别，如承租人选择适用简化方法，则所有办公设备只要租赁期不超过12个月，均需要对此类办公设备租赁进行简化处理。

4. 租赁期发生变化的会计处理

新租赁准则规定，如果承租人选择对短期租赁采用简化处理的，发生以下两种情况时，承租人应当将其视为一项新租赁进行会计处理：

（1）租赁变更；

（2）因租赁变更之外的原因导致租赁期发生变化。

例如，承租人在确定租赁期时对续租选择权的评估发生了变化，租赁双方对合同条款进行了变更等。此时，需要重新评估租赁期以判断是否满足短期租赁的简化处理条件。

实务中较为常见的情形为合同续签。当租赁合同发生了续签，属于租赁变更，承租人将该租赁作为一项新租赁进行会计处理。新租赁的开始日为续签日，企业需据此判断新租赁的租赁期是否符合短期租赁简化处理的条件。举例如下：

承租人持有一项短期租赁，租赁期为 2019 年 1 月 1 日至 2019 年 12 月 31 日，没有续租选择权。承租人和出租人于 2019 年 10 月 1 日同意并续签了该租赁合同，从 2020 年 1 月 1 日至 2020 年 12 月 31 日租赁同一租赁物 12 个月。

原租赁租赁期为 2019 年 1 月 1 日至 2019 年 12 月 31 日，即 12 个月。符合短期租赁选择进行简化处理的条件。2019 年 10 月 1 日续签一份新的合同，新租赁的租赁期为 2019 年 10 月 1 日到 2020 年 12 月 31 日，租赁期为 15 个月，从而不符合短期租赁的定义。企业应当在 2019 年 10 月 1 日确认使用权资产和租赁负债。

实务中，企业可能会通过构建交易以满足短期租赁选择进行简化处理的条件。如将续签合同的日期推后，新租赁的期间缩短，则可能符合短期租赁选择进行简化处理的条件。承接上面的例子，承租人和出租人于 2019 年 11 月 1 日同意签订一项新租赁，从 2020 年 1 月 1 日至 2020 年 10 月 31 日租赁同一租赁物 10 个月。新租赁的租赁期为 2019 年 11 月 1 日至 2020 年 10 月 31 日，为 12 个月，仅从合同条款判断符合短期租赁的定义，可以继续采用简化处理的方法。

事实上，国际会计准则理事会也考虑了企业通过构建交易，以满足短期租赁选择进行简化处理条件的风险。但理事会认为，在正常的商业逻辑下，出租人一般会出于自身经济利益考虑，很少同意期限较短的租赁，因为缩短租赁期限，会增加出租人标的资产剩余权益的风险。因此，出租人通常会要求承租人提高租赁付款额，以补偿剩余权益变动风险，或者拒绝缩短不可撤销的租赁期。此外，新租赁准则对租赁期的确定，采用了较为严谨的方法，可以降低仅出于会计处理目的，而将某些非实质性违约条款纳入合同的风险。

二、低价值资产租赁

新租赁准则规定，低价值资产租赁，是指单项租赁资产为全新资产时价值较低的租赁。判断是否符合低价值资产租赁选择进行简化处理的条件时，主要考虑以下因素，如表 6-2 所示。

表 6-2　　　　　　　　　判断低价值资产租赁的主要考虑因素

项目	主要考虑因素	准则规定
1	资产价值的确定	资产全新状态下的绝对价值
2	低价值的阈值	新租赁准则指南中建议为人民币 40 000 元；IFRS 16 建议为 5 000 美元

续表

项目	主要考虑因素	准则规定
3	按照单项租赁资产进行选择	承租人可根据每项租赁的具体情况选择是否适用简化方法
4	承租人转租或预期转租租赁资产	不属于低价值资产租赁
5	该资产与合同中其他资产存在高度依赖或高度关联关系	不应仅对该项标的资产本身适用简化处理

具体分析如下:

1. 资产价值的确定

承租人在判断租赁是否属于低价值资产租赁时,应基于租赁资产全新状态下的绝对价值进行评估,不考虑其已使用年限。如果租赁资产在全新时不属于低价值资产,则该资产的租赁不能按照低价值资产租赁进行处理。例如,由于一辆新车通常价值不低,二手汽车租赁不能按照低价值资产租赁进行处理。

判断标的资产是否为低价值资产,应基于绝对价值,不受承租人规模、性质或其他情况影响,且无须考虑这些租赁对承租人是否重大。因此,对于某一租赁资产是否为低价值资产,不同的承租人应得出相同的结论。

2. 低价值的阈值

如前所述,出于成本效益原则考虑,新租赁准则为低价值资产租赁提供了简化处理的选择。但是,新租赁准则并未对"低价值"设定明确的阈值,仅是提供了建议,即资产全新状态的价值在人民币 40 000 元以下,并非租金总额不超过 40 000 元。

根据 IFRS 16 的相关条款,常见的低价值标的资产包括平板电脑、个人电脑,以及办公家具和电话等小型物件。

3. 按照单项租赁资产进行选择

在某些情况下,单个低价值资产可能不重大,而多个低价值资产加总起来的价值可能是重大的。但是新租赁准则规定,对于低价值资产租赁,企业可就每一项租赁作出会计政策的选择。以逐项租赁为基础进行选择,低价值资产的简化处理更容易应用,且更有益于承租人。每项租赁是指符合新租赁准则第十条规定的单独租赁,即承租人可从单独使用该资产或将其与易于获得的其他资源一起使用中获利,同时该资产与合同中的其他资产不存在高度依赖或高度关联关系。

如果承租人无法从租赁资产(不考虑其价值)的单独使用,或将其与易于获得的其他资源一起使用中获利,则不能对该资产租赁选择进行简化处理。同样,如果租赁资产与合同中其他的资产存在高度依赖或高度关联关系,则承租人不得仅对该项资产本身选择适用简化处理。

例如,公司租赁了 1 000 台全新电脑供员工使用,每台电脑的售价约为 5 000 元,总租赁价格为 300 万元，租期为 3 年。因低价值资产租赁可基于单项资产全新时的价值来评估，而上述 1 000 台电脑之间不存在高度依赖或关联关系。因此，每一台电脑均符合低价值资产租赁选择进行简化处理的条件。

需要注意的是，低价值资产的判断标准并不等于固定资产判断标准，固定资产判断标准按照固定资产准则进行。符合租赁准则的低价值资产，并不代表承租人若采取购入方式取得该资产时该资产不符合固定资产确认的条件。

4. 转租资产则原租赁不属于低价值租赁

新租赁准则规定，如果承租人转租一项资产，或者预期将转租一项资产，则原租赁不能按照低价值资产租赁进行处理。

三、短期租赁和低价值资产租赁的会计处理和披露要求

新租赁准则规定，如果承租人选择对满足条件的短期租赁和低价值租赁采用简化处理，则应在租赁期内按照直线法或其他系统性方法，将与租赁相关的租赁付款额确认为费用。如果其他系统性方法能够更好地反映承租人的受益模式，则承租人应采用该系统性方法。对于短期租赁和低价值租赁的简化处理，实质上类似于原租赁准则下承租人对经营租赁的处理。

新租赁准则规定，承租人应当在附注中披露计入当期损益的简化处理的短期租赁费用和低价值资产租赁费用，其中，短期租赁费用无须包含租赁期在 1 个月以内的租赁相关费用，低价值资产租赁费用不应包含已包括在上述短期租赁费用中的低价值资产短期租赁费用。

同时，若承租人在报告期末承诺的短期租赁组合与上述披露的短期租赁费用所对应的短期租赁组合不同，承租人应当披露简化处理的短期租赁的租赁承诺金额。

第二节 常见问题及难点分析

一、合同中包含续租选择权时短期租赁的判断

实务中一些合同明确约定的租赁期不超过 1 年，但是合同中约定了续租选择权，对于是否能够合理确定将行使续租选择权将成为是否满足短期租赁的重要条件。

【示例6-1】有续租选择权的租赁是否满足短期租赁的判断

承租人A公司签订了一项设备租赁合同，该合同包括9个月不可撤销租赁期，以及4个月的续租选择权。

情形	具体分析
情形1：在租赁期开始日，A公司判断可以合理确定将不会行使该续租选择权，因为该4个月续期的租金，显著高于预期市场租金	分析：承租人可合理确定其不会行使合同续租选择权，该合同租赁期应为9个月。因此，该租赁合同可以作为短期租赁进行会计处理
情形2：在租赁期开始日，A公司判断可以合理确定将行使该续租选择权，因为该设备是一项A公司定制设备，更换租赁合同将产生较大成本	分析：承租人可合理确定将行使该续租选择权，该合同租赁期应为13个月。因此，该租赁合同不应作为短期租赁进行会计处理

二、售后租回交易中租赁期短于一年时的会计处理

【示例6-2】售后租回中租赁期短于一年能否适用简化处理规定

A公司将办公用房等出售的同时与对方签订了1年的租回协议，其中的房屋转让属于CAS 14的销售，对于租回的1年，能否采用短期租赁的简化处理规定？

分析：

售后租回的会计处理属于租赁准则的特殊业务部分，并且国际会计准则和企业会计准则是将售后租回交易作为一项特殊交易，如果属于售后租回，则按照准则的特殊规定进行处理。企业不能将交易分成两部分，而对于租回部分单独按照承租人的一般规定进行处理，因而也不存在租回短于1年的政策选择。

案例中的交易整体属于售后租回交易，应该按照准则第五十条至第五十二条，首先判断是否属于销售。属于销售的，承租人应当按原资产账面价值中与租回获得的使用权有关的部分，计量售后租回所形成的使用权资产，并仅就转让至出租人的权利确认相关利得或损失。

综上所述，倾向售后租回中租赁期短于1年不适用短期租赁的简化处理规定。

三、租赁合同约定租期为1年时短期租赁的判断

承租人与出租人签订租赁期为1年的租赁合同，是否简单认定为短期租赁？财政

部 2021 年 6 月 10 日发布的会计准则实施问答对该问题做了进一步解释。

根据租赁准则第十五条并参考相关应用指南，租赁期是指承租人有权使用租赁资产且不可撤销的期间，同时还应包括合理确定承租人将行使续租选择权的期间和不行使终止租赁选择权的期间。在租赁期开始日，企业应当考虑对承租人行使续租选择权或不行使终止租赁选择权带来经济利益的所有相关事实和情况，包括自租赁期开始日至选择权行使日之间的事实和情况的预期变化。例如，承租人进行或预期进行的重大租赁资产改良在可行使相关选择权时预期能为承租人带来的重大经济利益、租赁资产对承租人运营的重要程度、与终止租赁相关的成本等。

因此，当承租人与出租人签订租赁期为 1 年的租赁合同时，不能简单认为该租赁的租赁期为 1 年，而应当基于所有相关事实和情况判断可强制执行合同的期间以及是否存在实质续租、终止等选择权以合理确定租赁期。如果历史上承租人与出租人之间存在逐年续签的惯例，或者承租人与出租人互为关联方，尤其应当谨慎确定租赁期。

企业在考虑所有相关事实和情况后确定租赁期为 1 年的，其他会计估计应与此一致。例如，与该租赁相关的租赁资产改良支出、初始直接费用等应当在 1 年内以直线法或其他系统合理的方法进行摊销。

四、租赁合同变更导致租赁期缩短至 1 年以内时的会计处理

租赁合同变更导致租赁期缩短至 1 年以内时，是否属于短期租赁？

根据租赁准则第二十九条、第三十条并参照相关应用指南，租赁变更导致租赁范围缩小或租赁期缩短的，承租人应当相应调减使用权资产的账面价值，并将部分终止或完全终止租赁的相关利得或损失计入当期损益。短期租赁是指在租赁期开始日，租赁期不超过 12 个月的租赁。

新租赁准则指南也特别强调，租赁变更导致租赁期缩短至 1 年以内的，承租人应当调减使用权资产的账面价值，部分终止租赁的相关利得或损失记入"资产处置损益"科目。不得改按短期租赁进行简化处理或追溯调整。

五、新准则转换衔接时，期限不到一年的合同的会计处理

新准则转换衔接时，期限不到一年的合同是否按照短期租赁处理？

新租赁准则指南规定，简化的追溯调整法下对于经营租赁可选择简化处理，其中包括：对于首次执行日前的经营租赁，将于首次执行日后 12 个月内执行完毕的租赁，可作为短期租赁处理。即，以租赁准则第三十二条所述的短期租赁处理方式对此类租

赁进行会计处理，并在包含首次执行日的年度报告期间披露的短期租赁费用中涵盖与此类租赁有关的费用。

六、关于低价值资产租赁的判断

低价值资产租赁，是指单项租赁资产为全新资产时价值较低的租赁。承租人在判断租赁是否属于低价值资产租赁时，应基于标的资产全新时的价值来评估其价值，不考虑其已使用年限。如果标的资产在全新时不属于低价值资产，则该标的资产的租赁不能按照低价值资产租赁进行处理。

【示例 6-3】低价值资产租赁的判断（摘自 IFRS 16 示例 11）

药品制造和销售行业的某承租人（以下简称承租人）持有以下租赁：
（1）房地产（包括办公楼和仓库）租赁。
（2）生产设备租赁。
（3）公司车辆（供销售人员和高级经理使用，质量、规格和价值不等）租赁。
（4）卡车或厢式货车（用于运输，大小和价值不等）租赁。
（5）IT 设备（供员工个人使用，如笔记本电脑、台式电脑、手持电脑设备、桌面打印机和手机）租赁。
（6）服务器（含增加服务器容量的单独组件，这些组件是根据承租人需要陆续添加到大型服务器以增加服务器存储容量的）租赁。
（7）办公设备租赁：办公家具（如桌椅和办公隔断）、饮水机、大功率多功能影印设备等。

承租人基于标的资产全新时的较低单独价值，决定将下列租赁作为低价值资产租赁：
（1）供员工个人使用的 IT 设备的租赁；以及
（2）办公家具和饮水机租赁。

承租人选择按照新租赁准则的简化处理规定对这些租赁进行会计处理。

尽管服务器中的某一组件在单独考虑时，可能属于低价值资产，但每个组件都与服务器的其他部分高度相关，承租人若不租赁服务器就不会租赁这些组件，因此应将服务器租赁与组件租赁组合成一项单独租赁作为判断低价值资产的基础，从而服务器中多个组件租赁不符合低价值资产租赁的条件。

【示例 6-4】低价值资产租赁的简化会计处理

A 公司租赁了一项办公设备，租赁期为 5 年。该办公设备全新时的价值为 5 000 元，低于 A 公司设定的低价值资产标准。A 公司选择按新租赁准则的简化处理规定对该办公设备租赁进行简化处理。

租赁合同约定的租赁付款为：第 1 年免租金；第 2—第 3 年，1 750 元／年；第 4—第 5 年，1 500 元／年。

A 公司在合同期内，通过使用该办公设备平均受益。

根据新租赁准则规定，在该租赁合同下，A 公司的合同租赁付款额总额为：1 750×2+1 500×2=6 500（元）。合同租赁期为 5 年，包含免租期 1 年，并且，A 公司在租赁期内平均受益。因此，A 公司在租赁期内，每年应确认的租赁费用为：1 300（6 500÷5）元。

第三节　披露示例

【披露示例 6-1】601899.SH 紫金矿业　2022 年度报告

重要会计政策

短期租赁和低价值资产租赁

本集团将在租赁期开始日，租赁期不超过 12 个月，且不包含购买选择权的租赁认定为短期租赁；将单项租赁资产为全新资产时价值不超过人民币 40 000 元的租赁认定为低价值资产租赁。本集团转租或预期转租租赁资产的，原租赁不认定为低价值资产租赁。本集团对房屋建筑物、发电设备及输电系统、机器设备、运输工具、办公及电子设备类别的短期租赁和低价值资产租赁选择不确认使用权资产和租赁负债。在租赁期内各个期间按照直线法（或产量法）计入相关的资产成本或当期损益。

【披露示例 6-2】600011.SH 华能国际　2022 年度报告

重要会计政策

短期租赁和低价值资产租赁

本公司及其子公司将在租赁期开始日，租赁期不超过 12 个月，且不包含购买选择权的租赁认定为短期租赁；将单项租赁资产为全新资产时价值不超过人民币 3 万元或 5 000 美元的租赁认定为低价值资产租赁。本公司及其子公司转租或预期转租租赁资产的，原租赁不认定为低价值资产租赁。本公司及其子公司对短期租赁和低价值资产租赁选择不确认使用权资产和租赁负债。在租赁期内各个期间按照直线法计入相关的资产成本或当期损益，或有租金在实际发生时计入当期损益。

【披露示例 6-3】601318.SH 中国平安 2019 年度报告

短期租赁和低价值资产租赁

对于短期租赁和单项资产全新时价值较低的低价值资产租赁，本集团选择不确认使用权资产和租赁负债，将相关的付款额在租赁期内各个期间按照直线法在损益中确认。短期租赁是指租赁期为十二个月或短于十二个月的租赁。低价值资产包括小型办公用品和 IT 设备。

【披露示例 6-4】831689.BJ 克莱特 上市审核问询与回复示例 2022-01

问题

使用权资产入账价值准确性。根据申请文件，发行人向控股股东克莱特集团租赁厂房 7 752.72m²，合同一年一签，用途为装配车间及仓库，发行人按 5 年租赁期计算使用权资产及租赁负债现值。租赁单价低于威海地区厂房租赁市场价格 0.04—0.07 元/（m²·天）。请发行人：说明使用权资产及租赁负债初始入账价值的确认依据及计算过程，租赁期确认为 5 年是否谨慎？

回复

发行人与克莱特集团签订的租赁合同为一年一签。根据财政部会计准则委员会的会计准则实施问答："当承租人与出租人签订租赁期为 1 年的租赁合同时，不能简单认为该租赁的租赁期为 1 年，而应当基于所有相关事实和情况判断可强制执行合同的期间以及是否存在实质续租、终止等选择权以合理确定租赁期。如果历史上承租人与出租人之间存在逐年续签的惯例，或者承租人与出租人互为关联方，尤其应当谨慎确定租赁期。"

克莱特集团系发行人的母公司，发行人与克莱特集团互为关联方，根据发行人未来的生产管理计划及克莱特集团出具的说明，发行人计划在 2021 年起 5 年内长期租赁克莱特集团的房产，且克莱特集团亦计划在未来 5 年内将相关房产租赁给发行人。结合上述因素，发行人合理确定租赁期为 5 年。

2021 年 1—6 月，发行人实现营业收入 19 820.09 万元，同比增长 53.10%。在公司业务处于快速发展的背景下，发行人现有自有生产车间及仓库已基本饱和。当前，发行人租赁克莱特集团厂房主要用于部分产品（主要为海洋工程及高技术船舶领域产品）装配车间及仓库。截至目前，发行人暂无新购土地并新建厂房的计划，拟建设的募投项目"新能源通风冷却设备制造中心项目"未来主要用于满足风电、核电、燃气轮机等新能源装备领域产品，与租赁厂房当前生产产品不同。基于上述情况，发行人制定在 2021 年起 5 年内长期租赁克莱特集团房产的计划具备合理性，租赁期确认为 5 年谨慎。

第七章
出租人的会计处理

新租赁准则对出租人的会计处理没有本质变化,出租人在租赁开始日需将租赁分类为经营租赁或融资租赁。出租人的租赁分类是以租赁转移与租赁资产所有权相关的风险和报酬的程度为依据的。融资租赁是指实质上转移了与租赁资产所有权有关的几乎全部风险和报酬的租赁。出租人应当将除融资租赁以外的其他租赁分类为经营租赁。

本章在分析准则对于出租人会计处理规定的基础上,讨论出租人会计处理的常见问题及难点。

第一节 准则规定及解析

一、出租人对租赁进行分类的时点

出租人应当在租赁开始日将租赁分为融资租赁或经营租赁。租赁开始日,是指租赁合同签署日与租赁各方就主要租赁条款作出承诺日中的较早者。租赁开始日可能早于租赁期开始日,也可能与租赁期开始日重合。

在租赁开始日后,出租人无须对租赁的分类进行重新评估,除非发生租赁变更。租赁资产预计使用寿命、预计余值等会计估计变更或发生承租人违约等情况变化的,出租人不对租赁的分类进行重新评估。

租赁合同可能包括因租赁开始日与租赁期开始日之间发生的特定变化而需对租赁

付款额进行调整的条款与条件（例如，出租人标的资产的成本发生变动，或出租人对该租赁的融资成本发生变动）。在此情况下，出于租赁分类目的，此类变动的影响均视为在租赁开始日已发生。

二、出租人设置的会计科目

1. 融资租赁资产

通过本科目核算租赁企业作为出租人为开展融资租赁业务取得资产的成本。租赁业务不多的企业，也可通过"固定资产"等科目核算。租赁企业和其他企业对于融资租赁资产在非融资租赁期间的会计处理遵循固定资产准则或其他适用的会计准则。

在租赁期开始日，出租人应当按尚未收到的租赁收款额，借记"应收融资租赁款——租赁收款额"科目，按预计租赁期结束时的未担保余值，借记"应收融资租赁款——未担保余值"科目，按已经收取的租赁款，借记"银行存款"等科目，按融资租赁方式租出资产的账面价值，贷记本科目；融资租赁方式租出资产的公允价值与账面价值的差额，借记或贷记"资产处置损益"科目；按发生的初始直接费用，贷记"银行存款"等科目；差额贷记"应收融资租赁款——未实现融资收益"科目。本科目期末借方余额，反映企业融资租赁资产的成本。

2. 应收融资租赁款

通过本科目核算出租人融资租赁产生的租赁投资净额。本科目可按租赁资产的类别和项目分别设置"租赁收款额""未实现融资收益""未担保余值"等进行明细核算。

在租赁期开始日，出租人应当按尚未收到的租赁收款额，借记"应收融资租赁款——租赁收款额"科目，按预计租赁期结束时的未担保余值，借记"应收融资租赁款——未担保余值科目，按已经收取的租赁款，借记"银行存款"等科目，按融资租赁方式租出资产的账面价值，贷记"融资租赁资产"等科目，按融资租赁方式租出资产的公允价值与其账面价值的差额，借记或贷记"资产处置损益"科目，按发生的初始直接费用，贷记"银行存款"等科目，差额贷记"应收融资租赁款——未实现融资收益"科目。

企业认为有必要对发生的初始直接费用进行单独核算的，也可以按照发生的初始直接费用的金额，借记"应收融资租赁款——初始直接费用"科目，贷记"银行存款"等科目；然后借记"应收融资租赁款——未实现融资收益"科目，贷记"应收融资租赁款——初始直接费用"科目。

出租人在确认租赁期内各个期间的利息收入时，应当借记"应收融资租赁款——未实现融资收益"科目，贷记"租赁收入""其他业务收入"等科目。

出租人收到租赁收款额时，应当借记"银行存款"科目，贷记"应收融资租赁款——租赁收款额"科目。

本科目的期末借方余额，反映未担保余值和尚未收到的租赁收款额的现值之和。

本科目余额在"长期应收款"项目中填列，其中，自资产负债表日起一年内（含一年）到期的，在"一年内到期的非流动资产"中填列。出租业务较多的出租人，也可在"长期应收款"项目下单独列示为"其中：应收融资租赁款"。

3. 应收融资租赁款减值准备

通过本科目核算应收融资租赁款的减值准备。

计提应收融资租赁款的预期信用损失准备，按应减记的金额，借记"信用减值损失"科目，贷记本科目。转回已计提的减值准备时，做相反的会计处理。

本科目期末贷方余额，反映应收融资租赁款的累计减值准备金额。

4. 租赁收入

通过本科目核算租赁企业作为出租人确认的融资租赁和经营租赁的租赁收入。一般企业根据自身业务特点确定租赁收入的核算科目，如"其他业务收入"等。本科目可按租赁资产类别和项目进行明细核算。

出租人在经营租赁下，将租赁收款额采用直线法或其他系统合理的方法在租赁期内进行分摊确认时，应当借记"银行存款""应收账款"等科目，贷记"租赁收入""其他业务收入"等科目。

出租人在融资租赁下，在确认租赁期内各个期间的利息收入时，应当借记"应收融资租赁款——未实现融资收益"科目，贷记"租赁收入""其他业务收入"等科目。出租人为金融企业的，在融资租赁下，在确认租赁期内各个期间的利息收入时，应当借记"应收融资租赁款——未实现融资收益"科目，贷记"利息收入"等科目。

出租人确认未计入租赁收款额的可变租赁付款额时，应当借记"银行存款""应收账款"等科目，贷记"租赁收入""其他业务收入"科目。

期末，应将本科目余额转入"本年利润"科目，结转后本科目无余额。

对于日常经营活动为租赁的企业，其利息收入和租赁收入可以作为营业收入列报。

三、出租人基于交易的实质对租赁进行分类

一项租赁属于融资租赁还是经营租赁取决于交易的实质，而不是合同的形式。如

果一项租赁实质上转移了与租赁资产所有权有关的几乎全部风险和报酬，出租人应当将该项租赁分类为融资租赁。出租人应当将除融资租赁以外的其他租赁分类为经营租赁。

出租人的租赁分类是以租赁转移与租赁资产所有权相关的风险和报酬的程度为依据的。风险包括由于生产能力的闲置或技术陈旧可能造成的损失，以及由于经济状况的改变可能造成的回报变动。报酬可以表现为在租赁资产的预期经济寿命期间经营的盈利以及因增值或残值变现可能产生的利得。

是否实质上转移了与租赁资产所有权有关的几乎全部风险和报酬，属于一项重要的会计估计和判断，因此在确定是否为一项融资租赁时，新租赁准则并未给出一个绝对的判断标准，而是提供了五种情形和三个迹象，作为租赁判断的考虑因素，企业需根据交易的实质、合同条款的约定等进行综合的判断。

一项租赁存在下列一种或多种情形的、通常分类为融资租赁：

（1）在租赁期届满时，租赁资产的所有权转移给承租人。即，如果在租赁协议中已经约定，或者根据其他条件，在租赁开始日就可以合理地判断，租赁期届满时出租人会将资产的所有权转移给承租人，那么该项租赁通常分类为融资租赁。

（2）承租人有购买租赁资产的选择权，所订立的购买价款预计将远低于行使选择权时租赁资产的公允价值，因而在租赁开始日就可以合理确定承租人将行使该选择权。

（3）资产的所有权虽然不转移，但租赁期占租赁资产使用寿命的大部分。实务中，这里的"大部分"一般指租赁期占租赁开始日租赁资产使用寿命的75%以上（含75%）。这条标准强调的是租赁期占租赁资产剩余使用寿命的比例，而非租赁期占该项资产全部可使用年限的比例。如果租赁资产是旧资产，在租赁前已使用年限超过资产自全新时起算可使用年限的75%以上时，则不能使用这条标准确定租赁的分类。

（4）在租赁开始日，租赁收款额的现值几乎相当于租赁资产的公允价值。实务中，这里的"几乎相当于"通常掌握在90%以上。

（5）租赁资产性质特殊，如果不作较大改造，只有承租人才能使用。租赁资产由出租人根据承租人对资产型号、规格等方面的特殊要求专门购买或建造的，具有专购、专用性质。这些租赁资产如果不作较大的重新改制，其他企业通常难以使用。

一项租赁存在下列一项或多项迹象的，也可能分类为融资租赁：

（1）若承租人撤销租赁，撤销租赁对出租人造成的损失由承租人承担。

（2）资产余值的公允价值波动所产生的利得或损失归属于承租人。例如，租赁结束时，出租人以相当于资产销售收益的绝大部分金额作为对租金的退还，说明承租人承担了租赁资产余值的几乎所有风险和报酬。

（3）承租人有能力以远低于市场水平的租金继续租赁至下一期间。此经济激励政策与购买选择权类似，如果续租选择权行权价远低于市场水平，可以合理确定承租人将继续租赁至下一期间。

出租人判断租赁类型时，上述情形和迹象并非总是决定性的，相关量化标准只是指导性标准，企业在具体运用时应综合考虑经济激励的有利方面和不利方面，以与租赁资产所有权相关的风险和报酬的转移程度为依据进行综合判断。若有其他特征充分表明，租赁实质上没有转移与租赁资产所有权相关的几乎全部风险和报酬，则该租赁应分类为经营租赁。例如，若租赁资产的所有权在租赁期结束时是以相当于届时其公允价值的可变付款额转让至承租人，或者因存在可变租赁付款额导致出租人实质上没有转移几乎全部风险和报酬，就可能出现这种情况。

为方便判断，表 7-1 对上述情形和迹象进行了归纳，供判断租赁类型时使用。

表 7-1　　　　　　　　　　融资租赁判断表

	准则规定	涉及的情形或迹象
情形	（1）在租赁期届满时，租赁资产的所有权转移给承租人	
	（2）承租人有购买租赁资产的选择权，所订立的购买价款与预计行使选择权时租赁资产的公允价值相比足够低，因而在租赁开始日就可以合理确定承租人将行使该选择权	
	（3）资产的所有权虽然不转移，但租赁期占租赁资产剩余使用寿命的大部分（75%）	
	（4）在租赁开始日，租赁收款额的现值几乎相当于租赁资产的公允价值（90%）	
	（5）租赁资产性质特殊，如果不作较大改造，只有承租人才能使用	
迹象	（1）若承租人撤销租赁，撤销租赁对出租人造成的损失由承租人承担	
	（2）资产余值的公允价值波动所产生的利得或损失归属于承租人	
	（3）承租人有能力以远低于市场水平的租金继续租赁至下一期间	
结论	存在上述一种或多种情形或迹象的，通常分类为融资租赁。企业应综合判断，是否实质上转移了与租赁资产所有权有关的几乎全部风险和报酬	

【示例 7-1】出租人对租赁的分类（摘自新租赁准则应用指南例 21-47）

2×20 年 12 月 1 日，甲公司与乙公司签订了一份租赁合同，从乙公司租入塑钢机一台。租赁合同主要条款如下：

（1）租赁资产：全新塑钢机。

（2）租赁期开始日：2×21年1月1日。

（3）租赁期：2×21年1月1日—2×26年12月31日，共72个月。

（4）固定租金支付：自2×21年1月1日，每年年末支付租金160 000元。如果甲公司能够在每年年末的最后一天及时付款，则给予减少租金10 000元的奖励。

（5）取决于指数或比率的可变租赁付款额：租赁期限内，如遇中国人民银行贷款基准利率调整时，出租人将对租赁利率作出同方向、同幅度的调整。基准利率调整日之前各期和调整日当期租金不变，从下一期租金开始按调整后的租金金额收取。

（6）租赁开始日租赁资产的公允价值：该机器在2×20年12月31日的公允价值为700 000元，账面价值为600 000元。

（7）初始直接费用：签订租赁合同过程中乙公司发生可归属于租赁项目的手续费、佣金1 000元。

（8）承租人的购买选择权：租赁期届满时，甲公司享有优惠购买该机器的选择权，购买价为20 000元，估计该日租赁资产的公允价值为80 000元。

（9）取决于租赁资产绩效的可变租赁付款额：2×22年和2×23年两年，甲公司每年按该机器所生产的产品——塑钢窗户的年销售收入的5%向乙公司支付。

（10）承租人的终止租赁选择权：甲公司享有终止租赁选择权。在租赁期间，如果甲公司终止租赁，需支付的款项为剩余租赁期间的固定租金支付金额。

（11）担保余值和未担保余值均为0。

（12）全新塑钢机的使用寿命为7年。

在该例中，使用表7-1根据新租赁准则对租赁进行分类，如表7-2所示。

表7-2　　　　　　　　　　　融资租赁判断的应用

	准则规定	涉及的情形或迹象
情形	（1）在租赁期届满时，租赁资产的所有权转移给承租人	不涉及
	（2）承租人有购买租赁资产的选择权，所订立的购买价款与预计行使选择权时租赁资产的公允价值相比足够低，因而在租赁开始日就可以合理确定承租人将行使该选择权	优惠购买价20 000元远低于行使选择权日的公允价值80 000元，因此在2×20年12月31日可合理确定甲公司将会行使该选择权
	（3）资产的所有权虽然不转移，但租赁期占租赁资产使用寿命的大部分（75%）	租赁期6年，占租赁开始日租赁资产使用寿命的86%
	（4）在租赁开始日，租赁收款额的现值几乎相当于租赁资产的公允价值（90%）	不涉及
	（5）租赁资产性质特殊，如果不作较大改造，只有承租人才能使用	不涉及

续表

准则规定	涉及的情形或迹象
迹象	（1）若承租人撤销租赁，撤销租赁对出租人造成的损失由承租人承担	不涉及
	（2）资产余值的公允价值波动所产生的利得或损失归属于承租人	不涉及
	（3）承租人有能力以远低于市场水平的租金继续租赁至下一期间	不涉及
结论	综合考虑其他各种情形和迹象，乙公司认为实质上转移了与租赁资产所有权有关的几乎全部风险和报酬，因此将该项租赁认定为融资租赁	

四、融资租赁的会计处理

当一项租赁分类为融资租赁时，在租赁期开始日，出租人应当对融资租赁确认应收融资租赁款，并终止确认融资租赁资产。具体需按以下步骤进行会计处理：

第一步：确定租赁收款额

租赁收款额，是指出租人因让渡在租赁期内使用租赁资产的权利而应向承租人收取的款项，包括：

（1）承租人需支付的固定付款额及实质固定付款额。存在租赁激励的，应当扣除租赁激励相关金额。

（2）取决于指数或比率的可变租赁付款额。该款项在初始计量时根据租赁期开始日的指数或比率确定。

（3）购买选择权的行权价格，前提是合理确定承租人将行使该选择权。

（4）承租人行使终止租赁选择权需支付的款项，前提是租赁期反映出承租人将行使终止租赁选择权。

（5）由承租人、与承租人有关的一方以及有经济能力履行担保义务的独立第三方向出租人提供的担保余值。

出租人的租赁收款额与承租人的租赁付款额可能存在不同，两者所包含内容的差异如表7-3所示。

表7-3　　　　　　　　租赁收款额与租赁付款额对比表

	承租人的租赁付款额	出租人的租赁收款额
1	固定付款额及实质固定付款额（扣减租赁激励）	固定付款额及实质固定付款额（扣减租赁激励）
2	取决于指数或比率的可变租赁付款额	取决于指数或比率的可变租赁付款额
3	购买选择权的行权价格	购买选择权的行权价格
4	行使终止租赁选择权需支付的款项	行使终止租赁选择权需支付的款项

续表

	承租人的租赁付款额	出租人的租赁收款额
5	根据承租人提供的担保余值预计应支付的款项	由承租人、与承租人有关的一方以及有经济能力履行担保义务的独立第三方向出租人提供的担保余值

根据上述对比，租赁收款额与租赁付款额所包含内容的第5项存在不同，租赁付款额是承租人承担的支付义务，因此仅包含承租人提供的担保余值预计应支付的款项；但租赁收款额是出租人享有的收款权利，收款来源不仅包含承租人，还包含与承租人有关的一方以及其他有经济能力履行担保义务的独立第三方，例如中介机构的担保义务。

第二步：确定未担保余值

资产余值是指租赁期届满时租赁资产的公允价值，资产余值包含担保余值和未担保余值两个部分。担保余值为承租人、与承租人有关的一方或其他独立第三方在租赁期满后向出租人承诺的金额，未担保余值是指租赁资产余值中，出租人无法保证能够实现或仅由与出租人有关的一方予以担保的部分。

未担保余值不属于租赁收款额的一部分，需要单独进行估计并进行折现。未折现的金额确认为"应收融资租赁款——未担保余值"，与折现后现值的差额计入"应收融资租赁款——未实现融资收益"。

第三步：确定租赁投资总额

租赁投资总额为在融资租赁下出租人应收的租赁收款额与未担保余值的合计。

第四步：计算租赁内含利率

租赁内含利率是使租赁投资总额的现值（即租赁投资净额）等于租赁资产在租赁开始日的公允价值与出租人的初始直接费用之和的利率。

第五步：确定租赁投资净额和未实现融资收益

租赁投资净额在金额上等于租赁资产在租赁期开始日公允价值与出租人发生的租赁初始直接费用之和。

未实现融资收益为租赁投资总额和租赁投资净额的差额。

第六步：账务处理

初始确认时，会计处理为：

借：应收融资租赁款——租赁收款额　　　　　（未折现的金额）
　　应收融资租赁款——未担保余值　　　　　（未折现的金额）
　贷：银行存款
　　　融资租赁资产　　　　　　　　　　　　（资产账面余额，如有累计折旧摊销以及减值等，也应当予以终止确认）

资产处置损益

应收融资租赁款——未实现融资收益(注)   (租赁投资总额和租赁投资净额的差额)

注:未实现融资收益=租赁收款额未折现金额与折现后金额的差+未担保余额未折现金额与折现后金额的差。

后续计量时,出租人应当按照固定的周期性利率计算并确认租赁期内各个期间的利息收入。会计处理为:

借:银行存款
    贷:应收融资租赁款——租赁收款额
借:应收融资租赁款——未实现融资收益
    贷:租赁收入

【示例7-2】出租人融资租赁的会计处理(摘自新租赁准则应用指南例21-47、例21-48)

沿用示例7-1的信息,在判断租赁为融资租赁的基础上,逐步进行出租人乙公司的会计处理。

第一步,确定租赁收款额。

(1)承租人的固定付款额为考虑扣除租赁激励后的金额

(160 000 - 10 000) × 6 = 900 000(元)

(2)取决于指数或比率的可变租赁付款额

该款项在初始计量时根据租赁期开始日的指数或比率确定。因此,本例在租赁期开始日不做考虑。

(3)承租人购买选择权的行权价格

租赁期届满时甲公司享有优惠购买该机器的选择权,购买价为20 000元,估计该日租赁资产的公允价值为80 000元。优惠购买价20 000元远低于行使选择权日租赁资产的公允价值,因此在2×19年12月31日就可合理确定甲公司将会行使这种选择权。租赁收款额中应包括承租人购买选择权的行权价格20 000元。

(4)终止租赁的罚款

虽然甲公司享有终止租赁选择权,但若终止租赁,甲公司需支付的款项为剩余租赁期间的固定租金支付金额。可以合理确定甲公司不会行使终止租赁选择权。

(5)由承租人向出租人提供的担保余值:甲公司向乙公司提供的担保余值为0元

综上所述,租赁收款额为900 000 + 20 000 = 920 000(元)

第二步,确认租赁投资总额。

租赁投资总额＝在融资租赁下出租人应收的租赁收款额＋未担保余值

本例中，租赁投资总额＝920 000 ＋0 ＝920 000（元）

第三步，确认租赁投资净额和未实现融资收益。

租赁投资净额在金额上等于租赁资产在租赁期开始日的公允价值700 000 ＋出租人发生的租赁初始直接费用10 000 ＝710 000（元）

未实现融资收益＝租赁投资总额－租赁投资净额＝920 000 －710 000 ＝210 000（元）

第四步，计算租赁内含利率。

租赁内含利率是使租赁投资总额的现值（即租赁投资净额）等于租赁资产在租赁开始日的公允价值与出租人的初始直接费用之和的利率。

本例中列出公式150 000(P/A,r,6) ＋20 000(P/F,r,6) ＝710 000（元），计算得到租赁的内含利率为7.82%。

第五步，账务处理。

2×21年1月1日

借：应收融资租赁款——租赁收款额　　　　　　　　　　920 000
　　贷：银行存款　　　　　　　　　　　　　　　　　　　10 000
　　　　融资租赁资产　　　　　　　　　　　　　　　　　600 000
　　　　资产处置损益　　　　　　　　　　　　　　　　　100 000
　　　　应收融资租赁款——未实现融资收益　　　　　　　210 000

第六步，计算租赁期内各期的利息收入（见表7－4）。

表7－4　　　　　　　　　　各期利息收入计算　　　　　　　　　　单位：元

日期	租金	确认的利息收入	租赁投资净额余额
①	②	③＝期初④×7.82%	期末④＝期初④－②＋③
2×20年1月1日			710 000
2×20年12月31日	150 000	55 522	615 522
2×21年12月31日	150 000	48 134	513 656
2×22年12月31日	150 000	40 168	403 824
2×23年12月31日	150 000	31 579	285 403
2×24年12月31日	150 000	22 319	157 722
2×25年12月31日	150 000	12 278*	20 000
2×25年12月31日	20 000		
合计	920 000	210 000	

注：作尾数调整12 278 ＝150 000 ＋20 000 －157 722

会计处理如下：

2×21年12月31日收到第一期租金并确认租赁收入：

借：银行存款　　　　　　　　　　　　　　　　　　　　150 000
　　贷：应收融资租赁款——租赁收款额　　　　　　　　　　　150 000
借：应收融资租赁款——未实现融资收益　　　　　　　　 55 522
　　贷：租赁收入　　　　　　　　　　　　　　　　　　　　　 55 522

2×22年12月31日收到第二期租金并确认租赁收入：

借：银行存款　　　　　　　　　　　　　　　　　　　　150 000
　　贷：应收融资租赁款——租赁收款额　　　　　　　　　　　150 000
借：应收融资租赁款——未实现融资收益　　　　　　　　 48 134
　　贷：租赁收入　　　　　　　　　　　　　　　　　　　　　 48 134

五、经营租赁的会计处理

如分类为一项经营租赁，在租赁期内各个期间，出租人应采用直线法将经营租赁的租赁收款额确认为租金收入，计入租赁收入或其他业务收入等。如果其他系统合理的方法能够更好地反映因使用租赁资产所产生经济利益的消耗模式的，则出租人应采用该方法。经营租赁的会计处理如表7-5所示。

表7-5　　　　　　　　　　经营租赁的会计处理

项　目	具体会计处理
租金	分期确认租金收入
租赁激励措施	（1）出租人提供免租期的，出租人应将租金总额在不扣除免租期的整个租赁期内，按直线法或其他合理的方法进行分配，免租期内应当确认租金收入 （2）出租人承担了承租人某些费用的，出租人应将该费用自租金收入总额中扣除，按扣除后的租金收入余额在租赁期内进行分配
初始直接费用	出租人发生的与经营租赁有关的初始直接费用应当资本化至租赁标的资产的成本，在租赁期内按照与租金收入相同的确认基础分期计入当期损益
折旧和减值	不终止确认租赁资产，继续计提折旧并评估减值
与指数或比率挂钩的可变租赁付款额	在租赁期开始日计入租赁收款额
不与指数或比率挂钩的可变租赁付款额	在实际发生时计入当期损益
经营租赁的变更	变更生效日起作为一项新租赁，与变更前租赁有关的预收或应收租赁收款额视为新租赁的收款额

六、租赁变更

（一）融资租赁变更的会计处理

1. 作为一项单独租赁处理

新租赁准则规定，融资租赁发生变更且同时符合下列条件的，出租人应当将该变更作为一项单独租赁进行会计处理：

（1）该变更通过增加一项或多项租赁资产的使用权而扩大了租赁范围；

（2）增加的对价与租赁范围扩大部分的单独价格按该合同情况调整后的金额相当。

2. 未作为一项单独租赁且满足假如变更在租赁开始日生效，该租赁会被分类为经营租赁

新租赁准则规定，如果融资租赁的变更未作为一项单独租赁进行会计处理，且满足假如变更在租赁开始日生效，该租赁会被分类为经营租赁条件的，出租人应当自租赁变更生效日开始将其作为一项新租赁进行会计处理，并以租赁变更生效日前的租赁投资净额作为租赁资产的账面价值。

3. 未作为一项单独租赁且满足假如变更在租赁开始日生效，该租赁会被分类为融资租赁

如果融资租赁的变更未作为一项单独租赁进行会计处理，且满足假如变更在租赁开始日生效，该租赁会被分类为融资租赁条件的，出租人应当按照 CAS 22 第四十二条关于修改或重新议定合同的规定进行会计处理。即，修改或重新议定租赁合同，未导致应收融资租赁款终止确认，但导致未来现金流量发生变化的，应当重新计算该应收融资租赁款的账面余额，并将相关利得或损失计入当期损益。重新计算应收融资租赁款账面余额时，应当根据重新议定或修改的租赁合同现金流量按照应收融资租赁款的原折现率或按照 CAS 24 第二十三条规定重新计算的折现率（如适用）折现的现值确定。对于修改或重新议定租赁合同所产生的所有成本和费用，企业应当调整修改后的应收融资租赁款的账面价值，并在修改后的应收融资租赁款的剩余期限内进行摊销。

综上所述，归纳融资租赁下出租人的合同变更按照图 7-1 进行会计处理。

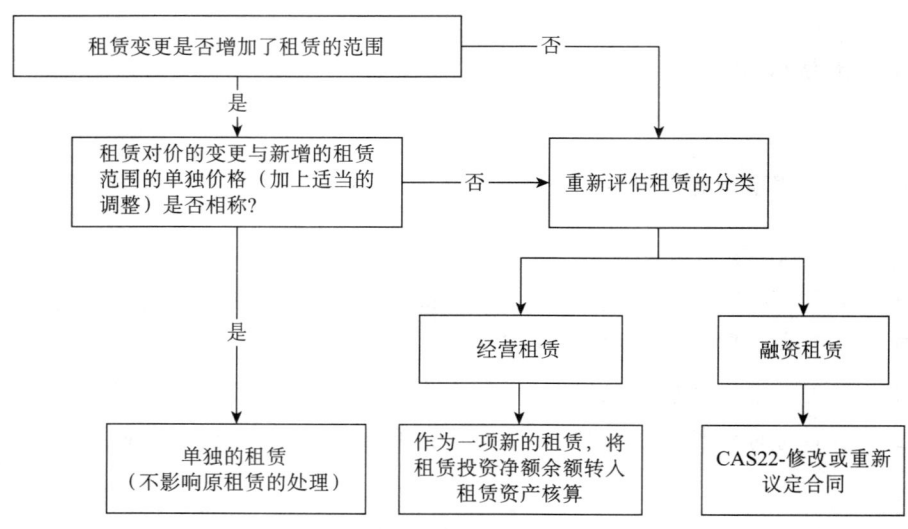

图 7-1 出租人融资租赁变更的会计处理

【示例 7-3】假如变更在租赁开始日生效，该租赁会被分类为经营租赁（摘自新租赁准则应用指南例 21-52）

承租人就某套机器设备与出租人签订了一项为期 5 年的租赁，构成融资租赁。合同规定，每年年末承租人向出租人支付租金 10 000 元，租赁期开始日，出租资产公允价值为 37 908 元。按照公式 10 000(P/A,r,5) = 37 908（元），计算得出租赁内含利率 10%，租赁收款额为 50 000 元，未确认融资收益为 12 092 元。在第 2 年年初，承租人和出租人同意对原租赁进行修改，缩短租赁期限到第 3 年年末，每年支付租金时点不变，租金总额从 50 000 元变更到 33 000 元。假设本例中不涉及未担保余值、担保余值、终止租赁罚款等。

本例中，如果原租赁期限设定为 3 年，在租赁开始日，租赁类别被分类为经营租赁，那么，在租赁变更生效日，即第 2 年年初，出租人将租赁投资净额余额 31 699 元（37 908 + 3 908×10% - 10 000）作为该套机器设备的入账价值，并从第 2 年年初开始，作为一项新的经营租赁（2 年租赁期，每年年末收取租金 11 500 元）进行会计处理。

第二年年初会计处理如下：

借：固定资产　　　　　　　　　　　　　　　　　　　　　31 699
　　应收融资租赁款——未确认融资收益
　　　　　　　　　　　　　　　　　　　　8 301（12 092 - 37 908×10%）
　贷：应收融资租赁款——租赁收款额　　40 000（50 000 - 10 000）

【示例 7-4】假如变更在租赁开始日生效，该租赁会被分类为融资租赁（摘自新租赁准则应用指南例 21-53）

承租人就某套机器设备与出租人（租赁企业）签订了一项为期 5 年的租赁，构成融资租赁。合同规定，每年年末承租人向出租人支付租金 10 000 元，租赁期开始日租赁资产公允价值为 37 908 元，租赁内含利率 10%。在第 2 年年初，承租人和出租人因为设备适用性等原因同意对原租赁进行修改，从第 2 年开始，每年支付租金额变为 9 500 元，租金总额从 50 000 元变更为 48 000 元。

在本例中，如果此付款变更在租赁开始日生效，该租赁仍被分类为融资租赁，那么，在租赁变更生效日第 2 年年初，按 10% 原租赁内含利率重新计算租赁投资净额为 30 114 元 [9 500×(P/A,10%,4)]，与原租赁投资净额账面余额 31 699 元的差额 1 585 元（其中"应收融资租赁款——租赁收款额"减少 2 000 元，"应收融资租赁款——未确认融资收益"减少 415 元）计入当期损益。

出租人第 2 年年初会计处理如下：

借：租赁收入　　　　　　　　　　　　　　　　　　　　1 585
　　应收融资租赁款——未确认融资收益　　　　　　　　　415
　　贷：应收融资租赁款——租赁收款额　　　　　　　　　　　　2 000

（二）经营租赁变更的会计处理

经营租赁下出租人的合同变更，出租人应当自变更生效日起将其作为一项新租赁进行会计处理，与变更前租赁有关的预收或应收租赁收款额应当视为新租赁的收款额。

七、转租赁的会计处理

（一）转租赁

转租赁，是指承租人将租入资产再出租给其他方。在转租赁业务中，企业既是承租人，又是出租人。

租赁准则要求转租出租人对原租赁合同和转租赁合同分别根据承租人和出租人会计处理要求，进行会计处理，如图 7-2 所示。

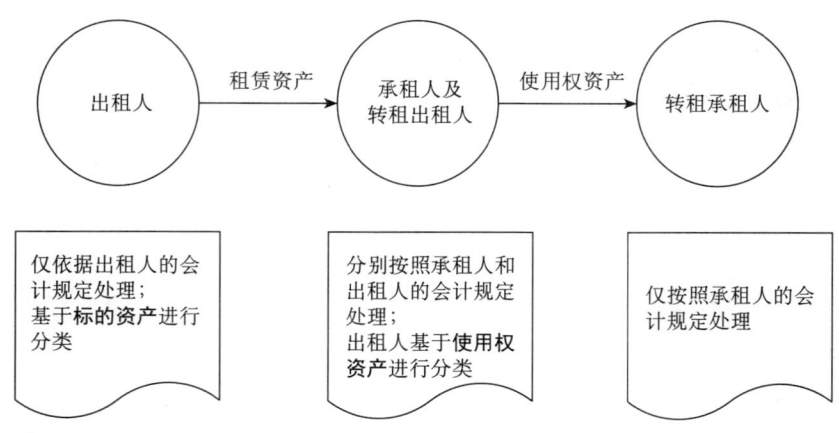

图 7-2 转租赁示意图

(二) 转租出租人作为承租人的处理

转租出租人作为承租人，对于原租赁应当按照租赁准则的规定进行会计处理，如表 7-6 所示。

表 7-6　　　　　　　　　转租出租人作为承租人的会计处理

原租赁的类型	转租出租人作为承租人
短期租赁	可以采用简化方法
低价值租赁	如果承租人已经或者预期要把相关资产进行转租赁，则不能将原租赁按照低价值资产租赁进行简化会计处理
一般租赁	应当确认使用权资产和租赁负债

(三) 转租出租人作为出租人的处理

转租出租人作为出租人在对转租赁进行分类时，应基于原租赁中产生的使用权资产，而不是租赁资产（如作为租赁对象的不动产或设备）进行分类。原租赁资产不归转租出租人所有，原租赁资产也未计入其资产负债表。因此，转租出租人应基于其控制的资产（即使用权资产）进行会计处理。这是新旧租赁准则对转租赁业务的主要变化，这将导致转租出租人将更多的转租赁分类为融资租赁。

但是，原租赁为短期租赁，且转租出租人对原租赁进行简化处理的，转租出租人应当将该转租赁分类为经营租赁。

表 7-7 列出了在不同情形下，新旧租赁准则对转租出租人（作为出租人）的分类变化。

表 7-7 转租出租人的租赁分类

序号	情形	转租出租人（作为出租人的会计分类）		说明
		新租赁准则	原租赁准则	
1	租赁资产剩余使用寿命 10 年，转租出租人取得 3 年的使用权，并将其中的 1 年转租出去	经营租赁	经营租赁	新旧分类相同
2	租赁资产剩余使用寿命 10 年，转租出租人取得 3 年的使用权，并将 3 年都转租出去	融资租赁	经营租赁	新旧分类不同
3	租赁资产剩余使用寿命 10 年，转租出租人取得 1 年的使用权（采用简化处理），并将 1 年转租出去	经营租赁	经营租赁	新旧分类相同
4	租赁资产剩余使用寿命 10 年，转租出租人取得 1 年的使用权（不采用简化处理），并将 1 年转租出去	融资租赁	经营租赁	新旧分类不同

如表 7-7 所示，原始出租人基于租赁资产（剩余使用寿命 10 年）对租赁进行分类，因租赁期为 3 年（或 1 年）。因此，原始出租人将其分类为一项经营租赁。

情形 1 中，对于转租出租人（作为出租人）而言，其获得的使用权资产的期限为 3 年，将其中的 1 年期限予以转租，在新准则下应当分类为一项经营租赁。

情形 2 中，对于转租出租人（作为出租人）而言，其获得的使用权资产的期限为 3 年，将所有的期限（3 年）均予以转租，使用权资产上几乎所有的风险和报酬均转移至最终的承租人，因此在新准则下应当分类为一项融资租赁。

情形 3 中，转租出租人（作为承租人）获得的使用权资产期限为 1 年，并选择短期租赁简化方法，未确认使用权资产和租赁负债。因此，转租出租人（作为出租人）将该使用权资产转租时，在新准则下仅能分类为经营租赁。

情形 4 中，转租出租人（作为承租人）获得的使用权资产期限为 1 年，但是没有选择短期租赁简化方法，而是按照一般方法确认了使用权资产和租赁负债。在转租时转租出租人（作为出租人）将所有的期限（1 年）均予以转租，因此，新准则下转租出租人（作为出租人）在转租时应当将其分类为融资租赁。

而在原准则下，承租人需要区分经营租赁和融资租赁。对于承租人认定为经营租赁的，承租人（转租出租人）再对外转租时，只能认定为经营租赁（租出）。

（四）转租赁的会计处理示例

表 7-8 列出了不同情形下转租赁的会计处理：

表 7-8　　　　　　　　　　　　　转租赁的会计处理

序号	情形	转租出租人	
		作为承租人	作为出租人
1	租赁资产剩余使用寿命10年，转租出租人取得3年的使用权，并将其中的1年转租出去	借：使用权资产 　　贷：租赁负债 后续计量：折旧费用和利息费用	作为经营租赁： 使用权资产不终止确认 后续计量：租赁收入等
2	租赁资产剩余使用寿命10年，转租出租人取得3年的使用权，并将3年都转租出去	借：使用权资产 　　贷：租赁负债 后续计量：使用权资产终止确认，计提租赁负债的利息费用	作为融资租赁： 借：应收融资租赁款 　　贷：使用权资产 　　　　资产处置损益 后续计量：租赁收入
3	租赁资产剩余使用寿命10年，转租出租人取得1年的使用权（采用简化处理），并将1年转租出去	采用短期租赁简化处理 不确认使用权资产和租赁负债 后续计量：租赁费用	作为经营租赁： 后续计量：租赁收入等
4	租赁资产剩余使用寿命10年，转租出租人取得1年的使用权（不采用简化处理），并将1年转租出去	处理同情形2	处理同情形2

情形2：转租赁构成融资租赁的情况下，原确认的使用权资产终止确认了，后续作为承租人应当继续计提租赁负债的利息费用以及对租金的支付进行处理，作为出租人应当计提租金收入（利息收入）以及对收到的租金进行处理。若转租的租赁内含利率无法确定，转租出租人可采用原租赁的折现率（根据与转租有关的初始直接费用进行调整）计量转租赁投资净额。

需要注意的是，转租情况下，原租赁合同和转租赁合同通常都是单独协商的，交易对手也是不同的企业，转租出租人对原租赁合同和转租赁合同应分别根据承租人和出租人会计处理要求进行会计处理。上述资产负债项目中租赁负债和应收融资租赁款不能抵销，利润表项目中利息费用和租赁收入也不能抵销。

（五）衔接规定

根据新租赁准则衔接规定，对于首次执行日前划分为经营租赁且在首次执行日后仍存续的转租赁，转租出租人在首次执行日应当基于原租赁和转租赁的剩余合同期限和条款进行重新评估，并按照新准则的规定进行分类。按照新准则重分类为融资租赁的，应当将其作为一项新的融资租赁进行会计处理。

八、生产商或经销商出租人的融资租赁

（一）生产商或经销商出租人的融资租赁在新旧准则中的差异

生产商或经销商通常会为客户提供购买或租赁其产品或商品的选择，而租赁其产品或商品通常会构成融资租赁。生产商或经销商这样做的目的是通过租赁的方式实现产品或商品的销售。

原租赁准则下，对于生产商或经销商通过融资租赁的方式销售产品或商品的会计处理并没有明确。实务中，企业的会计处理方式并不统一。有的企业遵循合同和法律形式，按照原租赁准则中融资租赁的规定进行处理，即确认应收融资租赁款，并终止确认融资租赁资产，按照净额确认一项资产处置损益；有的企业遵循交易的经济实质，同时参考原《国际会计准则第17号——租赁》（IAS 17）中关于制造商或经销商出租人的规定，分别确认销售收入和销售成本。

新租赁准则与《国际财务报告准则第16号——租赁》实质趋同，也引入了生产商或经销商作为出租人对于融资租赁的特殊会计处理，即允许生产商或经销商分别确认收入和成本。

（二）生产商或经销商出租人融资租赁的本质及会计处理

生产商或经销商通常为客户提供购买或租赁其产品或商品的选择。如果生产商或经销商出租其产品或商品构成融资租赁，则该交易产生的损益应相当于按照考虑适用的交易量或商业折扣后的正常售价直接销售租赁资产所产生的损益。构成融资租赁的，生产商或经销商出租人在租赁期开始日应当按照租赁资产公允价值与租赁收款额按市场利率折现的现值两者孰低确认收入，并按照租赁资产账面价值扣除未担保余值的现值后的余额结转销售成本，收入和销售成本的差额作为销售损益。

由于取得融资租赁所发生的成本主要与生产商或经销商赚取的销售损益相关，生产商或经销商出租人应当在租赁期开始日将其计入损益。即，与其他融资租赁出租人不同，生产商或经销商出租人取得融资租赁所发生的成本不属于初始直接费用，不计入租赁投资净额。

（三）与其他融资租赁出租人会计处理的不同

新租赁准则对于生产商或经销商出租人的融资租赁允许确认营业收入和营业成本，其会计处理方式不同于一般出租人对于融资租赁的会计处理，两者的主要区别如表7-9所示。

表 7-9　　生产商或经销商的融资租赁与一般融资租赁会计处理的比较

内容	一般融资租赁出租人	生产商或经销商的融资租赁	区别
处理方式	在租赁期开始日，出租人应当对融资租赁确认应收融资租赁款，并终止确认融资租赁资产。出租人对应收融资租赁款进行初始计量时，应当以租赁投资净额作为应收融资租赁款的入账价值。出租人应当按照固定的周期性利率计算并确认租赁期内各个期间的利息收入	如果生产商或经销商出租其产品或商品构成融资租赁，则该交易产生的损益应相当于按照考虑适用的交易量或商业折扣后的正常售价直接销售标的资产所产生的损益。构成融资租赁的，生产商或经销商出租人在租赁期开始日应当按照租赁资产公允价值与租赁收款额按市场利率折现的现值两者孰低确认收入，并按照租赁资产账面价值扣除未担保余值的现值后的余额结转销售成本，收入和销售成本的差额作为销售损益	新租赁准则允许生产商或经销商出租人在融资租赁业务中分别确认营业收入和营业成本，而非净额确认一项资产处置损益
初始直接费用	租赁投资净额为未担保余值和租赁期开始日尚未收到的租赁款额按租赁内含利率折现的现值之和。出租人发生的初始直接费用包括在租赁投资净额中，也即包括在应收融资租赁款的初始入账价值中	由于取得融资租赁所发生的成本主要与生产商或经销商赚取的销售利得相关，生产商或经销商出租人应当在租赁期开始日将其计入损益	与其他融资租赁出租人不同，生产商或经销商出租人取得融资租赁所发生的成本不属于初始直接费用，不计入租赁投资净额

（四）与新收入准则商品或服务提供方会计处理的不同

虽然新租赁准则要求生产商或经销商出租人在融资租赁业务中确认营业收入和营业成本，但是具体的会计处理是依据租赁准则，与新收入准则下销售商品的会计处理存在一些差别，如表 7-10 所示。

表 7-10　　生产商或经销商出租人的融资租赁业务与直接销售商品的比较

内容	新租赁准则	新收入准则	区别
收入的确认金额	构成融资租赁的，生产商或经销商出租人在租赁期开始日应当按照租赁资产公允价值与租赁收款额按市场利率折现的现值两者孰低确认收入	企业应当按照分摊至各单项履约义务的交易价格计量收入。交易价格，是指企业因向客户转让商品而预期有权收取的对价金额。在确定交易价格时，企业应当考虑可变对价、合同中存在的重大融资成分、非现金对价、应付客户对价等因素的影响	新租赁准则允许生产商或经销商出租人在融资租赁业务中确认营业收入，但为了防止操纵利润，仅允许按照租赁资产公允价值与租赁收款额按市场利率折现的现值两者孰低确认收入

续表

内容	新租赁准则	新收入准则	区别
成本的确认金额	按照租赁资产账面价值扣除未担保余值的现值后的余额结转销售成本	按照所转让商品转让时的账面价值结转成本，如属于附有销售退回条款的销售，则还需要考虑应收退货成本等	新租赁准则对于销售成本的结转金额也作出了限制，需要扣除未担保余值的现值

第二节 常见问题及难点分析

一、判断租赁的类型时对租赁资产剩余寿命的考虑

融资租赁的分类标准之一是"一项租赁资产的所有权虽然不转移，但租赁期占租赁资产剩余使用寿命的大部分，通常将其分类为融资租赁。"实务中，这里的"大部分"一般指租赁期占租赁开始日租赁资产使用寿命的75%以上（含75%）。

租赁资产剩余使用寿命的确定是一项会计估计，在租赁开始时需对其进行评估，评估时需要考虑经济寿命，即，经济上可供使用。如定期维修和翻新会延长资产的预期经济寿命，并且如果合同中约定承租人需定期进行维护和翻新，则在评估时需要考虑维护和翻新对资产使用寿命的影响。

租赁资产的剩余使用寿命是指自租赁期开始的剩余使用寿命，不是资产的全部可使用年限。如果租赁资产是旧资产，应考虑该资产的剩余可使用年限。在租赁前已使用年限超过资产自全新时起算可使用年限的75%以上时，则这条判断标准不适用，不能使用这条标准确定租赁的分类。

【示例 7-5】转租时对使用权资产的使用寿命的考虑

甲公司向乙公司融资租入设备（假设设备的预计使用年限是10年、租赁期6年），甲公司将在6年后取得设备的所有权。甲公司租入设备后对外进行转租5年，在判断转租属于融资租赁还是经营租赁时，如何确定使用权资产的使用寿命？

出租人与转租出租人对融资租赁和经营租赁的分类遵循相同的标准。只是转租出租人将转租的资产与租赁资产使用权而不是与租赁资产进行比较。本例中，转租出租人租入设备虽然租期为6年，但是因为合理判断将取得资产所有权，因而获得了设备10年的使用寿命（或者有权在10年内使用该使用权资产），此时，使用权资产的使

用期限和租赁资产的使用期限相等，在判断转租赁的类型时应当将转租期限与 10 年进行比较。

二、收取租赁保证金的会计处理

财政部会计司 2019 年 12 月 31 日发布的租赁准则实施问答明确了收取租赁保证金的会计处理。

融资租赁双方在签订某些租赁合同时，会就租赁保证金进行约定，即在租赁期开始日，承租人需向出租人支付租赁保证金，当承租人未能及时支付租金或出现其他违约情况时，出租人将抵扣租赁保证金；如果未发生违约，保证金用于抵扣末期租金，或期满之日予以退还。

根据租赁合同条款，上述租赁保证金属于合同履约保证金，出租人不应冲减应收融资租赁款，而应当单独作为负债核算，如"其他应付款"或"长期应付款"。

保证金负债是否应折现，应结合折现的影响是否重大、保证金产生的利息根据合同和相关法律是否归属于出租人等因素综合予以考虑。如租赁分类为经营租赁，出租人收到的租赁保证金同样列示为单独的负债，如"其他应付款"或"长期应付款"。

三、出租人对租赁资产减值的考虑

对于经营租赁，出租人应将租赁资产纳入所属现金产出单元的账面金额并应用 CAS 8。出租人应将未来现金收款纳入现金流量预测。此外，企业应用 CAS 22 对经营租赁应收款进行减值测试。

在对融资租赁应收款进行减值测试时，出租人应该按照 CAS 22 的规定进行处理，同时应用新租赁准则来确认标的资产未担保余值的减少。

四、承租人行使续租选择权对出租人租赁分类的影响

根据租赁准则规定，在租赁开始日后，出租人无须对租赁的分类进行重新评估，除非发生租赁变更。租赁变更是指原合同条款之外的租赁范围、租赁对价、租赁期限的变更，包括增加或终止一项或多项租赁资产的使用权，延长或缩短合同规定的租赁期等。承租人在租赁期间行使了续租选择权，属于执行原合同条款导致租赁期变化的情况，并不属于租赁变更。因此，出租人不应对租赁分类进行重新评估。

【示例 7-6】承租人行使续租选择权对出租人租赁分类的影响

20×1 年 1 月 1 日，出租人与承租人签订了一份设备租赁协议，包括 3 年不可撤销期限和 3 年期续租选择权，设备使用寿命为 6 年。租赁开始日，出租人判断承租人不能合理确定将行使该选择权，租赁期为 3 年，占租赁开始日租赁资产使用寿命的 50%（未占租赁资产使用寿命的大部分）。同时，出租人综合考虑其他各种情形和迹象，认为该租赁实质上没有转移与该项设备所有权有关的几乎全部风险和报酬，因此将这项租赁认定为经营租赁。20×3 年 1 月 1 日，承租人行使了该续租选择权，不可撤销的租赁期发生变化，剩余租赁期延长至 4 年，占租赁资产的全部剩余使用寿命。20×3 年 1 月 1 日，承租人行使了原合同中约定的续租选择权，出租人是否应对租赁的分类进行重新评估？

企业会计准则和国际会计准则都规定，出租人在租赁开始日对租赁进行分类，后续除非发生租赁变更，否则不进行重新评估。行使续租选择权是在合同中约定的权利，承租方行使选择权，不是合同变更，出租方不应重分类，继续按照经营租赁收取租金，确认收入。

五、租赁过程中发生停租对计提使用权资产折旧的影响

【示例 7-7】租赁过程中发生停租对计提使用权资产折旧的影响

承租人 A 向出租人 B 租入一艘船舶，租期 3 年，日租金 1 万美元，按月在每月月初预付租金。维修包括两种，一种是国家强制要求的维修；另一种是意外故障。在租赁过程中，由于船舶出现故障或大修理（岁修），导致停租 1 个月。根据租赁协议，双方根据实际停租时间，减少支付下期租金（1 个月）合计 30 万美元。上述停租期间，承租人是否应停止计提当月折旧？还是按照调整后使用权资产价值，在停航当月及未来租期内计提折旧？

分析：

该问题应当区分如下情形作出不同的会计处理。

情形一：初始确认租赁负债和使用权资产时能够对未来的维修作出预计

如果合同中明确规定了大修的次数和天数（例如，每年年末修理 1 次，每次修理 1 个月，其停租期间出租方不提供替代租赁物），即，大修理是必然发生的事项。初始确认时，租赁期认定为 3 年，但初始确认使用权资产和租赁负债按照 33 个月（扣除 3 个月的大修期间）的租金计算。那么在停租（大修）期间仍然计提折旧。

准则规定，使用权资产参照 CAS 4 有关折旧规定计提折旧，而固定资产准则第十四条规定"企业应当对所有固定资产计提折旧。"即使对于暂时闲置的固定资产也应当计提折旧。因此，在直线法下，对于使用权资产，停租（大修）期间仍然应当计提折旧。

情形二：初始确认租赁负债和使用权资产时无法对未来的停租作出预计

如果合同中并没有明确大修的次数和天数，修理的天数无法预计，修理期间也没有替代资产供承租人使用。租赁期3年，初始确认使用权资产和租赁负债时，合同估计按照3年（36个月）的租金计算。

后续实际发生停租无须支付租金是原合同条款范围内约定的事项，不属于租赁变更。已按36个月的租金确认的租赁负债，因停租无须支付租金而冲减租赁负债时不能对应冲减使用权资产，只能计入损益，同时使用权资产继续计提折旧。

因为无须支付租金产生的当期收益和使用权资产继续计提折旧产生的费用相互抵销，对当期损益的影响较小。

六、转租赁分类时对租赁期的考虑

实务中，企业通常会先租入资产自用，后续随着业务发展的变化可能决定不再自用转为对外出租。企业作为出租人在对转租赁进行分类时，应当将转租赁合同的租赁期与转租赁时点原租赁合同的剩余使用期进行比较，而非与原租赁合同的整体租赁期进行比较。举例如下：

【示例7-8】转租赁的分类（摘自新租赁准则应用指南例21-54）

甲企业（原租赁承租人）与乙企业（原租赁出租人）就5 000平方米办公场所签订了一项为期5年的租赁（原租赁）。在第3年年初，甲企业将该5 000平方米办公场所转租给丙企业（转租赁），期限为原租赁的剩余3年时间。假设不考虑初始直接费用。

本例中，甲企业应基于原租赁形成的使用权资产对转租赁进行分类。转租赁的期限覆盖了原租赁的所有剩余期限，综合考虑其他因素，甲企业判断其实质上转移了与该项使用权资产有关的几乎全部风险和报酬，甲企业将该项转租赁分类为融资租赁。

实务处理中对于转租赁的判断存在一种误解，认为需要追溯到租入资产时点进行判断。基于上述案例，该观点认为租入的期间为5年，租出的时间为3年，转租期间为原租赁期间的60%（未达到75%），则应当分类为经营租赁。这种观点不符合准则规定，因为租入资产时点，转租赁业务并未开始。

七、转租赁时基准资产的确定

转租出租人作为出租人在对转租赁进行分类时,应基于原租赁中产生的使用权资产,而不是租赁资产(如作为租赁对象的不动产或设备)进行分类。这是新旧租赁准则对转租赁业务的主要变化,这将导致转租出租人将更多的转租赁分类为融资租赁。

【示例 7-9】部分转租是否构成融资租赁

2×09 年 1 月 1 日,A 公司与 B 公司签订租赁协议,租入 B 公司写字楼的一整个楼层,租期 15 年(2×09 年 1 月 1 日—2×23 年 12 月 31 日)。A 公司把租入的楼层拆分为大小不等的五个区域以不同期限转租。假设其中某个区域 X 自 2×09 年 1 月 1 日起经过若干次转租,最近一次转租的租期于 2×21 年 6 月 30 日已到期。2×21 年 7 月 1 日,A 公司与租户 C 公司新签订的转租协议为两年半(2×21 年 7 月 1 日—2×23 年 12 月 31 日)。假设上述协议均不存在续租或提前终止租赁安排,违约罚金重大。截至 2×21 年 12 月 31 日,A 公司尚未就原租赁是否续租的事宜与出租方 B 公司进行磋商。那么 A 公司在 2×21 年 7 月 1 日签订的区域 X 转租协议是否构成融资租赁?

(1) 判断区域 X 转租赁的类型时,应基于原租赁租入的整层楼对应的使用权资产,还是仅基于 X 区域对应的使用权资产?

(2) 区域 X 在 2×21 年 7 月 31 日签订的转租合同是否构成融资租赁?

上述问题涉及两个关键点:

一是判断区域 X 转租赁的类型时,应基于原租赁租入的整层楼对应的使用权资产,还是仅基于 X 区域对应的使用权资产。

按照租赁准则,合同中同时包含多项单独租赁的,承租人和出租人应当将合同予以分拆,并分别各项单独租赁进行会计处理。同时符合下列条件,使用已识别资产的权利构成合同中的一项单独租赁:

(1) 承租人可从单独使用该资产或将其与易于获得的其他资源一起使用中获利。

(2) 该资产与合同中的其他资产不存在高度依赖或高度关联关系。

转租的区域 X 及其他区域均可单独出租使用,A 公司可以单独从转租区域 X 获利,且该区域与其他区域不存在高度关联关系,转租的区域 X 构成租赁准则下的单独租赁,A 公司应基于区域 X 确认使用权资产,并以此为基础判断上述转租赁的类型。

二是区域 X 最后一次转租是否构成融资租赁。

区域 X 的历次转租均应当同等适用租赁准则中有关出租人租赁分类的规定。

转租出租人在判断转租是经营租赁还是融资租赁时,参考出租人关于租赁分类的原则。出租人的租赁分类以租赁转移与租赁资产所有权相关的风险和报酬的程度为依据。新租赁准则提供了五种情形和三个迹象(见表 7-1),当一项租赁存在这些情形或迹象时,通常分类为融资租赁。但这些情形和迹象并非总是决定性的,企业仍需根据交易的实质、合同条款的约定等进行综合的判断。

其中,新租赁准则明确"资产的所有权虽然不转移,但租赁期占租赁资产使用寿命的大部分"这一情形强调的是租赁期占租赁资产使用寿命的比例,而非租赁期占该项资产全部可使用年限的比例。如果租赁资产是旧资产,在租赁前已使用年限超过资产自全新时起算可使用年限的 75% 以上时,则这一情形不适用,不能使用这一情形确定租赁的分类。

区域 X 最后一次转租时,其已使用年限已超过该使用权资产可使用年限的 75%(12.5/15=83%)以上,不应根据"租赁期占租赁资产使用寿命的大部分"这一情形判断租赁类型,但仍可能因满足"租赁开始日租赁收款额的现值几乎相当于租赁资产的公允价值"的情形而被分类为融资租赁。

第三节 披露示例

一、转租赁披露示例

【披露示例 7-1】601828.SH 美凯龙 2019 年度报告

重要会计政策

作为出租人

租赁开始日实质上转移了与租赁资产所有权有关的几乎全部风险和报酬的租赁为融资租赁,除此之外的均为经营租赁。本集团作为转租出租人时,基于原租赁产生的使用权资产对转租赁进行分类。

重要会计政策变更

首次执行日前划分为经营租赁且在首次执行日后仍存续的转租赁,本集团作为转租出租人在首次执行日基于原租赁和转租赁的剩余合同期限和条款进行重新评估并作出分类。于 2019 年 12 月 31 日，本集团无首次执行日前划分为经营租赁，首次执行日后重分类为融资租赁的情况。除此之外，本集团未对作为转租出租人的租赁进行调整。

【披露示例 7-2】601808.SH 中海油服 2019 年度报告

转租赁

本集团作为转租出租人，将原租赁及转租赁合同作为两个合同单独核算。本集团基于原租赁产生的使用权资产，而不是原租赁的标的资产，对转租赁进行分类。

本集团作为出租人

除非本集团作为转租出租人，对于首次执行日前划分为经营租赁且首次执行日后仍存续的转租赁进行重新评估和分类，对于重分类为融资租赁的作为一项新的租赁处理外，本集团对于其作为出租人的租赁无须任何过渡调整，而是自首次执行日起按照新租赁准则进行会计处理。

二、生产商的融资租赁业务披露示例

【披露示例 7-3】中科英泰 科创板审核问询 2021.5

关于向青岛市商务局销售

根据回复材料，中科英泰为青岛市肉菜追溯体系 3 处批发市场（抚顺路、华中和城阳批发市场）提供自助交易终端与追溯配套设施使用租赁服务；租赁期为 6 年。

请发行人说明：结合合同约定条款，说明认定上述交易为融资租赁的原因和依据，融资租赁期限确定依据，相关收入如何确定，核算方式是否符合企业会计准则的要求。

发行人说明

发行人未将青岛市商务局项目作为融资租赁业务处理，而是按照实质重于形式原则视同为包含融资部分的分期收款销售业务进行的会计处理。

2020 年公司中标青岛市商务局"青岛市肉菜流通追溯体系升级项目"，合同主要条款为：中科英泰为青岛市肉菜追溯体系 3 处批发市场（抚顺路、华中和城阳批发市场）提供自助交易终端与追溯配套设施使用租赁服务；租赁期为 6 年；付款条件为合同签订后支付 600.00 万元作为预付款进行项目建设，验收合格试运行半年后于 2020 年底前支付 120.00 万元，剩余款项在 6 年服务期内逐年按比例支付。

该合同约定，公司在提供系统集成项目同时提供运行过程中的维保服务，维保服务内容如下：

1. 负责及时对肉菜流通追溯一体化结算交易终端机的硬件更换和维修保养；

2. 负责对抚顺路、华中、城阳三大批发市场肉菜流通追溯网络线缆及配电箱等维修、保养、软件调试及紧急故障处理等；

3. 安排专人对三大批发市场肉菜流通追溯设备设施及系统运行情况进行定期巡检；24小时提供服务，及时排除故障，确保追溯体系始终处于良好运行状态；

4. 积极配合青岛市商务局做好肉菜追溯宣传、巡检及与之相关的工作。

《企业会计准则第14号——收入（2017年修订）》第二十条规定："合同中包含两项或多项履约义务的，企业应当在合同开始日，按照各单项履约义务所承诺商品的单独售价的相对比例，将交易价格分摊至各单项履约义务。企业不得因合同开始日之后单独售价的变动而重新分摊交易价格。"

结合招投标等相关文件约定，因系统集成项目与6年驻场维保服务单独约定了价格和服务内容，满足会计准则关于单项履约义务的相关规定，公司将系统集成与维保服务识别为两个单项履约义务，系统集成项目按照具有融资性质的分期收款在验收合格后一次确认销售收入并结转成本，6年驻场维保服务收入在整个服务期内按照服务进度确认收入。

《企业会计准则第14号——收入（2017年修订）》第十五条规定："企业应当根据合同条款，并结合其以往的习惯做法确定交易价格。在确定交易价格时，企业应当考虑可变对价、合同中存在的重大融资成分部分、非现金对价、应付客户对价等因素的影响。"第十七条规定："合同中存在重大融资成分的，企业应当按照假定客户在取得商品控制权时即以现金支付的应付金额确定交易价格。该交易价格与合同对价之间的差额，应当在合同期间内采用实际利率法摊销。合同开始日，企业预计客户取得商品控制权与客户支付价款间隔不超过一年的，可以不考虑合同中存在的重大融资成分。"

《企业会计准则——基本准则》（2014年修订）第十六条规定："企业应当按照交易或者事项的经济实质进行会计确认、计量和报告，不应仅以交易或者事项的法律形式为依据。"公司与客户青岛市商务局形式上签订的是租赁合同，但是按照实质重于形式原则，该业务更符合公司提供系统集成设备并提供维保服务业务实质，应采用具有融资性质的分期收款销售业务一次性确认收入并结转成本。

将与青岛市商务局项目中的设备集成项目，按照实质认定为具有融资性质分期收款的设备销售而非融资租赁主要基于以下考虑：

1. 融资租赁的主要目的是解决租赁方资金融通需求，出租方的商业目的是获取租赁期的融资收益，一般会按照合同期内分期付款或采用实际利率法分期付款，本项目甲方为青岛市商务局，资金来源为财政预算，通过本项目进行资金融资的可能性较小，本公司作为商用终端设备生产商，主要目的是出售设备、提供技术服务获取产品销售收入。同时，合同约定在项目验收前青岛商务局需支付600万元作为预付款，预付款比例已超过整个合同额的50%以上，青岛市商务局拉长付款期限的目的是保证运行期项目质量，从商业实质来看，本项目与融资租赁合同具有本质区别，采用分期收款的销售业务更符合业务本质。

2.《企业会计准则第21号——租赁（2018年修订）》第四十二条规定："生产商或经销商作为出租人的融资租赁，在租赁期开始日，该出租人应当按照租赁资产公允价值与租赁收款额按市场利率折现的现值两者孰低确认收入，并按照租赁资产账面价值扣除未担保余值的现值后的余额结转销售成本。生产商或经销商出租人为取得融资租赁发生的成本，应当在租赁期开始日计入当期损益。"因此，本公司作为生产商，参照新租赁准则进行的会计处理与作为分期收款的销售业务基本一致，也是按照折现的公允价值（因存在时间成本，该价值低于设备直接销售价格）确认营业收入，结转营业成本。

因此，参照新租赁会计准则文件精神，结合企业会计准则相关规定，对生产商或经销商作为出租人的融资租赁，视同具有融资性质的分期收款销售业务处理，即一次性确认收入并结转成本更符合其业务实质，符合企业会计准则相关要求。

第八章
售后租回交易的会计处理

若企业(卖方兼承租人)将资产转让给其他企业(买方兼出租人),并从买方兼出租人租回该项资产,则卖方兼承租人和买方兼出租人均应按照售后租回交易的规定进行会计处理。企业应当按照《会计准则第 14 号——收入》的规定,评估确定售后租回交易中的资产转让是否属于销售,并区别进行会计处理。

本章在分析准则对于售后租回会计处理规定的基础上,讨论售后租回会计处理的常见问题及难点。

第一节 准则规定及解析

一、售后租回交易在新租赁准则下的会计处理

新租赁准则下,售后租回交易的会计处理更遵从交易的本质。新租赁准则要求企业按照 CAS 14 的规定,评估确定售后租回交易中的资产转让是否属于销售,并区别进行会计处理。

1. 判断是否属于售后租回交易的核心原则

在租赁资产的法定所有权转移给出租人并将资产租赁给承租人之前,承租人可能会先获得租赁资产的法定所有权。但是,是否具有租赁资产的法定所有权本身并非会计处理的决定性因素。如果承租人在资产转移给出租人之前已经取得对租赁资产的控制,则该交易属于售后租回交易。然而,如果承租人未能在资产转移给出租人之前取得对租赁资产的控制,那么即便承租人在资产转移给出租人之前先获得租赁资产的法

定所有权,该交易也不属于售后租回交易。

2. 售后租回交易中的资产转让属于销售

卖方兼承租人应当按原资产账面价值中与租回获得的使用权有关的部分,计量售后租回所形成的使用权资产,并仅就转让至买方兼出租人的权利确认相关利得或损失。买方兼出租人根据其他适用的《企业会计准则》对资产购买进行会计处理,并根据新租赁准则对资产出租进行会计处理。

如果销售对价的公允价值与资产的公允价值不同,或者出租人未按市场价格收取租金,企业应当进行以下调整:

(1) 销售对价低于市场价格的款项作为预付租金进行会计处理;

(2) 销售对价高于市场价格的款项作为买方兼出租人向卖方兼承租人提供的额外融资进行会计处理。

同时,承租人按照公允价值调整相关销售利得或损失,出租人按市场价格调整租金收入。

在进行上述调整时,企业应当按以下两者中较易确定者进行:

(1) 销售对价的公允价值与资产的公允价值的差异;

(2) 合同付款额的现值与按市场租金计算的付款额的现值的差异。

3. 售后租回交易中的资产转让不属于销售

卖方兼承租人不终止确认所转让的资产,而应当将收到的现金作为金融负债,并按照 CAS 22 进行会计处理。买方兼出租人不确认被转让资产,而应当将支付的现金作为金融资产,并按照 CAS 22 进行会计处理。

卖方兼承租人会计处理如图 8-1 所示。

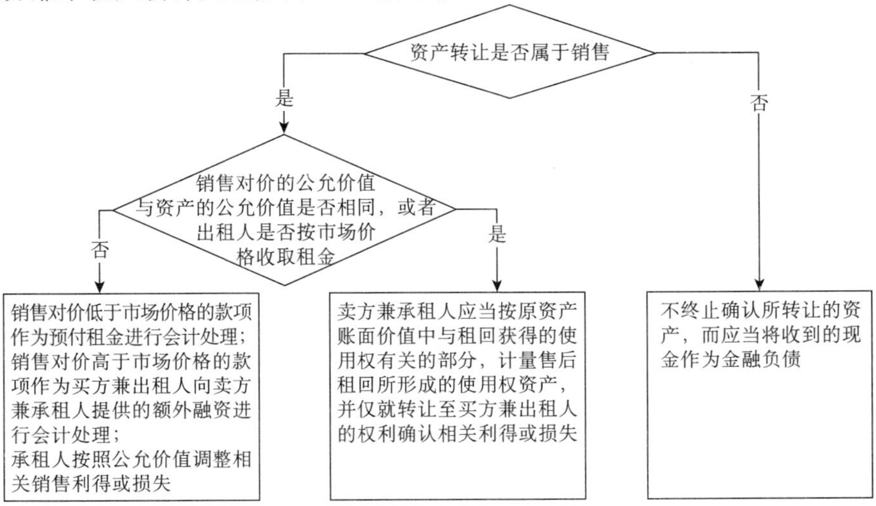

图 8-1 卖方兼承租人会计处理

【示例 8-1】售后租回交易中的资产转让属于销售（摘自新租赁准则应用指南例 21-58）

甲公司（卖方兼承租人）以 40 000 000 元的价格向乙公司（买方兼出租人）转让一栋建筑物，乙公司以银行存款支付转让款项，交易前该建筑物的账面原值是 24 000 000 元，累计折旧是 4 000 000 元。与此同时，甲公司与乙公司签订了合同，取得了该建筑物 18 年的使用权（全部剩余使用年限为 40 年），年租金为 2 400 000 元，于每年年末支付。根据交易的条款和条件，甲公司转让建筑物符合 CAS 14 中关于销售成立的条件。假设不考虑初始直接费用和各项税费的影响。该建筑物在销售当日的公允价值为 36 000 000 元。

本例中，由于该建筑物的销售对价高于该建筑物在销售当日的公允价值。超额售价 4 000 000 元（40 000 000 - 36 000 000）作为乙公司向甲公司提供的额外融资进行确认。

甲、乙公司均确定租赁内含年利率为 4.5%，18 年付款额现值为 29 183 980 元（年付款额 2 400 000，共 18 期，按每年 4.5% 进行折现），其中 4 000 000 元与额外融资相关（对应的未折现年付款额 328 948 元），25 183 980（29 183 980 - 4 000 000）元与租赁相关（对应年付款额 2 071 052 元），具体计算过程如下：18 年付款额现值 = 2 400 000 × (P/A, 4.5%, 18) = 29 183 980（元），额外融资年付款额 = 4 000 000/29 183 980 × 2 400 000 = 328 948（元），租赁相关年付款额 = 2 400 000 - 328 948 = 2 071 052（元）。

1. 在租赁期开始日，甲公司账务处理如下：

第一步，按该建筑物的原账面价值中与租回获得的使用权有关的部分占计量售后租回所形成的使用权资产。

使用权资产 =（24 000 000 - 4 000 000）×（25 183 980 ÷ 36 000 000）
= 13 991 100（元）

第二步，计算与转让至乙公司的权利相关的利得。

出售该建筑物的全部利得 = 36 000 000 - 20 000 000 = 16 000 000（元），其中：
与使用权相关利得 = 16 000 000 ×（25 183 980 ÷ 36 000 000）= 11 192 880（元）；
与转让至乙公司的权利相关的利得 = 16 000 000 - 11 192 880 = 4 807 120（元）。

第三步，账务处理：

（1）额外融资相关账务处理

借：银行存款　　　　　　　　　　　　　　　　　　　　　　　4 000 000
　　贷：长期应付款　　　　　　　　　　　　　　　　　　　　　　4 000 000

（2）租赁相关的账务处理

借：固定资产清理 20 000 000
　　累计折旧 4 000 000
　　贷：固定资产 24 000 000
借：银行存款 3 600 000
　　使用权资产 13 991 100
　　租赁负债——未确认融资费用 12 094 956
　　贷：固定资产清理 20 000 000
　　　　租赁负债——租赁付款额 37 278 936
　　　　资产处置损益 4 807 120

其中：租赁付款额 = 租赁相关年付款额 × 18 = 2 071 052 × 18 = 37 278 936（元）。

未确认融资费用 = 37 278 936 − 25 183 980 = 12 094 956（元）

租赁期开始日后，甲公司支付的年付款额 2 400 000 元中，2 071 052 元作为支付租赁付款额处理，其余 328 948 元作为偿还额外融资的本金及支付相关利息进行会计处理。以第 1 年年末为例，甲公司的账务处理如下：

以第 1 年年末为例：

借：租赁负债——租赁付款额 2 071 052
　　长期应付款 148 948
　　财务费用——利息费用 1 313 279
　　贷：租赁负债——未确认融资费用 1 133 279
　　　　银行存款 2 400 000

其中：

长期应付款相关利息费用 = 400 000 × 4.5% = 180 000（元）。

注：租赁负债相关利息费用 = 25 183 980 × 4.5% = 1 133 279（元）。

长期应付款减少额 = 328 948 − 180 000 = 148 948（元）。

2. 综合考虑租期占该建筑物剩余使用年限的比例等因素，乙公司将该建筑物的租赁分类为经营租赁。

在租赁期开始日，乙公司账务处理如下：

借：投资性房地产 36 000 000
　　长期应收款 4 000 000
　　贷：银行存款 40 000 000

租赁期开始日后，乙公司将年收款额 2 400 000 元中的 2 071 052 元作为租赁收款额进行会计处理。其余 328 948 元作为收回额外融资的本金及取得相关利息进行会计处理。以第 1 年年末为例，乙公司的账务处理如下：

  借：银行存款   2 400 000

    贷：租赁收入   2 071 052

      利息收入   180 000

      长期应收款   148 948

【示例 8-2】售后租回交易中的资产转让不属于销售（摘自新租赁准则应用指南例 21-60）

  甲公司（卖方兼承租人）以 24 000 000 元的价格向乙公司（买方兼出租人）出售一栋建筑物，乙公司以银行存款支付转让价款，转让前该建筑物的账面原值是 24 000 000 元，累计折旧是 4 000 000 元。同日，甲公司与乙公司签订合同，取得该建筑物 18 年的使用权（全部剩余使用年限为 40 年），年租金为 2 000 000 元，于每年年末支付，租赁期届满时，甲公司将以 100 元购买该建筑物。根据交易的条款和条件，甲公司转让建筑物不满足符合收入准则关于销售成立的条件。该建筑物转让当日的公允价值为 36 000 000 元。假设不考虑初始直接费用和各项税费的影响。

  本例中，甲公司与乙公司在转让该建筑物的同时，就该建筑物签订了租赁合同，并约定在租赁期届满时以 100 元（远低于该建筑物当日公允价值）回购该建筑物，表明乙公司在转让时点并未取得该建筑物的控制权，因而不符合收入准则关于销售成立的条件。因此，卖方兼承租人不应终止确认所转让的建筑物，收到的转让价款应作为长期应付款处理；买方兼出租人不确认被转让的建筑物，支付的转让价款应作为长期应收款处理。

  在租赁期开始日，甲公司有关账务处理如下：

  借：银行存款   24 000 000

    贷：长期应付款   24 000 000

  在租赁期开始日，乙公司对该交易的会计处理如下：

  借：长期应收款   24 000 000

    贷：货币资金   24 000 000

二、售后租回交易相关规定的修订

  2022 年 9 月 22 日，国际会计准则理事会（IASB）发布了《售后租回中的租赁负债》，对《国际财务报告准则第 16 号——租赁》（IFRS 16）进行了修订。该修订不改变对使用权资产和售后租回产生的利得或损失的初始计量要求，明确了售后租回中的使用权资产和租赁负债后续计量的相关要求，新增了具有不取决于指数或比率的可变租赁付款额的售后租回交易中租赁负债的后续计量示例。

2023年11月9日，财政部发布了《企业会计准则解释第17号》（财会〔2023〕21号，解释17号），其中就"关于售后租回交易的会计处理"等国际会计准则趋同问题进行了明确。该解释自2024年1月1日起施行。

对于具有非取决于指数或比率的可变租赁付款额的售后租回交易，卖方兼承租人面临如何计量售后租回产生的使用权资产，从而确定在交易日应确认的利得或损失的金额；以及后续租赁负债重新计量时是否变更与保留的使用权有关的利得或损失的问题。解释17号与IFRS 16的修订保持一致。

首先，该规定不改变售后租回交易中使用权资产和售后租回产生的利得或损失的初始计量要求。也就是说，对于存在可变租赁付款额的售后租回交易的会计处理，不得确认与租回获得的使用权有关的利得或损失。

举例如下：

A（卖方兼承租人）以1 000万元的价格（设备在出售日的公允价值）向B（买方兼出租人）出售一台设备。交易前一刻，该设备的账面价值为700万元。同时，A签订租赁合同，从B租回设备，租金为每年使用该设备产生收入的3%，A预计该可变租赁付款额的现值为800万元。

按一般租赁进行处理，对于并非取决于指数或比率的可变租赁付款额不纳入租赁负债，那么，该交易确认的租赁负债为零，确认的使用权资产也为零，该售后租回交易产生1 000 - 700 = 300（万元）的收益。

按解释17号要求进行处理，租赁负债为800万元，使用权资产为700×(800/1 000) = 560万元，处置收益为20%×(1 000 - 700) = 60（万元）。

对比来看，两种处理产生的资产处置收益差额240万元，即为使用权相关的利得金额（租赁负债800万元 - 使用权资产560万元）。一般租赁处理下，没有保留使用权相应确认了使用权相关的利得；售后租回处理下，保留了使用权相应未确认使用权相关的利得。

其次，明确了售后租回中的使用权资产和租赁负债后续计量的相关要求。具体而言，卖方兼承租人对售后租回中的租赁负债进行后续计量以确定"租赁付款额"或"变动后租赁付款额"时，不得确认与租回获得的使用权有关的利得或损失。例如与资产未来业绩挂钩的可变租赁付款额，后续售后租回负债的变动不应调整售后租回所形成的使用权资产，以及转让至买方兼出租人的权利确认的相关利得或损失。

此外，租赁准则和解释17号，未就卖方兼承租人如何计量售后租回中的租赁负债规定具体的方法。值得注意的是，修订后的IFRS 16新增了具有不取决于指数或比率的可变租赁付款额的售后租回交易中租赁负债的后续计量示例。新增的示例（示例25）以预期租赁付款额的现值（包括可变租赁付款额）计算卖方兼承租人保留的原资产账面价值中与租回获得的使用权有关的部分，并对租赁负债的后续计量提供了两种确定方法：一是根据在租赁期开始日预计的租赁付款额确定租赁负债；二是以租赁期内等额的租赁付款额确定租赁负债。

【示例8-3】售后租回交易中的资产转让属于销售（包含非取决于指数或比率的可变租赁付款额），合理估计确定租回所保留权利占比（摘自新租赁准则应用指南例21-59）

2×23年1月1日，甲公司（卖方兼承租人）以1 800 000元的价格向乙公司（买方兼出租人）转让一栋建筑物，转让前该建筑物的账面原值为2 100 000元，累计折旧为1 100 000元，未计提减值准备。同日，甲公司与乙公司签订合同，取得该建筑物5年的使用权（全部剩余使用年限为20年），作为其总部管理人员的办公场所，年租金包括50 000元的固定租赁付款额和非取决于指数或比率的可变租赁付款额，均于每年年末支付。根据交易的条款和条件，甲公司转让该建筑物符合收入准则关于销售成立的条件。该建筑物转让当日的公允价值为1 800 000元。甲公司无法确定租赁内含利率，在租赁期开始日，甲公司的增量借款年利率为3%。2×23年12月31日，甲公司以银行存款实际支付租金99 321元。

甲公司按照会计准则制定了相关会计政策：对于包含非取决于指数或比率的可变租赁付款额的售后租回交易，可以采用在租赁期开始日合理估计的各期预期租赁付款额（包含固定和可变租赁付款额，下同）的现值占转让当日该资产公允价值的比例或者其他合理方法（如按市场租金、租回建筑面积占比、租回期间占比等）确定租回所保留的权利占比。

情形1：甲公司在租赁期开始日能够合理估计上述售后租回交易租赁期内各期预期租赁付款额，具体情况如表8-1所示。

表8-1　　　　　租赁期内各期预期租赁付款额　　　　　单位：元

支付日期	预期租赁付款额
2×23年12月31日	95 902
2×24年12月31日	98 124
2×25年12月31日	99 243
2×26年12月31日	100.10
2×27年12月31日	98 121
合计	491 491

情形2：甲公司在租赁期开始日不能合理估计上述售后租回交易租赁期内各期预期租赁付款额，但能采用其他合理方法确定租回所保留的权利占比为25%。

甲公司采用直线法对使用权资产计提折旧。假设不考虑相关税费和其他因素。

本例中，甲公司（卖方兼承租人）转让该建筑物符合收入准则关于销售成立的条件。根据租赁准则的规定，售后租回交易中的资产转让属于销售的，初始计量时，承租人应当按原资产账面价值中与租回获得的使用权有关的部分，计量售后租回所形成的使用权资产，并仅就转让至出租人的权利确认相关利得或损失。在租赁期开始日后，承租人应当按照租赁准则有关使用权资产后续计量的规定对售后租回所形成的使用权资产进行后续计量，并按照有关租赁负债后续计量的规定对售后租回所形成的租赁负债进行后续计量。承租人在对售后租回所形成的租赁负债进行后续计量时，确定租赁付款额或变更后租赁付款额的方式不得导致其确认与租回所获得的使用权有关的利得或损失（因租赁变更导致租赁范围缩小或租赁期缩短而部分终止或完全终止租赁的相关利得或损失除外）。

按照上述要求，甲公司在初始计量和后续计量中不得确认与租回所获得的使用权有关的利得或损失。为此，甲公司需以租赁期开始日合理估计的各期租赁付款额的现值占转让当日该资产公允价值的比例或其他合理方法确定租回所保留的权利占比。对于本例中的两种情形，甲公司应分别进行如下会计处理：

情形1：甲公司以在租赁期开始日合理估计的各期预期租赁付款额的现值占转让当日该资产公允价值的比例确定租回所保留的权利占比。

在该情形下，甲公司根据估计的预期租赁付款额确定各期租赁付款额如表8-2所示。

表8-2　　　　　　　　　　租赁付款额　　　　　　　　　　单位：元

支付日期	租赁付款额
2×23年12月31日	95 902
2×24年12月31日	98 124
2×25年12月31日	99 243
2×26年12月31日	100 101
2×27年12月31日	98 121
合计	491 491

甲公司的账务处理如下：

(1) 2×23年1月1日，租回所售资产。

第一步，计算租赁付款额的现值。

租赁付款额的现值 = 95 902 × (P/F,3%,1) + 98 124 × (P/F,3%,2) + 99 243 × (P/F,3%,3) + 100 101 × (P/F,3%,4) + 98 121 × (P/F,3%,5) = 450 000（元）

第二步，确定售后租回所形成的使用权资产的初始计量金额。

租回所保留的权利占比 = 租赁付款额的现值/转让当日该建筑物的公允价值 = 450 000 ÷ 1 800 000 = 25%

转让当日该建筑物的账面价值 = 2 100 000 - 1 100 000 = 1 000 000（元）

使用权资产 = 转让当日该建筑物的账面价值 × 租回所保留的权利占比 = 1 000 000 × 25% = 250 000（元）

第三步，计算与转让至乙公司的权利相关的利得。

与转让至乙公司的权利相关的利得 = 转让该建筑物的全部利得 - 与该建筑物使用权相关的利得 = (1 800 000 - 1 000 000) - (1 800 000 - 1 000 000) × 25% = 600 000（元）

第四步，计算未确认融资费用。

未确认融资费用 = 5年租赁付款额 - 5年租赁付款额的现值 = 491 491 - 450 000 = 41 491（元）

第五步，账务处理。

借：固定资产清理	1 000 000
累计折旧	1 100 000
贷：固定资产	2 100 000
借：银行存款	1 800 000
使用权资产	250 000
租赁负债——未确认融资费用	41 491
贷：固定资产清理	1 000 000
租赁负债——租赁付款额	491 491
资产处置损益	600 000

（2）2×23年12月31日，计提使用权资产折旧，确认租赁负债的利息。

使用权资产本期折旧额 = 250 000 ÷ 5 = 50 000（元）

借：管理费用	50 000
贷：使用权资产累计折旧	50 000

租赁负债的利息 = 450 000 × 3% = 13 500（元）

借：财务费用——利息费用	13 500
贷：租赁负债——未确认融资费用	13 500

（3）确认本期实际支付的租金，并按租赁期开始日已纳入租赁负债初始计量的

当期租赁付款额减少租赁负债的账面金额,两者的差额计入当期损益。

2×23年12月31日,甲公司实际支付租金99 321元,与已纳入租赁负债初始计量的当期租赁付款额(即租赁期开始日估计的当期预期租赁付款额)95 902元的差额为3 419元,计入当期损益。

借:租赁负债——租赁付款额　　　　　　　　　　　　95 902
　　管理费用　　　　　　　　　　　　　　　　　　　　3 419
　　贷:银行存款　　　　　　　　　　　　　　　　　　　　99 321

2×24年1月1日以后的账务处理比照2×23年进行。租赁负债按表8-3所示方法进行后续计量。

表8-3　　　　　　　　　　　租赁负债的后续计量　　　　　　　　　　　单位:元

年度	租赁负债期初余额 ①	确认利息 ② = ① × 3%	支付租赁付款额 ③	租赁负债期末余额 ④ = ① + ② - ③
2×23年	450 000	13 500	95 902	367 598
2×24年	367 598	11 028	98 124	280 502
2×25年	280 502	8 415	99 243	189 674
2×26年	189 674	5 690	100 101	95 263
2×27年	95 263	2 858	9 812	

注:为便于计算,本表中利息的计算四舍五入取整数。

情形2:甲公司在租赁期开始日不能合理估计该售后租回交易租赁期内各期预期租赁付款额,但能采用其他合理方法确定租回所保留的权利占比为25%。

该情形下,甲公司根据租回所保留的权利占比确定相关使用权资产和租赁负债的初始计量金额,并结合折现率确定等额的各期租赁付款额。

甲公司的账务处理如下:

(1) 2×23年1月1日,租回所售资产。

第一步,根据租回所保留的权利占比确定售后租回所形成的使用权资产的初始计量金额。

转让当日该建筑物的账面价值 = 2 100 000 - 1 100 000 = 1 000 000(元)

使用权资产 = 转让当日该建筑物的账面价值 × 租回所保留的权利占比 = 1 000 000 × 25% = 250 000(元)

第二步,计算与转让至乙公司的权利相关的利得。

与转让至乙公司的权利相关的利得 = 转让该建筑物的全部利得 - 与该建筑物使用权相关的利得 = (1 800 000 - 1 000 000) - (1 800 000 - 1 000 000) × 25% = 600 000(元)

第三步,根据租回所保留的权利占比确定售后租回所形成的租赁负债的初始计量金额。

租赁付款额的现值 = 1 800 000 × 25% = 450 000(元)

第四步,根据租赁付款额的现值和增量借款利率确定售后租回租赁期内各期等额的租赁付款额,详见表8-4。

各期租赁付款额 = 450 000/(P/A,3%,5) = 98 260(元)

表8-4　　　售后租回租赁期内各期等额的租赁付款额　　　单位:元

支付日期	租赁付款额
2×23年12月31日	98 260
2×24年12月31日	98 260
2×25年12月31日	98 260
2×26年12月31日	98 260
2×27年12月31日	98 260
合计	491 300

第五步,计算未确认融资费用。

未确认融资费用 = 5年租赁付款额 - 5年租赁付款额的现值 = 491 300 - 450 000 = 41 300(元)

第六步,账务处理。

借:固定资产清理　　　　　　　　　　　　　　　　1 000 000
　　累计折旧　　　　　　　　　　　　　　　　　　1 100 000
　　贷:固定资产　　　　　　　　　　　　　　　　　2 100 000
借:银行存款　　　　　　　　　　　　　　　　　　1 800 000
　　使用权资产　　　　　　　　　　　　　　　　　　250 000
　　租赁负债——未确认融资费用　　　　　　　　　　 41 300
　　贷:固定资产清理　　　　　　　　　　　　　　　1 000 000
　　　　租赁负债——租赁付款额　　　　　　　　　　　491 300
　　　　资产处置损益　　　　　　　　　　　　　　　　600 000

(2)2×23年12月31日,计提使用权资产折旧,确认租赁负债的利息。使用权资产本期折旧额 = 250 000 ÷ 5 = 50 000(元)

借:管理费用　　　　　　　　　　　　　　　　　　　50 000
　　贷:使用权资产累计折旧　　　　　　　　　　　　　 50 000

租赁负债的利息 = 450 000 × 3% = 13 500(元)

借：财务费用——利息费用　　　　　　　　　　　　　　　　　　　　13 500
　　贷：租赁负债——未确认融资费用　　　　　　　　　　　　　　　　13 500

（3）确认本期实际支付的租金，并按租赁期开始日已纳入租赁负债初始计量的当期租赁付款额减少租赁负债的账面金额，两者的差额计入当期损益。

2×23年12月31日，甲公司实际支付租金99 321元，与前期已纳入租赁负债初始计量的本期租赁付款额（即租赁期开始日确定的等额的各期租赁付款额）98 260元的差额为1 061元，计入当期损益。

借：租赁负债——租赁付款额　　　　　　　　　　　　　　　　　　98 260
　　管理费用　　　　　　　　　　　　　　　　　　　　　　　　　　1 061
　　贷：银行存款　　　　　　　　　　　　　　　　　　　　　　　　99 321

2×24年1月1日以后的账务处理比照2×23年进行。租赁负债的后续计量如表8-5所示。

表8-5　　　　　　　　　　　　租赁负债的后续计量　　　　　　　　　　　　　单位：元

年度	租赁负债期初余额 ①	确认利息 ② = ① × 3%	支付租赁付款额 ③	租赁负债期末余额 ④ = ① + ② - ③
2×23年	450 000	13 500	98 260	365 240
2×24年	365 240	10 957	98 260	277 937
2×25年	277 937	8 338	98 260	188 015
2×26年	188 015	5 640	98 260	95 395
2×27年	95 395	2 865*	98 260	

注：（1）为便于计算，本表中利息的计算四舍五入取整数。

（2）作尾数调整：2865* = 98 260 - 95 395。

三、售后租回交易的衔接规定

根据新租赁准则的规定，对于首次执行日前已存在的售后租回交易，企业在首次执行日不重新评估资产转让是否满足新收入准则作为销售进行会计处理的规定。

卖方兼承租人的会计处理如下：

1. 首次执行日前应当作为销售和融资租赁的售后租回交易

卖方兼承租人应当按照与首次执行日存在的其他融资租赁相同的方法对租回进行会计处理，并继续在租赁期内摊销相关递延收益或损失。会计处理如下：

借：使用权资产——原值　　　　　　　　　　　　（新租赁准则调整金额）
　　　累计折旧——融资租入固定资产累计折旧　（原租赁准则账面价值）
　　贷：固定资产——融资租入固定资产——原值　（原租赁准则账面价值）
　　　　使用权资产累计折旧　　　　　　　　　　（新租赁准则调整金额）
借：长期应付款——应付融资租赁款　　　　　　　（原租赁准则账面价值）
　　　租赁负债——未确认融资费用　　　　　　　（新租赁准则调整金额）
　　贷：未确认融资费用　　　　　　　　　　　　（原租赁准则账面价值）
　　　　租赁负债——租赁付款额　　　　　　　　（新租赁准则调整金额）

原确认的递延收益（或损失）保留，并继续在租赁期内摊销。

买方兼出租人无须进行调整。

2. 首次执行日前应当作为销售和经营租赁的售后租回交易

对于首次执行日前应当作为销售和经营租赁进行会计处理的售后租回交易，卖方（承租人）应当按照与首次执行日存在的其他经营租赁相同的方法对租回进行会计处理，并根据首次执行日前计入资产负债表的相关递延收益或损失调整使用权资产。

具体的会计处理如下（假设采用方法2.2进行首次衔接）：

借：使用权资产——原值　　　　　　　　　　　　（倒算金额）
　　　租赁负债——未确认融资费用　　　　　　　（新租赁准则调整金额）
　　贷：租赁负债——租赁付款额　　　　　　　　（新租赁准则调整金额）
借/贷：递延收益（或损失）　　　　　　　　　　（原账面余额）

买方兼出租人无须进行调整。

第二节　常见问题及难点

一、单一资产主体的售后租回业务（IFRIC议程文件2020年9月）

IFRIC（国际财务报告解释委员会）收到一个关于IFRS 16中售后租回业务相关规定的适用性问题。该案例描述的交易中，主体将其持有的一家子公司股权出售（该子公司只有一项资产），并将子公司所拥有的这项资产租回，其他事项描述如下：

1. 主体持有该子公司100%股权。
2. 该子公司是在不久前设立，仅持有一项资产（一栋建筑物），没有负债。
3. 这项资产（建筑物）不符合《IFRS 3——企业合并》中有关业务的定义。

该主体所进行的交易为：

1. 将其持有该子公司的股权全部出售给第三方，因此失去了对该子公司的控制。
2. 签订了将该建筑物租回的合同，租金按照市场价支付。
3. 该建筑物的处置符合《IFRS 15——与客户的合同收入》中作为建筑物的销售进行计量的相关规定。
4. 该建筑物的销售价格等于其在交易日的公允价值（超过了其账面价值）。

主体在合并报表中是否可以适用 IFRS 16 有关售后租回业务的相关规定，因此仅确认股权转让的相关收益？

IFRS 16 第 98 段指出，"若主体（卖方兼承租人）将资产转让给其他主体（买方兼出租人），并从该买方兼出租人处租回该项资产，则卖方兼承租人和买方兼出租人均应按照第 99 段至第 103 段的相关规定对转让合同和租赁进行会计处理"。

在本例的交易中，主体失去了对子公司的控制，因此符合《IFRS 10——合并财务报表》中有关失去控制的相关规定。此外，该项交易中将建筑物转让给第三方（通过转让子公司股权的方式）然后再租回该建筑物，这也符合上面 IFRS 16 第 98 段中有关售后租回业务的描述，因此适用 IFRS 16 中的相关规定。

由此 IFRIC 总结如下：

1. 主体应适用 IFRS 10 第 25 段和 B97-B99 段相关规定来处理失去子公司控制权的交易，特别是 IFRS 10 第 B98 段规定，主体需终止确认该子公司持有的建筑物，并确认收到的对价的公允价值。
2. 该建筑物的转让满足 IFRS 15 中将其作为销售处理的要求（IFRS 16 第 99 段），因此主体应适用 IFRS 16 第 100 段第一款的相关规定。IFRIC 注意到：

IFRS 16 第 99 段规定，适用 IFRS 15 中相关规定来确定是否完成履约义务不会导致该交易就适用 IFRS 15 准则。

根据 IFRS 16 第 100 段第一款，主体应当：

（1）按照原资产账面价值中与租回获得的使用权有关的部分，计量售后租回所形成的使用权资产；

（2）仅就转让至第三方的权利确认相关利得或损失。主体还应当在交易日确认一项负债，同样根据 IFRS 16 第 100 段第一款相关规定，该负债的初始计量是由使用权资产的确认结果和该项售后租回交易的损益结果决定的。

综上所述，主体在该项交易中确认的损益反映了 IFRS 16 第 100 段第一款的相关要求。

P 公司拥有子公司 S 的 100% 股权，子公司 S 仅拥有一项资产——房屋建筑物。在交易日，该房屋建筑物的公允价值为 CU 800，账面价值为 CU 500，子公司 S 的净资产也为 CU 500（即 S 公司无负债）。P 公司做如下相关交易：

1. 向第三方转让了子公司 S 的全部股权,失去了对 S 公司的控制,收到了现金 CU 800。

2. 将该房屋建筑物租回,按照市场价支付固定租金,租赁期开始日的租赁付款额现值为 CU 600。

3. 房屋建筑物的转让符合 IFRS 15 中属于销售的相关规定。

根据 IFRS 10 第 B98 段的规定,P 公司应当在合并报表中终止确认 S 公司拥有的这项房屋建筑物,并且确认收到的对价的公允价值。

房屋建筑物的转让符合 IFRS 15 中有关销售的规定。因此,P 公司将适用 IFRS 16 第 100 段第一款的相关处理要求。如上所述,P 公司按照原资产账面价值中与租回获得的使用权有关的部分,计量售后租回所形成的使用权资产。在计算与租回获得的使用权有关的部分时,P 公司认为使用预期租赁付款额的现值占房屋建筑物的公允价值的比例计算是合适的。由此得出,与租回获得的使用权有关的部分为 75% = CU 600/CU 800,而房屋建筑物权利转让的部分就为 25% =(CU 800 - CU 600)/CU 800。

依照 IFRS 16 第 100 段第一款,P 公司:

1. 确认使用权资产 CU 375,计算过程为 CU 500(房屋建筑物的账面价值)× 75%(与租回获得的使用权有关的部分);

2. 在交易日确认一项 CU 75 的收益。计算过程为 CU 300〔房屋建筑物销售的总收益(CU 800 - CU 500)〕× 25%(房屋建筑物权利转让的部分)。

交易日,P 公司对该项交易的会计处理为:

借:现金　　　　　　　　　　　　　　　　　　　　　　CU 800
　　使用权资产　　　　　　　　　　　　　　　　　　　　CU 375
　贷:房屋建筑物　　　　　　　　　　　　　　　　　　　CU 500
　　租赁负债　　　　　　　　　　　　　　　　　　　　　CU 600
　　资产处置损益　　　　　　　　　　　　　　　　　　　CU 75

二、售后租回交易中的资产转让是否属于销售的判断

新租赁准则对于售后租回的会计处理要求判断销售是否属于收入准则下的销售。即资产的控制权是否转移给出租人是一个关键判断,决定了售后租回交易不同的会计处理结果。

理论上,出租人将资产租回给承租人又认定为融资租赁的话,通常会认为资产的控制权一直归属于承租人,并没有转移给出租人。因此如果资产的控制权转移给出租人,一般对应出租人的经营租赁。对于资产的控制权没有转移给出租人的,对出租人

而言属于向承租人提供融资，即本质上是承租人以自有资产进行融资，因而按照融资进行会计处理。

美国公认会计准则 ASC 842 强调租回行为的存在（承租人在租赁期内控制资产使用权）并不会影响出租人获取租赁资产的控制权，但租回被分类为销售租赁（出租人）/融资租赁（承租人）时出租人不被认定获取租赁资产的控制权。承租人享有租赁资产的回购选择权时，租赁资产交付将不被认定为资产销售，除非同时满足下列两项条件：（1）回购行权时的执行价格为当时租赁资产的公允价值；（2）市场中存在与转移资产实质上相同的资产（关于 ASC 842 的相关内容，请见本书第十一章）。

【示例 8–4】售后租回的资产转让是否属于收入准则中的销售

案例背景：

某融资租赁有限公司（以下简称"出租人"）与某热力有限公司（以下简称"承租人"）签订融资租赁合同。

出租人根据承租人的申请及其对租赁方式和租赁物的选择，同意为承租人提供融资租赁（售后租回）服务。承租人自愿将其供热水管等固定资产转让给出租人，再由承租人以融资租赁（售后租回）方式向出租人租回该固定资产，并向出租人支付租金。

合同约定的主要内容如下：

1. 鉴于本次融资租赁交易属售后租回，承租人将租赁物转让给出租人时采用占有改定的方式（注：占有改定，指动产物权的出让人使受让人取得对标的物的间接占有，以代替该动产现实转移的交付）。

承租人同意并自愿承担对于因租赁物或其任何部分就任何目的而言所呈现任何缺陷或瑕疵或对于租赁物的任何使用、维修或者延迟提供、未提供该等维修而导致的任何种类或性质的任何责任、索赔、损失、损害或开支，出租人概不承担任何责任。无论租赁物件质量有何问题、给承租人造成任何损失、承租人对租赁物件的供应商行使任何权利均不影响承租人在本合同项下的义务，承租人仍应向出租人支付租金及其他应付款项。

2. 关于所有权

承租人保证出租人按照本合同约定向承租人支付完毕第一笔租赁物购买价款后即取得租赁物完整的所有权。该所有权不因发票或登记在承租人名下而改变。双方约定，在本合同被认定无效或被撤销时，无论何种原因租赁物的所有权均属于出租人。除非承租人在租赁期届满时支付了本合同项下全部应付款项和期末购买价款，否则承租人不享有租赁物件的所有权。

承租人未事先取得出租人的书面同意，不得对租赁物采取处分、转让、转租、转移使用权、设定担保权益、放弃、添附、改装等可能损害出租人所有权的行为。

租赁物件所有权转移前及转移后的一切灭失或损坏风险均由承租人承担，无论该等风险是否由本合同项下保险所涵盖。

3. 起租日和租赁期

起租日：出租人按照合同约定向承租人支付第一笔租赁物购买价款之日。

租赁期：自起租日起4年，共计48个月。

4. 租赁物购买价款及租金支付

本租赁项下融资租赁交易的融资额（即租赁物购买价款）为9 900万元，租赁物购买价款分两笔支付，第一笔购买价款1 128万元，第二笔购买价款8 772万元。

租金支付方式：从起租日开始，共16期（每三个月），期末支付，每次支付723万元租金。

5. 期末购买价格

租赁期满，承租人不存在任何违约的情况下支付100元的期末购买价格购买租赁物件。

问题：

该售后租回交易中的资产转让是否满足收入准则规定的销售？

案例分析及结论：

首先，在承租人将资产转移给出租人之前，承租人拥有并控制供热水管等固定资产，则该交易属于售后租回交易。

其次，判断是否满足收入准则规定的销售。

考虑到本例中租赁交易发生之前，租赁资产是热能公司（本例的承租人）的资产，由热能公司控制，且出租人仅能将标的物（热水管等）出租给热能公司，租金实质是按照转让收入加约定的回报率确定，且租赁期届满之时承租人支付名义买价，租赁资产归热能公司所有，所以售后租回安排下对应租赁资产的控制权仍然由热能公司保留，该资产转让不属于销售。

另外，无论租赁物件质量有何问题、给承租人造成任何损失、承租人对租赁物件的供应商行使任何权利均不影响承租人在本合同项下的义务，承租人仍应向出租人支付租金及其他应付款项。说明该售后租回交易中，商品的风险和报酬并没有转移，商品一直由承租人控制并使用，该交易的本质是融资。

综上所述，本例中虽然商品的所有权已经转移，但是商品的控制权并没有转移，因此，商品转让不属于收入准则规定的销售。

三、签订的"售后租回合同"是否属于租赁准则规定的"售后租回交易"的判断

实务中,一些合同形式上是签订为"售后租回合同",但是实质上不满足准则规定的"售后租回"的条件。关键在于出售之前承租方是否控制标的资产。指南中的相关指引如下:

在标的资产的法定所有权转移给出租人并将资产租赁给承租人之前,承租人可能会先获得标的资产的法定所有权。但是,是否具有标的资产的法定所有权本身并非会计处理的决定性因素。如果承租人在资产转移给出租人之前已经取得对标的资产的控制,则该交易属于售后租回交易。然而,如果承租人未能在资产转移给出租人之前取得对标的资产的控制,那么即便承租人在资产转移给出租人之前先获标的资产的法定所有权,该交易也不属于售后租回交易。

【示例 8-5】"售后租回合同"是否一定满足租赁准则规定的"售后租回交易"

案例背景:

甲公司(承租人)与融资租赁公司(出租人)签订"融资租赁合同(回租)",合同中约定:甲公司已经向供应商购买和接收了相关设备,为融资需要,甲公司将设备转让给出租人,出租人再出租给承租人使用。

在实际操作层面,甲公司仅将首付款支付给供应商,并未获取设备的所有权,同时并未收到出租人的设备转让价款,而是由出租人直接将设备款(首付款以外的)支付给了供应商,承租人在使用设备的过程中,分期向出租人支付租金。甲公司并未获取设备的所有权,但一直占有和使用设备。

问题:

甲公司与融资租赁公司签订的上述合同应当按照"售后租回交易"还是正常的租赁业务进行会计处理?

案例分析与结论:

按照准则,应当首先判断是否适用准则规定的"售后租回",前提是"承租人在资产转移给出租人之前已经取得对标的资产的控制"。如果判断属于准则规定的"售后租回"业务的,再进一步判断是否属于"销售",即判断是否丧失对标的物的控制权,然后按照准则规定的不同路径进行会计处理。

本例中,如果甲公司已经向供应商购买和接收了相关设备,然后与融资租赁公司签订"融资租赁合同(回租)",在签订租赁合同之前,这些设备已经到达甲公司的

场地、实际已经被甲公司使用（自用或者对外出租）和控制，则满足"售后租回"的定义。然后，判断是否属于销售，如果此项"售后租回"交易虽然导致出租人拥有法定所有权，但并没有将标的物的控制权移交给出租方，未来也一直由甲公司使用和控制，并享有留购权，则销售不成立，售后租回按照融资处理，具体参考新租赁准则应用指南例 57。

如果甲公司在签订融资租赁合同之前没有控制设备，而是通过融资租赁合同获得设备使用权，则不应该按照售后租回进行会计处理。

四、售后租回的租赁期短于一年能否适用简化处理规定

根据新租赁准则的规定，对于短期租赁，承租人可以选择不确认使用权资产和租赁负债。作出该选择的，承租人应当将短期租赁的租赁付款额，在租赁期内各个期间按照直线法或其他系统合理的方法计入相关资产成本或当期损益。如果售后租回交易中租赁期短于一年，是否适用短期租赁的政策选择？

【示例 8-6】 售后租回交易中租回期间短于 1 年是否适用短期租赁的政策选择？

案例背景：

承租人 A 公司将办公用房等出售并且签订租回 1 年的协议，其中的房屋转让属于收入准则的销售，控制权转移给出租方。

问题：

对于租回 1 年，能否适用短期租赁的政策选择？

案例分析与结论：

售后租回的会计处理属于租赁准则的特殊业务部分，并且国际准则和企业会计准则是将售后租回交易作为一项交易，如果属于售后租回则按照准则的对应规定进行处理，不能将交易分成两部分，即对于租回部分单独按照承租人的会计规定进行处理，因而也不存在租回短于 1 年的政策选择。

案例中的交易整体属于售后租回交易，应按照新租赁准则第 50 条—第 52 条进行会计处理，判断是否满足销售。满足销售的，承租人应当按原资产账面价值中与租回获得的使用权有关的部分，计量售后租回所形成的使用权资产，并仅就转让至出租人的权利确认相关利得或损失。

第三节　披露示例

【披露示例 8-1】000338.SZ 潍柴动力　2023 年度报告

售后租回再转租安排

叉车租赁业务为 KION 的主要业务，主要有三类：直接租赁、售后租回再转租和间接租赁。为满足融资需求，KION 及其子公司（以下简称"KION 集团"）将工业叉车销售给金融合作伙伴，然后由 KION 集团内的公司租回（首次租赁），再转租给外部最终用户（以下称为"售后租回再转租"），首次租赁的租赁期通常为 4—5 年。考虑到金融合作伙伴仅能将工业叉车出租给 KION 集团，租金按转让收入加约定的回报率商定，且首次租赁期届满之时租赁资产归 KION 集团所有，本集团管理层认为售后租回再转租安排下首次租赁对应租赁资产的控制权仍然由 KION 集团保留，该资产转让不属于销售。因此，本集团继续确认被转让资产，同时确认一项与转让收入等额的金融负债。

间接租赁安排

KION 集团将工业叉车销售给金融合作伙伴，再由金融合作伙伴租赁给外部最终客户（以下简称"间接租赁"）。考虑到合同条款及过往的商业惯例，KION 集团在间接租赁的租赁期届满之时均会以约定价格或市场价格向金融合作伙伴回购被转让的工业叉车，本集团管理层认为 KION 集团仍保留相应租出资产的控制权，间接租赁安排下的资产转让不属于销售。因此，本集团继续确认被转让资产，对于本集团承担的回购义务的现值确认一项负债，转让收入与该负债之间的差额按照《企业会计准则第 21 号——租赁》进行会计处理。

【披露示例 8-2】601111.SH 中国国航　2019 年度报告

2019 年 1 月 1 日本集团使用权资产的账面价值构成如表 8-6 所示。

表 8-6　　　　　　　　　　　　　　　　　　　　　　　　　　　　　　　　　　单位：千元

项目	注	2019 年 1 月 1 日
使用权资产：		
对于首次执行日前的经营租赁确认的使用权资产		34 107 831
重分类预付租金		559 580

续表

项目	注	2019年1月1日
原租赁准则下确认为固定资产的融资租入资产	1	69 288 713
售后租回确认的使用权资产	2	(52 522)
复原成本		2 377 798
合计		106 281 400

按类别构成如表8-7所示。

表8-7 单位：千元

项目	2019年1月1日
飞机及发动机	105 128 019
房屋及建筑物	1 141 040
其他	12 341
合计	106 281 400

注1：本集团将原租赁准则下分类为融资租赁且尚在租赁期内的账面价值为人民币69 288 713千元资产确认为使用权资产。同时，本集团将人民币7 125 586千元和人民币45 848 095千元的应付融资租赁款重分类为一年内到期的非流动负债和租赁负债。

注2：本集团将原租赁准则下作为销售和经营租赁进行会计处理的售后租回交易按照与首次执行日存在的其他经营租赁相同的方法进行会计处理，根据首次执行日前计入长期待摊费用和递延收益的金额调整使用权资产。

【披露示例8-3】 000756.SZ 新华制药 2019年度报告

支付的其他与筹资活动有关的现金如表8-8所示。

表8-8 单位：元

项目	本年发生额	上年发生额
支付售后租回、租赁本息	82 292 824.10	84 930 222.88
支付售后租回服务费	2 450 000.00	2 247 863.24
支付子公司少数股东清算款		3 057 193.10
购买子公司股权款	19 441 686.00	70 673 800.00
支付售后租回保证金	5 000 000.00	2 000 000.00
合计	109 184 510.10	162 909 079.22

费用按性质分类如表8-9所示。

表8-9　　　　　　　　　　　　　　　　　　　　　　　　　　　　　　　　　单位：元

种类	金额
租赁负债的利息费用	146 941.43
计入当期损益的短期租赁费用	1 145 608.88
低价值资产租赁费用	
未纳入租赁负债计量的可变租赁付款额	
转租使用权资产取得的收入	
与租赁相关的总现金流出	2 106 365.51
售后租回交易产生的相关损益	6 510 486.34

第九章
衔接规定

新租赁准则的衔接规定比较复杂,主要表现在承租人的衔接规定方面,准则提供了多种衔接方法和简化处理方案,每种方法产生的财务影响不同。无论对于出租人还是承租人,对于首次执行日前已存在的合同,在首次执行日可以选择不重新评估是否租赁或者包含租赁。选择不重新评估的,企业应当在财务报表附注中披露这一事实,并一致应用于所有合同。

本章在分析准则关于衔接规定的基础上,讨论常见的问题及难点,并通过实务中的披露示例列示企业在衔接规定方面所选用的处理方法。

第一节 准则规定及解析

一、承租人的衔接规定

新租赁准则对承租人提供了两类三种衔接方法和简便实务操作方法。不同方法的实施成本不同,对财务报表的影响不同。具体而言,三种衔接方法如下:

(1)方法1:追溯调整法

按照《企业会计准则第28号——会计政策、会计估计变更和差错更正》(CAS 28)的规定采用追溯调整法处理(使用权资产和租赁负债均需全面追溯,并调整比较报表)。

(2)方法2:简化的追溯调整法

根据首次执行租赁准则的累积影响数,调整首次执行租赁准则当年年初留存收益及财务报表其他相关项目金额,不调整可比期间信息。

方法 2.1：对于首次执行日前的融资租赁，承租人在首次执行日应当按照融资租入资产和应付融资租赁款的原账面价值，分别计量使用权资产和租赁负债。

对于首次执行日前的经营租赁，承租人在首次执行日应当根据剩余租赁付款额按首次执行日承租人增量借款利率折现的现值计量租赁负债，并假设自租赁期开始日即采用租赁准则的账面价值（采用首次执行日的承租人增量借款利率作为折现率）计量使用权资产。

方法 2.2：除首次执行日前的经营租赁使用权资产的计量外，其他（融资租赁的衔接方法，经营租赁租赁负债的确认）与方法 2.1 一致。对于首次执行日前的经营租赁，使用权资产按照与租赁负债相等的金额，并根据预付租金进行必要调整进行计量。

（3）方法的比较

就方法 1 和方法 2（包括方法 2.1 和方法 2.2）的选择，承租人应当选择其中的一种方法对租赁进行衔接会计处理，并一致应用于其作为承租人的所有租赁，因此对于一个集团或一个公司来讲，方法 1 和方法 2 只能选其一。

就方法 2.1 和方法 2.2，仅对首次执行日前的经营租赁使用权资产的计量存在差异。准则要求承租人根据每项租赁选择经营租赁使用权资产计量的方法，因此对于一个集团或一个公司来讲，方法 2.1 和方法 2.2 可以并存。

上述三种方法，对于首次执行日前的经营租赁使用权资产的计量的不同如表 9-1 所示。

表 9-1　不同衔接方法下首次执行日前的经营租赁使用权资产的计量方式

项　目	方法 1	方法 2.1	方法 2.2
使用权资产	所有租赁付款额按租赁开始日折现率折现	所有租赁付款额按首次执行日折现率折现	剩余租赁付款额按首次执行日折现率折现并调整预付租金
租赁负债	所有租赁付款额按租赁开始日折现率折现	剩余租赁付款额按首次执行日折现率折现	剩余租赁付款额按首次执行日折现率折现
是否影响留存收益	是	是	否

（4）实务简便操作方法

除此之外，新租赁准则还提供了较多的简便实务操作方法，具体内容及适用范围如表 9-2 所示。

表 9-2　　　　　　　　新租赁准则提供的其他简便实务操作方法

	简便实务操作方法	适用的衔接方法	如何选择
	对于首次执行日前已存在的合同，企业在首次执行日可以选择不重新评估其是否为租赁或者包含租赁	方法 1、方法 2.1 和方法 2.2	一致应用于所有合同
经营租赁	将于首次执行日后 12 个月内完成的租赁，可作为短期租赁处理	方法 2.1 和方法 2.2	根据每项租赁选择采用
	计量租赁负债时，具有相似特征的租赁（注）可采用同一折现率；使用权资产的计量可不包含初始直接费用		
	存在续租选择权或终止租赁选择权的，承租人可根据首次执行日前选择权的实际行使及其他最新情况确定租赁期，无须对首次执行日前各期间是否合理确定行使续租选择权或终止租赁选择权进行估计		
	作为使用权资产减值测试的替代，承租人可根据《企业会计准则第 13 号——或有事项》评估包含租赁的合同在首次执行日前是否为亏损合同，并根据首次执行日前计入资产负债表的亏损准备金额调整使用权资产		
	首次执行租赁准则当年年初之前发生租赁变更的，承租人无须按照租赁变更进行追溯调整，而是根据租赁变更的最终安排进行会计处理		

注：在评估相似特征的租赁组合时，可以考虑经济环境、标的资产类别、剩余租赁期均相似的租赁（IFRS 16.C10）。

（5）首次衔接调整表的编制

根据新租赁准则第六十七条，承租人选择方法 2.1 和方法 2.2 对租赁进行衔接会计处理的，还应当在首次执行日披露：首次执行日前一年度报告期末披露的重大经营租赁的尚未支付的最低租赁付款额按首次执行日承租人增量借款利率折现的现值，与计入首次执行日资产负债表的租赁负债的差额。具体调节表的编制方法如表 9-3 所示（假设 2021 年 1 月 1 日开始执行新租赁准则）：

表 9-3　　　　　　　　　　首次衔接调整表

项　目	金　额	注
2020 年 12 月 31 日经营租赁承诺	A	
减：确认简化处理的短期租赁	B	
减：确认简化处理的低价值资产租赁	C	
加（或减）：重新评估租赁期对最低租赁付款额的调整	D	注 1

续表

项目	金额	注
加（或减）：取决于指数或比率的可变租赁付款额调整	E	注2
小计	F = A - B - C + (-) D + (-) E	
减：增值税	G	注3
调整后的经营性租赁承诺	H = F - G	
2021年1月1日经营租赁付款额现值	I	注4
加：2020年12月31日应付融资租赁	J	
2021年1月1日租赁负债	K = I + J	K = I + J
列示为：		
流动负债		
非流动负债		

注1：包括拟行使续租选择权或终止租赁选择权对应的最低租赁付款额影响金额，以及截至2020年12月31日已经签订了合同但租赁期尚未开始的最低租赁付款额影响金额。

注2：如首次执行日前一年度报告期末披露的重大经营租赁中未包含取决于指数或比率的可变租赁付款额，则需要增加该项金额；如首次执行日前一年度报告期末披露的重大经营租赁中已包含取决于指数或比率的可变租赁付款额，需要根据新租赁准则的要求重新计量，重新计量后的金额与原披露的金额不一致的，需进行调整。

注3：如首次执行日前一年度报告期末披露的重大经营租赁中包含增值税，则需要扣除增值税；如首次执行日前一年度报告期末披露的重大经营租赁中不包含增值税，则不需要再做增值税的扣减。

注4：折现后的金额。

注5：上述调节表为参考格式，企业需根据实际情况编制。

【示例9-1】承租人衔接示例（摘自新租赁准则应用指南例64）

甲公司于2×19年1月1日（假设为首次执行日）存在下列原租赁准则下的尚未执行完毕的租赁合同，其中第一项为融资租赁，其余各项为经营租赁。具体情况如下（下述合同均不涉及租赁激励，也不考虑相关税费影响）：

（1）于2×16年1月1日（也为该租赁的租赁期开始日）订立了一项5年期机器租赁，约定自2×16年1月1日起，每6个月于月末支付租金1 000 000元，该机器的保险、维护等费用均由甲公司负担，该机器在2×16年1月1日的公允价值为7 000 000元，租赁合同规定的利率为7%（出租人租赁内含利率未知），甲公司发生租赁初始直接费用10 000元，该机器于租赁期开始日的预计剩余使用年限为7年，无残值，租赁期届满时，甲公司将以100元购买该机器。于2×18年12月31日（即首次执行日前），该机器原值为7 010 000元，累计折旧3 004 286元，应付融资租赁款余额为4 000 100元，未确认融资费用为617 398元（以下简称"租赁A"）；

(2) 于 2×17 年 1 月 1 日（也为该租赁的租赁期开始日）订立了一项 5 年期通用设备租赁，约定在每年的第 2 天支付 1 000 000 元，该设备在 2×17 年 1 月 1 日的公允价值为 8 000 000 元，预计剩余使用年限为 10 年，甲公司发生租赁初始直接费用 1 000 元，租赁期届满时，甲公司需将该设备归还出租人（以下简称"租赁 B"）；

(3) 于 2×17 年 1 月 1 日（也为该租赁的租赁期开始日）以经营租赁方式租入一条生产线生产仅销售给客户乙的 A 产品，租赁期 4 年，约定在每年的第 2 天支付 500 000 元，未发生租赁初始直接费用；该租赁合同不可撤销。2×18 年，客户乙因自身原因不再向甲公司购买 A 产品，甲公司预计租入的生产线大部分时间将闲置，该租赁合同成为亏损合同。在考虑可能的现金净流入后，甲公司就该亏损合同确认了预计负债。于 2×18 年 12 月 31 日（即首次执行日前），相关预计负债金额为 694 215 元（计算采用的折现率为 10%）（以下简称"租赁 C"）；

(4) 于 2×16 年 6 月 30 日（也为该租赁的租赁期开始日）订立了一项 3 年期办公设备租赁，约定自 2×16 年 6 月 30 日起，每 12 个月于月末支付租金 20 000 元（即第一次支付日为 2×17 年 6 月 30 日），该设备于租赁期开始日的预计剩余使用年限为 6 年，未发生租赁初始直接费用，租赁到期归还设备（以下简称"租赁 D"）；

(5) 于 2×18 年 1 月 1 日（也为该租赁的租赁期开始日）与某租车公司分别订立了一项 3 年期的 2 辆公务车租赁和一项 3 年期的 2 辆轿车租赁，约定自 2×18 年 1 月 1 日起，于每年年末分别支付租金 35 000 元和 25 000 元（即第一次支付日为 2×18 年 12 月 31 日），这些车辆于租赁期开始日的预计剩余使用年限为 8 年，未发生租赁初始直接费用，租赁到期归还车辆（以下统称"汽车租赁"）；

(6) 于 2×16 年 1 月 1 日（也为该租赁的租赁期开始日）订立了一项 3 年期通用设备租赁，约定自 2×16 年 1 月 1 日起，于每年年末支付 100 000 元（即第一次支付日为 2×16 年 12 月 31 日），并可选择在租赁期满时延长一次 2 年租赁期，租金不变，该选择最迟须在租赁到期前 6 个月书面通知出租人，否则视为放弃该选择权，该设备于租赁期开始日的预计剩余使用年限为 10 年，未发生租赁初始直接费用。于 2×18 年 6 月 30 日，甲公司书面通知出租人选择延长，延长的租赁期届满时归还设备（以下简称"租赁 E"）。

分析：

甲公司的衔接处理如下：

2×19 年 1 月 1 日（即首次执行日），甲公司选择不重新评估该此前已存在的合同是否为租赁或者是否包含租赁，并将此方法一致应用于所有合同，因此仅对上述在原租赁准则下识别为租赁的合同采用租赁准则衔接规定。此外，甲公司对上述租赁合同采用简化的追溯调整法进行衔接会计处理，并对其中的经营租赁根据每项租赁选择

使用权资产计量方法和采用相关简化处理,具体如下:

(1) 对于租赁 A(原租赁准则下认定为融资租赁),按照融资租入资产和应付融资租赁款首次执行日前的账面价值,分别计量使用权资产和租赁负债,进行衔接会计处理,会计处理为:

借:使用权资产——原值——机器　　　　　　　　　7 010 000
　　融资租入固定资产——累计折旧——机器　　　　3 004 286
　贷:融资租入固定资产——原值——机器　　　　　7 010 000
　　　使用权资产累计折旧——机器　　　　　　　　3 004 286
借:长期应付款——应付融资租赁款　　　　　　　　4 000 100
　　租赁负债——未确认融资费用　　　　　　　　　　617 398
　贷:未确认融资费用　　　　　　　　　　　　　　　617 398
　　　租赁负债——租赁付款额　　　　　　　　　　4 000 100

(2) 对于租赁 B(原租赁准则下认定为经营租赁),甲公司确定适用于该租赁的首次执行日承租人增量借款利率为9%,选择假设自租赁期开始日即采用租赁准则的账面价值(采用首次执行日的承租人增量借款利率9%作为折现率)计量使用权资产,计量时不包含初始直接费用。不采用其他简化处理。甲公司认为该使用权资产按直线法计提折旧是适当的,并按照《企业会计准则第8号——资产减值》的规定对使用权资产进行减值测试后确定其无减值。假定甲公司法定盈余公积提取比例为10%,不考虑其他事项。

于首次执行日:租赁负债=剩余租赁付款额按首次执行日承租人增量借款利率折现的现值=1 000 000+1 000 000×(P/A,9%,2)=2 759 100(元)

使用权资产原值=1 000 000+1 000 000×(P/A,9%,4)=4 239 700(元)

使用权资产累计折旧=使用权资产原值/5×2=1 695 880(元)

会计处理如下:

借:使用权资产——原值　　　　　　　　　　　　　4 239 700
　　未分配利润　　　　　　　　　　　　　　　　　　193 752
　　盈余公积　　　　　　　　　　　　　　　　　　　 21 528
　　租赁负债——未确认融资费用　(3 000 000-2 759 100)240 900
　贷:使用权资产累计折旧　　　　　　　　　　　　1 695 880
　　　租赁负债——租赁付款额　　　　　　　　　　3 000 000

假设上述情况下,甲公司选择按与租赁负债相等的金额并根据预付租金进行调整的方法计量使用权资产,则使用权资产账面价值为 2 759 100 元(即与租赁负债相等)。

（3）对于租赁C，甲公司确定适用于该租赁的首次执行日承租人增量借款利率为10%（与2×18年12月31日确定亏损合同准备金额折现率相等），选择按与租赁负债相等的金额并根据预付租金进行必要调整的方法计量使用权资产，采用前述简化处理第4条，即作为使用权资产减值测试的替代，根据首次执行日前亏损准备金额调整使用权资产，不采用其他简化处理。

于首次执行日：租赁负债=剩余租赁付款额按首次执行日承租人增量借款利率折现的现值=500 000+500 000×（P/A，10%，1）=954 545（元）

使用权资产原值=租赁负债=954 545（元）

使用权资产减值准备=相关预计负债金额=694 215（元）

会计处理如下：

借：使用权资产——原值——生产线　　　　　　　　　　　954 545
　　预计负债　　　　　　　　　　　　　　　　　　　　　694 215
　　租赁负债——未确认融资费用——生产线　　　　　　　 45 455
　贷：使用权资产减值准备——生产线　　　　　　　　　　694 215
　　　租赁负债——租赁付款额——生产线　　　　　　　 1 000 000

（4）对于租赁D，甲公司仅采用前述简化处理第3（1）条，不采用其他简化处理，即将于首次执行日后12个月内执行完毕的租赁，作为短期租赁处理，并按照租赁资产类别将租赁付款额在租赁期内按直线法计入当期损益，不确认使用权资产和租赁负债，因此于首次执行日无须进行会计处理。

（5）对于汽车租赁，甲公司计量租赁负债时，认为公务车租赁和轿车租赁具有相似特征，采用前述简化处理第3（2）条，即针对各公务车租赁和轿车租赁适用的承租人增量借款利率采用同一折现率（确定适用于该情况的承租人增量借款利率为8%），对于使用权资产，选择按与租赁负债相等的金额并根据预付租金进行必要调整的方法计量，不采用其他简化处理。同时，甲公司认为上述各项汽车租赁符合组合处理的条件，因此就该组合进行相关会计处理。

于首次执行日：汽车租赁负债=公务车和轿车剩余租赁付款额之和按首次执行日承租人增量借款利率折现的现值=（35 000+25 000）×（P/A,8%,2）=106 998（元）

汽车租赁使用权资产原值=租赁负债=106 998（元）

会计处理如下：

借：使用权资产——原值——汽车租赁　　　　　　　　　　106 998
　　租赁负债——未确认融资费用——汽车租赁　　　　　　 13 002
　贷：租赁负债——租赁付款额——汽车租赁　　　　　　　120 000

（6）对于租赁E，甲公司采用前述简化处理第3（3）条，即根据首次执行日前选择权的实际行使情况确定租赁期，因此剩余租赁期为 2 年，剩余租赁付款额为 200 000 元确定适用于该租赁的首次执行日承租人增量借款利率为 8%；对于使用权资产，选择按与租赁负债相等的金额并根据预付租金进行必要调整的方法计量，不采用其他简化处理。

于首次执行日：租赁负债 = 剩余租赁付款额按首次执行日承租人增量借款利率折现的现值 = 100 000 × (P/A，8%，2) = 178 330（元）

使用权资产原值 = 租赁负债 = 178 330（元）

会计处理如下：

借：使用权资产——原值——设备租赁　　　　　　　　　　178 330
　　租赁负债——未确认融资费用——设备租赁　　　　　　 21 670
　　贷：租赁负债——租赁付款额——设备租赁　　　　　　　　 200 000

注：示例中的前述简化处理第 3（1）条、第 3（2）条、第 3（3）条等内容对应指南中的下列内容（即准则第六十三条对应内容）：

简化的追溯调整法下对于经营租赁的额外可选简化处理

对于首次执行日前的经营租赁，可根据每项租赁采用下列一项或多项简化处理：

（1）将于首次执行日后 12 个月内执行完毕的租赁，可作为短期租赁处理。即，以租赁准则第三十二条所述的短期租赁处理方式对此类租赁进行会计处理，并在包含首次执行日的年度报告期间披露的短期租赁费用中涵盖与此类租赁有关的费用。

（2）计量租赁负债时，具有相似特征的租赁可采用同一折现率；使用权资产的计量可不包含初始直接费用。

（3）存在续租选择权或终止租赁选择权的，承租人可根据首次执行日前选择权的实际行使及其他最新情况确定租赁期，无须对首次执行日前各期间是否合理确定行使续租选择权或终止租赁选择权进行估计。

（4）作为使用权资产减值测试的替代，承租人可根据《企业会计准则第 13 号——或有事项》评估包含租赁的合同在首次执行日前是否是亏损合同，并根据首次执行日前计入资产负债表的亏损准备金额调整使用权资产。

值得注意的是，该方法只是对使用权减值测试的替代，该方法下计提的使用权资产减值准备后续期间仍不得转回。

（5）首次执行租赁准则当年年初之前发生租赁变更的，承租人无须按照租赁准则关于租赁变更的规定进行追溯调整，而是根据租赁变更的最终安排，按照租赁准则进行会计处理。

二、出租人的衔接规定

1. 转租赁出租人的衔接方法

对于首次执行日前划分为经营租赁且在首次执行日后仍存续的转租赁,转租出租人在首次执行日应当基于原租赁和转租赁的剩余合同期限和条款进行重新评估,并按照租赁准则的规定进行分类。按照租赁准则重分类为融资租赁的,应当将其作为一项新的融资租赁进行会计处理。

2. 其他租赁无须调整

除上述转租赁情形外,出租人无须对作为出租人的租赁按照衔接规定进行调整,而应当自首次执行日起按照租赁准则进行会计处理。

三、售后租回业务的衔接规定

参见第八章第一节、三。

四、首次衔接时的披露要求

新租赁准则要求,首次衔接时,新租赁准则要求如果采用简化的追溯调整法(即方法2),还需要披露下列内容,如表9-4所示。

表9-4　　　　　　　采用简化的追溯调整法需要披露的内容

项目	披露要求
采用方法2.1和方法2.2进行衔接	1. 首次执行日计入资产负债表的租赁负债所采用承租人增量借款利率的加权平均值 2. 首次执行日前一年度报告期末披露的重大经营租赁的尚未支付的最低租赁付款额按首次执行日承租人增量借款利率折现的现值,与计入首次执行日资产负债表的租赁负债的差额

第二节 常见问题及难点

一、企业集团在首次衔接时对增量借款利率的确定

首次衔接时承租人确认租赁负债，是否可以在集团层面使用统一的增量借款利率？

承租人应当按照每项租赁的情况评估所使用的增量借款利率，是一项会计估计。不同行业、不同公司的折现率有所不同。即使同一个行业，同一个公司，由于租赁标的资产不同，租赁期不同，折现率也可能是不同的。同一个公司或者集团采用统一的折现率是不符合准则规定的。

在首次衔接时，如采用方法 2.1 和方法 2.2，准则允许在计量租赁负债时，具有相似特征的租赁可采用同一折现率。根据 IFRS 16.C10，在评估相似特征的租赁组合时，可以考虑经济环境、标的资产类别、剩余租赁期均相似的租赁。

二、企业合并中形成的优惠租赁如何衔接

承租人如果之前根据《企业会计准则第 20 号——企业合并》，对作为企业合并一部分购买的经营租赁的有利或不利条款确认了资产或负债，则应当终止确认该资产或负债，并相应调整首次执行日的使用权资产的账面金额。

例如，原企业合并时就优惠租赁（有利条款）确认了"无形资产"，在首次执行日时应将无形资产的账面余额调整计入使用权资产。举例如下：

【示例 9-2】合并中形成的优惠租赁在首次执行日如何衔接

甲公司两年前收购了乙公司。在购买日，乙公司有一项房地产租赁，剩余租赁期限为 6 年。租赁的租金低于当时的市场价值（有利条款）。因此，甲公司在合并日采用非同一控制下的合并确认无形资产 60 万元，后续在租赁期内进行摊销，即每年摊销 10 万元。

甲公司首次执行新租赁准则时，乙公司的房地产租赁剩余期限为 4 年；对其有利的租赁相关的无形资产账面金额为 40 万元；租赁付款额的现值为 200 万元。

分析：

在首次衔接时，假设甲公司选择以等于租赁负债的金额，做适当调整来计量使用

权资产。

在首次执行日，P甲公司将终止确认无形资产40万元；确认租赁负债，金额以剩余租赁付款额现值计量（即200万元）；同时确认使用权资产，金额以租赁负债金额加上无形资产之前账面金额计量（即200万元+40万元=240万元）。

第三节 披露示例

【披露示例9-1】601111.SH 中国国航 2019年度报告（同时使用方法2.1和方法2.2）

重要会计政策变更

本集团自2019年1月1日（"首次执行日"）起执行财政部于2018年修订的《企业会计准则第21号——租赁》（以下简称"新租赁准则"，修订前的租赁准则简称"原租赁准则"）。新租赁准则完善了租赁的定义，增加了租赁的识别、分拆和合并等内容；取消承租人经营租赁和融资租赁的分类，要求在租赁期开始日对所有租赁（短期租赁和低价值资产租赁除外）确认使用权资产和租赁负债。改进了承租人对租赁的后续计量，增加了选择权重估和租赁变更情形下的会计处理；并增加了相关披露要求。本集团修订后的作为承租人和出租人对租赁的确认和计量的会计政策参见附注三、25。

对于首次执行日前已存在的合同，本集团在首次执行日选择不重新评估其是否为租赁或者包含租赁。

新租赁准则依据合同中一方是否让渡了在一定期间内控制一项或多项已识别资产使用的权利以换取对价来确定合同是否为租赁或者包含租赁。新租赁准则中租赁的定义并未对本集团满足租赁定义的合同的范围产生重大影响。

本集团作为承租人

本集团根据首次执行新租赁准则的累积影响数，调整首次执行日留存收益及财务报表其他相关项目金额，不调整可比期间信息。

对于首次执行日前除低价值租赁外的经营租赁，本集团根据每项租赁选择采用下列一项或多项简化处理：

- 将于首次执行日后12个月内完成的租赁，作为短期租赁处理；
- 计量租赁负债时，具有相似特征的租赁采用同一折现率；
- 使用权资产的计量不包含初始直接费用；
- 存在续租选择权或终止租赁选择权的，本集团根据首次执行日前选择权的实际行使及其他最新情况确定租赁期；

- 作为使用权资产减值测试的替代，本集团根据《企业会计准则第 13 号——或有事项》评估包含租赁的合同在首次执行日前是否为亏损合同，并根据首次执行日前计入资产负债表的亏损准备金额调整使用权资产。

对于首次执行日前的经营租赁，本集团按照下列方法计量使用权资产：

- 对于飞机及发动机租赁，假设自租赁期开始日即采用本准则的账面价值（采用首次执行日的承租人增量借款利率作为折现率）；
- 对于除飞机及发动机租赁外的其他租赁，采用与租赁负债相等的金额，并根据预付租金进行必要调整。

对于首次执行日前的融资租赁，本集团在首次执行日按照融资租入资产和应付融资租赁款的原账面价值，分别计量使用权资产和租赁负债。

本集团于 2019 年 1 月 1 日确认租赁负债人民币 93 548 961 千元、使用权资产人民币 106 281 400 千元。对于首次执行日前的经营租赁，采用本公司及本集团内相关子公司作为承租人在首次执行日增量借款利率折现后的现值计量租赁负债，本公司及本集团内相关子公司使用的加权平均增量借款利率范围为 3.90%—4.89%。

本集团于 2019 年 1 月 1 日确认的租赁负债与 2018 年度财务报表中披露的重大经营租赁承诺的差额信息如表 9-5 所示。

表 9-5 单位：千元

项目	注	2019 年 1 月 1 日
一、2018 年 12 月 31 日经营租赁承诺		51 395 439
减：增值税		6 067 742
不含增值税的 2018 年 12 月 31 日经营租赁承诺		45 327 697
按首次执行日增量借款利率折现计算的租赁负债		41 209 140
减：确认简化处理——短期租赁		633 655
确认简化处理——低价值资产租赁		205
执行新租赁准则确认的与原经营租赁相关的租赁负债		40 575 280
加：2018 年 12 月 31 日应付融资租赁款	1	52 973 681
二、2019 年 1 月 1 日租赁负债		93 548 961
列示为：		
流动负债		12 224 913
非流动负债		81 324 048

2019年1月1日本集团使用权资产的账面价值构成如表9-6所示：

表9-6　　　　　　　　　　　　　　　　　　　　　　　　　　　单位：千元

项目	注	2019年1月1日
使用权资产：		
对于首次执行日前的经营租赁确认的使用权资产		34 107 831
重分类预付租金		559 580
原租赁准则下确认为固定资产的融资租入资产	1	69 288 713
售后租回确认的使用权资产	2	(52 522)
复原成本		2 377 798
合计		106 281 400

按类别构成如表9-7所示。

表9-7　　　　　　　　　　　　　　　　　　　　　　　　　　　单位：千元

项目	2019年1月1日
飞机及发动机	105 128 019
房屋及建筑物	1 141 040
其他	12 341
合计	106 281 400

注1：本集团将原租赁准则下分类为融资租赁且尚在租赁期内的账面价值为人民币69 288 713千元资产确认为使用权资产。同时，本集团将人民币7 125 586千元和人民币45 848 095千元的应付融资租赁款重分类为一年内到期的非流动负债和租赁负债。

注2：本集团将原租赁准则下作为销售和经营租赁进行会计处理的售后租回交易按照与首次执行日存在的其他经营租赁相同的方法进行会计处理，根据首次执行日前计入长期待摊费用和递延收益的金额调整使用权资产。

本集团作为出租人

本集团对于作为出租人的租赁不做过度调整，自首次执行日起按照新租赁准则进行会计处理。

售后租回交易

对于首次执行日前已存在的售后租回交易，本集团在首次执行日不重新评估资产转让是否符合收入准则作为销售进行会计处理的规定。对于首次执行日后的交易，本集团作为卖方和承租人按照收入准则的规定，评估确定售后租回交易中的资产转让是否属于销售。

执行新租赁准则对本集团2019年1月1日未分配利润的影响如表9-8所示。

表 9-8　　　　　　　　　　　　　　　　　　　　　　　　　　　　　　单位：千元

项目	2019 年 1 月 1 日执行新租赁准则的影响
对于首次执行日前的经营租赁确认使用权资产	34 107 831
对于首次执行日前的经营租赁确认租赁负债	(40 575 280)
本集团的联营公司首次执行新租赁准则的影响	(1 175 623)
所得税影响	1 553 393
盈余公积	456 307
少数股东权益	528 826
合计	(5 104 546)

于 2019 年 1 月 1 日，首次施行新租赁准则对本集团资产、负债和股东权益的影响汇总如表 9-9 所示。

表 9-9　　　　　　　　　　　　　　　　　　　　　　　　　　　　　　单位：千元

项目	2018 年 12 月 31 日	施行新租赁准则影响	2019 年 1 月 1 日
预付款项	1 188 879	(559 580)	629 299
使用权资产		106 281 400	106 281 400
固定资产	160 402 819	(69 288 713)	91 114 106
长期待摊费用	606 105	(93 994)	512 111
递延所得税资产	2 775 467	1 553 393	4 328 860
长期股权投资	16 540 888	(1 175 623)	15 365 265
一年内到期的非流动负债	13 441 489	5 099 327	18 540 816
租赁负债		81 324 048	81 324 048
应付融资租赁款	45 848 095	(45 848 095)	
预计负债	431 705	2 377 798	2 809 503
递延收益	647 973	(146 516)	501 457
未分配利润	42 880 893	(5 104 546)	37 776 347
盈余公积	10 409 470	(456 307)	9 953 163
少数股东权益	7 340 693	(528 826)	6 811 867

于 2019 年 1 月 1 日，首次施行新租赁准则对本公司资产、负债和股东权益的影响汇总如表 9-10 所示。

表 9-10　　　　　　　　　　　　　　　　　　　　　　　　　　　　　单位：千元

项目	2018年12月31日	施行新租赁准则影响	2019年1月1日
预付款项	787 964	(381 990)	405 974
使用权资产		74 105 033	74 105 033
固定资产	114 433 435	(48 526 018)	65 907 417
递延所得税资产	2 340 262	1 238 419	3 578 681
长期股权投资	24 707 500	(847 813)	23 859 687
长期应收款	477 016	579 965	1 056 981
一年内到期的非流动负债	10 432 216	3 590 133	14 022 349
租赁负债		56 136 927	56 136 927
应付融资租赁款	30 729 202	(30 729 202)	
预计负债	88 705	1 732 809	1 821 514
未分配利润	28 573 193	(4 106 764)	24 466 429
盈余公积	10 372 364	(456 307)	9 916 057

【披露示例 9-2】000338.SZ 潍柴动力　2019 年度报告（同时使用方法 2.1 和方法 2.2）

重要会计政策变更

新租赁准则

本集团自 2019 年 1 月 1 日（"首次执行日"）起执行财政部于 2018 年修订的《企业会计准则第 21 号——租赁》（以下简称"新租赁准则"，修订前的租赁准则简称"原租赁准则"）。本集团修订后的租赁的会计政策参见附注五、29。

对于首次执行日前已存在的合同，本集团在首次执行日选择不重新评估其是否为租赁或者包含租赁。

对首次执行日之后签订或变更的合同，本集团按照新租赁准则中租赁的定义评估合同是否为租赁或者包含租赁。新租赁准则中租赁的定义并未对本集团满足租赁定义的合同的范围产生重大影响。

本集团作为承租人

本集团根据首次执行新租赁准则的累积影响数，调整首次执行日留存收益及财务报表其他相关项目金额，不调整可比期间信息。

对于首次执行日前的经营租赁，本集团根据每项租赁选择采用下列一项或多项简化处理：

- 将于首次执行日后 12 个月内完成的租赁，作为短期租赁处理；
- 计量租赁负债时，具有相似特征的租赁采用同一折现率；
- 使用权资产的计量不包含初始直接费用；

- 存在续租选择权或终止租赁选择权的,本集团根据首次执行日前选择权的实际行使及其他最新情况确定租赁期;
- 作为使用权资产减值测试的替代,本集团根据《企业会计准则第13号——或有事项》评估包含租赁的合同在首次执行日前是否为亏损合同,并根据首次执行日前计入资产负债表的亏损准备金额调整使用权资产;
- 首次执行日之前发生租赁变更的,本集团根据租赁变更的最终安排进行会计处理。

于首次执行日,本集团因执行新租赁准则而做了如下调整:

- 对于首次执行日前的融资租赁,本集团在首次执行日按照融资租入资产和应付融资租赁款的原账面价值,分别计量使用权资产和租赁负债。
- 对于首次执行日前的经营租赁,本集团在首次执行日根据剩余租赁付款额按首次执行日承租人增量借款利率折现的现值计量租赁负债,并根据每项租赁选择按照下列两者之一计量使用权资产:

假设自租赁期开始日即采用新租赁准则的账面价值(采用首次执行日的承租人增量借款利率作为折现率)。

与租赁负债相等的金额,并根据预付租金进行必要调整。

本集团于2019年1月1日确认租赁负债人民币17 418 755 002.55元、使用权资产人民币10 847 665 335.76元。对于首次执行日前的经营租赁,本集团采用首次执行日增量借款利率折现后的现值计量租赁负债,该等增量借款利率采用的折现率区间为0%—15%。本集团根据每项租赁选择按照假设自租赁期开始日即采用本准则的账面价值计量使用权资产。

本集团于2019年1月1日确认的租赁负债与2018年度财务报表中披露的重大经营租赁承诺的调节信息如表9-11所示。

表9-11 单位:元

项目	2019年1月1日
一、2018年12月31日经营租赁承诺	3 595 922 598.51
按首次执行日增量借款利率折现计算的租赁负债	3 120 052 462.73
减:确认简化处理——短期租赁	98 369 947.08
执行新租赁准则确认的与原经营租赁相关的租赁负债	3 021 682 515.65
加:2018年12月31日应付融资租赁款	14 397 072 486.90
二、2019年1月1日租赁负债	17 418 755 002.55
列示为:	
一年内到期的非流动负债	5 529 206 378.87
租赁负债	11 889 548 623.68

2019年1月1日使用权资产的账面价值构成如表9-12所示：

表9-12   单位：元

项目	2019年1月1日
使用权资产：	
对于首次执行日前的经营租赁确认的使用权资产	2 678 479 762.75
原租赁准则下确认的融资租入资产	8 169 185 573.01
合计	10 847 665 335.76

本集团作为出租人

本集团对于作为出租人的租赁不做过渡调整，自首次执行日起按照新租赁准则进行会计处理。

售后租回交易

对于首次执行日前已存在的售后租回交易，本集团在首次执行日不重新评估资产转让是否符合《企业会计准则第14号——收入》作为销售进行会计处理的规定。

本集团作为卖方及承租人

对于首次执行日前作为销售和融资租赁进行会计处理的售后租回交易，本集团按照与首次执行日存在的其他融资租赁相同的方法对租回进行会计处理，并继续在租赁期内摊销相关递延收益或损失。

新租赁准则对母公司2019年1月1日的财务报表无影响。

【披露示例9-3】002594.SZ 比亚迪 2019年度报告（同时使用方法2.1和方法2.2）

重要会计政策变更

新租赁准则

2018年，财政部颁布了修订的《企业会计准则第21号——租赁》（以下简称"新租赁准则"），新租赁准则采用与现行融资租赁会计处理类似的单一模型，要求承租人对除短期租赁和低价值资产租赁以外的所有租赁确认使用权资产和租赁负债，并分别确认折旧和利息费用。本集团自2019年1月1日开始按照新修订的租赁准则进行会计处理，对首次执行日前已存在的合同，选择不重新评估其是否为租赁或者包含租赁，并根据衔接规定，对可比期间信息不予调整，首次执行日新租赁准则与现行租赁准则的差异追溯调整2019年初留存收益：

1. 对于首次执行日之前的融资租赁，本集团按照融资租入资产和应付融资租赁款的原账面价值，分别计量使用权资产和租赁负债。

2. 对于首次执行日之前的经营租赁，本集团根据剩余租赁付款额按首次执行日的增量借款利率折现的现值计量租赁负债，并根据每项租赁按照与租赁负债相等的金额，并根据预付租金进行必要调整计量使用权资产。若自租赁期开始日即采用新租赁准则，采用首次执行日的本集团作为承租方的增量借款利率作为折现率的账面价值确定租赁负债，并计量使用权资产。

3. 本集团按照附注五、20 对使用权资产进行减值测试并进行相应的会计处理。

本集团对首次执行日之前租赁资产属于低价值资产的经营租赁或将于 12 个月内完成的经营租赁，采用简化处理，未确认使用权资产和租赁负债。此外，本集团对于首次执行日之前的经营租赁，采用了下列简化处理：

1. 计量租赁负债时，具有相似特征的租赁可采用同一折现率；使用权资产的计量可不包含初始直接费用。

2. 存在续租选择权或终止租赁选择权的，本集团根据首次执行日前选择权的实际行使及其他最新情况确定租赁期。

3. 作为使用权资产减值测试的替代，本集团根据附注五、20 评估包含租赁的合同在首次执行日前是否为亏损合同，并根据首次执行日前计入资产负债表的亏损准备金额调整使用权资产。

4. 首次执行日前的租赁变更，本集团根据租赁变更的最终安排进行会计处理。

首次执行日前划分为经营租赁且在首次执行日后仍存续的转租赁，本集团作为转租出租人在首次执行日基于原租赁和转租赁的剩余合同期限和条款进行重新评估并作出分类。

对于 2018 年财务报表中披露的重大经营租赁尚未支付的最低租赁付款额，本集团按 2019 年 1 月 1 日本集团作为承租人的增量借款利率折现的现值，与 2019 年 1 月 1 日计入资产负债表的租赁负债的差异调整过程如表 9–13 所示。

表 9–13   单位：千元

2018 年 12 月 31 日重大经营租赁最低租赁付款额	743 996
减：采用简化处理的最低租赁付款额	61 672
其中：短期租赁	49 841
剩余租赁期超过 12 个月的低价值资产租赁	11 831
2019 年 1 月 1 日新租赁准则下最低租赁付款额	682 324
2019 年 1 月 1 日增量借款利率加权平均值	4.83%
2019 年 1 月 1 日租赁负债	569 077

执行新租赁准则对 2019 年 1 月 1 日资产负债表项目的影响如下：
本集团合并资产负债表（见表 9-14）

表 9-14　　　　　　　　　　　　　　　　　　　　　　　　　　　　　单位：千元

	按新租赁准则	假设按原准则	影响
使用权资产	605 831	—	605 831
预付款项	322 068	358 822	(36 754)
总资产	927 899	358 822	569 077
一年内到期的非流动负债	7 686 885	7 482 634	204 251
租赁负债	364 826	—	364 826
总负债	8 051 711	7 482 634	569 077

本公司资产负债表（见表 9-15）

表 9-15　　　　　　　　　　　　　　　　　　　　　　　　　　　　　单位：千元

	按新租赁准则	假设按原准则	影响
使用权资产	457	—	457
总资产	457	—	457
一年内到期的非流动负债	4 306 776	4 306 705	71
租赁负债	386	—	386
总负债	4 307 162	4 306 705	457

执行新租赁准则对 2019 年财务报表的影响如下：
合并资产负债表（见表 9-16）

表 9-16　　　　　　　　　　　　　　　　　　　　　　　　　　　　　单位：千元

	按新租赁准则	假设按原准则	影响
其他应收款	362 761	400 647	(37 886)
使用权资产	730 490	—	730 490
总资产	1 093 251	400 647	692 604
其他应付款	6 820 699	6 868 363	(47 664)
一年内到期的非流动负债	8 747 448	8 528 408	219 040
租赁负债	548 680	—	548 680
总负债	16 116 827	15 396 771	720 056

合并利润表（见表9-17）

表9-17　　　　　　　　　　　　　　　　　　　　　　　　　　　　　　单位：千元

	按新租赁准则	假设按原准则	影响
营业成本	106 924 288	106 922 690	1 598
财务费用	3 014 032	2 981 104	32 928
销售费用	4 345 897	4 348 998	(3 101)
资产处置收益	(99 754)	(95 781)	(3 973)

执行新租赁准则对2019年财务报表的影响如下：

公司资产负债表（见表9-18）

表9-18　　　　　　　　　　　　　　　　　　　　　　　　　　　　　　单位：千元

	按新租赁准则	假设按原准则	影响
使用权资产	19 659	—	19 659
总资产	19 659	—	19 659
其他应付款	3 484 498	3 487 056	(2 558)
一年内到期的非流动负债	4 437 499	4 420 936	16 563
租赁负债	6 648	—	6 648
	7 928 645	7 907 992	20 653

公司利润表（见表9-19）

表9-19　　　　　　　　　　　　　　　　　　　　　　　　　　　　　　单位：千元

	按新租赁准则	假设按原准则	影响
营业成本	11 276 077	11 276 425	(348)
财务费用	1 464 097	1 462 755	1 342

此外，首次执行日开始，本集团将偿还租赁负债本金和利息所支付的现金在现金流量表中计入筹资活动现金流出，支付的采用简化处理的短期租赁付款额和低价值资产租赁付款额以及未纳入租赁负债计量的可变租赁付款额仍然计入经营活动现金流出。

【披露示例9-4】601880.SH 大连港　2019年度报告（使用方法2.2）

重要会计政策变更

新租赁准则

（1）对于首次执行日之前的融资租赁，本集团按照融资租入资产和应付融资租贷款的原账面价值，分别计量使用权资产和租赁负债；

（2）对于首次执行日之前的经营租赁，本集团假设自租赁期开始日即采用新租赁准则，采用首次执行日本集团作为承租方的增量借款利率作为折现率的账面价值确定租赁负债，并计量使用权资产；

（3）本集团按照附注规定对使用权资产进行减值测试并进行相应的会计处理。

本集团对首次执行日之前租赁资产属于低价值资产的经营租赁或将于12个月内完成的经营租赁，采用简化处理，未确认使用权资产和租赁负债。此外，本集团对于首次执行日之前的经营租赁，采用了下列简化处理：

（1）计量租赁负债时，具有相似特征的租赁可采用同一折现率；使用权资产的计量可不包含初始直接费用；

（2）存在续租选择权或终止租赁选择权的，本集团根据首次执行日前选择权的实际行使及其他最新情况确定租赁期；

（3）首次执行日前的租赁变更，本集团根据租赁变更的最终安排进行会计处理。

对于2018年财务报表中披露的重大经营租赁尚未支付的最低租赁付款额，本集团按2019年1月1日本集团作为承租人的增量借款利率折现的现值，与2019年1月1日计入资产负债表的租赁负债的差异调整过程如表9-20所示。

表 9-20　　　　　　　　　　　　　　　　　　　　　　　　　　　　　单位：元

2018年12月31日重大经营租赁最低租赁付款额	405 793 117.77
减：采用简化处理的最低租赁付款额	40 713 911.54
其中：短期租赁	4 412 981.81
剩余租赁期少于12个月的租赁	36 300 929.73
加：合理确定将行使续租选择权导致的最低租赁付款额增加	7 052 684 527.70
	7 417 763 733.93
加权平均增量借款利率	5.19%
2019年1月1日租赁负债	3 359 491 566.92

执行新租赁准则对2019年1月1日资产负债表项目的影响如表9-21、表9-22所示。

表 9-21　　　　　　　　　　　　　　　　　　　　　　　　　　　　　单位：元

合并资产负债表	报表数	假设按原准则	增加/减少
资产			
使用权资产	3 350 120 206.72	—	3 350 120 206.72

续表

合并资产负债表	报表数	假设按原准则	增加/减少
递延所得税资产	82 816 656.43	81 148 594.18	1 668 062.25
资产合计	3 432 936 863.15	81 148 594.18	3 351 788 268.97
负债			
租赁负债	3 291 852 916.92	—	3 291 852 916.92
一年内到期的非流动负债	1 033 446 989.33	965 808 339.33	67 638 650.00
负债合计	4 325 299 906.25	965 808 339.33	3 359 491 566.92
所有者权益			
未分配利润	1 576 832 264.27	1 584 535 562.22	-7 703 297.95

表 9-22　　　　　　　　　　　　　　　　　　　　　　　　　　　　　　　　　单位：元

公司资产负债表	报表数	假设按原准则	增加/减少
资产			
使用权资产	2 873 576 138.76	—	2 873 576 138.76
负债			
租赁负债	2 846 515 099.56	—	2 846 515 099.56
一年内到期的非流动负债	196 782 928.84	169 721 889.64	27 061 039.20
负债合计	3 043 298 028.40	169 721 889.64	2 873 576 138.76

执行新租赁准则对2019年度财务报表的影响如表9-23~表9-26所示。

表 9-23　　　　　　　　　　　　　　　　　　　　　　　　　　　　　　　　　单位：元

合并资产负债表	报表数	假设按原准则	增加/减少
资产			
使用权资产	3 126 927 918.95	—	3 126 927 918.95
递延所得税资产	100 709 875.21	82 249 854.14	18 460 021.07
资产合计	3 227 637 794.16	82 249 854.14	3 145 387 940.02
负债			
租赁负债	3 132 442 496.82	—	3 132 442 496.82
一年内到期的非流动负债	400 779 150.69	339 360 931.83	61 418 218.86
负债合计	3 533 221 647.51	339 360 931.83	3 193 860 715.68
所有者权益			
少数股东权益	2 634 625 867.48	2 636 728 898.26	-2 103 030.78
未分配利润	1 930 530 105.98	1 976 899 850.86	-46 369 744.88
所有者权益合计	4 565 155 973.46	4 613 628 749.12	-48 472 775.66

表 9-24　　　　　　　　　　　　　　　　　　　　　　　　　　　　　　　　单位：元

合并利润表	报表数	假设按原准则	增加/减少
营业成本	4 654 940 360.28	4 767 318 639.77	-112 378 279.49
管理费用	658 917 252.38	660 404 546.80	-1 487 294.42
财务费用	580 891 348.90	406 662 995.25	174 228 353.65
资产处置收益	4 115 594.45	-788 779.54	4 904 373.99
所得税费用	267 241 328.40	284 033 287.22	-16 791 958.82
少数股东损益	176 701 442.77	178 804 473.55	-2 103 030.78

表 9-25　　　　　　　　　　　　　　　　　　　　　　　　　　　　　　　　单位：元

公司资产负债表	报表数	假设按原准则	增加/减少
资产			
使用权资产	2 847 289 690.63	—	2 847 289 690.63
递延所得税资产	44 760 329.15	31 631 357.41	13 128 971.74
资产合计	2 892 050 019.78	31 631 357.41	2 860 418 662.37
负债			
租赁负债	2 864 143 612.01	—	2 864 143 612.01
一年内到期的非流动负债	205 383 855.22	169 721 889.63	35 661 965.59
负债合计	3 069 527 467.23	169 721 889.63	2 899 805 577.60
所有者权益			
未分配利润	2 124 672 469.98	2 164 059 385.21	-39 386 915.23

表 9-26　　　　　　　　　　　　　　　　　　　　　　　　　　　　　　　　单位：元

公司利润表	报表数	假设按原准则	影响
营业成本	2 342 328 841.53	2 442 863 269.60	-100 534 428.07
管理费用	403 903 877.63	404 967 592.13	-1 063 714.50
财务费用	460 030 911.97	305 916 882.43	154 114 029.54
所得税费用	97 729 516.88	110 858 488.62	-13 128 971.74

此外，首次执行日开始本集团将偿还租赁负债本金和利息所支付的现金在现金流量表中计入筹资活动现金流出，支付的采用简化处理的短期租赁付款额和低价值资产租赁付款额以及未纳入租赁负债计量的可变租赁付款额仍然计入经营活动现金流出。

【披露示例 9-5】601607.SH 上海医药 2019 年度报告（使用方法 2.2）

重要会计政策变更（见表 9-27、表 9-28）

本集团及本公司于 2019 年 1 月 1 日首次执行新租赁准则，根据相关规定，本集团及本公司对于首次执行日前已存在的合同选择不再重新评估。本集团及本公司对于该准则的累积影响数调整2019年初留存收益以及财务报表相关项目金额，2018年度的比较财务报表未重列。

表 9-27   单位：元

会计政策变更的内容和原因	受影响的报表项目	影响金额 2019年1月1日	
		本集团	本公司
对于首次执行新租赁准则前已存在的经营租赁合同，本集团及本公司按照剩余租赁期区分不同的衔接方法：剩余租赁期超过12个月的，本集团及本公司根据2019年1月1日的剩余租赁付款额和增量借款利率确认租赁负债，并假设自租赁期开始日即采用新租赁准则，并根据2019年1月1日增量借款利率确定使用权资产的账面价值。剩余租赁期不超过12个月的，本集团及本公司采用简化方法，不确认使用权资产和租赁负债，对财务报表无显著影响	使用权资产	1 548 611 462	4 085 190
	租赁负债	(1 172 373 542)	(4 195 307)
	一年到期的非流动负债	(466 294 074)	—
	递延所得税资产	28 079 959	—
	预付账款	(19 427 553)	—
	长期待摊费用	(24 182 416)	—
	盈余公积	11 012	11 012
	少数股东权益	20 185 789	—
	未分配利润	85 389 364	99 105

表 9-28   单位：元

会计政策变更的内容和原因	受影响的报表项目	影响金额 2019年1月1日	
		本集团	本公司
因执行新租赁准则，本集团及本公司将原计入固定资产的融资租入固定资产项目，并将原计入长期应付款的应付融资租赁款重分类至租赁负债	使用权资产	32 957 699.79	—
	固定资产	(32 957 699.79)	—
	长期应付款	20 254 365.42	—
	一年内到期的长期应付款	4 374 718.02	—
	租赁负债	(20 254 365.42)	—
	一年到期的非流动负债	(4 374 718.02)	—

于2019年1月1日，本集团及本公司在计量租赁负债时，对于具有相似特征的租赁合同采用同一折现率，所采用的增量借款利率的加权平均值区间为4.75%—4.90%。

于 2019 年 1 月 1 日，本集团及本公司将原租赁准则下披露的尚未支付的最低经营租赁付款额调整为新租赁准则下确认的租赁负债的调节表如表 9-29 所示：

表 9-29　　　　　　　　　　　　　　　　　　　　　　　　　　　　　　　　单位：元

	本集团	本公司
于 2018 年 12 月 31 日披露未来最低经营租赁付款额	1 861 369 991.53	4 232 628.57
按增量借款利率折现计算的上述最低经营租赁付款额的现值	1 692 062 693.27	4 195 306.68
加：2018 年 12 月 31 日应付融资租赁款	24 629 083.44	—
减：短于 12 个月的租赁合同付款额	(53 395 077.46)	—
于 2019 年 1 月 1 日确认的租赁负债（含一年内到期的非流动负债）[附注二（31）（b）（i）]	1 663 296 699.25	4 195 306.68

第十章
列报和披露

新租赁准则在列报与披露方面有较大变化,特别是承租人的列报,对资产负债表、利润表、现金流量表方面都有影响,突出表现承租人需要在资产负债表中列报使用权资产和租赁负债。除此以外还增加了很多披露要求。

本章在分析准则规定的基础上,讨论相关列报和披露中的难点问题。

第一节 准则规定及解析

一、承租人的列报和披露

(一) 资产负债表中的列报

承租人资产负债表的新增和受影响的项目如表10-1所示。

表10-1 执行新租赁准则承租人资产负债表新增和受影响的项目

	报表项目	主要内容
资产	使用权资产	承租人使用权资产账面原值减去已经计提的折旧和减值等
	长期待摊费用	承租人发生的使用权资产改良支出,如装修费等尚未摊销的金额
	预付账款(或长期待摊费用)	短期租赁和低价值租赁中预付的租金余额
负债	租赁负债	承租人尚未支付的租赁付款额的现值
	一年内到期的非流动负债	租赁负债按照流动性列报,资产负债表日后12个月内租赁负债预期减少的金额在"一年内到期的非流动负债"中列示

(二) 利润表中的列报

承租人利润表受影响项目如表 10-2 所示。

表 10-2　　　　　执行新租赁准则承租人利润表受影响的项目

报表项目	内容
营业成本、管理费用、销售费用、研发费用等	使用权资产计提的折旧； 当期发生的未纳入租赁负债的可变租赁付款额； 短期租赁或低价值租赁发生的租赁付款额； 使用权资产改良支出的摊销金额
资产减值损失	使用权资产计提的减值
财务费用	租赁负债的利息费用
资产处置收益	转租赁构成融资租赁的情况下终止确认租赁资产的损益； 租赁变更导致缩小租赁范围或缩短租赁期时，终止确认部分或全部使用权资产的损益

对于金融企业，财务报表格式中没有财务费用项目，因此使用权资产的折旧费用在"业务及管理费用"中列示，租赁负债的利息费用在"利息支出"中列示，并在报表附注中进一步披露。

(三) 新租赁准则对承租人的披露要求

承租人应当在财务报表附注中披露有关租赁活动的定性和定量信息，以便财务报表使用者评估租赁活动对承租人的财务状况、经营成果和现金流量的影响。

承租人应当在财务报表的单独附注或单独章节中披露其作为承租人的信息，但无须重复已在财务报表其他部分列报或披露的信息，只需在租赁的相关附注中通过交叉索引的方式体现该信息。

除上述应披露的事项外，承租人还应当披露的内容如表 10-3 所示。

表 10-3　　　　　准则要求承租人披露的内容

项目	内容
租赁活动的性质	例如，租入资产的类别及数量、租赁期、是否存在续租选择权等租赁基本情况信息
短期租赁和低价值租赁	有关简化处理方法的披露 短期租赁费用无须包含租赁期在 1 个月以内的租赁相关费用，低价值资产租赁费用不应包含已包括在上述短期租赁费用中的低价值资产短期租赁费用

续表

项目	内容
承诺	若承租人在报告期末承诺的短期租赁组合与上述披露的短期租赁费用所对应的短期租赁组合不同，则承租人应当披露简化处理的短期租赁的租赁承诺金额
可变租赁付款额	计入当期损益的未纳入租赁负债计量的可变租赁付款额 未纳入租赁负债计量的未来潜在现金流出 未纳入租赁负债计量的未来潜在现金流出主要来源于下列风险敞口：一是可变租赁付款额；二是续租选择权与终止租赁选择权；三是担保余值；四是承租人已承诺但尚未开始的租赁
转租赁	转租使用权资产取得的收入
现金流	与租赁相关的总现金流出
售后租回交易	售后租回交易产生的相关损益 根据具体情况，承租人可能需要披露与售后租回有关的额外信息，以帮助财务报表使用者进行评估。例如：承租人进行售后租回交易的原因，以及此类交易的普遍性；各项售后租回交易的主要条款与条件；未纳入租赁负债计量的付款额；售后租回交易对当期现金流量的影响
租赁负债的信息	按照《企业会计准则第 37 号——金融工具列报》应当披露的有关租赁负债的信息，包括单独披露租赁负债的到期期限分析、对相关流动性风险的管理等
租赁导致的限制或承诺	根据具体情况，承租人可能需要披露与租赁导致的限制或承诺有关的额外信息，以帮助财务报表使用者进行评估。例如，租赁合同中关于承租人维持特定财务比率的条款
其他	承租人应当仅在预期其他定性和定量信息与财务报表使用者相关的情况下，才提供这些信息。 承租人无须重复披露已在财务报表其他部分列报或披露的信息

二、出租人的列报和披露

（一）资产负债表中的列报

在资产负债表中，出租人的列报项目如表 10-4 所示。

表 10-4　　　　　　　执行新租赁准则出租人资产负债表列报项目

租赁分类	报表项目	内容
经营租赁	固定资产	以经营租赁方式租出的固定资产
	投资性房地产	以经营租赁方式租出的投资性房地产
	无形资产	如以经营租赁方式租出的土地使用权等
	应收账款等	应收的经营租赁租金
	预收账款	预收的租金
	其他应付款	收取的租赁押金或保证金等
融资租赁（一般企业）	长期应收款	以融资租赁方式租出产生的租赁投资净额
	应收账款	应收的未纳入租赁投资净额的可变租赁付款额
	一年内到期的非流动资产	长期应收款中一年内（含一年）到期的部分
融资租赁（生产商或经销商）	长期应收款	以融资租赁方式租出产生的租赁资产公允价值与租赁收款额按市场利率折现的现值两者孰低
	一年内到期的非流动资产	长期应收款中一年内（含一年）到期的部分

（二）利润表中的列报

在利润表中，出租人主要影响的报表项目如表 10-5 所示。

表 10-5　　　　　　　执行新租赁准则出租人利润表列报项目

租赁分类	报表项目	内容
经营租赁	营业收入	以经营租赁方式租出的租金收入 未纳入租赁收款额的可变租赁付款额的租金收入
	营业成本	以经营租赁方式租出的固定资产、投资性房地产、无形资产等的折旧摊销金额
	资产减值损失	以经营租赁方式租出的固定资产、投资性房地产、无形资产等的减值损失
融资租赁（一般企业）	资产处置损益	租赁资产公允价值与账面净值之间的差额
	营业收入	按照固定的周期性利率计算并确认的租赁期内的利息收入
	信用减值损失	长期应收款（应收融资租赁款）的减值准备
融资租赁（生产商或经销商）	营业收入	按租赁资产公允价值与租赁收款额按市场利率折现的现值两者孰低金额确认的收入
	营业成本	按租赁资产账面价值扣除未担保余值的现值后的余额结转的成本
	销售费用	为取得融资租赁所发生的成本

对于日常经营活动为租赁的企业，其利息收入和租赁收入可以作为营业收入列报。

（三）新租赁准则对出租人的披露要求

1. 在财务报表附注中，对于经营租赁，出租人应当根据资产的性质，在固定资产中分别列示自用资产和经营租赁资产。

2. 在财务报表附注中，出租人获得的各项收入均需要单独披露，包括租赁收入以及融资租赁下实现的销售损益、租赁投资净额的融资收益以及与未纳入租赁投资净额的可变租赁付款额相关的收入。

3. 在财务报表附注中，出租人需要单独披露资产负债表日后连续五个会计年度（原租赁准则下仅需披露连续三个会计年度）每年将收到的未折现租赁收款额，以及剩余年度将收到的未折现租赁收款额总额。

4. 新租赁准则要求披露融资租赁下，未折现租赁收款额与租赁投资净额的调节表。

5. 在确定有关租赁活动是否属于必要信息予以披露时，出租人应当考虑该信息是否与财务报表使用者相关，以及是否可以从财务报表主要列报或附注中披露的信息中直观得出。出租人无须重复披露已在财务报表其他部分列报或披露的信息。

第二节 常见问题及难点分析

一、与租赁相关现金流量的列示

根据新租赁准则第五十三条规定：在现金流量表中，偿还租赁负债本金和利息所支付的现金应当计入筹资活动现金流出，支付的按租赁准则简化处理的短期租赁付款额和低价值资产租赁付款额以及未纳入租赁负债计量的可变租赁付款额应当计入经营活动现金流出。

表10-6和表10-7概括了承租人和出租人与租赁相关的现金流入或现金流出在现金流量表中的列示项目。

表 10-6　　　　　　　　一般租赁业务在现金流量表中的列示

项　目	承租人	出租人
租赁负债本金和利息	支付的其他与筹资活动有关的现金	经营租赁作为经营活动现金流入。融资租赁区分不同企业类型或业务进行会计处理：
支付（收到）的预付租金和租赁保证金	支付的其他与筹资活动有关的现金	1. 租赁公司作为经营活动现金流入；
对短期租赁和低价值资产租赁进行简化处理的：支付（收到）的短期租赁付款额、低价值资产租赁付款额，以及相关的预付租金和租赁保证金	支付的其他与经营活动有关的现金	2. 生产商或经销商作为出租人的融资租赁业务作为经营活动现金流入；
未纳入租赁负债计量的可变租赁付款（收款）额	支付的其他与经营活动有关的现金	3. 其他公司通常作为投资活动现金流入

表 10-7　　　　　　　　售后租回交易在现金流量表中的列示项目

是否作为销售	项　目	卖方兼承租人	买方兼出租人
资产转让作为销售	资产销售收到（支付）的款项	经营活动现金流入（销售存货）或处置固定资产收回的现金净额	购建固定资产支付的现金等
	资产租回支付（收到）的款项	支付的其他与筹资活动有关的现金	参见表 10-6 出租人栏目
资产转让不作为销售	资产销售收到（支付）的款项	收到其他与筹资活动有关的现金	如租赁业务是企业的日常经营活动：作为经营活动现金流出。如租赁业务不是企业的日常经营活动，作为支付与其他投资活动有关的现金
	资产租回支付（收到）的款项	支付的其他与筹资活动有关的现金	参见表 10-6 出租人栏目

1. 转租赁业务的列示

对于转租赁业务中的转租出租人，收取租金和支付租金的对象不同，因此分别按照承租人和出租人的角色进行处理即可。

2. 在现金流量表补充资料中的列示

使用权资产的增加属于不涉及现金收支的重大经营、投资和筹资活动，在财务报表附注"现金流量表补充资料"中应当单独列示。如中国中铁 2020 年报披露：

不涉及现金收支的重大经营、投资和筹资活动（见表 10-8）。

表 10–8　　　　　　　　　　　　　　　　　　　　　　　　　　　　　　　　　　　　单位：千元

	2020 年度	2019 年度
应收票据支付采购款	4 427 129	3 922 514
当期新增的使用权资产	897 640	1 337 825
合计	5 324 769	5 260 339

二、因租赁合同支付的增值税进项税的现金流量表列报

承租人支付租金的同时支付增值税进项税，对于支付的增值税进项税在现金流量表中的列示，实务中有不同的观点：

观点 1：根据支付的租金性质判断作为经营活动或筹资活动的现金流

在新租赁准则下，承租人确认了使用权资产和租赁负债，偿还租赁负债本金和利息所支付的现金是筹资活动产生的现金流出。偿还租赁负债的同时需要支付增值税进项税，都是租赁导致的现金流出，即将增值税进项税的现金流和产生该税金的交易的现金流保持一致。因此，偿还租赁负债的同时支付的增值税进项税额应计入"筹资活动现金流出"；短期租赁业务和低价值租赁业务中支付租金以及未纳入租赁负债的可变租赁付款额支付的同时，发生的相关增值税进项税额计入"经营活动现金流出"。

观点 2：作为经营活动的现金流

由于增值税进项税额并未计入使用权资产和租赁负债的初始计量成本中，因此不属于"筹资活动现金流出"；由于其是随着每期支付租金产生的现金流出，参考短期租赁业务，相关的增值税进项税额计入"经营活动现金流出"。

或者从另一个角度看，租金中的增值税进项税额本身不是投资活动也不是筹资活动，根据现金流量表的原则，既不是投资活动也不是筹资活动的属于经营活动。

观点 3：作为投资活动的现金流

参考购买固定资产支付的增值税进项税额在现金流量表中的列示，由于确认了使用权资产，相关的增值税进项税额计入"投资活动现金流出"。

本书倾向观点 2。若监管部门后续给出指导意见，则按照监管部门的意见处理。

三、使用权资产、租赁负债列报时对流动性的考虑

新租赁准则第五十三条规定，承租人应当在资产负债表中单独列示使用权资产和

租赁负债。其中，租赁负债通常分别非流动负债和一年内到期的非流动负债列示。

使用权资产类似固定资产、无形资产，无须按流动性区分。租赁负债通常分别非流动负债和一年内到期的非流动负债（即，资产负债表日后 12 个月内租赁负债预期减少的金额）列示。

四、金融企业的租赁负债利息费用在财务报表中的列示

对于金融企业，财务报表格式中没有财务费用项目，因此使用权资产的折旧费用在"业务及管理费用"中列示，租赁负债的利息费用在"利息支出"中列示，并在报表附注中进一步披露。

五、出租的土地使用权在资产负债表中的分类

根据新租赁准则的规定，以出让、划拨或转让方式取得的土地使用权，适用《企业会计准则第 6 号——无形资产》，不适用新租赁准则，不属于使用权资产的范畴。对于非上述方式取得的一定时期内的土地使用权（场地租赁等），适用《企业会计准则第 21 号——租赁》确认使用权资产。因而，需要分别依据获得土地使用权的方式，以确定是分类为土地使用权还是使用权资产。

六、关联方之间的租赁业务的披露

根据《企业会计准则第 36 号——关联方披露》第八条的规定，关联方交易包括租赁。对于关联方之间的租赁业务应进行披露。建议按照如下所示进行披露：

1. 关联方交易
（1）作为出租人当期融资租赁租出的资产；
（2）作为出租人当期确认的融资租赁收入；
（3）作为出租人当期确认的经营租赁收入；
（4）作为承租人当期新增的使用权资产；
（5）作为承租人当期确认的租赁负债利息支出；
（6）作为承租人当期确认的短期租赁和低价值租赁支出。

2. 关联方应收应付款项
（1）作为出租人的应收融资租赁款余额；
（2）作为承租人的租赁负债余额。

披露示例见本章第三节披露示例 10-3 和披露示例 10-4。

第三节 披露示例

【披露示例 10-1】 601111.SH 中国国航 2019 年度报告

重要会计政策及会计估计

租赁

租赁，是指在一定期间内，出租人将资产的使用权让与承租人以获取对价的合同。

对于首次执行日后签订或变更的合同，在合同开始/变更日，本集团评估该合同是否为租赁或者包含租赁。除非合同条款和条件发生变化，本集团不重新评估合同是否为租赁或者包含租赁。

本集团作为承租人

使用权资产

除短期租赁和低价值资产租赁外，本集团在租赁期开始日对租赁确认使用权资产。租赁期开始日，是指出租人提供租赁资产使其可供本集团使用的起始日期。使用权资产按照成本进行初始计量。该成本包括：

● 租赁负债的初始计量金额；

● 在租赁期开始日或之前支付的租赁付款额，存在租赁激励的，扣除已享受的租赁激励相关金额；

● 本集团发生的初始直接费用；

● 本集团为拆卸及移除租赁资产、复原租赁资产所在场地或将租赁资产恢复至租赁条款约定状态预计将发生的成本。

在租赁期开始日后，发生重新计量租赁负债时，相应调整使用权资产账面价值。

本集团能够合理确定租赁期届满时取得租赁资产所有权的，使用权资产在租赁资产剩余使用寿命内计提折旧。无法合理确定租赁期届满时能够取得租赁资产所有权的，在租赁期与租赁资产剩余使用寿命两者孰短的期间内计提折旧。

本集团按照《企业会计准则第 8 号——资产减值》的相关规定来确定使用权资产是否已发生减值并进行会计处理。

租赁负债

除短期租赁和低价值资产租赁外，本集团在租赁期开始日按照该日尚未支付的租赁付款额的现值对租赁负债进行初始计量。在计算租赁付款额的现值时，本集团采用租赁内含利率作为折现率，无法确定租赁内含利率的，采用增量借款利率作为折现率。

租赁付款额是指本集团向出租人支付的与在租赁期内使用租赁资产的权利相关的款项，包括：

- 固定付款额及实质固定付款额，存在租赁激励的，扣除租赁激励相关金额；
- 取决于指数或比率的可变租赁付款额；
- 本集团合理确定将行使的购买选择权的行权价格；
- 租赁期反映出本集团将行使终止租赁选择权的，行使终止租赁选择权需支付的款项；
- 根据本集团提供的担保余值预计应支付的款项。

取决于指数或比率的可变租赁付款额在初始计量时根据租赁期开始日的指数或比率确定。未纳入租赁负债计量的可变租赁付款额在实际发生时计入当期损益。

租赁期开始日后，本集团按照固定的周期性利率计算租赁负债在租赁期内各期间的利息费用。

在租赁期开始日后，发生下列情形的，本集团重新计量租赁负债，并调整相应的使用权资产：

- 因租赁期变化或购买选择权的评估结果发生变化的，本集团按变动后租赁付款额和修订后的折现率计算的现值重新计量租赁负债；
- 根据担保余值预计的应付金额或用于确定租赁付款额的指数或者比率发生变动，本集团按照变动后的租赁付款额和原折现率计算的现值重新计量租赁负债。租赁付款额的变动源自浮动利率变动的，使用修订后的折现率。

短期租赁和低价值资产租赁

本集团对房屋及建筑物和其他设备的短期租赁以及低价值资产租赁，选择不确认使用权资产和租赁负债。短期租赁，是指在租赁期开始日，租赁期不超过12个月且不包含购买选择权的租赁。低价值资产租赁，是指单项租赁资产为全新资产时价值较低的租赁。本集团将短期租赁和低价值资产租赁的租赁付款额，在租赁期内各个期间按照直线法计入当期损益。

租赁变更

租赁发生变更且同时符合下列条件的，本集团将该租赁变更作为一项单独租赁进行会计处理：

- 该租赁变更通过增加一项或多项租赁资产的使用权而扩大了租赁范围；
- 增加的对价与租赁范围扩大部分的单独价格按该合同情况调整后的金额相当。

租赁变更未作为一项单独租赁进行会计处理的，在租赁变更生效日，本集团重新分摊变更后合同的对价,重新确定租赁期,并按照变更后租赁付款额和修订后的折现率计算的现值重新计量租赁负债。

本集团作为出租人

租赁的分类

实质上转移了与租赁资产所有权有关的几乎全部风险和报酬的租赁为融资租赁。融资租赁以外的其他租赁为经营租赁。

本集团作为出租人记录经营租赁业务

在租赁期内各个期间,本集团采用直线法,将经营租赁的租赁收款额确认为租金收入。本集团发生的与经营租赁有关的初始直接费用于发生时予以资本化,在租赁期内按照与租金收入确认相同的基础进行分摊,分期计入当期损益。

本集团取得的与经营租赁有关的未计入租赁收款额的可变租赁收款额,在实际发生时计入当期损益。

转租赁

本公司作为转租出租人,将原租赁及转租赁合同作为两个合同单独核算。本公司基于原租赁产生的使用权资产,而不是原租赁的标的资产,对转租赁进行分类。

租赁变更

经营租赁发生变更的,本集团自变更生效日起将其作为一项新租赁进行会计处理,与变更前租赁有关的预收或应收租赁收款额视为新租赁的收款额。

售后租回交易

本集团作为卖方及承租人

本集团按照收入准则的规定,评估确定售后租回交易中的资产转让是否属于销售。该资产转让不属于销售的,本集团继续确认被转让资产,同时确认一项与转让收入等额的金融负债,并按照《企业会计准则第22号——金融工具确认和计量》对该金融负债进行会计处理。该资产转让属于销售的,本集团按原资产账面价值中与租回获得的使用权有关的部分,计量售后租回所形成的使用权资产,并仅就转让至出租人的权利确认相关利得或损失。

使用权资产(见表10-9)

表 10-9

单位:千元

	飞机及发动机	房屋及建筑物	其他	合计
原值:				
2019年1月1日	147 114 032	1 141 040	12 341	148 267 413
本年增加	10 422 081	640 710	160 456	11 223 247

续表

	飞机及发动机	房屋及建筑物	其他	合计
在建工程转入	12 175 957	—	—	12 175 957
本年减少	(571 489)	(87 688)	—	(659 177)
转入固定资产	(2 700 946)	—	—	(2 700 946)
外币财务报表折算差额	(2 708)	(86)	—	(2 794)
2019年12月31日	166 436 927	1 693 976	172 797	168 303 700
累计折旧：				
2019年1月1日	41 986 013	—	—	41 986 013
本年增加	10 912 057	548 618	19 995	11 480 670
本年减少	(568 370)	(10 607)	—	(578 977)
转入固定资产	(1 409 983)	—	—	(1 409 983)
外币财务报表折算差额	(1 207)	(33)	—	(1 240)
2019年12月31日	50 918 510	537 978	19 995	51 476 483
使用权资产账面价值：				
2019年12月31日	115 518 417	1 155 998	152 802	116 827 217
2019年1月1日	105 128 019	1 141 040	12 341	106 281 400

本集团租赁了多项资产，主要为飞机及发动机。本集团有在租赁期结束时按低于市价的价格行使购买部分飞机及发动机的选择权。

本年度计入当期损益的简化处理的短期租赁费用为人民币1 517 462千元，低价值资产租赁费用为人民币13 925千元。

于2019年12月31日，本集团与出租人已签订租赁合同但租赁期尚未开始的不可撤销租赁的未折现租赁付款承诺为人民币1 092 160千元。

本年度与租赁相关的总现金流出为人民币16 286 072千元。

租赁负债（见表10-10）

表10-10   单位：千元

	2019年12月31日	2018年12月31日
租赁负债/应付融资租赁款	100 447 856	52 973 681
减：一年内到期的租赁负债/应付融资租赁款（附注五、26）	(13 861 503)	(7 125 586)
	86 586 353	45 848 095

租赁负债/应付融资租赁款的到期期限分析如表10-11所示。

表 10-11　　　　　　　　　　　　　　　　　　　　　　　　　　　　单位：千元

	2019 年 12 月 31 日	2018 年 12 月 31 日
未折现租赁付款额		
1 年以内（含 1 年）	17 453 162	8 690 029
1—2 年以内（含 2 年）	16 599 398	8 149 776
2—3 年以内（含 3 年）	15 429 780	7 847 898
3 年以上	66 826 920	35 261 592
小计	116 309 260	59 949 295
减：未确认融资费用	(15 861 404)	(6 975 614)
	100 447 856	52 973 681

本集团于 2019 年 12 月 31 日及 2018 年 12 月 31 日的租赁负债/应付融资租赁款包括以下外币余额（见表 10-12）。

表 10-12　　　　　　　　　　　　　　　　　　　　　　　　　　　　单位：千元

	2019 年 12 月 31 日			2018 年 12 月 31 日		
	原币金额	汇率	折合人民币	原币金额	汇率	折合人民币
美元	8 544 237	6.9762	59 606 304	3 613 025	6.8632	24 796 914
日元	15 992 278	0.0641	1 025 105	17 407 609	0.0619	1 077 531
港币	19 123	0.8958	17 130	—	—	—
欧元	5 138	7.8155	40 156	—	—	—

本集团租赁负债/应付融资租赁款主要为就租赁飞机而应付出租方的款项，这些租赁安排通常为期 5—20 年。于 2019 年 12 月 31 日，本集团租赁负债使用的折现率为 0.25%—5.83%（2018 年 12 月 31 日：应付融资租赁款的年利率为 0.37%—5.45%）。

本集团未面临重大的与租赁负债/应付融资租赁款相关的流动性风险。

支付的其他与筹资活动有关的现金（见表 10-13）

表 10-13　　　　　　　　　　　　　　　　　　　　　　　　　　　　单位：千元

	2019 年	2018 年
偿还借款支付的现金		
偿还债券支付的现金	(12 600 000)	(6 449 853)
偿付利息、分配股利支付的现金		
其中：子公司支付给少数股东的股利		
租赁支付的现金	(14 754 685)	(8 494 990)
现金流出小计	(62 069 708)	(63 875 554)
筹资活动产生的现金流量净额	(24 251 249)	(21 382 899)

将净利润调节为经营活动现金流量

	附注五	2019年	2018年
净利润		7 252 046	8 200 537
加：资产减值（利得）损失		(2 805)	13 389
信用减值损失（利得）	47	40 682	(264 392)
投资性房地产折旧和摊销	11	6 927	17 168
固定资产折旧	12	9 582 257	14 256 510
使用权资产折旧	13	11 480 670	—
无形资产摊销	15	226 724	253 275
长期待摊费用摊销	17	270 974	166 637
处置及报废非流动资产净收益		(96 248)	(82 966)
公允价值变动损益		—	(60)
财务费用		5 996 914	5 118 110
投资收益	46	(538 357)	(1 368 139)
递延所得税资产减少（增加）		37 356	(345 424)
递延所得税负债减少		(260 507)	(249 117)
存货的增加		(199 630)	(350 357)
经营性应收项目的减少		286 093	972 324
经营性应付项目的增加		4 257 087	5 081 395
经营活动产生的现金流量净额		38 340 183	31 418 890
不涉及现金的重大投资和筹资活动			
		2019年	2018年
租入固定资产		23 399 204	19 314 919

与金融工具相关的风险

表10-14概括了本集团金融负债按未折现的合同现金流量所作的到期期限分析：

表10-14

单位：千元

	2019年12月31日					
	1年内或实时偿还	1至2年	2至5年	5年以上	合计	账面价值
短期借款	13 868 884	—	—	—	13 868 884	13 566 403
应付短期融资债券	7 418 304	—	—	—	7 418 304	7 381 933
应付账款	16 578 153	—	—	—	16 578 153	16 578 153
其他应付款	8 457 044	—	—	—	8 457 044	8 427 470

续表

	2019 年 12 月 31 日					
	1 年内或实时偿还	1 至 2 年	2 至 5 年	5 年以上	合计	账面价值
长期借款（含一年内到期）	427 593	565 128	575 324	196 840	1 764 885	1 574 743
应付债券（含一年内到期）	661 750	6 561 750	10 284 200	—	17 507 700	15 830 021
租赁负债（含一年内到期）	17 453 162	16 599 398	44 314 764	37 941 936	116 309 260	100 447 856
长期应付款	—	68 554	—	—	68 554	65 000
	64 864 890	23 794 830	55 174 288	38 138 776	181 972 784	163 871 579

【披露示例 10 - 2】601607. SH 上海医药　2019 年度报告

重要会计政策及会计估计

租赁，是指在一定期间内，出租人将资产的使用权让与承租人以获取对价的合同。

本集团作为承租人

本集团于租赁期开始日确认使用权资产，并按尚未支付的租赁付款额的现值确认租赁负债。租赁付款额包括固定付款额，以及在合理确定将行使购买选择权或终止租赁选择权的情况下需支付的款项等。按销售额的一定比例确定的可变租金不纳入租赁付款额，在实际发生时计入当期损益。本集团将自资产负债表日起一年内（含一年）支付的租赁负债，列示为一年内到期的非流动负债。

本集团的使用权资产包括租入的房屋及建筑物、机器设备等。使用权资产按照成本进行初始计量，该成本包括租赁负债的初始计量金额、租赁期开始日或之前已支付的租赁付款额、初始直接费用等，并扣除已收到的租赁激励。本集团能够合理确定租赁期届满时取得租赁资产所有权的，在租赁资产剩余使用寿命内计提折旧；若无法合理确定租赁期届满时是否能够取得租赁资产所有权，则在租赁期与租赁资产剩余使用寿命两者孰短的期间内计提折旧。当可收回金额低于使用权资产的账面价值时，本集团将其账面价值减记至可收回金额。

对于租赁期不超过 12 个月的短期租赁和单项资产全新时价值较低的低价值资产租赁，本集团选择不确认使用权资产和租赁负债，将相关租金支出在租赁期内各个期间按照直线法计入当期损益或相关资产成本。

本集团作为出租人

实质上转移了与租赁资产所有权有关的几乎全部风险和报酬的租赁为融资租赁。其他的租赁为经营租赁。

（a）经营租赁

本集团经营租出自有的房屋建筑物时，经营租赁的租金收入在租赁期内按照直线法确认。本集团将按销售额的一定比例确定的可变租金在实际发生时计入租金收入。

（b）融资租赁

于租赁期开始日，本集团对融资租赁确认应收融资租赁款，并终止确认相关资产。本集团将应收融资租赁款列示为长期应收款，自资产负债表日起一年内（含一年）收取的应收融资租赁款列示为一年内到期的非流动资产。

使用权资产（见表10-15）

表 10-15　　　　　　　　　　　　　　　　　　　　　　　　　　　单位：元

	房屋及建筑物	机器设备	其他设备	合计
原价				
2018年12月31日	—	—	—	—
会计政策变更	2 475 321 009	34 301 169	273 559	2 509 895 738
2019年1月1日	2 475 321 009	34 301 169	273 559	2 509 895 738
本年增加				
新增租赁合同	592 889 734.96	4 837 915.56	504 739.45	598 232 389.97
非同一控制下企业合并	8 724 834.29	—	—	8 724 834.29
本年减少				
租赁变更	(800 674)	—	—	(800 674)
2019年12月31日	3 076 134 905	39 139 084	778 299	3 116 052 288
累计折旧				
2018年12月31日	—	—	—	—
会计政策变更	(919 424 132)	(8 800 014)	(102 430)	(928 326 576)
2019年1月1日	(919 424 132)	(8 800 014)	(102 430)	(928 326 576)
本年增加				
计提	(546 817 762.28)	(7 651 280.71)	(253 811.24)	(554 722 854.23)
本年减少				
租赁变更	414 838	—	—	414 838
2019年12月31日	(1 465 827 056)	(16 451 294)	(356 241)	(1 482 634 592)
减值准备				
2018年12月31日	—	—	—	—

续表

	房屋及建筑物	机器设备	其他设备	合计
计提	(11 321 296.37)	—	—	(11 321 296.37)
2019 年 12 月 31 日	(11 321 296.37)	—	—	(11 321 296.37)
账面价值				
2019 年 12 月 31 日	1 598 986 552.35	22 687 789.97	422 057.73	1 622 096 400.05
2018 年 12 月 31 日	—	—	—	—

租赁负债（见表 10-16）

表 10-16　　　　　　　　　　　　　　　　　　　　　　　　　　　　　单位：元

	2019 年 12 月 31 日	2018 年 12 月 31 日
租赁负债	1 716 510 800.88	—
减：一年内到期的非流动负债［附注四（33）］	-560 871 935.10	—
	1 155 638 865.78	—

（a）于 2019 年 12 月 31 日，本集团未纳入租赁负债，但将导致未来潜在现金流出的事项包括：

于 2019 年 12 月 31 日，本集团已签订但尚未开始执行的租赁合同相关的租赁付款额为 45 681 207.48 元［附注十四（3）］。

支付的其他与筹资活动有关的现金（见表 10-17）

表 10-17　　　　　　　　　　　　　　　　　　　　　　　　　　　　　单位：元

	2019 年度	2018 年度
偿还租赁负债支付的金额	625 605 926.35	—
子公司对其少数股东还款	355 136 554.47	430 158 091.80
收购少数股权	254 716 710.49	114 235 252.99
归还原股东及关联方借款	—	2 637 192 563.36
其他	214 319 543.24	172 551 418.56
	1 449 778 734.55	3 354 137 326.71

费用按性质分类

利润表中的营业成本、销售费用、管理费用和研发费用按照性质分类，如表 10-18 所示。

表 10-18　　　　　　　　　　　　　　　　　　　　　　　　　　单位：元

	2019 年度	2018 年度
原材料、商品及消耗品消耗	156 359 269 694.81	136 136 044 193.61
产成品及在产品库存的变动	(35 190 647.46)	(2 377 722 286.30)
职工薪酬及相关福利等	7 665 728 314.70	6 555 615 419.90
市场推广及广告成本	5 598 905 322.97	4 426 086 923.49
差旅和会议费用	1 662 249 941.76	1 936 935 881.73
运输费用	1 121 812 553.30	1 080 782 844.70
固定资产折旧	882 445 922.85	784 036 350.82
使用权资产折旧费	554 722 854.23	—
能源及水电费	466 506 633.35	362 144 751.62
无形资产摊销	427 030 375.36	364 488 164.79
维修费	354 881 746.28	320 879 400.24
办公费用	246 339 123.98	197 336 274.16
租赁费（i）	158 233 084.81	727 549 573.59
其他	3 145 535 274.58	2 201 268 275.98
	178 608 470 195.52	152 715 445 768.33

（i）如附注二（31）所述，短期租赁和低价值租赁的租金支出直接计入当期损益，截至 2019 年 12 月 31 日止的金额为 158 233 084.81 元。

资产负债表日后事项

本集团作为出租人，资产负债表日后应收的租赁收款额的未折现金额汇总如表 10-19 所示。

表 10-19　　　　　　　　　　　　　　　　　　　　　　　　　　单位：元

	2019 年 12 月 31 日	2018 年 12 月 31 日
一年以内	46 430 171.03	54 582 558.36
一到二年	33 734 539.47	36 563 905.51
二到五年	77 672 180.74	65 174 020.14
五年以上	32 683 340.42	53 700 693.16
	190 520 231.66	210 021 177.17

与金融工具相关的风险

流动性风险

于资产负债表日，本集团各项金融负债以未折现的合同现金流量按到期日如表 10-20 所示。

表 10-20 单位：元

时点	2019年12月31日				
	1年以内	1~2年	2~5年	5年以上	合计
短期借款	23 138 687 189.75	—	—	—	23 138 687 189.75
衍生金融负债	1 724 460.87	—	—	—	1 724 460.87
应付票据	5 053 473 408.54	—	—	—	5 053 473 408.54
应付账款	31 818 985 528.48	—	—	—	31 818 985 528.48
其他应付款	9 565 692 034.58	—	—	—	9 565 692 034.58
一年内到期的长期应付款	2 950 166.00	—	—	—	2 950 166.00
一年内到期的长期借款	606 329 457.13	—	—	—	606 329 457.13
一年内到期的租赁负债	605 817 739.25	—	—	—	605 817 739.25
一年内到期的应付债券	18 534 246.58	—	—	—	18 534 246.58
长期借款	—	5 900 574 353.00	220 642 914.87	14 775 493.82	6 135 992 761.69
应付债券	—	3 000 000 000.00	—	—	3 000 000 000.00
租赁负债	—	430 386 813.69	497 135 737.31	371 483 747.46	1 299 006 298.46
长期应付款	—	2 960 166.00	893 125 131.29	260 367 300.00	1 156 452 597.29
借款利息	595 583 778.11	277 414 010.32	7 518 193.93	—	880 515 982.36
	71 407 778 009.29	9 611 335 343.01	1 618 421 977.40	646 626 541.28	83 284 161 870.98

【披露示例 10-3】000039. SZ 中集集团 2020 年度报告

关联交易情况

租赁

本集团作为出租方当年确认的短期租赁收入（见表 10-21）：

表 10-21

承租方名称	租赁资产种类	2020 年度	2019 年度
华商国际	自升式钻井平台	153 651	13 004
青岛港联华	集装箱堆场	5 770	6 982
世铁特货	房地产	861	—
		160 282	19 986

本集团作为出租方当年确认的融资租赁收入（见表 10-22）：

表 10-22

承租方名称	租赁资产种类	2020 年度	2019 年度
New Horizon Shipping UG	船舶	49 397	50 413
弘信创业工场	商业保理	3 065	—
中亿新威	能源设备	1 315	1 784
利华能源	能源设备	3	14
		53 780	52 211

本集团作为承租方当年新增的使用权资产（见表 10-23）：

表 10-23

承租方名称	租赁资产种类	2020 年度	2019 年度
蛇口置业	房屋及建筑物	5 634	—
中集产城及其子公司	房屋及建筑物	4 697	—
宁国广申	及其设备	—	776
		10 331	776

本集团作为承租方当期年承担的租赁负债利息支出（见表 10-24）：

表 10-24

出租方名称	2020 年度	2019 年度
蛇口置业	182	47
中集产城及其子公司	65	—
	247	47

本集团作为承租方当年确认的短期租赁支出（见表10-25）：

表10-25

出租方名称	2020年度	2019年度
Florens Asset	13 010	3 131
招商局蛇口	1 728	1 728
森炬江门	475	247
其他	312	—
小计	155 525	5 106

【披露示例10-4】601390.SH 中国中铁 2020年度报告

租赁

本集团作为出租方（见表10-26）：

表10-26

承租方名称	租赁资产种类	2020年度	2019年度
宝鸡中车时代工程机械有限公司	办公楼等	2 942	2 942
新铁德奥道岔有限公司	办公楼等	1 761	1 788
其他	办公楼等	383	527
合计		5 086	5 257

本集团作为承租方（见表10-27）：

表10-27

出租方名称	租赁资产种类	2020年度	2019年度
成都工投装备有限公司	盾构机等	22 199	—
中铁国资资产管理有限公司	办公楼等	16 656	24 030
杭州金投装备有限公司	盾构机等	15 564	—
中铁产业园（成都）投资发展有限公司	办公楼等	5 798	6 010
合计		60 217	30 040

本集团作为承租方当期承担的租赁负债利息支出（见表 10-28）：

表 10-28

	2020 年度	2019 年度
中铁国资资产管理有限公司	347	416
中铁产业园（成都）投资发展有限公司	231	306
合计	578	722

租赁负债（见表 10-29）：

表 10-29

	2020 年 12 月 31 日	2019 年 12 月 31 日
中铁国资资产管理有限公司	867	15 558
中铁产业园（成都）投资发展有限公司	362	5 880
合计	1 229	21 438

第十一章 新租赁准则与 IFRS 和 U. S. GAAP 之比较

2016 年 1 月,国际会计准则理事会修订发布了 IFRS 16,自 2019 年 1 月 1 日起实施。

2016 年 2 月,美国财务会计准则委员会(FASB)发布了 ASU 2016-02《会计准则更新——租赁》,该会计准则更新汇编为《会计准则汇编 842:租赁》(以下简称 ASC 842)自 2018 年 12 月 15 日起实施。

2018 年 12 月,财政部修订发布了新租赁准则,与 IFRS 16 保持了基本趋同。但新租赁准则和 IFRS 16 之间仍存在一定的差异。由于 ASC 842 坚持区分租赁业务侧重融资或资产使用权服务两项经济实质,进而导致在承租人会计处理模式方面与 IFRS 16 存在重大差异。

本章主要介绍新租赁准则和 IFRS 16、IFRS 16 和 ASC 842 之间的比较和差异。

第一节 新租赁准则与 IFRS 16 之比较

2018 年 12 月,财政部修订发布了新租赁准则,与 IFRS 16 保持了基本趋同,但结合我国市场环境和企业实际情况,新租赁准则和 IFRS 16 两者之间在适用范围、计量模式和列报格式方面存在一定的差异。

一、适用范围的比较及差异

新租赁准则与 IFRS 16 在适用范围方面的规定略有不同,具体如表 11-1 所示。

表 11-1　　　　　　　　　　新租赁准则和 IFRS 16 适用范围比较

内容	新租赁准则	IFRS 16	比较结果
1. 承租人通过许可使用协议取得的电影、录像、剧本、文稿等版权、专利等项目的权利	《企业会计准则第 6 号——无形资产》	《国际会计准则第 38 号——无形资产》	相同
2. 以出让、划拨或转让方式取得的土地使用权	《企业会计准则第 6 号——无形资产》	取得土地使用权适用 IFRS 16	不同
3. 除 1 和 2 之外的其他无形资产	未明确规定	承租人可以选择适用 IFRS 16，非强制要求（注 1）	不同
4. 出租人授予知识产权许可	《企业会计准则第 14 号——收入》	《国际财务报告准则第 15 号——客户合同收入》	相同
5. 勘探或使用矿产、石油、天然气及类似不可再生资源的租赁	《企业会计准则第 27 号——石油天然气开采》	《国际财务报告准则第 6 号——矿产资源的勘查和评估》	相同
6. 承租生物资产	《企业会计准则第 5 号——生物资产》	《国际会计准则第 41 号——农业》（IAS 41）	不同，见注 2
7. 承租人转租建筑物类使用权资产	适用新租赁准则	适用 IFRS 16（注 3）	不同，见注 3
8. 存货的租赁	适用新租赁准则	适用 IFRS 16	相同
9. 在建工程的租赁	适用新租赁准则	适用 IFRS 16	相同
10. 采用建设经营移交等方式参与公共基础设施建设、运营的特许经营权合同（满足双特征和双控制的项目资产）	《企业会计准则解释第 14 号》	《国际财务报告解释公告第 12 号——服务特许权协议》（IFRIC 12）	相同

注 1：IFRS 16 规定，对于除电影、录像、剧本、文稿、专利、版权等知识产权以外的无形资产，承租人也可选择按照新租赁准则进行会计处理，但并非强制要求。

根据 CAS 14 收入，授予知识产权许可，是指企业授予客户对企业拥有的知识产权享有相应权利。常见的知识产权包括软件和技术、影视和音乐等的版权、特许经营权以及专利权、商标权和其他版权等。

注 2：2014 年 6 月，国际会计准则理事会发布了《农业：生产性植物》（对《国际会计准则第 16 号——不动产、厂场和设备》和《国际会计准则第 41 号——农业》的修订），将原属于《国际会计准则第 41 号——农业》范围的农业活动相关生产性植物，纳入《国际会计准则第 16 号——不动产、厂场和设备》范围；生产性动物（如奶牛、役畜），仍适用《IAS 41——农业》。即，在国际财务报告准则下，承租人承租的生产性植物，也适用新租赁准则，确认为使用权资产。

我国企业会计准则尚未引入该修订。新租赁准则第三条明确规定，承租人承租的生物资产不适用新租赁准则。

注 3：在 IFRS 16 下，如果承租人采用《国际会计准则第 40 号——投资性房地产》（IAS 40）中的公允价值模式计量投资性房地产，则对符合 IAS 40 中投资性房地产定义的使用权资产也应采用公允价值模式计量。而新租赁准则应用指南附录二——修订说明中提到，为避免公允价值滥用和误导信息使用者，承租人转租建筑物类使用权资产按照租赁准则使用权资产的相关规定进行会计处理，只允许承租人按照成本模式计量使用权资产。

通过以上比较，可以看到，新租赁准则和 IFRS 16 在适用范围上的不同体现在以下三个方面：

1. 以出让、划拨或转让方式取得的土地使用权

根据新租赁准则应用指南附录二"《企业会计准则第 21 号——租赁》修订说明"，考虑到我国土地使用权的特殊性，以出让、划拨或转让方式取得的土地使用权适用 CAS 6，不作为使用权资产。

而根据 IFRS 16.3 的规定，国际会计准则下承租人在租赁期内控制土地"使用"的权利，适用于 IFRS 16，应当确认为使用权资产。承租人获得对土地的"控制"，适用《国际会计准则第 16 号——不动产、厂场和设备》（IAS 16）。

2. 除承租人通过许可使用协议取得的电影、录像、剧本、文稿等版权、专利等项目的权利，以出让、划拨或转让方式取得的土地使用权以外的无形资产

IFRS 16 的适用范围将承租人通过许可协议取得的属于 IAS 38 号范围内的诸如电影、录像、剧本、文稿、专利、版权等项目的权利排除在外；但是，对于前述项目以外的无形资产的租赁可以选择应用 IFRS 16，并非强制要求。

新租赁准则规定，承租人通过许可使用协议取得的电影、录像、剧本、文稿等版权、专利等项目的权利，以出让、划拨或转让方式取得的土地使用权，适用无形资产准则；对于企业获得的其他无形资产使用权，未明确排除在租赁准则的范围之外。

3. 承租的生物资产

IFRS 16 的适用范围部分明确了承租人持有的属于《国际会计准则第 41 号——农业》（IAS 41）范围内的生物资产的租赁不适用新租赁准则。而在 2014 年 6 月，国际会计准则理事会发布了《农业：生产性植物》（对《国际会计准则第 16 号——不动产、厂场和设备》和《国际会计准则第 41 号——农业》的修订），将原属于《国际会计准则第 41 号——农业》范围的农业活动相关生产性植物，纳入《国际会计准则第 16 号——不动产、厂场和设备》范围。而生产性动物（如奶牛、役畜），仍适用《国际会计准则第 41 号——农业》。也就是说，在国际财务报告准则下，承租人承租的生产性植物，适用租赁准则，确认为使用权资产；而承租人承租的生产性动物，适用农业准则。

我国企业会计准则并未引入该修订。我国生物资产准则中，生物资产既包括动物也包括植物。新租赁准则第三条明确规定，承租人承租的生物资产（无论是植物还是动物）均不适用新租赁准则。

《企业会计准则应用指南汇编 2024》"第六章　生物资产"对于承租生物资产的会计处理做了如下规定："对于以融资租赁方式租入生物资产的，承租人应当将租赁开始日租赁资产公允价值与最低租赁付款额现值两者中较低者作为租入资产的入账价

值。""出租人以经营租赁方式租出的生产性生物资产，应当计提折旧，承租人相应不应计提折旧；出租人以融资租赁租出的生产性生物资产，不应计提折旧，承租人应采用与自有应折旧资产相一致的折旧政策计提折旧。"

即如果租赁生物资产对出租人构成融资租赁的，承租人将承租的生物资产视同为自有生物资产，进行会计处理；如果租赁生物资产对出租人构成经营租赁的，承租人不应将承租的生物资产确认为自有生物资产，而应将支付或应付的租金按合理方法计入相关资产（例如农产品）成本或当期损益（相当于采用原租赁准则下经营租赁承租人的会计处理）。此外，消耗性生物资产（存货）通常不会采取租赁的形式，也不太可能符合租赁的定义。

二、计量模式的比较及差异

企业会计准则和 IFRS 对于使用权资产的计量模式不一样，主要是由于 IFRS 下不动产、厂场和设备的后续计量模式以及投资性房地产的范围与企业会计准则不同所导致的。

首先，IFRS 对于不动产、厂场和设备的后续计量是允许采用重估模式的，即确认为资产后，如果不动产、厂场和设备项目的公允价值能够可靠计量，则其账面金额应为重估金额，即该资产在重估日的公允价值减去随后发生的累计折旧和累计减值损失后的余额。而企业会计准则对于固定资产不允许采用重估模式。

其次，企业会计准则和 IFRS 对于投资性房地产的定义是不一样的。企业会计准则下，投资性房地产中"已出租的土地使用权"和"持有并准备增值后转让的土地使用权"中的土地使用权都强调是企业通过出让或转让方式取得的土地使用权；"已出租的建筑物"是指企业拥有产权的建筑物。对于以租赁方式租入的土地使用权或建筑物再转租给其他单位的，不能确认为投资性房地产。而 IFRS 下，投资性房地产包含承租人通过租赁方式持有的房地产权益；从而 IFRS 下，使用权资产涉及转租赁的情况下可能符合投资性房地产的定义。

综上所述，IFRS 16.3 规定，如果承租人采用《国际会计准则第 40 号——投资性房地产》（IAS 40）中的公允价值模式计量投资性房地产，则对符合 IAS 40 中投资性房地产定义的使用权资产也应采用公允价值模式计量；如果承租人采用重估模式计量不动产、厂场和设备，那么承租人也可以选择对所有与该类不动产相关的使用权资产采用重估模式进行计量。当承租人按照上述计量模式计量使用权资产时，也应按照对应的准则进行披露。

新租赁准则应用指南附录二修订说明中提到，为避免公允价值滥用和误导信息使用者,只允许承租人按照成本模式计量使用权资产,不允许采用重估模式和公允价值计量。

三、列报格式的比较及差异

1. 使用权资产的列报

新租赁准则要求在资产负债表中非流动资产项下增加"使用权资产"报表项目,并在财务报表附注中单独进行披露。

IFRS 16 允许在资产负债表中单独列报"使用权资产"报表项目;或者不在资产负债表中单独列报"使用权资产"报表项目,而将其列报于"不动产、厂场和设备"等相关的资产项目下,但在财务报表附注中,应披露"不动产、厂场和设备"等相关的资产中包含的使用权资产。

2. 转租赁业务下的土地使用权、房屋建筑物的列报

以租赁方式取得的土地使用权或房屋建筑物,在新租赁准则下,不论自用或转租赁,均列报为"使用权资产"。在 IFRS 16 下,以租赁方式取得的土地使用权或房屋建筑物,如符合投资性房地产的定义,则列报为"投资性房地产"。

以租赁方式取得的土地使用权或房屋建筑物在财务报表中的列报,如表 11-2 所示。

表 11-2　　新租赁准则与 IFRS 16 对于租赁方式取得房地产的列报差异

使用目的	新租赁准则	IFRS 16
自用	使用权资产	使用权资产
转租赁	使用权资产	投资性房地产

第二节　IFRS 16 与 ASC 842 之比较

2016 年 1 月,国际会计准则理事会(IASB)发布了《国际财务报告准则第 16 号——租赁》(IFRS 16)。2016 年 2 月,美国财务会计准则委员会(FASB)正式发布了会计准则更新(ASU 2016-02),该 ASU 汇编为《会计准则汇编 842:租赁》(ASC 842)。新租赁准则是 IASB 与 FASB 开展的联合项目的成果,IFRS 16 与 U.S. GAAP(美国公认会计准则)趋同的内容包括租赁的定义、承租资产入表以及出租人的会计处理等。其中,最重要的是均要求承租人的所有租赁都要在资产负债表中

确认租赁资产和负债。但是，在最终形成的租赁准则中，IFRS 16 与 U.S. GAAP（美国公认会计准则）仍然存在一些差异。

IFRS 16 通过引入使用权模型将租赁业务融资与资产使用权服务两项目标予以融合，实现了"建立单一会计处理方法"的目标，而 ASC 842 仍然区分租赁业务侧重融资或资产使用权服务两项经济实质差异，进而导致双方在承租人会计处理模式方面存在重大差异，其他的主要差异包括售后租回交易确认利得或损失，一些融资租赁中出租人将会确认销售利润。IASB 和 FASB 租赁模型的主要差异如下：

一、适用范围有所不同

在 IFRS 下，根据 IFRS 16 第 4 段规定，对于除电影、录像、剧本、文稿、专利、版权等知识产权以外的无形资产，承租人也可选择按照新租赁准则进行会计处理，但并非强制要求。

在 U.S. GAAP 下，根据 ASC 842-10-15-1 规定，将所有的无形资产、存货的租赁、在建工程的租赁、生物资产的租赁（包括林业）以及涉及矿产、石油、天然气和其他非再生资源的租赁排除在外。但 ASC 842 与 IFRS 16 一致的是土地的租赁适用于租赁准则。

二、短期租赁认定不同

在 IFRS 下，根据 IFRS 16 附录一规定，包含购买选择权的租赁不属于短期租赁，即使承租人合理确定将不行使购买选择权。

在 U.S. GAAP 下，根据 ASC 842-10-15-1 规定，对于存在购买选择权的租赁，如果承租人合理确定行使购买选择权，则不包含在短期租赁中。根据 ASC 842-20-55 示例，如果承租人合理确定不行使购买选择权，且租赁期不超过 12 个月，则可以选择使用短期租赁简化处理方法。即若承租人合理确定不会行使购买租赁资产的选择权，则包含购买选择权的租赁也属于短期租赁。

三、低价值资产租赁认定不同

在 IFRS 下，IFRS 16 BC100 为低价值资产租赁（资产全新价值在 5 000 美元或以下）提供了简化处理的选择。

在 U.S. GAAP 下，ASC 842 虽然没有对低价值资产租赁进行规定，但根据重要性的概念，承租人可以建立合理的资本化的门槛，对于门槛之下的租赁，基于重要性水平不予确认使用权资产和租赁负债。

四、租赁与非租赁成分的分拆

在 IFRS 下，如果合同中包含租赁和非租赁成分，IFRS 16.15 规定，承租人可以选择分拆也可以选择不分拆，但对于出租人必须进行分拆。

在 U.S. GAAP 下，在 ASC 842-10-15-42A 和 42B 下，如果满足一定的条件，承租人和出租人都可以选择分拆或者不分拆。如果出租人选择不分拆，可以按照租赁和非租赁成分的重要性选择使用租赁准则还是收入准则等其他准则。

五、租赁分类的差异

IFRS 16 将租赁定义为在一段时间内获得对资产使用权的控制，进而承租人根据使用权模型不再区分租赁类型，应用单一确认方法及计量口径采用类似现行融资租赁处理模式进行后续计量。ASC 842 承认 IFRS 16 所强调的租赁属性，正是这一基础上双方在承租人租赁业务初始确认环节基本趋同。

但 ASC 842 进一步要求根据租赁活动经济实质上的差异，判断租赁活动是否在经济实质上与购买非金融资产类似，承租人事实上获得了对租赁资产的控制权（包括有能力主导租赁资产的使用以及获得实质上全部剩余收益），故仍将承租人分为融资租赁和经营租赁两种后续计量模式，导致原经营租赁合同承租人后续计量方面在两项准则间存在重大差异。

在 IFRS 下，承租人则采用单一会计模型，出租人分为经营租赁和融资租赁，不专门对融资租赁进行再次细分。但 IFRS 中关于生产商或经销商出租人的融资租赁会计处理中在租赁期开始日将销售利得计入当期损益，类似 U.S. GAAP 融资租赁下的销售型租赁。

在 U.S. GAAP 下，承租人将租赁分类为经营租赁和融资租赁（ASC 842-10-25-2），出租人将租赁分类为经营租赁和融资租赁，融资租赁又可以分为销售租赁和直接融资租赁（ASC 842-10-25-2 和 25-3），如图 11-1 所示。

在 U.S. GAAP 下，判断一项租赁是否为销售型租赁的条件和 IFRS 下判断一个租赁是否为融资租赁的迹象基本一致。根据 ASC 842-10-25-2 如果满足下述任一条件，承租人将租赁划分为融资租赁，而出租人将租赁划分为销售型租赁：

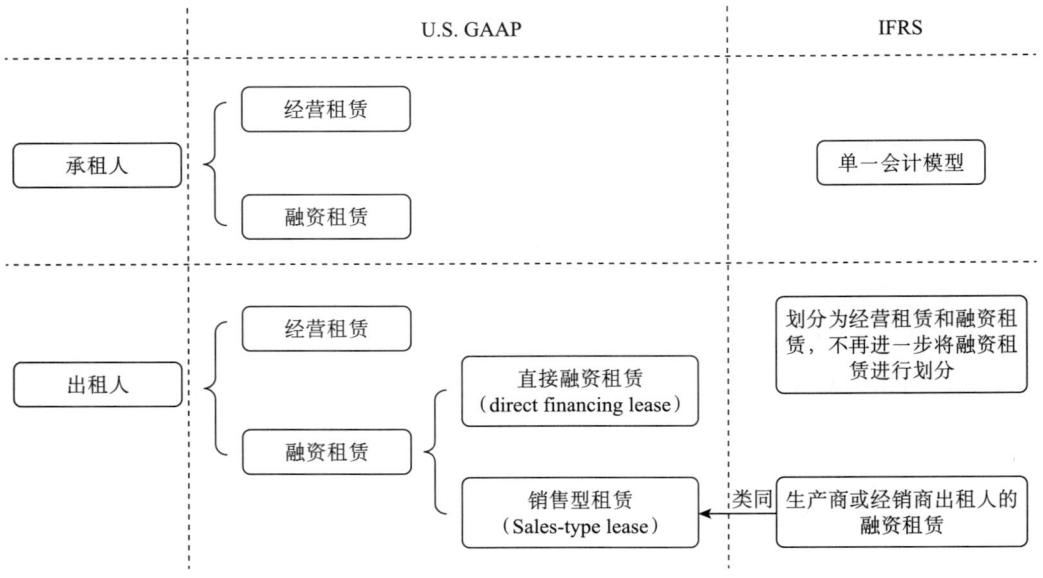

图 11-1 IFRS 与 U.S.GAAP 租赁分类的比较

(1) 租赁期结束时,租赁转移标的资产的所有权给承租人;

(2) 租赁授予承租人购买标的资产的选择权,而承租人可合理确定将会行使该选择权;

(3) 租赁期占标的资产剩余经济寿命的大部分;

(4) 租赁付款额的现值及未体现在租赁付款额中的承租人已担保残值相当于或高于标的资产几乎所有的公允价值;

(5) 特定资产性质特殊,以至于租赁期结束时对于承租人没有替代用途;

如果上述条件均不满足,根据 ASC 842-10-25-3,承租人将租赁划分为经营租赁,而出租人需要确定租赁是直接融资租赁还是经营租赁。IFRS 和 U.S.GAAP 对租赁分类判断流程如图 11-2 所示。

六、承租人的会计处理

与 IFRS 16 规定承租人采用单一模式进行初始确认,并可结合不同情形采用成本法、重估计量、公允价值多种计量属性进行后续计量,ASC 842 规定根据经济实质差异区分租赁类型进行后续计量,并采用单一成本法计量属性,如表 11-3 所示。

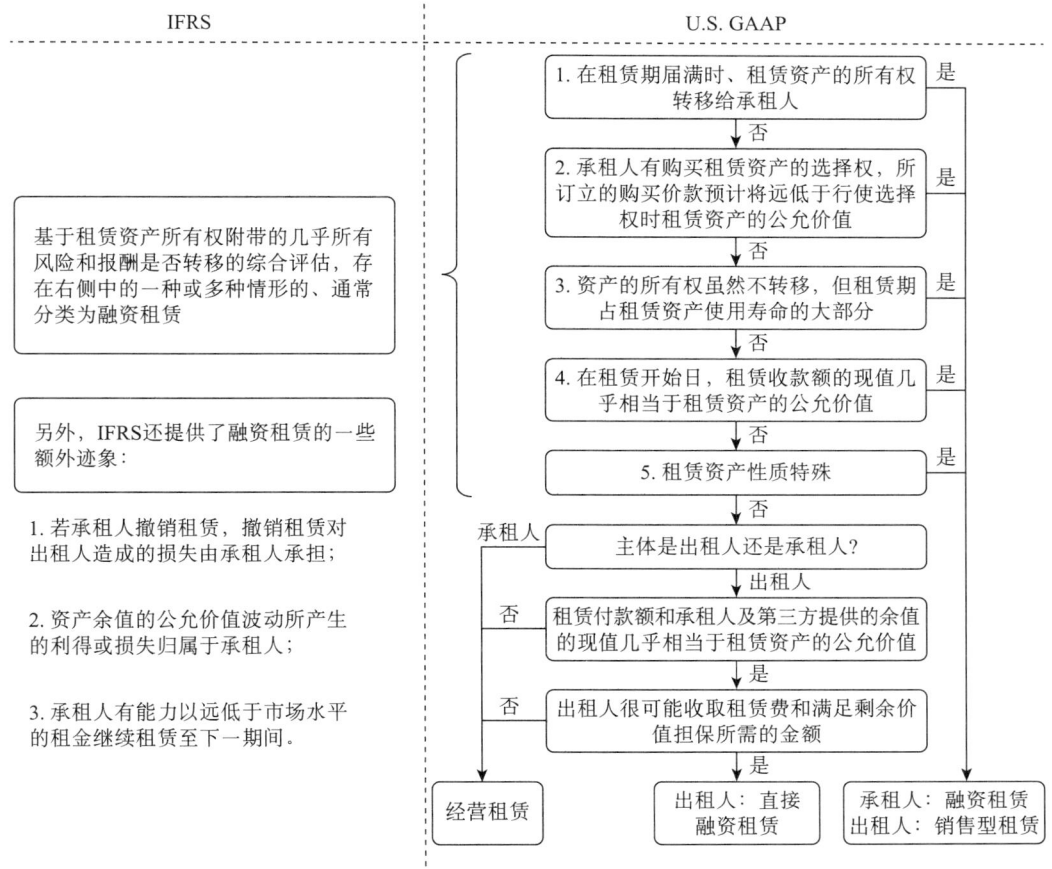

图 11-2 IFRS 与 U.S. GAAP 对租赁分类判断流程

表 11-3　　　　IFRS 和 U.S. GAAP 下承租人的会计处理

项目	IFRS	U.S. GAAP
承租人——租赁分类	单一模型	分类为融资租赁和经营租赁
承租人——会计处理	会计处理使用单一模型，和 U.S. GAAP 下融资租赁的会计处理基本一致	融资租赁：与 IFRS 下的单一模型基本一致 经营租赁：在租赁期内直线法确认租赁费用

1. 经营租赁

在 U.S. GAAP 下，若承租人将其分类为经营租赁，对利润表的影响仅有租赁费用，租赁费用在租赁期内按照直线法确认，租赁负债则按照固定的周期性利率进行计量，同时调整的是使用权资产的折旧。

【示例 11-1】承租人的会计处理（U. S. GAAP）——经营租赁

承租人与出租人在 20×1 年 1 月 1 日签订房屋租赁合同，租期 3 年，租金一年一付，在每年年末付款，年度租金付款额 18 000 元，折现率为 5.75%，假设分类为经营租赁。租赁负债的入账价值 = 18 000 × (P/A, 5.75%, 3) = 48 338 元。各期费用如表 11-4 所示。

表 11-4 各期租赁费用与利息费用情况

期间	租赁负债期初余额	租赁负债期末余额	租赁费用	利息费用	累计摊销	使用权资产期初账面价值	使用权资产期末账面价值
	a	b = a + d − c	c	d = a × 5.75%	e = c − d	f	g = f − e
20×1	48 338	33 117	18 000	2 779	15 221	48 338	33 117
20×2	33 117	17 021	18 000	1 904	16 096	33 117	17 021
20×3	17 021	—	18 000	979	17 021	17 021	—
合计	—	—	54 000	5 662	48 338	—	—

（1）初始计量

借：使用权资产　　　　　　　　　　　　　　　　　　　48 338
　　贷：租赁负债　　　　　　　　　　　　　　　　　　　　48 338

（2）后续计量

后续各期的会计处理如表 11-5 所示。

表 11-5 后续各期的会计处理

会计处理	20×1.12.31	20×2.12.31	20×3.12.31
借：租赁费用	18 000	18 000	18 000
贷：银行存款	18 000	18 000	18 000
借：租赁负债	15 221	16 096	17 021
贷：累计摊销	15 221	16 096	17 021

2. 融资租赁

在 U. S. GAAP 下，若承租人将其分类为融资租赁，对利润表的影响包括折旧费用和利息费用。按照直线法对使用权资产进行折旧，按照固定的周期性利率计算租赁负债在租赁期内各期间的利息费用。

【示例 11-2】承租人的会计处理（U.S.GAAP）——融资租赁

承租人与出租人在 20×1 年 1 月 1 日签订房屋租赁合同，租期 8 年，租金一年一付，在每年年初 1 月 1 日付款，初始直接费用为 12 000 元，年度租金付款额 35 000 元，折现率为 4.5%。假设分类为融资租赁。

租赁负债的入账价值 = 35 000 × (P/A,4.5%,7) = 206 245.00；使用权资产的入账价值 = 206 245.00 + 35 000 + 12 000 = 253 245

每期摊销费用 = 253 245/8 = 31 655.63，每期利息费用参见表 11-6：

表 11-6　　　　　　　　　　每期利息费用

年份	租赁负债				
	期初余额	租金支付	利息费用	租赁负债的减少	期末余额
	a	b	c	b - c	d = a - b + c
20×1.1.1	—	35 000.00	0.00	35 000.00	206 245.00
20×2.1.1	206 245.00	35 000.00	9 281.00	25 719.00	180 526.00
20×3.1.1	180 526.00	35 000.00	8 124.00	26 876.00	153 650.00
20×4.1.1	153 650.00	35 000.00	6 914.00	28 086.00	125 564.00
20×5.1.1	125 564.00	35 000.00	5 650.00	29 350.00	96 214.00
20×6.1.1	96 214.00	35 000.00	4 330.00	30 670.00	65 544.00
20×7.1.1	65 544.00	35 000.00	2 949.00	32 051.00	33 493.00
20×8.1.1	33 493.00	35 000.00	1 507.00	33 493.00	0.00

若为经营租赁，每期租赁费用 = (35 000 × 8 + 12 000)/8 = 292 000/8 = 36 500。

七、可变租赁付款额的重估

IFRS 下，根据 IFRS 16.42 的规定，在租赁期开始日后，因用于确定租赁付款额的指数或比率（浮动利率除外）的变动而导致未来租赁付款额发生变动的，承租人应当按照变动后租赁付款额的现值重新计量租赁负债。在该情形下，承租人采用的折现率不变。

U.S.GAAP 下，根据 ASC 842-10-35-5 规定，指数或比率变化导致租赁付款额发生变化的，不应重新计量租赁负债，除非该租赁还发生了其他需要重新计量租赁负债的修改。

八、出租人的会计处理

ASC 842 与 IFRS 16 均要求出租人区分融资租赁和经营租赁类型进行初始及后续计量,在租赁类型的判断标准方面,与 IFRS 16 继续沿用所有权模型(即根据租赁物所有权之上的风险与报酬是否全部实质转移视角判断标准)不同,ASC 842 与 ASC 606 收入准则保持一致,放弃所有权模型判断标准,改为采用客户视角下的控制权转移标准。

ASC 842 认为承租人在销售型租赁情况下获取了租赁资产的控制权,而在直接融资租赁和经营租赁状况下未获得资产控制权,仅是控制了资产使用权。根据租赁分类,具体会计处理如表 11-7 所示。

表 11-7　　　　　IFRS 与 U.S. GAAP 下出租人会计处理比较

项目	IFRS	U.S. GAAP
出租人——租赁分类	分类为经营租赁和融资租赁	分类为经营租赁、直接融资租赁和销售型租赁
出租人——会计处理	经营租赁:与 U.S. GAAP 下经营租赁的会计处理基本一致	经营租赁:与 IFRS 下的经营租赁基本一致,不终止确认租赁资产,租赁期内确认租赁收入
	融资租赁:与 U.S. GAAP 下直接融资租赁的会计处理基本一致	直接融资租赁:终止确认融资租赁资产,并确认租赁投资净额,租赁期内确认利息收入,与 IFRS 下的融资租赁基本一致(ASC 842-30-30-2)
	生产商或经销商出租人的融资租赁会计处理,与 U.S. GAAP 下销售型租赁会计处理类似	销售型租赁:实质是分期收款销售,会产生标的资产销售损益,与 IFRS 特殊租赁业务——生产商或经销商出租人的融资租赁会计处理基本一致(ASC 842-30-30-1)

九、转租赁

IFRS 下,IFRS 16 要求中间出租人参照首次租赁所产生的使用权资产确定转租赁的分类。

U.S. GAAP 下,根据 ASC 842 要求,对转租赁进行分类时,中间出租人应当参照标的资产确定转租赁的分类,而不是参照首次租赁所产生的使用权资产确定转租赁的分类。也就是说,中间出租人在评估是否满足融资租赁中的"租赁期占租赁资产使用寿命的大部分"该条件时,是与标的资产剩余使用寿命进行比较,而不是与首次租赁的剩余期限进行比较。

十、售后租回的会计处理

IFRS 16 和 ASC 842 均要求承租人（卖方）和出租人（买方）对租赁资产交付和租赁两项行为作出会计处理。双方交易主体应分别根据 IFRS 15/ASC 606 相关指引识别销售合同的存在以及判断是否满足履约义务的转移资产控制权行为。但 ASC 842 进一步强调租回行为的存在（承租人租赁期内资产使用控制权）这一条件并不会影响出租人获取租赁资产控制权，但租回被分类为销售租赁（出租人）/融资租赁（承租人）时出租人不被认定为获取了租赁资产的控制权。承租人享有租赁资产回购选择权时，租赁资产交付将不被认定为资产销售，除非同时满足下列两项条件：（1）回购行权时的执行价格为当时租赁资产的公允价值；（2）市场中存在与转移资产实质上相同的资产。

IFRS 下，根据 IFRS 16.100 规定，如果资产的转移是一项销售，承租人（卖方）仅以其保留的与使用权等比例的租赁资产原账面价值确认租赁使用权资产入账价值，而不是按租赁付款额的现值计量。此外，承租人（卖方）应仅就转让至出租人的权利，确认相关利得或损失，而不是按照资产转让金额与账面价值的差额确认。

U.S. GAAP 下，ASC 842-4-25-4 规定，如果租赁资产交付满足 ASC 606 销售确认条件之时，承租人（卖方）资产销售收益（利得）全部计入当期损益。出租人（买方）根据适当准则确认购买资产的入账价值，租回部分适用新租赁准则，即承租人（卖方）遵循与其他租赁一致的处理原则，按租赁付款额的现值计量使用权资产。

十一、披露格式存在差异

IFRS 与 U.S. GAAP 在披露格式上存在的差异如表 11-8 所示。

表 11-8　　　　　　　　IFRS 与 U.S. GAAP 在披露格式上的差异

项目	IFRS	U.S GAAP
资产负债表	IFRS 16 由于对承租人没有租赁分类，故，对租赁资产和租赁负债不存在分行列报这一要求	根据 ASC 842-20-45-1&3 的相关规定，对于租赁资产和租赁负债，U.S. GAAP 要求公司将表内租赁和表外租赁分行列报，禁止将与经营租赁有关的使用权资产和租赁负债与融资租赁产生的资产和租赁负债在同一资产负债表分项中列示

续表

项目	IFRS	U.S GAAP
损益表	IFRS 16 将租赁付款额的利息作为筹资成本在财务费用中列报	根据 ASC 842-20-45-4 的相关规定,将租赁付款额的利息在经营成本中列报
现金流量表	IFRS 16 根据 IAS 7 现金流量表对支付利息进行分类,允许支付的利息分类为经营活动现金流量、投资活动现金流量或者筹资活动现金流量	根据 ASC 842-20-45-5 的相关规定,要求将利息分类为经营活动现金流出

十二、IFRS 16 和 ASC 842 相关指引比较

IFRS 16 和 ASC 842 相关规定的比较汇总,如表 11-9 所示。

表 11-9　　　　　IFRS 16 和 ASC 842 相关规定的比较汇总

IFRS	U.S. GAAP	比较
相关指引:IFRS 16	相关指引:ASC 842	
1. 目标		
确保承租人和出租人提供如实反映租赁的确认、计量、列报和披露的相关信息,以使财务报表使用者评估租赁对主体财务状况、财务业绩及现金流量的影响(IFRS 16.1)	建立承租人和出租人用以向财务报表使用者报告租赁产生的现金流量的金额、时点及不确定性信息的原则(ASC 842-10-10-2)	类似
2. 范围		
适用于所有租赁,包括转租中的使用权资产租赁,除非(IFRS 16.3): (1)勘探或使用矿产、石油、天然气及类似非可再生资源的租赁; (2)承租人持有的属于《国际会计准则第41号——农业》(IAS 41)范围内的生物资产的租赁; (3)属于《国际财务报告解释公告第12号——特许服务安排》(IFRIC 12)范围内的特许服务安排; (4)出租人授予的属于《国际财务报告准则第15号——客户合同收入》范围内的知识产权许可;以及	适用于所有租赁,包括转租,但除非(ASC 842-10-15-1): 勘探或使用矿产、石油、天然气及类似非再生资源的租赁; 生物资产租赁,包含林业; 无形资产的租赁。IFRS 下,除许可协议项下权利以外的无形资产租赁(IFRS 16.4),承租人也可选择按照新租赁准则进行会计处理,但并非强制要求; 存货租赁; 在建资产租赁	不同

续表

IFRS	U. S. GAAP	比较
（5）承租人通过许可使用协议取得的属于《国际会计准则第38号——无形资产》（IAS 38）范围内的诸如电影、录像、剧本、文稿、专利、版权等项目的权利。 IFRS 16.4 承租人可以将本准则应用于第3（5）段所述项目以外的无形资产的租赁，但这并非强制要求		
3. 确认简化处理		
承租人可选择不将 IFRS 16 第 22－49 段中的要求适用于短期租赁（按使用权相关的标的资产类别）（IFRS 16.8））和第 16 段中所述的标的资产价值较低的租赁（见附录二第 3－8 段）（IFRS 16.5）。对于选择不采用简化处理的租赁，则应在租赁期内按照直线法或其他系统性方法将与租赁相关的租赁付款额确认为费用，如果其他系统性方法能够更好地反映承租人的受益模式，则承租人应采用该系统性方法（IFRS 16.6）	承租人可选择按标的资产类别，不将 ASC 842 中的确认要求适用于短期租赁，而是在租赁期内以直线法将租赁付款确认为损益，并在该等付款的义务发生期间以可变租赁付款确认（ASC 842－20－25－2）。对于标的资产价值较低的租赁，USGAAP 没有类似的简化处理	不同
4. 识别租赁		
在合同起始评估合同是否属于或包含租赁，即当合同转移了在一段时间内使用已识别资产的使用权以换取对价时（IFRS 16.9）	与 IFRS 类似，只是 U. S. GAAP 将以识别资产视为不动产、厂场及设备（ASC 842－10－15－2 和 15－3）	类似
仅当合同的条款和条件发生变化时，重新评估合同是否属于或包含租赁（IFS 16.11）	与 IFRS 类似（ASC 842－10－15－6）	类似
5. 拆分合同的组成部分		
对于合同为租赁或包含租赁的，除非适用第 16.15 段中的简化方法（IFRS 16.12），否则应将合同中的每个租赁组成部分分别作为租赁和非租赁组成部分进行说明	对于包含租赁的合同，识别租赁组成部分。标的资产的使用权是一个单独的租赁组成部分，如果两者同时存在（ASC 842－10－15－28）：承租人可以在其现有或与承租人随时可用的其他资源一起使用的权利中受益，以及使用权与合同中使用标的资产的其他权利之间既不存在高度依赖性，也不存在高度关联性（每项使用权都会对另一项产生重大影响）。U. S. GAAP 也规定了将租赁和非租赁组成部分合并计量的简化方法（ASC 842－10－15－37）	类似

续表

IFRS	U.S. GAAP	比较
对于包含一项或多项租赁组成部分及非租赁组成部分的合同，承租人应基于各租赁组成部分的相对单独价格与非租赁组成部分的单独价格总和分摊合同对价（IFRS 16.13）。租赁组成部分和非租赁组成部分的相对单独价格应根据出租人或类似供应商就该组成部分或类似组成部分单独向主体收取的价格来确定。如果无法获得可观察的单独价格，则承租人应尽量利用可观察信息来估计组成部分的单独价格（IFRS 16.14）	与 IFRS 类似（ASC 842-10-15-33）	类似
承租人可选择按标的资产类别，不将非租赁部分与租赁部分分开，并将所有部分作为单一租赁部分入账，但 IFRS 9 规定的嵌入式衍生工具除外（IFRS 16.15）	与 IFRS 类似（ASC 842-10-15-37 和 15-43）	类似
出租人通过应用 IFRS 15 第 73-90 段在合同中分配对价（IFRS 16.16）	与 IFRS 类似，基于 ASC 606-10-32-28 至 41（ASC 842-10-15-38）中的指南。注：2018 年 12 月，美国财务会计准则委员会发布了 ASU 2018-20《出租人的小范围改进》（主题 842）修正案。向出租人提供会计政策选择，不评估某些销售税和其他类似税是否为承租人或出租人的成本。要求出租人在可变付款中不包含出租人直接支付给第三方的某些无法确定的费用。当触发可变付款的事实和情况发生变化时，要求出租人将某些可变付款分配给合同的租赁和非租赁部分。对于未采用 ASC 842 的实体，生效日期和过渡要求应与 ASC 842 相同	类似

续表

IFRS	U. S. GAAP	比较
在 IFRS 下没有类似的实务简便操作方法	出租人可根据标的资产类别选择将 ASC 606 规定的非租赁部分与相关租赁部分合并，前提是两者（ASC 842 - 10 - 15 - 42A）： 如果单独核算，租赁部分应符合归类为经营租赁的标准； 向客户转让租赁和非租赁部分的时间和模式应相同。 出租人必须确定非租赁部分是否为组合部分的主要组成部分。如果是，则根据 ASC 606 对组合部分进行核算。如果没有，则根据 ASC 842 对组合的组成部分进行核算（ASC 842 - 10 - 15 - 42B）	不同
6. 租赁期		
租赁期限为不可撤销的租赁期，包括： 如果承租人合理确定行使该选择权，则延长租赁的选择权涵盖的期限，以及 如果承租人合理确定不行使终止租赁的选择权，则终止租赁的选择权涵盖的期限（IFRS 16.18）	租赁期限是承租人有权使用标的资产的不可撤销期限，包括（ASC 842 - 10 - 30 - 1 和主术语表"租赁期限"）： 如果承租人合理确定要行使续租权，则续租权涵盖的期限； 如果承租人合理确定不行使终止租赁权，则终止租赁权所涵盖的期限； 延长（或不终止）租赁选择权涵盖的期限，在此行使由出租人控制的选择权	类似
如果租赁的不可撤销期限发生变化，则应修改租赁期限（IFRS 16.21）	与 IFRS 类似（ASC 842 - 10 - 35 - 1）	类似
7. 承租人		
7.1 租赁的分类		
在 IFRS 下，无须对租赁进行分类，因为所有租赁都被划分为融资租赁	如果满足下述任何一个条件，承租人将租赁划分为融资租赁，而出租人将租赁划分为销售型租赁（ASC 842 - 10 - 25 - 2）： 租赁期结束时，租赁转移标的资产的所有权给承租人； 租赁授予承租人购买标的资产的选择权，而承租人可合理确定将会行使该选择权； 租赁期占标的资产剩余经济寿命的大部分；	不同

续表

IFRS	U. S. GAAP	比较
	租赁付款额的现值及未体现在租赁付款额中的承租人已担保残值相当于或高于标的资产几乎所有的公允价值； 特定资产性质特殊，以至于租赁期结束时对于承租人没有替代用途； 如果上述条件均不满足，承租人将租赁划分为经营租赁，而出租人需要确定租赁是直接融资租赁还是经营租赁（ASC 842-10-25-3）	
7.2 确认		
在租赁开始日，承租人应确认一项使用权资产和一项租赁负债（IFRS 16.22）	与 IFRS 类似（ASC 842-10-30-2）	类似
7.3 计量		
在租赁开始日，承租人以成本计量使用权资产，包括（IFRS 16.23-24）： 租赁负债的初始计量金额 在租赁开始日或之前支付的租赁付款额，减去收到的任何租赁激励金额 承租人发生的任何初始直接成本；及 承租人拆卸及移除标的资产、复原标的资产所在场地或将标的资产恢复至租赁条款和条件要求的状态将发生的估计成本，生产存货所发生的成本除外	与 IFRS 类似（ASC 842020-30-5）	类似
在租赁期开始日，承租人应以租赁期开始日尚未支付的租赁付款额的现值计量租赁负债。如果能够直接确定租赁内含利率，则应采用该利率对租赁付款额进行折现。如果无法直接确定该利率，则应采用承租人的增量借款利率（IFRS 16.26）	与 IFRS 类似，但非公共企业实体的承租人可以使用无风险折现率（ASC 842-20-30-3）	不同
在租赁期开始日，纳入租赁负债计量的租赁付款额包括下列为取得在租赁期内使用标的资产的权利而应支付但在租赁期开始日尚未支付的款项（IFRS 16.27）： • 固定付款额（包括实质固定付款额），扣除应收的租赁激励；	与 IFRS 类似（ASC 842-10-30-5）。根据 U. S. GAAP，对于因指数或利率的变化而导致的未来租赁付款的变化，不存在重新计量租赁负债的类似要求，除非出于其他原因要求承租人重新计量租赁付款（ASC 842-10-35-5）	不同

续表

IFRS	U.S. GAAP	比较
• 取决于指数或比率的可变租赁付款额，该款项采用租赁期开始日的指数或比率进行初始计量； • 承租人根据余值担保预计应付的金额； • 购买选择权的行权价，前提是承租人合理确定将行使该选择权；以及 • 终止租赁的罚款金额，前提是租赁期反映出承租人将行使终止租赁选择权		
在租赁期开始日之后，承租人应采用成本模式计量使用权资产，除非其采用公允价值或重估价计量模式（IFRS 16.29）。 采用成本模式的，承租人应按照成本计量使用权资产，并 （1）减去累计折旧和累计减值损失；同时 （2）在按照第36（3）段的规定对租赁负债重新计量时进行调整（IFRS 16.30）	与IFRS融资租赁类似（ASC 842-20-35-1）。 对于经营租赁，在租赁期开始日之后，按租赁负债金额计量使用权资产，并根据ASC 842-20-35-3进行调整： • 预付或应计租赁付款 • 收到的任何租赁奖励的剩余余额 • 未摊销的初始直接成本 • 使用权资产减值 IFRS允许某些使用权资产根据IAS 40作为投资性房地产进行计量，或根据IAS 16作为房地产、厂房和设备的重估模型进行计量。U.S. GAAP没有类似的指引	不同
在租赁期开始日之后，承租人应按照以下方式计量租赁负债（IFRS 16.36）： （1）增加账面金额以反映租赁负债的利息； （2）减少账面金额以反映支付的租赁付款额；以及 （3）重新计量账面金额以反映重估或租赁修改，或者反映修改后的实质固定租赁付款额	与IFRS融资租赁类似（ASC 842-20-35-1）。 对于经营租赁，在生效日期后，使用生效日确定的租赁折现率，以尚未支付的租赁付款额的现值折现计算租赁负债（ASC 842-20-35-3）	类似
在租赁期开始日之后，承租人重新计量租赁负债（见IFRS 16.40-16.43），以反映租赁付款的变化，并将重新计量的金额确认为使用权资产的调整（IFRS 16.39）	与IFRS类似（ASC 842-20-35-4）	类似
租约修改——承租人		

续表

IFRS	U.S. GAAP	比较
如果同时符合以下条件，承租人应将租赁修改作为一项单独的租赁进行会计处理（IFRS 16.44）： • 该修改通过增加使用一项或多项标的资产的权利扩大了租赁范围；并且 • 租赁对价的增加额与所扩大范围部分的单独价格按特定合同情况进行适当调整后的金额相当	与IFRS类似（ASC 842-10-25-8）	类似
如果租赁修改未作为一项单独的租赁进行会计处理，承租人应在修改生效日（IFRS 16.45）： • 按照第13—第16段的规定分配修改后的合同对价； • 按照第18—第19段的规定确定修改后的租赁期；并 • 采用修改后的折现率对修改后的租赁付款额进行折现，以重新计量租赁负债。如果能够直接确定修改后的折现率，则将该折现率确定为剩余租赁期内的租赁内含利率；如果无法直接确定租赁内含利率，则采用租赁修改生效日承租人的增量借款利率	如果修改的租约和修改未作为单独合同入账，承租人将根据修改后的条款和条件以及当时的事实和情况，重新评估修改生效日期的租赁分类（ASC 842-10-25-9）	类似

8. 出租人

8.1 分类

IFRS	U.S. GAAP	比较
出租人将每一租赁分类为经营租赁或融资租赁（IFRS 16.61）。分类在开始日确定，仅当租赁发生修订时进行重新评估（IFRS 16.66）	出租人将租赁划分为销售型租赁、直接融资租赁或经营租赁（ASC 842-10-25-2和25-3）。除非合同被修订且该修订未被作为一项单独的租赁进行会计处理、租赁期发生变动或评估承租人是否可合理确定将行使购买标的资产的选择权发生变化，否则无须重新评估租赁的分类（ASC 842-10-25-1）	不同
融资租赁转移了标的资产所有权上几乎所有的风险和报酬。否则该租赁是一项经营租赁（IFRS 16.62）	与IFRS类似，除了出租人将租赁分类为销售型租赁、直接融资租赁或经营租赁（ASC 842-10-25-2和25-3）	不同

IFRS	U. S. GAAP	比较
代表融资租赁的情形的示例包括（IFRS 16.63）： • 租赁期结束时，标的资产的所有权转移给承租人 • 承租人有购买标的资产的选择权，其购买价款预计将远低于选择权可行使时的公允价值，因而在租赁开始日就可合理确定承租人将会行使该项选择权 • 即使标的资产的所有权不转移，但租赁期占该资产经济寿命的大部分 • 在租赁开始日，租赁付款额的现值至少几乎相当于标的资产的公允价值；及 • 标的资产性质特殊，以至于如果不做较大改造，只有承租人才能使用	与 IFRS 类似（ASC 842-10-25-2）	类似
融资租赁的迹象包括（IFRS 16.64）： • 如果承租人可以解除租赁，出租人的损失由承租人承担； • 资产余值的公允价值波动所产生的利得或损失归属于承租人，以及 • 承租人有能力以远低于市场租金的租金继续租赁至下一期间	U. S. GAAP 没有类似要求	不同
8.2 确认和计量		
8.2.1 融资租赁		
租赁开始日，出租人在其资产负债表中以等于租赁投资净额的金额将其在融资租赁下持有的资产确认为应收款项（IFRS 16.67）	对于销售型租赁，计量租赁投资净额时包括下述两项（ASC 842-30-30-1）： • 租赁应收款 • 出租人预期在租赁期结束后从标的资产取得的未担保剩余资产的现值，该剩余资产未由承租人或与出租人无关联的任意第三方担保，使用租赁内含利率进行折现。 对于直接融资租赁，租赁投资净额包括上述金额并减去销售利润（ASC 842-30-30-2）。 由于 IFRS 没有区分不同类型的融资租赁，IFRS 允许在租赁开始时确认销售利润。 如果在生效日期不可能收回租赁付款，加上承租人提供的担保余值项下的任何金额，出租人不终止确认标的资产，并将收到的租赁付款（包括可变租赁付款）确认为预收款项，直到满足某些条件（ASC 842-30-25-3）。IFRS 不包括类似的指引	不同

续表

IFRS	U.S. GAAP	比较
在租赁开始日，计量租赁投资净额时使用的租赁付款额包括（IFRS 16.70）： 固定付款额，包括实质上固定的付款额 使用在租赁开始日的指数或利率计量的，基于指数或利率的可变租赁付款额 购买选择权的行权价格，如果承租人可合理确定将行使该选择权 终止租赁的罚款金额，如果租赁条款反映出承租人将行使终止租赁的选择权 由承租人、承租人的关联方或第三方向出租人提供的任何余值担保	与 IFRS 类似，除了不包括余值担保的相关规定（ASC 842-10-30-5）	
在租赁开始日，就每一项融资租赁，制造商或经销商出租人应确认（IFRS 16.71）： ● 按标的资产的公允价值确定的收入，或者，若较低，按出租人应收的租赁付款额以市场利率折现的现值确定的收入 ● 按标的资产的成本确定的成本，或者，若不相同，按标的资产的账面金额减未担保余值的现值确定的成本；及 ● 根据 IFRS 15 中关于直销的指引，将销售收入与成本之间的差额作为销售损益	在 U.S. GAAP 下，出租人应遵循出租人会计核算的指引	
出租人应按照反映出租人租赁投资净额能在每个期间获得固定回报率的模式确认租赁期内的融资收益（IFRS 16.75）。 将 IFRS 9 中的终止确认和减值要求应用于租赁净投资（IFRS 16.77）	与 IFRS 类似（ASC 842-30-35-1）。租赁净投资减值基于 ASC 310（ASC 842-30-35-3）。采用 ASU 2016-13 时，将根据 ASC 326-20 中的指南确认与租赁净投资相关的减值损失	类似
如果同时符合以下条件，出租人应将融资租赁修改作为一项单独的租赁进行会计处理（IFRS 16.79）： 该修改通过增加使用一项或多项标的资产的权利扩大了租赁范围，并且 租赁对价的增加额与所扩大范围部分的单独价格按特定合同情况进行适当调整后的金额相当	出租人负责销售型租赁的租赁修改，如果修改不是单独的合同（ASC 842-10-25-17）： 如果修改后的租赁是销售类型或直接融资租赁，调整修改后租赁的折现率，使修改后租赁的初始净投资等于修改生效日期前原始租赁净投资的账面价值	

续表

IFRS	U.S. GAAP	比较
	如果修改后的租赁是经营租赁，如下所述 如果修改了直接融资租赁，且 修改未作为单独合同入账，将修改后的租赁入账为（ASC 842-10-25-16）： 如果修改后的租赁是直接融资租赁，则调整修改后租赁的贴现率，使修改后租赁的初始净投资等于修改生效日期前原始租赁净投资的账面价值； 如果根据 ASC 842-30，修改后的租赁被归类为销售型租赁； 如果修改后的租赁被归类为经营租赁，则标的资产的账面价值立即等于原始租赁的净投资	
8.2.2 经营租赁		
出租人按直线法或其他系统方法将来自经营租赁的租赁付款额确认为收益（IFRS 16.81）	与 IFRS 类似（ASC 842-30-25-11）。出租人持续根据经营租赁对标的资产进行计量（ASC 842-30-35-6）	
出租人将赚取租赁收益时发生的费用（包括折旧费）确认为期间费用（IFRS 16.82）。出租人将取得经营租赁时发生的初始直接费用计入标的资产的账面金额，并在租赁期内按照与租赁收益相同的基础确认为费用（IFRS 16.83）。依据 IAS 16 计算标的资产的折旧（IFRS 16.84），依据 IAS 26 计算标的资产的减值（IFRS 16.85）	出租人在可变租赁付款额所基于的事实和情况发生变化的当期将确认可变租赁付款额确认为损益中的收益，并将初始直接费用在租赁期内按照与租赁收益相同的基础确认为费用（ASC 842-30-25-11）。在租赁开始日，如果租赁付款额（包括为满足余值担保必需的任何金额）不是很可能收回，租赁收益限于上述与租赁付款额和可变付款额相关的将确认的收益，或租赁付款额（包括已从承租人处收到的可变租赁付款额）两者孰低（ASC 842-30-25-12）。IFRS 中未包含类似指引	
出租人应将经营租赁的修改自修改生效日开始作为一项新的租赁进行会计处理，与原始租赁有关的预付或预提的租赁付款额应视为新租赁的付款额的一部分（IFRS 16.87）	如果修改的经营租赁和修改未作为单独的合同入账，出租人对修改进行入账，如同现有租赁终止和新租赁于修改生效日期开始（ASC 842-10-25-15）	

续表

IFRS	U. S. GAAP	比较
9. 售后租回交易		
将资产转移给另一主体，再将该资产从买方（出租人）租回的主体，需要基于 IFRS 15 中履行履约义务的指引确定资产的转移是否作为销售进行会计处理（IFRS 16.99）	与 IFRS 类似，应用 ASC 606-10-25-1 至 25-8 对合同的存在进行判断，并且如果主体通过转移资产的控制来履行履约义务则应用 ASC 606-10-25-30（ASC 842-40-25-1）	类似
如果资产的转移是一项销售（IFRS 16.100）： • 卖方（承租人）按与其保留的使用权相关的资产的以前账面金额的相应部分计量售后租回的使用权资产，并仅确认与向买方（出租人）转移的权利相关的损益金额 • 买方（出租人）采用适用的 IFRS 对资产的购买进行会计处理，并按照 IFRS 16 核算租赁	如果转移是一项销售（ASC 842-4-25-4）： • 卖方（承租人）根据 ASC 606-10-25-30 及 32-2 至 32-37 的指引，在买方（出租人）取得控制权时，确认销售的交易价格，终止确认标的资产的账面金额，并根据 ASC 842 对租赁进行会计处理。 • 与 IFRS 类似	不同
若资产出售对价的公允价值与资产的公允价值不等，或未按市场价格收取租赁付款额，则主体应作出如下调整以按公允价值计量销售收益（IFRS 16.101）： • 低于市价的款项应作为预付租金进行会计处理；并且 • 高于市价的款项应作为买方兼出租人向卖方兼承租人提供的额外融资进行会计处理。 此类调整根据以下更容易确定的标准进行计量（IFRS 16.102）： • 销售对价的公允价值与资产公允价值之间的差额，以及 • 租赁合同中付款额的现值与按租赁市价计算的付款额现值之间的差额	与 IFRS 类似（ASC 842-40-30-2）	类似
如果卖方和承租人转让资产不符合出售条件（IFRS 16.103）： • 卖方兼承租人应继续确认被转让资产，同时确认一项与转让收入等额的金融负债 • 买方兼出租人不应确认被转让的资产，但应确认一项与转让收入等额的金融资产	与 IFRS 类似（ASC 842-40-25-5）	类似

第三节 国际会计准则后续更新

一、IASB 一揽子修订与利率基准改革相关的国际财务报告准则

为及时、有效解决利率基准改革对现行国际财务报告准则的潜在影响问题，并为投资者提供有关利率基准改革对企业财务报表影响的有用信息，国际会计准则理事会（IASB，以下简称理事会）于 2020 年 8 月 27 日发布了利率基准改革第二阶段成果《利率基准改革——第二阶段（Interest Rate Benchmark Reform—Phase 2）》，同时也修订了与利率基准改革相关的《国际财务报告准则第 16 号——租赁》准则。

《利率基准改革——第二阶段》对《国际财务报告准则 16 号》中租赁变更相关的确认和计量提供临时简化处理条款。如果仅因利率基准改革导致确定未来租赁付款额现金流量的基础发生变动，进而引发租赁变更，则允许企业不终止确认相关的租赁负债，也无须对其账面价值进行调整，但企业应更新确定租赁负债现金流量的实际利率。

《利率基准改革——第二阶段》对相关国际财务报告准则的修订将于 2021 年 1 月 1 日或之后开始的会计年度生效，允许企业提前采用。

二、国际会计准则理事会针对售后租回修订国际租赁准则

2020 年 3 月会议上，国际财务报告准则解释委员会（IFRIC，以下简称解释委员会）收到一份关于存在可变租赁付款额的售后租回交易会计处理的请求，咨询售后租回中卖方兼承租人如何在交易日计量使用权资产和相关利得或损失。解释委员会认为 IFRS 16 对上述问题已经予以规定，并于 2020 年 6 月发布最终议程决议（Final Agenda Decision）予以说明。然而，解释委员会随后发现国际租赁准则对售后租回交易缺乏明确的后续计量要求，因此，如何计量售后租回交易中的租赁负债并不清晰，特别是当售后租回付款额包括排除在租赁负债计量中的、与资产的未来绩效或使用有关的可变租赁付款额时。同时，国际会计准则理事会（IASB，以下简称理事会）也获悉关于售后租回中租赁负债的后续计量的不同做法，将导致卖方兼承租人的财务报表存在较大差异。因此，理事会建议修订国际租赁准则，增加售后租回交易的后续计量要求，同时明确售后租回交易中使用权资产和租赁负债的初始计量要求。

IASB 于 2020 年 11 月发布了《售后租回中的租赁负债（征求意见稿）》，并于

2022 年 9 月发布了修订终稿。2023 年 11 月 9 日，财政部发布了《企业会计准则解释第 17 号》（财会〔2023〕21 号，解释 17 号），其中就"关于售后租回交易的会计处理"等国际准则趋同问题进行了明确。该解释自 2024 年 1 月 1 日起施行。

解释 17 号对售后租回交易的会计处理的规定与 IASB 的修订内容一致，具体内容介绍参见第八章 第一节。

三、国际财务报告准则解释委员会就租赁定义中的替换权发布议程决议

国际财务报告准则解释委员会（IFRIC）在 2022 年 11 月的会议上讨论了供应商拥有特定替代权时，如何评估合同是否包含适用 IFRS 16 的租赁的问题，并认为 IFRS 16 中的原则和要求提供了充分的基础，决定不在工作计划中增加准则制定项目。

本次讨论涉及的具体问题如下：

案例背景：客户与供应商签订了一份为期 10 年的合同，有权使用 100 个类似的资产，例如，电动公交车上的电池。合同规定了电池运行必须达到的最低容量（例如 70%），供应商在电池容量低于最低容量时应立即更换电池。

在合同开始时，客户希望电池在合同规定的最低容量（无更换）以上运行 8 年，供应商在整个合同期限内具有替换替代资产（如 IFRS 16 第 B14（a）段所述）的实际能力。

资产在客户第一次使用时是新的，客户是资产重度使用者，在一段时间后，资产严重磨损。尽管此时资产可能仍处于供客户使用的状态，但在特定时间，将资产投入第二次生命周期，以较低的磨损率使用（例如储存能量）可能对供应商具有经济效益。资产包括第二次使用寿命的经济寿命为 15 年。

资产在客户所在地使用，如果资产被替换，供应商需要赔偿客户产生的损失。因此，供应商仅在公交车在车间的时点更换资产，才在经济上是有利的（例如，定期维护和检查）。资产本身不受机械磨损，因此不需要将它们与公交车分开维护，并且它们被远程监控。当检查公交车时，电池也一起被检查（例如，插头连接）。

在合同开始时，客户希望供应商每 3 年更换一次资产。只有这样才对供应商有利，因为：

- 市场曲线表明，3 年替换电池具有经济效益。
- 与公交车的维护周期相对应。该替代仅在该时间点具有经济效益，否则供应商将被要求赔偿客户产生的任何损失。如果进行了维护，那么资产就不能运行。

问题一：当供应商仅从替代品中获益时，对会计处理是否有影响？是一段时间后，还是在使用期间的某个时点（例如，当资产在车间中时）？

问题二：如果在一个合同中租赁了类似资产组合，那么如何确定会计单元？

根据咨询问题中描述的事实和情况以及 IFRS 16 的规定，IFRIC 的分析如下：

1. 评估合同是否包含租赁的会计单元

在咨询问题描述的事实模式中，客户能够从单独使用标的资产（电池）或将其与易于获得的其他资源一起使用中获益，每个电池既不高度依赖于合同中的其他电池，也不高度关联。

因此，IFRIC 得出结论，客户评估合同是否包含租赁，包括评估供应商的替代权是否具有实质性时，应当对每个单独租赁组成部分（即每个电池）进行评估。

2. 已识别资产

在咨询问题描述的事实模式中，每个电池是指定的，即使合同中没有明确规定，电池在提供给客户使用时也会被隐含地指定。因此，IFRIC 注意到，除非供应商在整个使用期内有替换电池的实质性权利，否则每个电池都是已识别的资产。

假设该情况符合"供应商拥有在整个使用期间替换资产的实际能力"的条件，即供应商在整个使用期内具有替换替代资产的实际能力，但是并不符合"供应商通过行使替换资产的权利将获得经济利益"的条件，因为预计供应商在合同的至少前三年内行使替换电池的权利不会从经济上受益，这仅是使用期的一部分。因此，供应商的替代权在整个使用期间并不具有实质性。

3. 因此，IFRIC 得出结论，按照咨询问题描述的事实模式，每个电池都是单独的已识别资产。为了评估合同是否包含租赁，客户将应用 IFRS 16 的要求，以确定在整个使用期间，客户是否有权从使用和主导使用每个电池中获得实质上所有的经济利益。

四、IFRIC 关于出租人免除租赁付款的讨论

2022 年 3 月，国际财务报告准则解释委员会（IFRIC）召开会议，讨论了接到的问询：出租人在打算给予租金减免时如何应用《国际财务报告准则第 9 号——金融工具》（IFRS 9）的预期信用损失模型计量应收租赁款，针对减免应遵循 IFRS 9 的终止确认还是《国际财务报告准则第 16 号——租赁》（IFRS 16）的租赁变更。委员会了解到的事实有：出租人在租赁期内同意免除承租人的部分租金，除此以外租赁合同没有其他变化，免除的部分包括已到期未支付（出租人账面的应收经营租赁款）以及未到期部分。

委员会认为，在给予减免之前，根据 IFRS 9.2.1 出租人账面的应收经营租赁款应当遵循 IFRS 9 的减值要求，即基于原租赁合同现金流量与预期收取的所有现金流

量之间的差额,也就是全部现金短缺来估计预计信用损失。在减免给予时,原账面的应收经营租赁款应遵循 IFRS 9 的终止确认要求,即放弃原合同下取得现金流量的权利时终止确认并将差额计入损益;对未来租赁付款额的减免应遵循租赁变更,将变更视为一项新的租赁。另外,由于原账面的应收租赁款并不是预付或计提的租赁款项,故和减免一样处理无须在新的租赁中考虑。委员会认为现有准则已为此业务的会计处理提供恰当基础,无须进行修订。

委员会同时注意到,在上述情形中承租人应该遵循 IFRS 9 还是 IFRS 16 尚不清晰,建议 IASB 考虑将承租人的租赁减免加入准则的小范围修订计划。

第十二章
上市公司执行新租赁准则影响分析

根据《财政部关于修订印发〈企业会计准则第 21 号——租赁〉的通知》（财会〔2018〕35 号），在境内外同时上市的企业以及在境外上市并采用国际财务报告准则或企业会计准则编制财务报表的企业，自 2019 年 1 月 1 日起施行新租赁准则；其他执行企业会计准则的企业自 2021 年 1 月 1 日起施行新租赁准则。

本章主要介绍执行新租赁准则总体影响、首次执行情况以及典型行业执行新租赁准则影响分析。

第一节 执行租赁准则的总体影响及重点行业分析

一、基本情况

截至 2021 年 12 月 31 日，A 股上市公司共有 4 685 家，其中，截至 2022 年 4 月 30 日 4 671 家公司披露了年报。从新租赁准则分批执行时间情况来看，2019 年 1 月 1 日、2020 年 1 月 1 日、2021 年 1 月 1 日分批执行新租赁准则企业占比分别约为 4.8%、0.6% 及 94.6%。其中，2019 年 1 月 1 日开始执行新租赁准则的主要是 A + H 股企业。

我们选择了约 2 462 家 A 股上市公司 2021 年度财务报告进行分析，在选择样本中，使用权资产和租赁负债占 A 股上市公司使用权资产和租赁负债的比重分别为 99.4% 和 99.7%，行业及公司数量分布如图 12 - 1 所示。

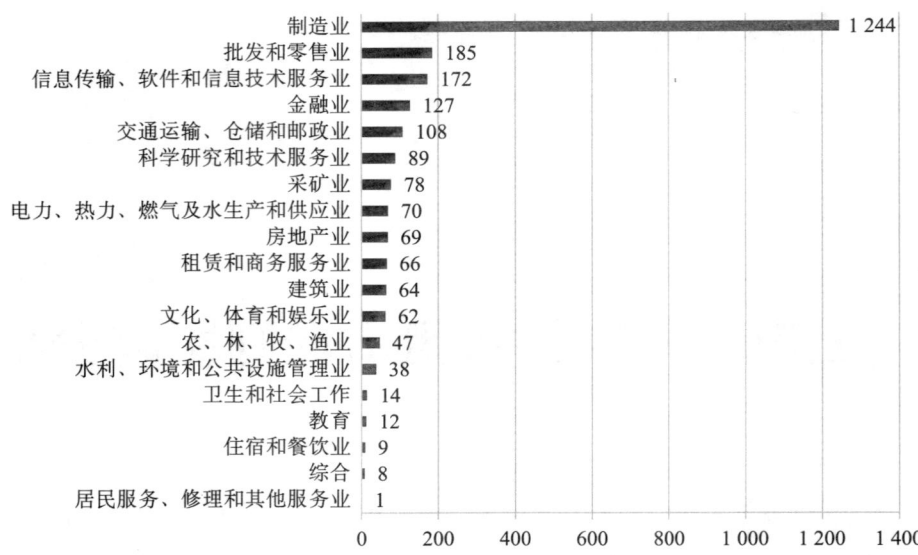

图 12-1 样本公司使用权资产和租赁负债占比

注：2 462家企业主要包括典型行业全样本企业以及其他行业租赁负债大于1 000万企业，其中全样本行业主要包括交通运输、仓储和邮政业、批发和零售业、住宿和餐饮业、租赁和商务服务业、文化、体育和娱乐业、金融业及采矿业。

二、总体影响

（一）主要的租赁业务介绍

A股上市公司中近90%的企业涉及作为承租人的租赁业务；少数企业披露了作为出租人的租赁收入，但规模较小；少数企业存在售后租回和转租赁业务。租赁物类型涉及较广，视企业所处行业情况不同而有所不同，主要包括房屋建筑物、土地使用权、飞机、船舶、机器设备、港务设施、钻井平台、运输设备、光伏电站等。典型行业的主要租赁资产如表12-1所示。

表 12-1　　　　　　　　　典型行业的主要租赁资产

所属证监会行业	主要租赁资产
交通运输、仓储和邮政业	飞机、发动机、模拟器、航材设备、商船、港口、海工装备、物流中转场、仓储等
批发和零售业	商场、店铺、仓库及车辆等
住宿和餐饮业	房屋建筑物如连锁酒店及餐厅、土地使用权等
租赁和商务服务业	房屋建筑物、园区使用权、广告牌使用权、媒体租赁等

续表

所属证监会行业	主要租赁资产
文化、体育和娱乐业	影院经营场所、办公场所等
金融业	房屋及建筑物，如营业网点、ATM 机场地租赁
采矿业	土地、房屋建筑、井巷工程、钻井平台、加油站等
制造业	多数制造业涉及土地、房屋建筑物、机器设备、运输设备、医疗设备等租赁资产。少数二级行业涉及特殊租赁资产，如： ① 电气机械和器材制造业、专用设备制造业涉及光伏电站及屋顶租赁。 ② 非金属矿物制品业涉及农村土地承包经营权租赁业务。 ③ 化学纤维制造业涉及管廊管道租赁物。 ④ 木材加工和木、竹、藤、棕、草制品业涉及荒山使用权租赁业务。 ⑤ 通用设备制造业涉及飞机引擎租赁

（二） 总体财务影响

新租赁准则对交通运输业的影响最为重大，其次是零售业、住宿和餐饮业，再次是租赁和商务服务业、文化、体育和娱乐业；另外，虽然金融业、制造业及采矿业使用权资产和租赁负债规模较大，但新租赁准则对其影响有限。

另外，根据 A 股上市公司 2021 年报披露，除短期租赁和低价值资产租赁外，确认使用权资产和租赁负债对财务报表的影响最为明显。在 4 671 家公司披露的年报中，4 084 家上市公司增加了使用权资产项目，占比约 87%；3 901 家上市公司增加了租赁负债项目，占比约 84%。调整期初留存收益的上市公司数量相对较少。

1. 期初留存收益调整影响

从选择的 2 462 家上市公司年报披露情况看，336 家调整了期初留存收益，占比约 14%，调减金额约为 385 亿元。调整事项主要为首次衔接时假设自租赁期开始日即采用新租赁准则的账面价值确定使用权资产对企业的期初留存收益产生的影响。而转租赁、租赁变更、递延所得税等涉及期初留存收益调整事项影响较小。其中，交通运输、仓储和邮政业调整金额最大，其次是零售业，再次是住宿和餐饮业、租赁和商务服务业、文化、体育和娱乐业，其他行业影响较小，具体如表 12-2 所示。

2. 资产负债率变动影响

首次执行日，绝大多数行业执行新租赁准则对资产负债率的影响不到 1%，但对部分行业产生一定影响，如，航空业、住宿和餐饮业、文化、体育和娱乐业中的电影业、零售业，资产负债率上升分别约为 10%、11%、7%、3%。

3. 对当期财务报表的影响

新租赁准则的主要影响体现为承租人入表使用权资产和租赁负债，从而使资产负

表 12-2　　各行业样本公司调整期初留存收益的情况

证监会行业	样本公司数量	调整期初留存收益公司数量	调整公司数量占比	调整期初留存收益金额（万元）	调整金额/期初留存收益合计额占比	调整金额/期初净资产占比
交通运输、仓储和邮政业	108	23	21.3%	-1 482 279	-12.7%	-2.0%
零售业	101	37	36.6%	-1 261 349	-16.2%	-3.9%
住宿和餐饮业	9	6	66.7%	-109 553	-27.4%	-4.0%
文化、体育和娱乐业	62	18	29.0%	-128 800	-42.2%	-1.7%
租赁和商务服务业	66	13	19.7%	-399 250	-6.4%	-2.5%
金融业	127	17	13.4%	-142 213	-0.3%	-0.1%
采矿业	77	7	9.1%	-3 891	-0.1%	-0.02%
制造业	1 244	102	8.2%	-87 195	-0.2%	-0.1%
其他行业	668	113	16.9%	-236 146	-0.4%	-0.1%
合计	2 462	336	13.6%	-3 850 676	-2.1%	-0.5%

债规模扩大，对资产负债率等指标造成压力。同时，对损益表的影响体现为折旧和利息费用的计提，部分损益以利息的方式体现，可能对承租人的毛利率或息税前利润带来利好，同时加重对利息保障倍数等指标的压力。

从选择的 2 462 家 A 股上市公司年报来看，对于同行业的不同公司之间，由于存在资产负债规模、业务模式、首次执行日具体衔接办法选择、涉及估计判断等方面的差异，使用权资产和租赁负债在财务报表中体现出不同程度的影响。例如，由于业务模式不同，交通运输、采矿等行业中，以基础设施为主业的公司涉及大量租赁资产；零售、住宿和餐饮、租赁和服务、文娱业中，依赖大型资产（酒店、度假村、连锁餐饮、百货商场）的公司租赁资产较多。具体如表 12-3 所示。

三、典型行业影响分析

新租赁准则对交通运输业的影响最为重大，其次是零售业、住宿和餐饮业，再次是租赁和商务服务业、文化、体育和娱乐业；另外，虽然金融业、制造业及采矿业使用权资产和租赁负债规模较大，但新租赁准则对其影响有限。结合期初留存收益、使用权资产与总资产占比、租赁负债与总负债占比等相关指标的影响（见图 12-2 至图 12-6），并对上述八个行业做进一步分析。

表12-3　各行业使用权资产/总资产与租赁负债/总负债比率

序号	所属证监会行业名称	样本数量	使用权资产/资产总计（%）			租赁负债/总负债（%）		
			最小值	平均值	最大值	最小值	平均值	最大值
1	制造业	1 244	0	1.8	33.1	0	3.6	62.1
2	批发和零售业	185	0	6.0	41.1	0	8.6	54.3
3	信息传输、软件和信息技术服务业	172	0	1.7	8.1	0.1	4.2	31.9
4	金融业	127	0.	0.3	4.1	0	0.5	11.3
5	交通运输、仓储和邮政业	108	0	5.6	43.6	0	8.1	68.9
6	科学研究和技术服务业	89	0	1.9	14.3	0	5.6	54.8
7	采矿业	77	0	1.0	17.1	0	1.3	17.5
8	电力、热力、燃气及水生产和供应业	70	0.1	1.8	17.2	0.1	2.2	18.6
9	房地产业	69	0	1.9	26.5	0	3.1	31.7
10	租赁和商务服务业	66	0	5.5	62.5	0	8.7	80.0
11	建筑业	64	0.1	1.0	14.7	0	1.3	15.6
12	文化、体育和娱乐业	62	0	4.7	54.4	0	9.4	69.9
13	农、林、牧、渔业	47	0	4.0	35.0	0	6.3	48.0
14	水利、环境和公共设施管理业	38	0.1	1.4	13.8	0.1	3.5	27.8
15	卫生和社会工作	14	0	7.4	28.9	0	13.4	56.4
16	教育	12	0	8.2	19.3	0	8.8	42.1
17	住宿和餐饮业	9	0	15.8	35.9	0	31.7	80.6
18	综合	8	0.1	0.9	1.9	0.2	1.8	5.4
19	居民服务、修理和其他服务业	1	8.4	8.4	8.4	6.4	6.4	6.4
	合计	2 462	0	2.5	62.5	0	4.5	80.6

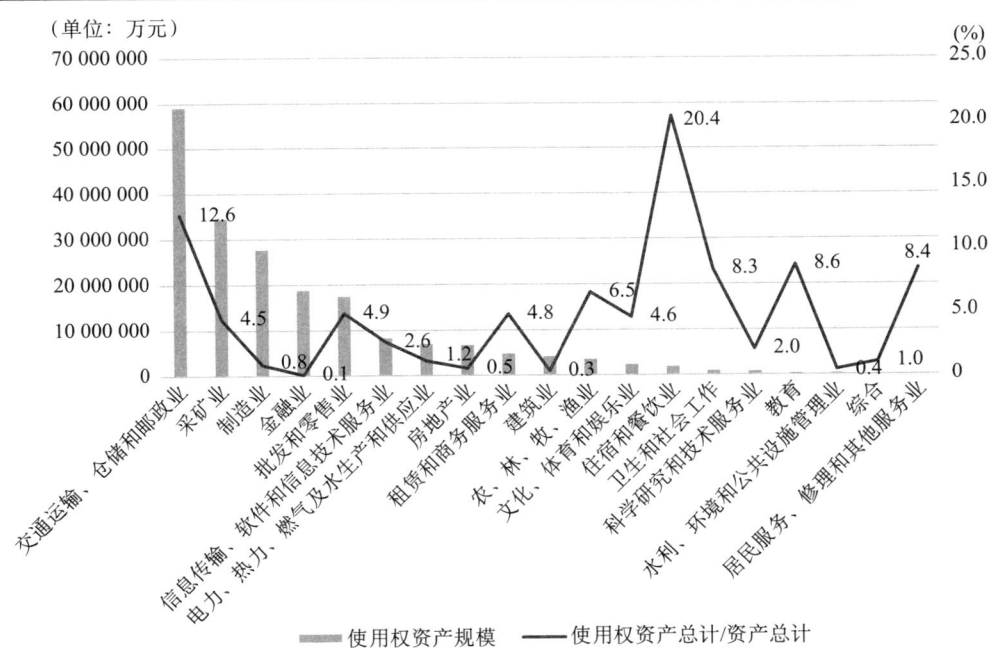

图12-2　使用权资产规模和使用权资产/总资产比率

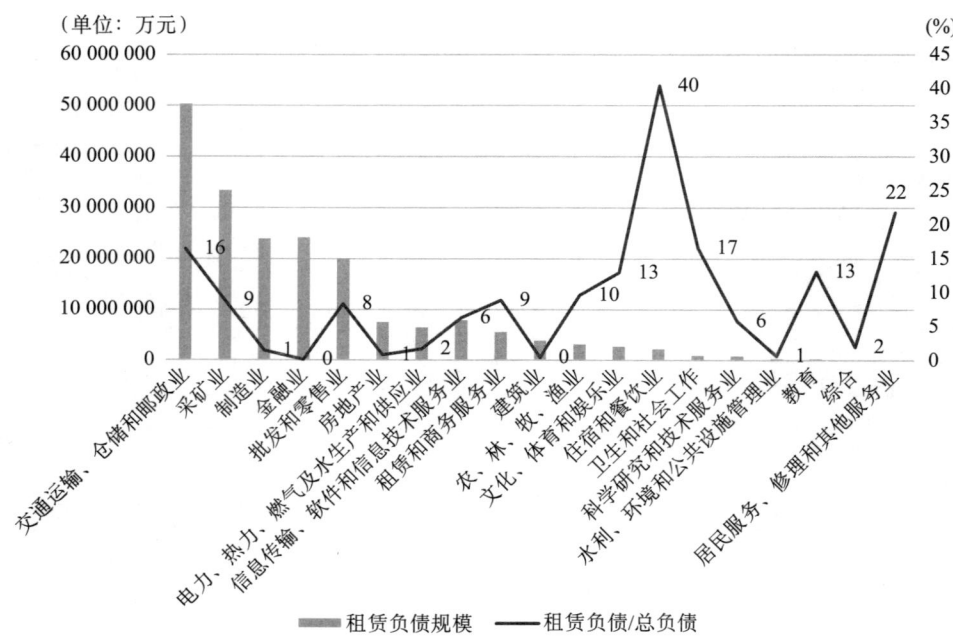

图 12-3 租赁负债规模和租赁负债/总负债比率

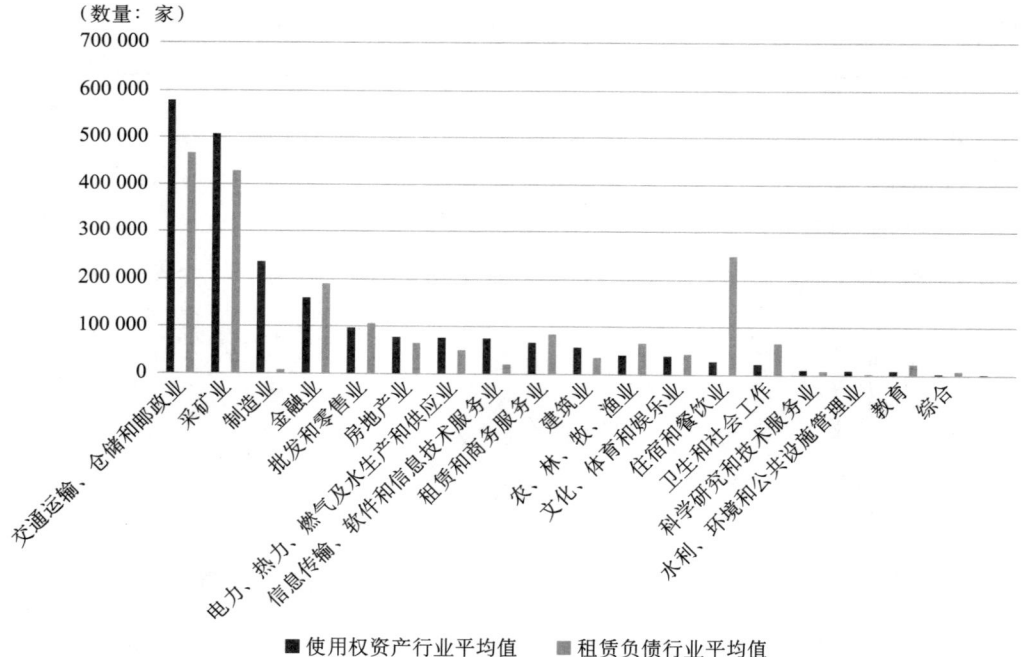

图 12-4 使用权资产和租赁负债的行业平均值（单位：万元）

第十二章 | 上市公司执行新租赁准则影响分析

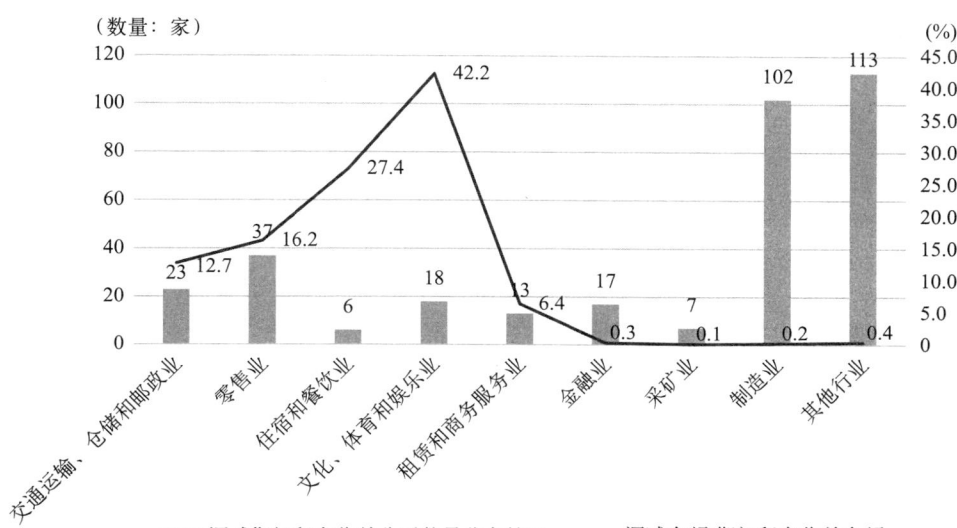

图 12-5 调整金额/期初留存收益金额（调减比例）

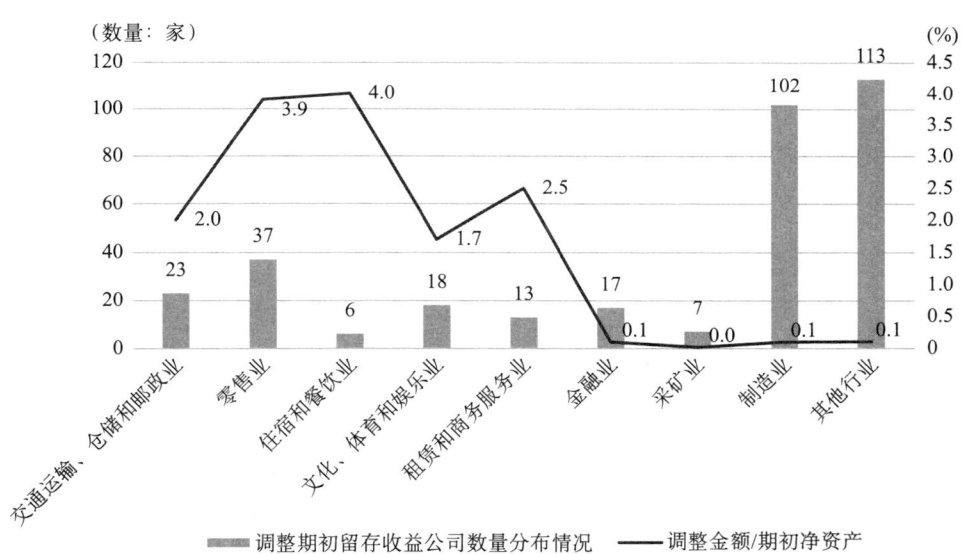

图 12-6 调整金额占期初净资产比例

（一）交通运输、仓储和邮政业

A股上市公司中交通运输、仓储和邮政业共108家，涉及航空运输业、水上运输业、铁路运输业、邮政业、道路运输业及仓储业等。截至2021年12月31日租赁负债共计4 158亿元，总负债25 279亿元，占比16.4%；使用权资产共计5 908亿元，总资产46 846亿元，占比12.6%。根据图12-2至图12-6所示，交通运输、仓储和邮政业使用权资产、租赁负债规模以及行业平均值在所有行业中排名第一（以下简称"全行业第一"）；使用权资产与总资产占比、租赁负债与总负债占比全行业第二；资产负债率上升比率约为10%，全行业第二。在首次执行日调整期初留存收益的上市公司数量为23家左右，调减金额约为148亿元，占期初留存收益比例约－12.7%，占期初净资产的比例约－2%。

交通运输、仓储和邮政业租赁物主要包括飞机及发动机、船舶、港务设施、房屋建筑物、土地使用权等。这些租赁资产价值较高，且与公司经营业务密切相关、难以替代，因此租赁期通常较长。

总体来看，新租赁准则对交通运输、仓储和邮政业中子行业航空业、水上运输业和邮政业的影响最大，主要是由于飞机、船舶等都是重资产，很大程度上依赖租赁以解决资金问题。航空业代表公司主要为南方航空（600029.SH）、中国东航（600115.SH）、中国国航（601111.SH）、华夏航空（002928.SZ）、东航物流（601156.SH）、*ST海航（600221.SH）；水上运输业代表公司主要为中远海控（601919.SH）、辽港股份（601880.SH）、日照港（600017.SH）、招商港口（001872.SZ）；邮政业代表公司主要为顺丰控股（002352.SZ）、德邦股份（603056.SH）、申通快递（002468.SZ）；另外，港口码头和陆路运输，尽管也是重资产行业，但其很重要的一些资产依赖自身建设，如港口码头企业的港口码头建设、铁路建设，影响相对较小。

（二）批发和零售业

A股上市公司中批发和零售业共185家，其中，零售业共101家，涉及百货、多业态零售、超市、线下药店及专业连锁等。截至2021年12月31日租赁负债共计约1 563亿元，总负债约10 599.5亿元，占比14.7%。根据图12-2至图12-6所示，零售业使用权资产共计1 597.3亿元，总资产16 118亿元，占比9.9%。零售业使用权资产和租赁负债规模全行业第五，使用权资产和租赁负债行业平均值为全行业第三，使用权资产与总资产占比全行业第三，租赁负债与总负债占比全行业第五。资产负债率上升升为3%，全行业第四。在首次执行日调整期初留存收益的上市公司数量为37家左右，调减金额约为126亿元，占期初留存收益比例约为－16.2%，占期初净资产的比例约为－3.9%。

新租赁准则对零售业中子行业百货、多业态零售、超市、线下药店及专业连锁企业等影响较为重大，如苏宁易购（002024.SZ）、永辉超市（601933.SH）、天虹股份（002419.SZ）、百联股份（600827.SH）、大商股份（600694.SH）、重庆百货（600729.SH）、华联综超（600361.SH）等。主要是由于此类公司通常需要租赁经营场所，尤其以自营连锁店铺为主要模式的公司，对租赁资产的依赖更大。

（三）住宿和餐饮业

A 股上市公司中住宿和餐饮业共 9 家。截至 2021 年 12 月 31 日租赁负债共计约 192.6 亿元，总负债约 554.7 亿元，占比 34.7%；使用权资产共计 188.2 亿元，总资产 922.4 亿，占比 20.4%。使用权资产与总资产、租赁负债与总负债占比全行业第一。根据图 12-2 至图 12-6 所示，住宿和餐饮业使用权资产、租赁负债行业平均值全行业第三；资产负债率上升比率约为 11%，全行业第一。在首次执行日调整期初留存收益的上市公司数量为 6 家左右，调减金额约为 11 亿元，占期初留存收益的比例约为 -27.4%，占期初净资产的比例约为 -4%。

新租赁准则对住宿和餐饮业影响整体较为重大，如锦江酒店（600754.SH）、首旅酒店（600258.SH），是由于该行业公司以租赁为主要运营模式，如连锁酒店、餐厅对租赁资产依赖较大。

（四）租赁和商务服务业

A 股上市公司中租赁和商务服务业共 66 家，涉及租赁业和商务服务业。截至 2021 年 12 月 31 日租赁负债共计约 463.7 亿元，总负债约 6 425.9 亿元，占比约为 7.4%；使用权资产共计 5 908 亿元，总资产 46 846 亿元，占比约为 4.8%。根据图 12-2 至图 12-6 所示，租赁和商务服务业使用权资产、租赁负债行业平均值全行业第六。期初留存收益调整金额占期初留存收益合计金额占比全行业第五。在首次执行日调整期初留存收益的上市公司数量为 13 家左右，调减金额约为 40 亿元，占期初留存收益比例约 -6.4%，占期初净资产的比例约 -2.5%。

总体来看，新租赁准则对租赁和商务服务业中特定子行业影响较为重大。其中，商业物业经营的上市公司影响最为显著，如居然之家（000785.SZ）、锦和商业（603682.SH）、美凯龙（601828.SH）、德必集团（300947.SZ）；其次是租赁业公司，如渤海租赁（000415.SZ）、华铁应急（603300.SH）；最后是以营销代理、中间产品及消费品供应链服务的其他上市公司，新租赁准则对其影响整体不重大。

（五）文化、体育和娱乐业

A 股上市公司中，文化、体育和娱乐业共 62 家，截至 2021 年 12 月 31 日租赁负债共计约 243.7 亿元，总负债约 2 088 亿元，占比约为 11.7%；使用权资产共计 233.5 亿元，总资产约为 5 101.7 亿元，占比约为 5%。根据图 12-2 至图 12-6 所示，文化、体育和娱乐业期初留存收益调整金额占期初留存收益合计金额占比全行业第一。在首次执行日调整期初留存收益的上市公司数量为 18 家左右，调减金额约为

12.8亿元，占期初留存收益比例约为-42.2%，占期初净资产的比例约为-1.7%。

文化、体育和娱乐业主要租赁资产为影院经营场所、办公场所等房屋建筑物。总体来看，新租赁准则对文化、体育和娱乐业中的院线、影视动漫制作、广告媒体、游戏业等相关公司的影响较大，如万达电影（002739.SZ）、金逸影视（002905.SZ）、横店影视（603103.SH）、中国电影（600977.SH）、华谊兄弟（00027.SZ）、华录百纳（300291.SZ）、华媒控股（000607.SZ）。

（六）金融业

金融业主要包括银行、保险、证券公司，A股上市公司金融业共127家，截至2021年12月31日租赁负债共计约为3 069.8亿元，总负债约为2 354 825.0亿元，占比约为0.08%；使用权资产共计约1 800.5亿，总资产约2 596 639.1亿元，占比约为0.07%。根据图12-2至图12-6所示，金融业使用权资产和租赁负债行业平均值在全行业排列第四。但使用权资产与总资产占比、租赁负债与总负债占比均小于1%。在首次执行日调整期初留存收益的上市公司数量为17家左右，调减金额约为14亿元，占期初留存收益和期初净资产的比例非常小，均不到-1%。

金融业由于其分支机构众多、分布区域广，涉及的租赁物主要是营业和办公用房。虽然金融业使用权资产和租赁负债规模以及行业平均值在全行业排列第四，但由于金融机构本身资产负债规模巨大，导致租赁负债与总负债、使用权资产与总资产占比较小。总体来讲，新租赁准则对其影响较小。此外，由于金融机构风险高、监管严，内控体系基础相对完善，自动化程度高，不少金融企业实施新租赁准则时，投入大量资金梳理租赁合同，重建租赁系统，以应对新租赁准则的核算要求。

同时，由于金融业（如银行）分支机构营业地址相对稳定，且行业对安全性的特殊要求，装修营业地点定制化较强，在合同约定有续租选择权的情况，从经济利益的角度来看，行使续租选择权的可能性较大。

（七）采矿业

A股上市公司采矿业共77家，截至2021年12月31日租赁负债共计约3 069.8亿元，总负债约37 703亿元，占比8.1%；使用权资产共计3 443.5亿元，总资产77 207.9亿元，占比4.5%。根据图12-2至图12-6所示，采矿业使用权资产和租赁负债行业平均值在全行业排列第二。在首次执行日调整期初留存收益的上市公司数量为7家左右，占比约9.1%，调减金额约为3 891万元，占期初留存收益和期初净资产的比例非常小，均不到-1%。

A股采矿业企业所处细分行业不同，租赁物也会有所不同，但主要为土地、加油加气站、房屋及建筑物、钻井设备等。总体来看，新租赁准则对采矿业个别企业影响较大，如中国石化（600028.SH）、中国石油（601857.SH），两家公司使用权资产和租赁负债规模占采矿业使用权资产和租赁负债总金额比例分别为94.2%和95.6%，而其他企业影响相对较小。

（八）制造业

截至2021年12月31日，A股上市公司制造业共3 045家，其中，截至2022年4月30日披露了年报公司3 037家。截至2021年12月31日租赁负债共计约为19 868 277亿元，总负债约为1 671 397 490亿元，占比1.2%；使用权资产共计约为27 675 847亿元，总资产约为3 270 455 687亿元，占比0.8%。根据图12-2至图12-6所示，制造业使用权资产和租赁负债规模全行业排列第三，使用权资产和租赁负债行业平均值在全行业排列倒数第五。从选择的1 244家样本企业来看，2019年至2021年分批执行新租赁准则对制造业企业的影响总体不大。在首次执行日调整期初留存收益的上市公司数量为102家左右，占比约8.2%，调减金额约为8.7亿元，占期初留存收益和期初净资产的比例非常小，均不到-1%。

A股制造业企业所处细分行业不同，租赁物也会有所不同，主要为土地、房屋建筑、机器设备、屋顶、光伏电站、土地采矿权、荒山使用权、水面、林地苗圃等。

总体来看，新租赁准则对制造业少数子行业的企业影响较大，如，主要影响有色冶炼和压延加工业、黑色金属冶炼和压延加工业、汽车制造业、农副食品加工业、化学原料和化学制品制造业等；涉及企业如中国铝业（601600.SH）、上汽集团（600104.SH）、包钢股份（600010.SH）、新希望（000876.SZ）、卫星化学（002648.SZ）、潍柴动力（000338.SZ）、宝钢股份（600019.SH）、苏垦农发（601952.SH）、隆基股份（601012.SH）、卫星化学（002648.SZ）等。

四、总结

通过分析可以看到新租赁准则的实施情况与预期基本一致，其影响主要体现在交通运输、仓储和邮政业、零售业、住宿和餐饮业、租赁和商务服务业、文化、体育和娱乐业等特定行业。

从具体的财务数据和信息披露来看，关注到一些未预期的情况，比如，在同一行业内的各家公司受影响的程度呈现较大差异；在涉及折现率、租赁期等估计和判断的领域，经营类似业务的公司作出的判断存在较大差异；可变租金的模式运用比预期广泛，且计费模式更为多样化，对租赁负债的计量以及租赁期内的损益产生重大影响。

也关注到信息披露不够充分的问题,可能影响报表使用者对相关财务信息的理解和运用。

同时,实务中实施新租赁准则也遇到很大挑战。比如,租赁准则适用范围的判断,如受托经营管理合同是适用收入准则、企业合并准则还是新租赁准则,租赁的识别,出租人有关租赁和非租赁成分的分拆、租赁期的判断、实质固定付款额和可变租赁付款额的区分、可变租金的后续计量、售后租回等特殊业务的细节处理等。

第二节 首次执行新租赁准则衔接及影响

一、首次执行日衔接处理采用的方法

(一) 首次执行日对存量合同的评估情况

新租赁准则规定无论出租人还是承租人,对于首次执行日前已存在的合同,在首次执行日可以选择不重新评估是否租赁或者包含租赁。选择不重新评估的,企业应当在财务报表附注中披露这一事实,并一致应用于所有合同。

根据 A 股上市公司披露的相关信息,对于首次执行日前已存在的合同几乎选择的不重新评估。

如果企业采用该实务简化处理,则应对所有合同均采用,不允许仅挑选部分合同采用。如果企业不采用该实务简化处理,则需要根据新租赁准则重新评估所有合同,以确定其是否包含租赁。这可能涉及较大的工作量,企业需要考虑按照新租赁准则的重新评估是否符合成本效益原则。

此外虽然新租赁准则为识别租赁提供了更详细的指引,但根据新租赁准则,合同是租赁还是服务的评估结果与原租赁准则下不同的情形较企业自身全部的租赁合同而言占比不大。因此,实务中,在首次执行日前,企业对已存在的合同几乎选择不重新评估。

(二) 采用全面追溯调整和简化的追溯调整的情况

根据新租赁准则,首次执行日承租人可以选择全面追溯调整法或简化的追溯调整法对租赁进行衔接会计处理,并一致应用于其作为承租人的所有租赁:

1. 按照《企业会计准则第 28 号——会计政策、会计估计变更和差错更正》的规定采用追溯调整法处理("全面追溯调整法",以下简称"方法 1")。

2. 根据首次执行新租赁准则的累积影响数，调整首次执行新租赁准则当年年初留存收益及财务报表其他相关项目金额，不调整可比期间信息（"简化的追溯调整法"，以下简称"方法2"）。

根据 A 股上市公司披露的相关信息，极少数公司对新租赁准则采用了全面追溯调整法，如康龙化成（300759.SZ）、ST 方科（600601.SH）、益丰药房（603939.SH）。

（三）简化的追溯调整法下使用权资产的计量方式选择分析

根据新租赁准则，采用简化的追溯调整方法的企业，对于首次执行日前的经营租赁，承租人在首次执行日应根据剩余租赁付款额按首次执行日承租人增量借款利率折现的现值计量租赁负债，并根据每项租赁选择按照下列两者之一计量使用权资产：（1）采用首次执行日的承租人增量借款利率作为折现率，假设自租赁期开始日即采用新租赁准则的账面价值（以下简称"方法2.1"）；（2）与租赁负债相等的金额，并根据预付租金进行必要调整（以下简称"方法2.2"）。

以 A 股年报披露相关信息来看，除极个别企业采用全面追溯调整方法外，在抽取的分析样本中，首次衔接时，大多数企业选择了方法2.2（即与租赁负债相等的金额，且调整预付租金）计量使用权资产。少数公司采用方法2.1和同时采用两种方法（方法2.1和方法2.2）。

（四）加权平均增量借款利率情况

以抽取样本（注1）为例，各行业已披露首次执行日加权平均增量借款利率分布如表 12-4 所示。

表 12-4　　　　各行业首次执行日加权平均增量借款利率

项目	序号	证监会行业	利率区间（注2）
主要影响行业	1	交通运输、仓储和邮政业	3.50%—5.85%
	2	批发与零售业	1.59%—8.07%
		其中：零售业	3.97%—8.07%
	3	文化、体育和娱乐业	3.85%—5.32%
	4	住宿和餐饮业	4.31%—6.00%
	5	租赁和商务服务业	3.85%—7.08%
其他行业	6	科学研究和技术服务业	3.80%—5.76%
	7	电力、热力、燃气及水生产和供应业	3.70%—7.84%
	8	采矿业	4.00%—9.00%
	9	信息传输、软件和信息技术服务业	3.70%—6.00%

续表

项目	序号	证监会行业	利率区间（注2）
其他行业	10	金融业	2.82%—5.26%
	11	制造业	0.14%—9.14%
	12	房地产业	3.56%—8.97%
	13	建筑业	4.10%—6.06%
	14	水利、环境和公共设施管理业	4.00%—5.34%
	15	农、林、牧、渔业	3.75%—5.00%
	16	卫生和社会工作	4.25%—4.47%
	17	综合	4.44%—4.91%
	18	教育	4.75%—4.88%
	19	居民服务、修理和其他服务业	未披露

注1：为分析上市公司执行新租赁准则情况，我们抽取了约2 462家（重点行业以及经营模式较依赖租赁资产）A股上市公司年度财务报告进行分析，其中，抽取样本中使用权资产和租赁负债占总体使用权资产和租赁负债约99.5%。

注2：单一加权平均增量借款利率统计口径。

另外，首次执行新租赁准则的上市公司，多数企业未披露首次执行日增量借款利率的加权平均值，少数企业以披露其增量借款利率区间方式来披露增量借款利率值。但我们倾向认为，披露的区间增量借款利率数值虽然在一定程度上体现了企业以租赁方式取得融资的资金成本，但其未能反映出相应利率融资规模的权重，相比而言，单一加权平均增量借款利率包含了更多的信息，使得财务报表使用者能更为充分地获取承租人的融资成本、未来将承担的利息费用等信息。

二、从经营租赁承诺到租赁负债调节过程情况

根据新租赁准则，承租人选择按照简化的追溯法对租赁进行衔接会计处理的，应当在首次执行日披露，首次执行日前一年度报告期末披露的经营租赁承诺金额按首次执行日承租人增量借款利率折现的现值，与计入首次执行日资产负债表的租赁负债的差额。

从已披露从经营租赁承诺到租赁负债调节过程的披露情况来看，主要涉及的调节项目如表12-5（以首次执行日为2021年1月1日为例）所示。

表 12-5   从经营租赁承诺到租赁负债调节过程

项目	公式	备注
2020 年 12 月 31 日重大经营租赁最低租赁付款额	A	
减：采用简化处理的短期租赁	B	1
减：采用简化处理的低价值资产租赁	C	1
减：首次执行日尚未起租作为经营租赁承诺金额	D1	2
加（或减）：合理确定将行使续租选择权或终止租赁选择权对应的最低租赁付款额影响金额	D2	3
加（或减）：取决于指数或比率的可变租赁付款额调节	E	4
小计	F = A - B - C + D1 +/- D2 +/- E	
减：增值税	G	5
调整后的经营租赁承诺	H = F - G	
2021 年 1 月 1 日经营租赁付款额现值	I	
加：2020 年 12 月 31 日应付融资租赁款	J	6
2021 年 1 月 1 日租赁负债	K = I + J	
其中：一年内到期的非流动负债		

1. 采用简化处理的短期租赁和低价值租赁

根据新租赁准则，短期租赁、低价值租赁可以选择不确认使用权资产和租赁负债，而是在发生时计入相关资产成本或当期损益；另外，首次执行日新租赁准则还提供了一项简化处理，即将于首次执行日后 12 个月内完成的租赁，可作为短期租赁处理，不确认使用权资产和租赁负债。

根据 A 股上市公司年报已披露从经营租赁承诺到租赁负债调节过程信息来看，多数企业涉及该项影响的调整。

2. 首次执行日尚未起租作为经营租赁承诺金额调节

根据新租赁准则，在租赁期开始日，承租人应当对租赁确认使用权资产和租赁负债，而租赁期开始日是出租人提供租赁资产使其可供承租人使用的起始日期。实务中可能出现，2020 年 12 月 31 日之前承租人和出租人已经签订了不可撤销的租赁协议，但是于 2021 年 1 月 1 日，租赁资产尚未交付，因此，2020 年 12 月 31 日将其作为经营租赁承诺进行披露，但于 2021 年 1 月 1 日尚不能确认使用权资产和租赁负债，将其从经营租赁承诺中予以扣减。

根据上市公司的披露情况，首次执行日尚未起租作为经营租赁承诺金额调节项的公司非常少，涉及该项调整的公司如中国中免（601888.SH）、广发证券

（000776.SZ）。

3. 合理确定将行使续租选择权导致的最低租赁付款额增加

根据新租赁准则，租赁期是承租人有权使用租赁资产且不可撤销的期间，承租人有续租选择权，即有权选择续租该资产，且合理确定将行使该选择权的，租赁期还应当包含续租选择权涵盖的期间。在旧租赁准则下，租赁期指租赁合同规定的不可撤销的租赁期间，且承租人有权选择续租该资产，并且在租赁开始日就可以合理确定承租人将会行使这种选择权，不论是否再支付租金，续租期也包括在租赁期之内。从定义来看，在续租选择权方面，新旧租赁准则并不存在重大差异，然而，旧准则对于租赁期定义的运用缺乏明确的指引。因此，相关判断结果与新租赁准则下的判断结果可能存在差异。

根据上市公司的披露情况，少数企业披露了该项调节项目，如石化油服（600871.SH）、秦港股份（601326.SH）、中国交建（601800.SH）、光大银行（601818.SH）、大连港（601880.SH）、中国银河（601881.SH）、紫金矿业（601899.SH）、建设银行（601939.SH）。

4. 不取决于指数或比率（或取决于租赁资产未来绩效）的可变租赁付款额调节

原租赁准则下，将所有可变租赁付款额作为或有租金计入当期损益。而根据新租赁准则，取决于指数或比率的可变租赁付款额应纳入租赁负债的计量中。根据 A 股上市公司的披露情况，少数企业披露了该项调节项目，如华能国际（600011.SH）、中国电影（600977.SH）。

5. 增值税的影响

根据新租赁准则，租赁负债应当按照租赁期开始日尚未支付的租赁付款额的现值进行初始计量，而租赁付款额是指承租人向出租人支付的与在租赁期内使用租赁资产的权利相关的款项，增值税并未包括在其中。因此，如果 2020 年 12 月 31 日经营租赁承诺披露的是含税金额，在实施新租赁准则时，在计量租赁负债时应将其扣除在外。

根据 A 股上市公司年报披露情况，首次执行日对上市公司增值税的影响较少，少数企业披露了该项调节项目，如首旅酒店（600258.SH）、德邦股份（603056.SH）、华联综超（600361.SH）、药明康德（603259.SH）、中原证券（601375.SH）、中海油服（601808.SH）、中国广核（003816.SZ）等。

6. 融资租赁形成的应付融资租赁款的调整

根据新租赁准则，对于首次执行日前的融资租赁，承租人在首次执行日应当按照融资租入资产和应付融资租赁款的原账面价值，分别计量使用权资产和租赁负债，因此，原融资租赁产生的应付融资租赁款应全额转入租赁负债。根据 A 股上市公司年报披露情况，首次执行日对融资租赁形成的应付融资租赁款的调整涉及的公司，如中国东航（600115.SH）、南方航空（600029.SH）、中国国航（601111.SH）、华联股份（000882.SZ）、潍柴动力（000338.SZ）、中国铝业（601600.SH）、中信银行（601998.SH）、工商银行（601398.SH）等。

三、首次执行日的财务影响

（一）影响的主要财务报表项目

根据抽取样本年报披露情况来看，大多数企业披露了首次执行日涉及调整的主要财务报表项目的影响，主要包括预付款项、长期待摊费用、使用权资产、固定资产、递延所得税资产、租赁负债、长期应付款、预计负债、递延所得税资产/负债、一年内到期的非流动负债、未分配利润等科目的调整。

1. 将原计入预付款项或长期待摊费用的租金转入使用权资产

根据新租赁准则，使用权资产包括在租赁期开始日或之前支付的租赁付款额；而旧租赁准则下，承租人预付的经营租赁的租金通常计入预付款项或长期待摊费用；因此，在首次执行日不少企业将原计入预付款项或长期待摊费用的租金转入使用权资产，体现出预付款项或长期待摊费用的减少和使用权资产的增加，通常对总资产不产生影响。根据抽取样本年报披露情况来看，对于预付账款的调整主要集中行业包括：

（1）零售业，如老百姓（603883.SH）、一心堂（002727.SZ）、步步高（002251.SZ）、王府井（600859.SH）等；

（2）邮政业，如顺丰控股（002352.SZ）、申通快递（002468.SZ）、德邦股份（603056.SH）等；

（3）商务服务业，如居然之家（000785.SZ）、华联股份（000882.SZ）、分众传媒（002027.SZ）等；

（4）其他行业，如江苏银行（600919.SH）、吉祥航空（603885.SH）等。

2. 使用权资产

新租赁准则不再区分经营租赁和融资租赁，除短期租赁或低价值租赁可以选择简化处理之外，对所有租赁项目均确认使用权资产和租赁负债，该两个报表项目调整将导致资产总额和负债总额增加，还可能对净资产总额产生影响，其主要原因为使用权资产的确定方法不同。

3. 原融资租赁形成的融资租入固定资产应重分类至使用权资产

根据新租赁准则，对于首次执行日前的融资租赁，承租人在首次执行日应当按照融资租入资产和应付融资租赁款的原账面价值分别计量使用权资产和租赁负债，即原由于融资租赁形成的融资租入固定资产应重分类至使用权资产，该重分类调整仅涉及非流动资产项目内部的调整，一般来讲不影响资产总额。根据抽取样本年报披露情况来看，该事项的调整主要涉及行业及公司如下：

（1）航空运输业，如中国东航（600115.SH）、南方航空（600029.SH）、中国国航（601111.SH）、*ST海航（600221.SH）、吉祥航空（603885.SH）及华夏航空（002928.SZ）等；

（2）水上运输业，如中远海控（601919.SH）、中谷物流（603565.SH）、中远海特（600428.SH）、招商轮船（601872.SH）及锦州港（600190.SH）等；

（3）电力、热力生产和供应业，如华电国际（600027.SH）、京能电力（600578.SH）、三峡能源（600905.SH）、申能股份（600642.SH）、协鑫能科（002015.SZ）、华能国际（600011.SH）、浙能电力（600023.SH）及国电电力（600795.SH）等；

（4）采矿业，如平煤股份（601666.SH）、西部矿业（601168.SH）、中国石油（601857.SH）及淮北矿业（600985.SH）等；

（5）建筑业，如中国交建（601800.SH）、中国铁建（601186.SH）等。

4. 原融资租赁形成的长期应付款应重分类至租赁负债

根据新租赁准则，对于首次执行日前的融资租赁，承租人在首次执行日应当按照融资租入资产和应付融资租赁款的原账面价值分别计量使用权资产和租赁负债，即原由于融资租赁形成的长期应付款应重分类至租赁负债，该重分类调整仅涉及非流动负债项目内部的调整，通常不影响负债总额。

5. 一年内到期的非流动负债

新租赁准则下，除短期租赁或低价值租赁可以选择简化处理外，对所有租赁项目均确认使用权资产和租赁负债，而对于租赁负债通常依据流动性分别列示为非流动负债和一年内到期的非流动负债，因此，首次执行日租赁负债增加的同时，一年内到期的租赁负债也增加。

6. 预计负债

根据新租赁准则，使用权资产的成本包括承租人为拆卸及移除租赁资产、复原租赁资产所在场地或将租赁资产恢复至租赁条款约定状态预计将发生的成本，并按照或有事项准则对该项成本进行确认和计量。该调整事项影响重大行业为航空运输业，如中国国航（601111.SH）、中国东航（600115.SH）、*ST海航（600221.SH）、吉祥航空（603885.SH）、招商轮船（601872.SH）、东航物流（601156.SH）；除航空运输业外，少数企业涉及该事项并在首次执行日确认了使用权资产和预计负债，如科学研究和技术服务业华建集团（600629.SH）、制造业浙江龙盛（600352.SH）等。

7. 递延所得税资产和负债

《企业所得税法实施条例》第四十七条对租赁费支出的税前扣除问题做了规定，即以经营租赁方式租入固定资产发生的租赁费支出，按照租赁期限均匀扣除；以融资租赁方式租入固定资产发生的租赁费支出，按照规定构成融资租入固定资产价值的部分应当提取折旧费用，分期扣除。

新租赁准则下，按照现行税法的相关规定，原分类为经营租赁的租赁按照现行税法仍然可能被划分为经营租赁，但是按照新租赁准则确认的资产和负债的会计基础与现行税法下的计税基础不同，将形成暂时性差异，需要进行纳税调整，同时账面上确认相应的递延所得税资产或递延所得税负债。

关于使用权资产和租赁负债是否确认递延所得税，具体参见第五章承租人的会计处理中第二节的介绍。

2023年11月9日，财政部发布了《企业会计准则解释第17号》（财会〔2023〕21号，解释17号），就"关于流动负债与非流动负债的划分""关于供应商融资安排的披露"和"关于售后租回交易的会计处理"等国际准则趋同问题进行了明确。该解释自2024年1月1日起施行。在A股上市公司出具2021年度财务报告时，企业会计准则解释第17号尚未发布，首次执行新租赁准则时如何对递延所得税进行确认，实务中有以下两种处理方法：（1）根据《企业会计准则第18号——所得税》的相关规定，适用递延所得税初始确认简化处理，不确认递延所得税；（2）提前适用修订后的IAS 12，初始确认递延所得税资产和负债。

根据年报披露情况，约有10%的企业在首次执行新租赁准则时调整了递延所得税的影响。该调整主要集中行业包括：

（1）零售业，如永辉超市（601933.SH）、天虹股份（002419.SZ）、王府井（600859.SH）、大商股份（600694.SH）等；

（2）航空运输业，如中国国航（601111.SH）、南方航空（600029.SH）、中国东航（600115.SH）、春秋航空（601021.SH）、白云机场（600004.SH）、吉祥航空（603885.SH）、东航物流（601156.SH）及华夏航空（002928.SZ）等；

（3）水上运输业，如中远海能（600026.SH）、辽港股份（601880.SH）等；

（4）住宿和餐饮业，如首旅酒店（600258.SH）、同庆楼（605108.SH）等；

（5）商务服务业，如居然之家（000785.SZ）、华联股份（000882.SZ）、锦和商业（603682.SH）、德必集团（300947.SZ）及美凯龙（601828.SH）等；

（6）文化、体育和娱乐业，如金逸影视（002905.SZ）、横店影视（603103.SH）及万达电影（002739.SZ）等。

（二） 期初留存收益调整情况

详见本章第一节（二）期初留存收益调整影响。

第三节　特殊事项衔接及个性化披露示例

一、特殊租赁事项的衔接与示例

（一） 转租赁业务衔接

根据新租赁准则第六十五条，首次执行日前划分为经营租赁的转租赁，转租出租人在首次执行日应基于原租赁和转租赁的剩余合同期限和条款进行重新评估确定租赁分类，对于重分类为融资租赁的，将作为一项新的融资租赁进行会计处理。除前款所述情形外，出租人无须对其作为出租人的租赁按照衔接规定进行调整，而应当自首次执行日起按照租赁准则进行会计处理。

根据上市公司年报披露情况，转租赁业务相对较少，关于该业务首次衔接披露示例如下：

【披露示例 12-1】 002186.SZ 全聚德　2021 年度报告

转租出租人
会计政策变更
作为出租人

根据新租赁准则，除首次执行日前划分为经营租赁且在首次执行日（即 2021 年 1 月 1 日）后仍存续的转租赁外，本集团无须对其作为出租人的租赁按照衔接规定进行调整，但需自首次执行新租赁准则之日按照新租赁准则进行会计处理。对于首次执行日前划分为经营租赁且在首次执行日（即 2021 年 1 月 1 日）后仍存续的转租赁，本集团作为转租出租人在首次执行日基于原租赁和转租赁的剩余合同期限和条款进行重新评估，并按照新租赁准则的规定进行分类（见表 12-6）。

表 12-6
单位：元

会计政策变更的内容和原因	审批程序	受影响的报表项目	影响金额
因执行新租赁准则，对于本集团作为出租人的租赁，除首次执行日前划分为经营租赁且在首次执行日（即 2021 年 1 月 1 日）后仍存续的转租赁外，本集团未对其作为出租人的租赁进行调整	本集团第八届十五次董事会会议审批	一年内到期的非流动资产	472 489.66
		长期应收款	1 059 062.02
		预收账款	-299 696.97
		使用权资产	-371 401.11
		未分配利润	1 459 847.54

（二）租赁亏损合同的衔接

根据新租赁准则第六十三条相关规定，作为使用权资产减值测试的替代，承租人可根据《企业会计准则第 13 号——或有事项》评估包含租赁的合同在首次执行日前是否为亏损合同，并根据首次执行日前计入资产负债表的亏损准备金额调整使用权资产。

根据 A 股上市公司年报披露情况，对于租赁亏损合同相对较少，该业务首次衔接披露示例如下：

【披露示例 12-2】600258.SH 首旅酒店　2021 年度报告

会计政策变更

于 2021 年 1 月 1 日，本集团及本公司按照《企业会计准则第 8 号——资产减值》的规定，对使用权资产进行减值测试并进行相应会计处理；对于 2021 年 1 月 1 日前已存在的租赁亏损合同，本集团及本公司根据 2021 年 1 月 1 日前计入资产负债表的亏损准备金额调整未分配利润。

（三）对于历史期间因非同一控制下企业合并所产生的经营租赁合同

根据新租赁准则应用指南相关规定，承租人如果之前根据企业合并准则对收购的经营租赁的有利或不利条款确认了资产或负债，应终止确认该资产或负债，并根据首次执行日的相应金额调整使用权资产的账面金额。

根据 A 股上市公司年报披露情况，对于作为企业合并一部分购买的经营租赁的有利或不利条款确认了资产或负债的公司相对较少，该业务首次衔接披露示例如下：

【披露示例 12 - 3】600754. SH 锦江酒店　2021 年度报告

会计政策变更

2021 年 1 月 1 日使用权资产的账面价值构成如表 12 - 7 所示。

表 12 - 7　　　　　　　　　　　　　　　　　　　　　　　　　　　　单位：人民币元

项目	2021 年 1 月 1 日
使用权资产：	
对于首次执行日前的经营租赁确认的使用权资产：	9 230 107 940.75
原租赁准则下确认为固定资产的融资租入资产（注1）	206 916 701.48
企业合并产生的有利/不利经营租赁条款（注2）	111 533 918.86
合计	9 548 558 561.09

注 1：本集团将原租赁准则下分类为融资租赁且于 2021 年 1 月 1 日仍在租赁的账面价值为人民币 206 916 701.48 元资产确认为使用权资产。

注 2：本集团之前根据《企业会计准则第 20 号——企业合并》，对作为企业合并一部分购买的经营租赁的有利条款确认了无形资产，购买的经营租赁的不利条款确认了预计负债，在首次执行日终止确认该资产及负债，并相应调整使用权资产的账面金额，无形资产调减金额为人民币 114 555 191.85 元，预计负债调减金额为人民币 3 021 272.99 元。

【披露示例 12 - 4】600258. SH 首旅酒店　2021 年度报告

会计政策变更

对于历史期间因非同一控制下企业合并所产生的经营租赁合同，本集团作为承租人，根据 2021 年 1 月 1 日的剩余租赁付款额和增量借款利率确认租赁负债，并假设自租赁期开始日或合并日孰晚即采用新租赁准则，并根据 2021 年 1 月 1 日增量借款利率确定使用权资产的账面价值，同时根据因非同一控制下企业合并所产生的有利租约和不利租约对相关使用权资产进行必要调整。

（四）售后租回业务的衔接

根据新租赁准则第六十六条，首次执行日前形成融资租赁的售后租回交易，卖方（承租人）按照与首次执行日存在的其他融资租赁相同的方法对租回进行会计处理，继续在租赁期内摊销相关递延收益或损失。首次执行日前形成经营租赁的售后租回交易，卖方（承租人）按照与首次执行日存在的其他经营租赁相同的方法对租回进行会计处理，并根据首次执行日前计入资产负债表的相关递延收益或损失调整使用权资产。

根据 A 股上市公司年报披露情况，售后租回业务相对较少，该业务首次衔接披露示例如下：

【披露示例 12－5】601168.SH 西部矿业　2021 年度报告

原为售后租回经营租赁新准则下卖方承租人的处理披露示例，即相关递延收益或损失调整使用权资产

会计政策变更

对于首次执行日前已存在的售后租回交易，本集团不重新评估资产转让是否符合附注五、38 作为销售进行会计处理的规定。对于首次执行日前作为销售和融资租赁进行会计处理的售后租回交易，本集团作为卖方（承租人）按照与其他融资租赁相同的方法对租回进行会计处理，并继续在租赁期内摊销相关递延收益或损失。对于首次执行日前作为销售和经营租赁进行会计处理的售后租回交易，本集团卖方（承租人）按照与存在的其他经营租赁相同的方法对租回进行会计处理，并根据首次执行日前计入资产负债表的相关递延收益或损失调整使用权资产。

【披露示例 12－6】000338.SZ 潍柴动力　2019 年度报告

按照与首次执行日存在的其他融资租赁相同的方法对租回进行会计处理，并继续在租赁期内摊销相关递延收益或损失披露示例

会计政策变更

售后租回交易

对于首次执行日前已存在的售后租回交易，本集团在首次执行日不重新评估资产转让是否符合《企业会计准则第 14 号——收入》作为销售进行会计处理的规定。

本集团作为卖方及承租人

对于首次执行日前作为销售和融资租赁进行会计处理的售后租回交易，本集团按照与首次执行日存在的其他融资租赁相同的方法对租回进行会计处理，并继续在租赁期内摊销相关递延收益或损失。

二、个性化披露示例

（一）合同为租赁或包含租赁的判断

【披露示例 12－7】000063.SZ 中兴通讯　2020 年度报告

会计政策

合同是否为租赁或包含租赁

本集团签订了关于海外仓库、通勤车辆的租赁协议。本集团认为，根据租赁协议，不存在已识别资产，资产供应方对该仓库、车辆等拥有实质性替换权，协议未授予本集团改变仓库、车辆的使用目的和使用方式的权利，也未授予本集团自行或主导他人按照本集团确定的方式运营该仓库、车辆，因此，该租赁协议不包含租赁，本集团将其作为接受服务进行处理。

【披露示例 12-8】601800.SH 中国交建 2022 年度报告

会计政策

合同是否为租赁或包含租赁

本集团就部分工程施工项目签订了设备租赁协议，本集团认为，根据部分租赁协议，不存在已识别资产或资产供应方对相关设备拥有实质性替换权，因此，该租赁协议不包含租赁，本集团将其作为接受服务进行处理。

（二）折现率的确定方法

【披露示例 12-9】600061.SH 国投资本 2021 年度报告

重要会计政策

折现率

在计算租赁付款额的现值时，本公司因无法确定租赁内含利率的，采用增量借款利率作为折现率。该增量借款利率，是指本公司在类似经济环境下为获得与使用权资产价值接近的资产，在类似期间以类似抵押条件借入资金须支付的利率。本公司主要以 AAA 企业债到期收盘收益率为基础确定增量借款利率。

【披露示例 12-10】000563.SZ 陕国投 A 2021 年度报告

重要会计政策

折现率

在计算租赁付款额的现值时，本公司因无法确定租赁内含利率，采用增量借款利率作为折现率。该增量借款利率，是指本公司在类似经济环境下为获得与使用权资产价值接近的资产，在类似期间以类似抵押条件借入资金须支付的利率。该利率与下列事项相关：①本公司自身情况，即公司的偿债能力和信用状况；②"借款"的期限，即租赁期；③"借入"资金的金额，即租赁负债的金额；④经济环境，包括承租人所处的司法管辖区、计价货币、合同签订时间等。本公司以中国人民银行公布的 LPR

为基础，考虑上述因素进行调整而得出该增量借款利率。

【披露示例 12－11】601288.SH 农业银行　2019 年度报告

会计政策变更

本集团内的各个承租人以与其发行的相似期限的债券的到期收益率作为基础，综合考虑租赁剩余期限、租赁规模和担保状况，确定承租人增量借款利率。

（三）租赁期的判断

【披露示例 12－12】600138.SH 中青旅　2021 年度报告

重大会计判断和估计

租赁期——包含续租选择权的租赁合同

租赁期是本集团有权使用租赁资产且不可撤销的期间，有续租选择权，且合理确定将行使该选择权的，租赁期还包含续租选择权涵盖的期间。本集团部分租赁合同拥有 1—3 年的续租选择权。本集团在评估是否合理确定将行使续租选择权时，综合考虑与本集团行使续租选择权带来经济利益的所有相关事实和情况，包括自租赁期开始日至选择权行使日之间的事实和情况的预期变化。本集团认为，由于与市价相比，续租选择权期间的合同条款和条件更优惠，租赁资产对本集团的运营重要，且不易获取合适的替换资产，与行使选择权相关的条件及满足相关条件的可能性较大，本集团能够合理确定将行使续租选择权，因此，租赁期中包含续租选择权涵盖的期间。

【披露示例 12－13】000063.SZ 中兴通讯　2019 年度报告

租赁期——包含续租选择权的租赁合同

租赁期是本集团有权使用租赁资产且不可撤销的期间，有续租选择权，且合理确定将行使该选择权的，租赁期还包含续租选择权涵盖的期间。本集团部分租赁合同拥有 1—5 年的续租选择权。本集团在评估是否合理确定将行使续租选择权时，综合考虑与本集团行使续租选择权带来经济利益的所有相关事实和情况，包括自租赁期开始日至选择权行使日之间的事实和情况的预期变化。本集团认为，由于终止租赁相关成本重大，与行使选择权相关的条件及满足相关条件的可能性较大，本集团能够合理确定将行使续租选择权，因此，租赁期中包含续租选择权涵盖的期间。

（四）售后租回交易

【披露示例 12-14】000338.SZ 潍柴动力 2019 年度报告

售后租回再转租安排

叉车租赁业务为 KION 的主要业务，主要有三类：直接租赁、售后租回再转租和间接租赁。为满足融资需求，KION 及其子公司（以下简称"KION 集团"）将工业叉车销售给金融合作伙伴，然后由 KION 集团内的公司租回（首次租赁），再转租给外部最终用户（以下称为"售后租回再转租"），首次租赁的租赁期通常为 4—5 年。考虑到金融合作伙伴仅能将工业叉车出租给 KION 集团，租金按转让收入加约定的回报率商定，且首次租赁期届满之时租赁资产归 KION 集团所有，本集团管理层认为售后租回再转租安排下首次租赁对应租赁资产的控制权仍然由 KION 集团保留，该资产转让不属于销售。因此，本集团继续确认被转让资产，同时确认一项与转让收入等额的金融负债。

间接租赁安排

KION 集团将工业叉车销售给金融合作伙伴，再由金融合作伙伴租赁给外部最终客户（以下简称"间接租赁"）。考虑到合同条款及过往的商业惯例，KION 集团在间接租赁的租赁期届满之时均会以约定价格或市场价格向金融合作伙伴回购被转让的工业叉车，本集团管理层认为 KION 集团仍保留相应租出资产的控制权，间接租赁安排下的资产转让不属于销售。因此，本集团继续确认被转让资产，对于本集团承担的回购义务的现值确认一项负债，转让收入与该负债之间的差额按照《企业会计准则第 21 号——租赁》进行会计处理。

（五）转租赁

【披露示例 12-15】600037.SH 歌华有线 2021 年度报告

重要会计政策变更

作为出租人

根据新租赁准则，除首次执行日前划分为经营租赁且在首次执行日（即 2021 年 1 月 1 日）后仍存续的转租赁外，本公司无须对其作为出租人的租赁按照衔接规定进行调整，但需自首次执行新租赁准则之日按照新租赁准则进行会计处理。

对于首次执行日前划分为经营租赁且在首次执行日（即 2021 年 1 月 1 日）后仍存续的转租赁，本公司作为转租出租人在首次执行日基于原租赁和转租赁的剩余合同期限和条款进行重新评估，并按照新租赁准则的规定进行分类。

合并财务报表项目注释

使用权资产（见表12-8）。

表12-8　　　　　　　　　　　使用权资产　　　　　　　　　单位：元　币种：人民币

项目	房屋及建筑物	基站	合计
一、账面原值			
1. 期初余额	47 323 328.05	—	47 323 328.05
2. 本期增加金额	34 220 823.42	45 038 103.32	79 258 926.74
（1）租入	33 786 828.47	45 038 103.32	78 824 931.79
（2）租赁负债调整	433 994.95	—	433 994.95
3. 本期减少金额	—	45 038 103.32	45 038 103.32
（1）转租赁为融资租赁	—	45 038 103.32	45 038 103.32
4. 期末余额	81 544 151.47	—	81 544 151.47
二、累计折旧			
1. 期初余额			
2. 本期增加金额	20 654 917.39	—	20 654 917.39
（1）计提	20 654 917.39	—	20 654 917.39
3. 本期减少金额			
（1）处置			
4. 期末余额	20 654 917.39	—	20 654 917.39
三、减值准备			
1. 期初余额			
2. 本期增加金额			
（1）计提			
3. 本期减少金额			
（1）处置			
4. 期末余额			
四、账面价值			
1. 期末账面价值	60 889 234.08	—	60 889 234.08
2. 期初账面价值	47 323 328.05	—	47 323 328.05

第十三章
审计应对

本章主要介绍新旧衔接、租赁识别、租赁期、折现率、租赁变更、短期租赁和低价值租赁、售后租回等审计应对；以及关键审计事项应用案例。

第一节 新旧衔接的审计应对

从首次执行会计期间内对财务报表的影响程度来看，本次修订租赁准则对承租人的影响大于出租人，主要变化是取消承租人经营租赁和融资租赁的分类，要求对所有租赁（短期租赁和低价值资产租赁除外）确认使用权资产和租赁负债。与原先的经营租赁仅需要核算租赁费支出并考虑计入损益的期间相比，新租赁准则的会计处理明显更加复杂，对承租人的会计核算及财务报告流程、资产负债率等财务指标、资本结构、成本费用构成、未来投融资安排、估值结果和相关业务流程的内部控制将产生深远和重大的影响。

注册会计师应该尽早走访相关业务和职能部门，了解被审计单位对新租赁准则衔接所做的准备工作，包括不限于会计政策（例如衔接方法）和会计估计的确定、财务系统及内控流程的更新，以及对财务人员进行培训的情况，结合新租赁准则的影响程度判断管理层和财务人员是否已经具备了足够的胜任能力来应对新准则的实施。

新租赁准则下，受影响较大的主要是采用经营租赁较多且单项租赁资产较高的领域，比如需要租赁飞机、船舶等重资产的行业（例如航空、海运等）将是受新准则波及的"重灾区"。除此之外，餐饮、零售等需要租入大量物业（用于经营连锁门店）也将受到较大影响。在金融行业内，商业银行、证券公司和基金公司等经营面向个人的零售金融业务的机构由于网点通常采取租赁物业的方式，与前述的餐饮等行业情况类似，但考虑到金融企业本身资产和负债规模较大，使用权资产和租赁负债"入表"后对财务状况的影响通常不明显。

上述受影响较大的行业通常也是业务流程和财务报告流程对信息系统依赖程度较高的企业。注册会计师还需要了解有关信息系统和应用的更新、升级情况，并据此调整执行信息系统审计中控制测试的范围。

如第九章第一节的内容所述，新租赁准则给出了不同的衔接方法，主要包括全面追溯调整比较报表的方法和简化方法（简化方法中又对每项租赁给出了不同的假设，即使用权资产自租赁期开始日即采用新准则的金额，以及使用权资产按照与租赁负债相等的金额调整预付租金确定的两种方法）。注册会计师应该了解管理层对衔接方法的选取，获取董事会批准的文件，并确认财务报表合并范围内的各组成部分是否在全面追溯法和简化方法的选取上保持了一致。

注册会计师应当获取租赁合同、业务台账等资料，与管理层作出的新旧衔接累积影响数的计算过程进行核对，检查新旧衔接影响计算的完整性和准确性，并复核财务报表中披露的会计政策变更和累积影响数等信息是否充分、适当。

一般情况下，如果实施新租赁准则不涉及重大专业判断，也不存在舞弊因素和内控控制重大缺陷的影响，则通常不会将实施新租赁准则单独作为重大错报风险相关的风险因素。但是，如果在预审时发现被审计单位管理层和财务人员尚未做好迎接新租赁准则的准备工作（包括财务核算、信息系统、内部控制和人员培训等方面），那么注册会计师需要考虑管理层和财务人员可能不具备实施新租赁准则的胜任能力，进而判断可能存在与新租赁准则实施相关的财务报表层次重大错报风险，并制订必要的应对措施。

第二节 租赁识别的审计应对

一、了解并测试与租赁识别相关的内部控制

在实施新租赁准则后，与租赁识别相关的内部控制可能涉及多个业务流程，例如合同管理、实物资产管理、采购与付款、财务报告、信息系统等。在首次实施新租赁准则的第一个会计期间，企业内部可能需要开展资产清查，即对需要"入表"核算的使用权资产进行识别和区分。

如果首次执行期间对已租入资产和在执行中的租赁合同的清查同时有财务部门、

采购部门、工程部门、资产使用部门、后勤管理部门、信息管理部门和内部审计或稽核岗位的参与，注册会计师可以考虑获取上述资产清查报告（或文件记录）及租赁合同台账，并走访上述相关部门的负责人员，了解清查工作的过程和结果，并在访谈的基础上对新准则实施后的内控控制流程进行重新梳理。

注册会计师应当获取更新后的内控规章制度，识别关键控制点并执行穿行测试。在执行内控测试时，选取的样本应当包括临近资产负债表日的交易（兼顾存量业务和报告期新发生的租赁交易），以便测试更新后的内控流程是否有效运行。

对财务部门的访谈通常还应该涉及与新租赁准则相关的会计政策和会计估计的制订，例如短期租赁和低价值租赁的判断标准、使用权资产的折旧计提方法、计算租赁负债现值的折现率选取等。

二、与租赁识别相关的错报风险因素

审计实务中，与租赁识别相关的错报风险因素可能包含以下几个方面：

1. 租赁识别的完整性

由于涉及使用权资产和租赁负债的上表，对被审计单位资产负债结构和账务处理流程产生影响，企业管理层和财务人员在区分已识别资产，根据租赁合同对使用期内的主导权和获取的经济利益作出判断时，可能存在偏向，例如更倾向于默认合同不包含租赁，以便可以继续按照相对简化的方式核算租金支出。

2. 租赁业务的真实性

对于已签订并判断包含租赁的合同，可能存在的风险是已识别资产并不真实存在或者与企业的日常生产经营活动不相关。这种情形通常表明存在管理层舞弊，即通过构造租赁业务将资金以偿还租赁负债的方式转出，而资金往来的实质是关联方占用或者资金回笼冒充销售回款。

如果已识别资产未实际移交或者在租入后长期闲置，注册会计师需要考虑租赁的真实性和交易实质。

3. 租赁业务与其他业务混同

对租赁的识别可能涉及较多的专业判断，特别是对使用期内的主导权和获取的经济利益的判断，需要基于被审计单位的经营模式，同时考虑行业惯例和不同市场、不同司法管辖区内的各方市场地位和所掌握的资源情况。

一般情况下，租赁业务与提供服务、租赁业务与采购产品通常是实务中存在判断难度、易发生混淆的领域。

三、实质性审计程序

针对上述错报风险,注册会计师除了拟信赖内部控制之外,还需要结合对被审计单位经营模式的了解进行实质性的分析。

1. 针对租赁识别完整性的应对程序

对于应识别为租赁但管理层可能未按照租赁准则处理的交易,注册会计师可以考虑从以下几个方面实施实质性程序:

(1) 对比同行业上市公司的财务指标和非财务指标,分析同期的资产负债率、成本费用率、期间费用的构成比例、单台设备年产量、单个门店销售收入等指标是否存在异常,查找可能未入账的使用权资产。

(2) 结合资金流水核查及预付款项、期间费用的审计程序,查找疑似租赁费支出的交易并核对租赁合同,判断是否符合管理层制订的短期租赁和低价值租赁的标准;分析报告期内水电费、物业费的支出金额与表内的房屋建筑物等资产的规模是否匹配,判断是否存在应确认使用权资产的租入物业。

(3) 结合实物资产的监盘程序,对常见的租入资产类别以勘察实物为起点,依次核对到实物资产卡片账和财务账,对发现的差异进一步查找原因。

2. 针对租赁业务真实性的应对程序

对于未实际移交或者在租入后长期闲置的使用权资产,注册会计师应获取租赁合同,对资产供应方实施背景调查,查找是否为未披露的关联方;对经办该项业务的采购部门、资产使用部门进行访谈,了解租赁业务的真实背景和意图。如果发现存在舞弊迹象,需要考虑实地走访资产供应方并追查支付的租金去向。

3. 针对租赁识别相关重大专业判断的应对程序

对于存量或报告期新增的重大租赁业务,如果认为管理层在合同是否为租赁或包含租赁的判断存在偏向,注册会计师应获取租赁合同并审阅合同条款,结合已识别资产的用途、状况、被审计单位获取经济利益的方式等因素分析交易实质。同时也可以考虑同行业上市公司的处理惯例。必要时,可以实地勘察已识别资产,走访资产供应方并追查资产在购建时的相关文件资料、证书等。

需要注意的是:虽然同行业的惯例具有明显的参考意义,但对于重大的资产租入交易,每项交易可能有单独的安排;注册会计师也不能仅由于管理层选取的处理方式与同行业上市公司不同而认为存在判断的偏差。

例如在酒店管理行业,目前的交易模式普遍是业主方(即资产供应方)提供经营酒店的物业,而酒店的商标、内部装修、营销策略、目标客户群体及全球积分计划的适用等均由酒店管理公司确定,酒店管理公司负责安排提供日常服务并收取费用,收益双方按合同约定分成。业主方派驻的代表仅在存在重大事件时才参与处置。这种情况下,由于酒店管理公司有权获得在使用期间主导标的物业的用途,因使用标的物业所产生的几乎全部经济利益由酒店管理公司享用,该合同应该包含租赁(业主方享有的收益分成实质上是租金,可能包含可变租赁付款额)。

但是,在某些特定的市场,因司法或监管等因素的影响,业主方可能更加强势,例如在酒店物业的构建过程中,业主方完全主导了设计,甚至其风格理念、市场定位等均按照业主方的意图确定;在酒店建成后的运营过程中,按照协议条款,业主方负责物业的修理、维护等工作,管理团队无权对酒店内部的装修、布局等作出更改。在这种情况下,也可能认为已识别资产由资产供应方设计,且设计时已预先确定了资产在整个使用期间的使用目的和使用方式,从而判断合同不包含租赁。

第三节 租赁期的审计应对

新租赁准则下,租赁期的确定直接影响租赁负债的初始及后续计量以及是否适用简化处理方法的租赁(短期租赁)等。因此,对于租赁期,既要关注初始确认时租赁期的确定,也要关注后续期间相关选择权评估结果或实际行权情况的变化。

一、在初始确认时,注册会计师应关注不可撤销期间判断及相关选择权评估的合理性

1. 获取租赁合同,检查租赁期相关条款评估租赁期开始日(即出租人提供租赁资产使其可供承租人使用的起始日期)是否划分正确。

2. 评估续租选择权涵盖的期间时,是否考虑对承租人行使续租选择权带来经济利益的所有相关事实和情况,考虑因素如下:①与市价相比,选择权期间的合同条款和条件;②在合同期内,承租人进行或预期进行重大租赁资产改良;③与终止租赁相关的成本;④租赁资产对承租人运营的重要程度;⑤与行使选择权相关的条件及满足相关条件的可能性。

3. 注册会计师也应与租赁的其他条款相结合判断,合理确定将是否行使续租选择权。如无论承租人是否行使选择权,均保证向出租人支付基本相等的最低或固定现金,在此情形下,通常假设承租人合理确定将行使续租选择权。

4. 注册会计师应评估购买选择权对确定租赁期的影响。购买选择权的评估方式

应与续租选择权或终止租赁选择权的评估方式相同，购买选择权在经济上与将租赁期延长至租赁资产全部剩余经济寿命类似。

二、对于存在免租期的租赁的关注

对于存在免租期的租赁注册会计师应关注确定的租赁期开始日是否正确；如确认为合同约定的起租日，而非出租人交付资产供承租人使用的日期。

三、对于续租选择权、终止租赁选择权等的关注

对于后续计量期间，注册会计师应关注企业是否结合实际情况对续租选择权、终止租赁选择权等进行了重新评估并对租赁期作出了必要调整。如询问是否存在可控范围内的重大事件或变化的情形：①重大租赁资产改良；②租赁资产的重大改动或定制化调整；③直接相关的经营决策等事项。

四、对于租赁期为1年的租赁合同，是否满足短期租赁的简化处理，涉及相关重大专业判断的应对程序

1. 注册会计师需要考虑合同内容是否完整，即是否在其他协议、政策或约定中存在续租的权利，该权利在法律上是否可强制执行。

2. 要考虑商业实质，例如租赁资产的用途、资产本身的特殊性、所处的市场环境、承租人与出租人的关联关系等；例如，①承租人和出租人为关联方，则即使合同未约定续租选择权，需分析承租人实质是否存在续租选择权。②已投入较大成本对租赁资产进行改造以适合承租人的特定需求、逐年续签的惯例等，从经济实质上看是否只租一年明显不符合商业逻辑，以判断期满后是否存在实质续租。

总的来讲，注册会计师应当基于所有相关事实和情况判断可强制执行合同的期间以及是否存在实质续租、终止等选择权以合理确定租赁期。如果历史上承租人与出租人之间存在逐年续签的惯例，或者承租人与出租人互为关联方，尤其应当谨慎确定租赁期。

第四节　折现率的审计应对

实务中，承租人通常无法获得租赁资产的公允价值、出租人的初始直接费用等信息，难以确定租赁内含利率，因而需要采用增量借款利率。采用增量借款利率能够体现承租人自身信用风险等特征对折现率的影响，更加符合企业实际，但与此同时也带来了新的实务难点和操纵空间。对于承租人采用的增量借款利率是否合理，注册会计师可以采取的审计程序包括：

1. 不同行业、同一行业内不同企业以及同一集团内不同企业选取的增量借款利率差别较大。注册会计师应当关注被审计单位所选取的可观察参考利率以及根据承租人自身情况、标的资产、租赁期和租赁负债金额等所作的调整是否合理。

2. 对于通过银行询价、向银行咨询或对公开的债券市场发行的债券进行分析获得，注册应当对确定承租人增量借款利率的依据和企业对增量借款利率确认过程记录进行复核。

3. 对于利用外部专家的工作获取的增量借款利率，注册会计师将按照审计准则要求评价其胜任能力、专业素质和客观性，了解专家专长领域，了解专家的工作和评价专家的工作的恰当性，以确定专家的工作是否足以实现审计目的。

第五节　租赁变更的审计应对

租赁变更，是指原合同条款之外的租赁范围、租赁对价、租赁期限的变更，包括增加或终止一项或多项租赁资产的使用权，延长或缩短合同规定的租赁期等。对于租赁变更的会计处理是否正确，注册会计师可以采取的审计程序包括：

1. 对于增加租赁范围的合同，注册会计师应获取变更后合同并检查对应的合同信息，分析租赁变更是否作为一项单独租赁还是不作为单独租赁，即是否同时满足：（1）该租赁变更通过增加一项或多项租赁资产的使用权而扩大了租赁范围；（2）增加的对价与租赁范围扩大部分的单独价格按该合同情况调整后的金额相当。

2. 对于其他形式租赁变更，注册会计师应检查租赁变更后的折现率选择是否正确。

3. 复核被审计单位对租赁变更的具体会计处理是否正确。例如，（1）对于增加租赁范围的合同，根据是作为一项单独租赁还是不作为单独租赁做不同处理，按变更后租赁付款额和修订后的折现率计算的现值重新计量租赁负债;(2)对于租赁变更导致租赁范围缩小或租赁期缩短的合同,承租人是否调减使用权资产的账面价值,以反映租赁的部分终止或完全终止。承租人是否将部分终止或完全终止租赁的相关利得或损失计入当期损益。(3)对于其他租赁变更,承租人应当相应调整使用权资产的账面价值。

第六节　短期租赁和低价值资产租赁的审计应对

对于短期租赁,注册会计师应评估合同是否为租赁或者包含租赁,同时具体审计程序主要包括:

1. 确定的不可撤销期间是否符合准则规定。

2. 租赁期的确定是否考虑了续租或提前终止租赁选择权所涵盖的期间,对承租人行使前述选择权可能性的判断是否合理。

3. 与相同对手方是否在同一或相近时间签有多份应当合并处理的合同而导致其租赁期超过 12 个月。

4. 对于已转租的短期租赁是否错误地选择了简化处理方法。

5. 对同类别的短期租赁是否一致地选择采用简化处理方法。

6. 是否错误地将有购买选择权的租赁确认为短期租赁。

对于低价值资产租赁,注册会计师应重点关注低价值资产认定的量化标准是否过高。虽然新租赁准则未规定具体金额标准,但明确要求应当根据资产为全新状态时的绝对价值进行判断,不应考虑资产已被使用的年限,不受承租人规模、性质等影响,也不考虑该资产对于承租人或相关租赁交易的重要性。另外,如果承租人已经或者预期要把相关资产进行转租赁,则不能将原租赁按照低价值资产租赁进行简化会计处理。

另外,注册会计师应根据租赁合同检查、测算采用简化处理方法的租赁(短期租赁和低价值资产租赁)的分类和会计处理是否正确。例如,获取采用简化处理方法的租入固定资产的列表,包括租金费用,测算本期计提的租金费用是否正确,并与管理费用、销售费用等科目进行勾稽核对等。

第七节　特殊租赁业务的审计应对

在新租赁准则中,判断的难点主要集中在售后租回业务,原因是对于卖方兼承租人和买方兼出租人两方来说，新准则均要求按照《企业会计准则第 14 号——收入》的规定判断资产转让是否构成销售。特别是对卖方兼承租人来说，资产转让是否构成销售的判断将影响当期营业收入，因此通常需要考虑是否存在舞弊或者管理层偏向。

注册会计师在对卖方兼承租人的财务报表实施审计程序时，重点应关注构成销售的判断和销售对价的公允价值与资产的公允价值是否相同的判断。

1. 资产转让是否构成销售的判断

注册会计师应获取资产转让和租回的合同、重要会议纪要等文件，结合交易背景分析合同条款来确定履约义务和控制权转移的时点，并与管理层作出的判断进行对比。实务中需要重点关注临近期末的售后租回及与关联方进行售后租回，必要时需要走访交易对手并核查资金流水，判断双方是否存在其他抽屉协议；并结合期后事项的审计，根据期后交易的进展或变更（如有）情况综合分析交易实质。

2. 销售对价的公允价值与资产的公允价值是否相同的判断

由于售后租回业务的标的资产通常是办公物业、厂房或者大型设备等，其市场价格可以通过公开渠道获取同期交易的情况进行对比。对于交易双方在定价时参照了评估结果的情况，注册会计师还需要获取评估报告，核对估值的方法、假设和相关参数的选取是否合理，评价估值专家的胜任能力、专业素质和客观性，必要时利用注册会计师估值专家的工作。

对于买方兼出租人来说，除上述两方面涉及重大专业判断的应对程序外，可能还需要测试购入资产（在资产转让构成销售的情况下）入账时点、计提折旧时点的准确性，并关注后续计量的相关会计估计（包括折旧政策和减值测试方法）等是否符合企业会计准则的要求。

第八节　披露示例

一、零售业

（一）百货

【披露示例 13-1】002187.SZ 广百股份　2023 年度报告

使用权资产与租赁负债的确认和计量（见表 13-1）。

第十三章 审计应对

表 13-1 使用权资产与租赁负债的确认和计量

关键审计事项	该事项在审计中如何应对
请参见财务报告中"附注五、31"以及"附注七、15、32"。截至 2023 年 12 月 31 日，贵公司使用权资产账面余额 185 933.79 万元，租赁负债账面余额 175 234.84 万元，一年内到期的租赁负债账面余额 39 965.73 万元，经营租赁合同繁多，租赁资产的规模较大，使用权资产和租赁负债的确认和计量对合并财务报表具有重大影响，且新租赁准则在租赁的识别、初始确认、后续计量、列报与披露等方面涉及管理层重大判断，因此，我们将新使用权资产与租赁负债的确认和计量识别为关键审计事项	1. 获取所有租赁或包含租赁合同汇总表，对租赁合同进行检查，判断贵公司对"租赁"的识别是否恰当。 2. 检查相关参数，如租赁负债采用的折现率的确定是否合理；租赁期的确定是否恰当。 3. 结合对租赁合同的审查，检查租赁付款的确定是否恰当，是否按合约规定的付款条件按期支付租金，租赁负债现值的计算是否合理，会计处理是否正确。 4. 检查使用权资产累计折旧：包括检查贵公司制定的折旧政策和方法是否符合相关会计准则的规定，确定其所采用的折旧方法能否在使用权资产租赁期内合理分摊其成本、复核本期使用权资产折旧费用的计提和分配。 5. 检查未确认融资费用的分摊。检查贵公司是否按照确定的折现率分摊未确认融资费用，分摊是否正确，相应的会计处理是否正确等。 6. 对重要的租赁合同执行了函证程序，以确定合同条款、租赁付款额是否正确。 7. 检查相关列报和披露是否真实、准确、完整

【披露示例 13-2】600729. SH 重庆百货 2021 年度报告

使用权资产的确认（见表 13-2）。

表 13-2 使用权资产的确认

关键审计事项	该事项在审计中如何应对
相关信息披露详见财务报表附注三（二十八）、（三十一）及财务报表附注五（一）16。 截至 2021 年 12 月 31 日，重庆百货公司使用权资产账面原值为人民币 578 242.66 万元，累计折旧为人民币 267 229.72 万元，账面价值为人民币 311 012.93 万元。 公司作为承租人除采用简化处理的短期租赁和低价值资产租赁外，在租赁期开始日，公司对租赁确认使用权资产和租赁负债。使用权资产按照成本进行初始计量，该成本包括：（1）租赁负债的初始计量金额；（2）在租赁期开始日或之前支付的租赁付款额，存在租赁激励的，扣除已享受的租赁激励相关金额；（3）承租人发生的初始直接费用；（4）承租人为拆卸及移除租赁资产、复原租赁资产所在场地或将租赁资产恢复至租赁条款约定状态预计将发生的成本。同时按照直线法对使用权资产计提折旧。 由于零售业租赁物业较多，使用权资产金额重大，且公司于 2021 年 1 月 1 日开始执行租赁准则，对公司资产总额和未分配利润金额的影响重大，我们将使用权资产的确认确定为关键审计事项	针对使用权资产的确认，执行的主要审计程序如下： （1）了解与使用权资产确认相关的关键内部控制，评价这些控制的设计，确定其是否得到执行，并测试相关内部控制的运行有效性； （2）复核租赁信息系统的参数设置，获取租赁系统中使用权资产的明细数据与财务数据进行核对； （3）复核使用权资产原值的计算过程，评价管理层关于租赁期限、续租选择权、租赁负债折现率的确定是否合理； （4）复核使用权资产累计折旧的计算是否正确； （5）抽查租赁合同，检查合同约定付款额、付款期限、租赁起止时间与租赁负债计算基础数据是否一致； （6）对于简化处理的短期租赁和低价值资产租赁，抽查租赁合同，检查是否满足简化处理的条件，检查使用权资产的完整性； （7）检查与使用权资产相关的信息是否已在财务报表中作出恰当列报

【披露示例 13-3】 600859.SH 王府井 2022 年度报告

租赁的会计核算（见表 13-3）。

表 13-3　　　　　　　　　　租赁的会计核算

关键审计事项	该事项在审计中如何应对
王府井股份为传统的百货零售行业，大部分门店为租赁物业经营，且租赁合同年限较长，截至 2022 年 12 月 31 日，王府井股份使用权资产账面价值为 65.34 亿元，占资产总额 18.05%，租赁负债 71.14 亿元，占负债总额的 43.78%。租赁的会计处理正确与否，对财务报表的资产负债相关科目、未分配利润及当年损益影响很大。因此，我们将此事项认定为关键审计事项。租赁的会计政策详见附注四、35，使用权资产披露详见附注六、17，租赁负债披露详见附注六、33	1. 评估王府井股份对租赁的识别、分拆和合并是否符合准则相关规定。 2. 取得王府井股份租赁的相关测算明细表和租赁合同，检查测算明细表关键数据，如租赁起始日期、租赁期、租赁付款额等，是否与合同约定一致。 3. 复核管理层使用的租赁付款额折现利率的合理性。 4. 重新测算租赁负债、使用权资产等科目的准确性、完整性。 5. 检查王府井股份对短期租赁及低价值租赁的判断是否符合准则规定。 6. 检查王府井股份租赁合同变更时，相关会计处理是否符合准则规定。 7. 在使用权资产存在减值迹象时，复核管理层对使用权资产的减值测试

（二）多态零售

【披露示例 13-4】 600694.SH 大商股份 2021 年度报告

使用权资产及租赁负债（见表 13-4）。

表 13-4　　　　　　　　　使用权资产及租赁负债

关键审计事项	该事项在审计中如何应对
参见财务报表附注四（二十六）使用权资产、附注四（三十三）租赁负债、附注四（三十八）租赁、附注六注释 15. 使用权资产、附注六注释 27. 一年内到期的非流动负债、附注六注释 30. 租赁负债。 大商股份自 2021 年 1 月 1 日起执行《企业会计准则第 21 号——租赁》	我们对于使用权资产及租赁负债的确认所实施的重要审计程序包括： （1）了解并测试与租赁相关的内部控制及流程的设计及执行有效性； （2）与大商股份管理层沟通，了解管理层对租赁事项的认定，以及增量借款利率和租赁付款额的确认等相关事项的判断或方法；了解管理层对短期租赁及低价值租赁的认定标准及会计处理方式，并评价管理层的这些认定和判断是否符合新租赁准则； （3）抽样检查大商股份的租赁合同，检查增量利率的确定和租赁付款额的计算是否合理、正确，检查使用权资产及租赁负债的初始计量是

续表

关键审计事项	该事项在审计中如何应对
（以下简称"新租赁准则"），截至 2021 年 12 月 31 日确认使用权资产 3 352 350 274.33 元，租赁负债 4 016 234 088.17 元，一年内到期的租赁负债 443 051 911.01 元。由于使用权资产及租赁负债账面价值较大，对公司财务报表具有重大影响。因此，我们将使用权资产及租赁负债的确认作为关键审计事项	否准确；复核使用权资产折旧计提及未确认融资费用的摊销是否合理、准确； （4）检查公司本期租赁变更事项会计处理是否符合新租赁准则的相关规定； （5）选取样本对期末租赁付款额余额、累计已付租金等与租赁相关的事项向出租方发函确认； （6）检查使用权资产及租赁负债是否已恰当披露。 基于已执行的审计工作，我们认为，管理层对使用权资产及租赁负债的确认、计量及披露是充分适当的

【披露示例 13 – 5】600785.SH 新华百货　2023 年度报告

租赁业务的会计处理（见表 13 – 5）。

表 13 – 5　　　　　　　　　　租赁业务的会计处理

关键审计事项	该事项在审计中如何应对
新华百货租赁物业较多，使用权资产和租赁负债的确认和计量对合并财务报表具有重大影响，我们将租赁业务的会计处理列为关键审计事项。关于租赁的识别、变更会计政策详见附注五、38；关于使用权资产披露详见附注七、25；关于租赁负债披露详见附注七、47	①检查新华百货制定的使用权资产、租赁负债的确认和计量政策是否符合相关会计准则的规定，确定其所采用的折旧方法能否在使用权资产租赁期内合理分摊其成本、复核本期使用权资产折旧费用的计提和分配，复核和评价管理层关于租赁负债折现率的选择是否恰当。②评估新华百货公司对租赁的识别、分拆和合并是否符合准则相关规定；检查公司对短期租赁及低价值租赁的判断是否符合准则规定。③复核租赁信息系统在使用权资产和租赁负债的初始确认、使用权资产折旧的计提、租赁负债利息的确认、租赁变更等后续计量方面是否符合准则要求。④抽样检查租赁合同，并与信息系统进行核对，检查信息系统中租赁相关信息是否准确。⑤核对期末信息系统和财务系统的数据是否一致。⑥选取样本，对租赁合同相关信息实施函证程序。⑦在使用权资产存在减值迹象时，复核管理层对使用权资产的减值测试

（三）专业连锁

【披露示例 13 – 6】301078.SZ 孩子王　2022 年度报告

新租赁准则的使用（见表 13 – 6）。

表 13-6　　　　　　　　　　新租赁准则的使用

关键审计事项	该事项在审计中如何应对
截至2022年12月31日，公司合并资产负债表使用权资产的账面价值为人民币2 097 312 670.73元，租赁负债（包含一年内到期部分）为人民币2 359 662 899.35元。公司主要作为承租方以租赁门店的形式开展主营业务，涉及租赁合同数量及种类繁多，且租赁负债的确认涉及折现率重大会计估计，同时使用权资产的减值涉及重大会计估计，对财务报表影响金额重大。因此，我们将使用权资产及租赁负债识别为关键审计事项。相关信息分别详见审计报告财务报表附注三、14.使用权资产，附注三、19.租赁负债，附注三、26.租赁，附注三、30重大会计判断和估计和附注五、13.使用权资产，附注五、26.一年内到期非流动负债，附注五、29.租赁负债	我们的审计程序包括但不限于：了解和评价管理层租赁相关的会计政策，复核合同关键条款了解租赁流程，执行穿行测试并测试相关的关键内部控制；包括邀请内部信息系统专家协助我们对租赁系统进行应用控制测试；抽样检查使用权资产及租赁负债的计算结果，在内部估值专家的协助下对涉及的关键假设进行评价；在内部估值专家的协助下，对管理层估计使用权资产减值准备所涉及的关键假设进行评价；复核与租赁相关的财务报表相关披露

【披露示例13-7】300622.SZ 博士眼镜　2023年度报告

使用权资产与租赁负债的确认和计量（见表13-7）。

表 13-7　　　　　　使用权资产与租赁负债的确认和计量

关键审计事项	该事项在审计中如何应对
2023年末博士眼镜公司使用权资产账面原值292 702 885.30元，累计折旧132 551 573.69元，减值准备0元，账面价值160 151 311.61元，租赁负债164 328 123.02元（包含一年内到期的非流动负债81 061 859.73元）。由于租赁准则在租赁的识别、初始确认、后续计量、列报与披露等方面涉及管理层重大判断，且使用权资产和租赁负债金额较大，对博士眼镜公司财务报表具有重大影响。鉴于该事项对2023年度的净利润影响重大，我们将使用权资产与租赁负债的确认和计量识别为关键审计事项	我们针对使用权资产与租赁负债的确认和计量事项实施的主要审计程序包括： （1）获取所有租赁或包含租赁合同汇总表，对租赁合同进行检查，确认是否为租赁或包含租赁，以及相关初始计量是否恰当； （2）检查本期发生的租赁或包含租赁形成的使用权资产的初始计量：包括检查租赁负债的初始计量是否合理、检查承租人发生的初始直接费用的计算是否合理，折现率的选取是否合理，会计处理是否恰当； （3）检查管理层是否按照确定的折现率分摊未确认融资费用，分摊是否正确，相应的会计处理是否正确； （4）检查使用权资产的减少：检查因租赁期到期而停止租赁的使用权资产的会计处理是否恰当； （5）检查使用权资产累计折旧：包括检查管理层制定的折旧政策和方法是否符合相关会计准则的规定，确定其所采用的折旧方法能否在使用权资产租赁期内合理分摊其成本、复核本期使用权资产折旧费用的计提和分配； （6）实地检查重要使用权资产，确定其是否存在。 基于已执行的审计程序，我们认为博士眼镜公司关于使用权资产与租赁负债的确认和计量符合要求

（四）超市

【披露示例 13-8】002251.SZ 步步高 2021 年度报告

使用权资产和租赁负债的确认和计量确定（见表 13-8）。

表 13-8　　　　　　　使用权资产和租赁负债的确认和计量确定

关键审计事项	该事项在审计中如何应对
相关信息披露详见财务报表附注三（二十八）、五（一）15、五（一）29 及五（一）32。 截至 2021 年 12 月 31 日，步步高公司使用权资产账面原值为人民币 633 225.63 万元，累计折旧为人民币 247 370.84 万元，账面价值为人民币 385 854.79 万元；租赁负债账面价值（含重分类至一年内到期的非流动负债金额）为人民币 466 666.74 万元。 步步高公司作为承租人除采用简化处理的短期租赁和低价值资产租赁外，在租赁期开始日，步步高公司对租赁确认使用权资产和租赁负债。 使用权资产按照成本进行初始计量，该成本包括：（1）租赁负债的初始计量金额；（2）在租赁期开始日或之前支付的租赁付款额，存在租赁激励的，扣除已享受的租赁激励相关金额；（3）承租人发生的初始直接费用；（4）承租人为拆卸及移除租赁资产、复原租赁资产所在场地或将租赁资产恢复至租赁条款约定状态预计将发生的成本。步步高公司按照直线法对使用权资产计提折旧。 在租赁开始日，步步高公司将尚未支付的租赁付款额的现值确认为租赁负债。计算租赁付款额现值时采用租赁内含利率作为折现率，无法确定租赁内含利率的，采用步步高公司增量借款利率作为折现率。租赁付款额与其现值之间的差额作为未确认融资费用，在租赁期各个期间内按照确认租赁付款额现值的折现率确认利息费用，并计入当期损益。未纳入租赁负债计量的可变租赁付款额于实际发生时计入当期损益。租赁期开始日后，当实质固定付款额发生变动、担保余值预计的应付金额发生变化、用于确定租赁付款额的指数或比率发生变动、购买选择权、续租选择权或终止选择权的评估结果或实际行权情况发生变化时，步步高公司按照变动后的租赁付款额的现值重新计量租赁负债，并相应调整使用权资产的账面价值，如使用权资产账面价值已调减至零，但租赁负债仍需进一步调减的，将剩余金额计入当期损益。 步步高公司自 2021 年 1 月 1 日起执行《企业会计准则第 21 号——租赁》（以下简称新租赁准则），由于新租赁准则在租赁的识别、初始确认、后续计量、列报与披露等方面涉及管理层重大判断，且步步高公司租赁物业较多，使用权资产和租赁负债金额重大，对步步高公司财务报表具有重大影响，我们将使用权资产和租赁负债的确认和计量确定为关键审计事项	针对使用权资产和租赁负债的确认和计量，我们执行的主要审计程序如下： （1）了解与租赁交易会计处理相关的关键内部控制，评价这些控制的设计，确定其是否得到有效执行，并测试相关内部控制的运行有效性； （2）复核租赁信息系统的参数设置，获取租赁系统中使用权资产、租赁负债的明细数据与财务数据进行核对； （3）复核使用权资产原值的计算过程，评价管理层关于租赁期限、续租选择权、租赁负债折现率的确定是否合理； （4）复核使用权资产累计折旧计提金额与租赁负债未确认融资费用的摊销金额是否准确； （5）抽查与出租方订立的租赁协议，检查合同约定付款额、付款期限、租赁起止时间与租赁负债计算基础数据是否一致，同时评价管理层对短期租赁、低价值租赁、可变租赁付款额的分类是否符合企业会计准则的规定，检查使用权资产和租赁负债确认的完整性； （6）检查使用权资产、租赁负债是否已在财务报表中作出恰当列报

(五) 线下药店

【披露示例 13-9】603883.SH 老百姓 2021 年度报告

新租赁准则的运用（见表 13-9）。

表 13-9　　　　　　　　　　新租赁准则的运用

关键审计事项	该事项在审计中如何应对
2018 年，财政部颁布了修订的《企业会计准则第 21 号——租赁》（简称"新租赁准则"），新租赁准则采用与现行融资租赁会计处理类似的单一模型，要求承租人对除短期租赁和低价值资产租赁以外的所有租赁确认使用权资产和租赁负债，并分别确认折旧和利息费用。老百姓大药房连锁股份有限公司自 2021 年 1 月 1 日开始按照新租赁准则进行会计处理。于 2021 年 12 月 31 日，老百姓大药房连锁股份有限公司使用权资产账面价值人民币 3 495 727 239 元，占资产总额的比重为 21%，租赁负债账面价值（含重分类至一年内到期的其他非流动负债）为人民币 3 435 977 067 元，占负债总额的比重为 28%。 老百姓大药房连锁股份有限公司作为承租方以自营门店的形式开展药品零售业务，涉及的租赁合同数量繁多，且使用权资产和租赁负债的确认涉及租赁期的评估、折现率的确定等重大判断和估计，对财务报表影响金额重大。因此，我们将新租赁准则的运用认定为关键审计事项。 有关租赁的会计政策及会计估计和相关财务报表披露参见附注五、28. 使用权资产，附注五、34. 租赁负债，附注五、42. 租赁，附注五、44. 会计政策变更，附注七、25. 使用权资产和附注七、47. 租赁负债	针对该关键审计事项，我们执行的审计程序主要包括： （1）了解、评价并测试了管理层与租赁相关的内部控制； （2）复核管理层对于新租赁准则首次执行日的会计处理并对因执行新租赁准则的报表影响数进行重新计算； （3）获取管理层的租赁台账及门店清单，抽样挑选租赁台账中重要租赁合同，识别并复核合同主要条款、租赁期限、租赁付款额及合同约定的初始直接费用等，结合门店清单核对租赁数据； （4）获取管理层编制的租赁相关的计算表，核对计算表中信息，复核计算表中使用权资产及租赁负债的初始确认时点及计算结果，对计算过程中涉及的折现率，引入专家进行复核，并对租赁期限等关键参数进行评估； （5）复核与新租赁准则相关的财务报表相关披露

【披露示例 13-10】002727.SZ 一心堂 2023 年度报告

租赁（见表 13-10）。

表 13-10　　　　　　　　　　　　租赁

关键审计事项	该事项在审计中如何应对
截至 2023 年 12 月 31 日，一心堂公司合并财务报表使用权资产账面价值为 2 978 044 576.46 元，占合并财务报表资产总额的 17.89%。租赁负债账面价值为 2 528 049 343.41 元（含一年内到期的租赁负债），占合并财务报表负债总额的 28.83%。使用权资产和租赁负债的结果在很大程度上依赖于管理层所作的判断和估计，包括对租赁付款额、租赁期的判断和对折现率估计。采用不同的判断和估计会对使用权资产和租赁负债的确认有很大的影响。因此我们将该事项作为关键审计事项。参见财务报表附注七、16、34。	执行的程序： （1）了解并测试一心堂公司与租赁相关内部控制设计的合理性及运行的有效性； （2）抽取租赁合同，检查租赁期的确定是否恰当，续租期的确定是否符合行业特点，租赁付款额的确定是否准确； （3）检查管理层确定折现率的依据，复核对折现率确认的过程，评估管理层确定折现率的合理性； （4）抽取租赁合同，向出租人函证租赁负债； （5）选取样本，对使用权资产的摊销年限进行复核，确认使用权资产摊销年限的准确性；对使用权资产折旧金额进行测算分析，确定本期计提折旧的准确性； （6）选取样本，检查公司是否按照确定的折现率分摊未确认融资费用，相应的会计处理是否正确； （7）将使用权资产计量结果与同行业进行对比分析，确定是否存在异常

二、交通运输业

（一）航空运输业

【披露示例 13-11】 600029.SH 中国国航　2023 年度报告

飞机退租大修准备（见表 13-11）。

表 13-11　　　　　　　　　　飞机退租大修准备

关键审计事项	该事项在审计中如何应对
如财务报表附注五、27 所示，于 2023 年 12 月 31 日，中国国航计提租赁飞机退租大修准备的余额为人民币 13 738 819 千元，对财务报表具有重要性。 如财务报表附注三、28 及 30 所示，中国国航持有以租赁方式租入的若干飞机，根据相关租赁协议，中国国航需要对其定期开展维修工作，以保证租赁期满归还飞机时达到约定状态。为此中国国航须在每个资产负债表日估计该等租入飞机的大修准备，并在租赁期间内确认该项成本。管理层在估计该等飞机退租大修准备时，需对包括飞机的预计使用情况和预计维修成本等各项可变因素及假设进行评估，涉及管理层运用重大会计估计和判断。因此，我们将飞机退租大修准备计提识别为关键审计事项	我们对飞机，退租大修准备计提执行的审计程序主要包括： ● 测试和评价中国国航与计提该等飞机退租大修准备相关的关键内部控制； ● 根据相关租赁合同条款并考虑历史维修记录，评价管理层估计飞机退租大修准备所采用的方法和关键假设的适当性； ● 通过将以前年度管理层采用的假设与其实际结果的比较对飞机退租大修准备计提进行追溯复核，以评价管理层相关假设的合理性； ● 向负责飞机维修的工程部门管理人员了解飞机的使用模式，获得相关业务数据，执行重新计算程序，检查管理层按照飞机退租大修准备计提方法计提准备所使用基础数据及计算的准确性

【披露示例 13-12】600029.SH 南方航空 2019 年度报告

评估用以计量与飞机相关的使用权资产的折现率及退租检准备（见表 13-12）。

表 13-12　　　评估用以计量与飞机相关的使用权资产的折现率及退租检准备

关键审计事项	该事项在审计中如何应对
2019 年 12 月 31 日，南方航空与飞机相关的使用权资产的账面价值为人民币约 147 430 000 000 元。与飞机相关的使用权资产主要包括租赁期内的租赁付款额以及租赁期结束时为将租赁资产恢复至合同约定状态而预计将发生的大修成本（"退租检准备"）的折现值。 由于折现率及退租检准备的微小变化将对南方航空与飞机相关的使用权资产的计量产生重大影响且需要运用重大判断，因此，我们将评估用以计量与飞机相关的使用权资产的折现率及退租检准备识别为关键审计事项。 请参阅财务报表附注"二、公司重要会计政策和会计估计"（25）、(31) 及 (32) 所述的会计政策及"四、合并财务报表项目注释"(36) 及 (58)	我们对该关键审计事项执行的审计程序中包括以下程序： ● 测试南方航空用以计量与飞机相关的使用权资产的退租检准备和折现率相关的内部控制； 通过将南方航空估计的退租检准备与历史期间大修成本进行比较，同时考虑飞机租赁合同的条款以及相同或类似机型飞机的大修周期等因素，评价南方航空对退租检准备的估计； ● 通过将实际发生的退租检大修成本与历史期间确认的退租检准备进行比较，评价南方航空估计的退租检准备的准确性； ● 对折现率及退租检准备执行敏感性分析，以评估其对飞机相关使用权资产计量的影响；及在我们的具备估值技能和知识的专业人员的协助下，基于企业内部数据和公开行业信息预期折现率区间范围，通过将南方航空使用的折现率与上述独立来源预期折现率比较，评估南方航空在计量飞机相关的使用权资产时使用的折现率的合理性

【披露示例 13-13】600115.SH 中国东航 2021 年度报告

飞机及发动机退租检准备（见表 13-13）。

表 13-13　　　　　飞机及发动机退租检准备

关键审计事项	该事项在审计中如何应对
见财务报表附注二 (28)、附注 (30)(b)（道）以及附注四 (35) 于 2021 年 12 月 31 日，东航股份经营租赁飞机及发动机退租检准备账面余额为人民币 7 270 百万元。 根据部分租赁协议中的相关条款，东航股份有义务在飞机及发动机退租时满足合同约定的退租条件。管理层根据飞机及发动机的使用状况及预计退租成本计提飞机及发动机退租检准备 由于飞机及发动机退租检准备金额重大，且预计的退租成本涉及管理层的重大估计和判断，评估管理层的估计和判断需要会计师作出重大判断及投入很大的工作量，因此，我们将飞机及发动机退租检准备识别为关键审计事项	针对该关键审计事项，我们执行了以下主要审计程序： 我们了解了管理层关于飞机及发动机退租检准备相关的内部控制流程。通过考虑估计不确定性的程度和其他固有风险因素的水平如其复杂性、主观性和变化，评估了重大错报的固有风险。 评估和测试了飞机及发动机退租检准备相关的内部控制的设计及执行的有效性，包括预计飞机及发动机的使用状况及预计退租成本相关的内部控制。 我们分析了以前期间飞机以及发动机退租检修费用准备的实际结果，以评价管理层所作估计的合理性。 结合租赁合同条款及历史维修记录，评价管理层估计飞机及发动机退租检准备所采用方法的合理性基于以上实施的审计程序，已获取的审计证据能够支持管理层在计提飞机及发动机退租检准备时所作出的估计和判断

(二) 水上运输业

【披露示例 13-14】600026.SH 中远海能 2021 年度报告

船舶减值测试（见表 13-14）。

表 13-14　　　　　　　　　　船舶减值测试

关键审计事项	该事项在审计中如何应对
截至 2021 年 12 月 31 日，如财务报表附注"六、14. 固定资产"所披露，中远海能船舶资产账面价值为 40 949 498 908.65 元，附注"六、16. 使用权资产"所披露，运输船舶账面价值为 877 586 974.26 元，船舶占合并资产总额的 70.43%，是中远海能重要经营资产。 根据《企业会计准则第 8 号——资产减值》的规定，中远海能需要在资产负债表日判断船舶是否存在减值迹象，并对存在减值迹象的船舶应当估计其可收回金额。若资产的可收回金额低于其账面价值的，则应当计提相应的资产减值准备。 中远海能管理层以 2021 年 12 月 31 日作为基准日，对船舶进行减值测试，聘请评估师对其可收回金额进行评估，并根据可收回金额计提船舶资产减值准备 4 961 449 797.77 元。固定资产减值准备、使用权资产减值准备变动情况详见财务报表附注"六、14. 固定资产""六、16. 使用权资产"和"六、51. 资产减值损失"所披露。 考虑到船舶的账面价值重大，减值测试和评估的重要假设包括未来油运市场运价变动、老龄外贸船舶的自身运营风险、折现率的选择等，存在较多的重要判断和估计。这些判断和估计的不确定性，可能会对减值测试的结果产生较大影响。 因此我们本年度继续将船舶减值测试作为关键审计事项	我们对该关键审计事项执行的审计程序包括但不限于： (1) 了解、评价管理层与船舶减值测试相关的关键内部控制情况； (2) 了解中远海能对船舶减值迹象的评估过程，分析未来油运市场行情，评估是否存在船舶减值迹象； (3) 获取中远海能管理层对船舶资产进行减值测试的过程，分析测算船舶资产可回收金额的合理性，包括：复核预计未来现金流量测算的过程，评价相关假设及方法，各类假设参数选取的合理性，包括折现率和运价变动的假设分析等；与就关键参数可获得的外部数据进行比较，评估是否存在重大偏离。并对评估报告假设与管理层的测试假设进行复核是否存在重大不一致； (4) 将 2021 年度实际经营的运价、运量等数据，与管理层的预测数据进行比较，判断其预测数据与实际数据是否存在重大差异，以评估管理层预测的适当性； (5) 复核计提资产减值准备会计处理的规范性和披露的适当性

【披露示例 13-15】603565.SH 中谷物流 2021 年度报告

船舶资产减值（见表 13-15）。

表 13 – 15　　　　　　　　　　　船舶资产减值

关键审计事项	该事项在审计中如何应对
相关信息披露详见财务报表附注三（十三）、附注三（十七）、附注五（一）10 及附注五（一）12 截至 2021 年 12 月 31 日，中谷物流公司固定资产和使用权资产账面余额为人民币 490 240.15 万元，其中船舶资产账面价值为人民币 319 819.72 万元，占资产总额的比例为 18.46%。船舶资产是中谷物流公司的主要资产。管理层以 2021 年 12 月 31 日作为基准日，对船舶进行减值测试，根据未来航运市场变动情况，结合船舶使用情况，认为 2021 年 12 月 31 日船舶资产不存在减值迹象，未计提资产减值损失。由于船舶资产金额大，船舶资产减值对财务报表的影响较大，我们将船舶资产减值确定为关键审计事项	针对船舶资产减值，我们实施的审计程序主要包括： （1）了解、评价管理层与船舶资产减值测试相关的关键内部控制；评价这些控制的设计，确定其是否得到执行，并测试相关内部控制的运行有效性； （2）了解中谷物流公司对船舶资产减值迹象的评估过程，分析航运市场变动情况，对评估船舶是否存在减值迹象进行判断； （3）复核管理层编制的船舶资产使用情况报告，与相关船舶资产来源、购入时间实现的收入等对照，评估船舶运行状况是否正常；复核管理层编制的市场分析、业绩及前景评估资料，评价相关依据及前景的假设是否合理； （4）选取样本检查船舶历史运行状况，并实地检查船舶的运行情况； （5）检查与船舶资产减值相关的信息是否已在财务报表中作出恰当列报

（三）道路运输业

【披露示例 13 – 16】603813.SH 原尚股份　2021 年度报告

使用权资产、租赁负债的确认与计量（见表 13 – 16）。

表 13 – 16　　　　　　　使用权资产、租赁负债的确认与计量

关键审计事项	该事项在审计中如何应对
相关信息披露详见审计报告财务报表附注三（二十四）、五（一）10、及五（一）24。原尚股份公司 2021 年 12 月 31 日，确认使用权资产及租赁负债金额 444 091 832.35 元和 438 991 064.18 元。 由于使用权资产、租赁负债金额重大，且计算复杂及涉及管理层评估判断，我们将使用权资产、租赁负债的确认和计量作为关键审计事项	（1）了解与租赁相关的关键内部控制，评价这些控制的设计，并测试相关内部控制的运行有效性，确定其是否得到执行； （2）与管理层沟通，了解与租赁安排相关的交易目的，检查主要租赁合同，识别合同是否构成租赁或含有租赁成分，判断是否符合商业实质； （3）获取并复核管理层编制的使用权资产、租赁负债计算表计算是否正确，判断管理层所使用的折现率、确定的租赁期是否合理，判断是否存在管理层偏向； （4）获取律师出具的关于租赁合同相关风险的法律意见书，复核管理层判断公司作为出租人的租赁分类是否合理； （5）通过抽样方式，对出租人实施函证程序及实地访谈，检查租赁合同、付款单等支持性文件； （6）检查与使用权资产、租赁负债的相关信息是否在财务报表中作出恰当列报

三、租赁和商务服务业

【披露示例 13-17】300947.SZ 德必集团 2023 年度报告

执行新租赁准则（见表 13-17）。

表 13-17 执行新租赁准则

关键审计事项	该事项在审计中如何应对
截至 2023 年 12 月 31 日使用权资产账面价值为 3 347 252 913.27 元，租赁负债账面价值为 3 701 051 174.86 元。德必集团主营业务系物业租赁收入，使用权资产和租赁负债的确认和计量对合并财务报表具有重大影响，我们将执行新租赁准则的会计处理列为关键审计事项。关于租赁会计政策详见附注三、（三十）；关于使用权资产数据披露详见附注六、（十三）所述；关于租赁负债数据披露详见附注六、（二十八）	针对执行新租赁准则执行的审计程序包括但不限于：（1）通过访谈管理层了解德必集团关于执行新租赁准则的方式，评价其执行新租赁的方式是否符合《企业会计准则》相关规定；（2）检查德必集团制定的使用权资产、租赁负债的确认和计量政策是否符合相关会计准则的规定，复核和评价管理层关于租赁负债折现率的选择是否恰当；（3）获取所有租赁或包含租赁合同汇总表，对租赁合同进行检查，判断德必集团对"租赁"的识别是否恰当；（4）结合对租赁合同的审查，检查使用权资产和租赁负债的初始确认、使用权资产折旧的计提、租赁负债利息的确认、租赁变更等后续计量方面是否符合准则要求；（5）选取样本，对租赁合同相关信息实施函证程序

【披露示例 13-18】603682.SH 锦和商业 2021 年度报告

首次执行日的会计处理（见表 13-18）。

表 13-18 首次执行日的会计处理

关键审计事项	该事项在审计中如何应对
锦和商业于 2021 年 1 月 1 日首次执行《企业会计准则第 21 号——租赁》（2018 年修订），详情请参阅财务报表附注"三、重要会计政策及会计估计"注释（二十九）、（三十一）。锦和商业于 2021 年 1 月 1 日合计调减留存收益 43 700.12 万元，其中：调增使用权资产金额人民币 232 156.00 万元，调增	我们就首次执行《企业会计准则第 21 号——租赁》（2018 年修订）的会计处理的审计程序包括： 1. 了解、识别、评价及测试期初租赁合同的完整性、存在性和准确性相关的关键内部控制的设计和运行有效性； 2. 检查 2021 年 1 月 1 日形成使用权资产、一年内到期的非流动负债、租赁负债的支持性文件，如租赁合同、发票、付款银行回单等资料； 3. 向物业出租方函证租赁合同的具体条款；

续表

关键审计事项	该事项在审计中如何应对
租赁负债及一年内到期的非流动负债金额人民币263 449.57万元。由于锦和商业首次执行《企业会计准则第21号——租赁》（2018年修订）对2021年度财务报表年初余额的调整金额较大，管理层在确认使用权资产和租赁负债年初余额的过程中需要运用重大会计估计和判断，因此，我们将首次执行日的会计处理识别为关键审计事项	4. 复核锦和商业对租赁合同认定为融资租赁或经营租赁的合理性； 5. 检查租赁合同的租赁条款，复核锦和商业计算使用权资产、租赁负债的固定租赁付款额、取决于指数或比率的可变租赁付款额的准确性；是否存在担保余值、续租选择权、终止租赁选择权等； 6. 复核使用权资产的折旧年限和方法是否正确； 7. 复核锦和商业采用的折现率、内含报酬率的合理性； 8. 复核锦和商业对首次执行《企业会计准则第21号——租赁》（2018年修订）的会计处理的正确性； 9. 检查在财务报表中有关首次执行《企业会计准则第21号——租赁》（2018年修订）的披露是否符合企业会计准则的要求

四、文化、体育和娱乐业

【披露示例13-19】300528.SZ 幸福蓝海 2023年度报告

租赁资产核算（见表13-19）。

表13-19　　　　　　　　　　　　租赁资产核算

关键审计事项	该事项在审计中如何应对
截至2023年12月31日，幸福蓝海公司的使用权资产和租赁负债分别为103 195.49万元和113 128.96万元，占资产总额和负债总额的比例为40.84%和63.00%，使用权资产和租赁负债的核算和列报准确性对幸福蓝海公司的资产负债表影响重大。租赁核算涉及的会计估计较为复杂且影响重大，我们将其识别为本次财务报表审计的关键审计事项之一	（1）了解幸福蓝海公司与租赁相关的内部控制的设计，测试并评价其运行的有效性；（2）检查租赁协议，评价管理层对于租赁分类的判断，复核增量借款利率的合理性，重新计算使用权资产和租赁负债入账金额；复核使用权资产折旧计提及未确认融资费用的摊销是否合理、准确；（3）函证租赁合同和租赁付款额的真实性

【披露示例13-20】002739.SZ 万达电影 2021年度报告

租赁的处理（见表13-20）。

第十三章 审计应对

表 13-20　　　　　　　　　　　租赁的处理

关键审计事项	该事项在审计中如何应对
贵公司自 2021 年 1 月 1 日起执行财政部于 2018 年 12 月修订发布的《企业会计准则第 21 号——租赁》（以下简称"新租赁准则"），如后附的财务报表附注五、（十二）和五、（三十）所述，贵公司截至 2021 年 12 月 31 日合并财务报表的使用权资产金额为 718 987.16 万元，租赁负债金额为 885 138.40 万元，其中一年内到期的流动租赁负债为 68 467.65 万元、非流动租赁负债为 816 670.76 万元。由于贵公司使用权资产和租赁负债金额重大，且涉及的部分租赁事项处理较复杂，因此，我们将贵公司租赁的处理确定为关键审计事项	（1）评价与新租赁准则处理相关的信息系统开发的逻辑合理性，并利用 IT 审计专家的工作； （2）获取所有租赁项目基础信息统计表，并抽取部分租赁合同，检查合同内容与租赁基础信息统计表中的记录是否一致； （3）结合合同与租赁基础信息统计表，抽取部分租赁项目获取对应的租赁计算表，检查计算公式、数据、会计分录等的准确性； （4）评价折现率的合理性； （5）检查首次执行日期初数据衔接处理的准确性

五、房地产行业

【披露示例 13-21】000560.SZ 我爱我家　2023 年度报告

租赁准则影响（见表 13-21）。

表 13-21　　　　　　　　　　　租赁准则影响

关键审计事项	该事项在审计中如何应对
截至 2023 年 12 月 31 日，使用权资产账面价值为 100.86 亿元，一年内到期非流动负债——租赁负债 98.57 亿元，租赁负债账面价值为 45.91 亿元。使用权资产和租赁负债的确认和计量对合并财务报表具有重大影响，我们将其认定为关键审计事项	1. 通过访谈管理层了解我爱我家关于租赁准则的运用，评价其执行租赁准则是否符合《企业会计准则》相关规定； 2. 检查我爱我家制定的使用权资产、租赁负债的确认和计量政策是否符合相关会计准则的规定，复核和评价管理层关于租赁负债折现率的选择是否恰当； 3. 获取所有租赁或包含租赁合同汇总表，对租赁合同进行检查，判断我爱我家对"租赁"的识别是否恰当； 4. 结合对租赁合同的审查，检查使用权资产和租赁负债的初始确认、使用权资产折旧的计提、租赁负债利息的确认、租赁变更等后续计量方面是否符合准则要求； 5. 选取样本检查租赁期和支付计划，检查当年租金支付的原始单据，根据新租赁准则要求对租赁核算进行重新计算

六、制造业

【披露示例 13-22】000338.SZ 潍柴动力 2023 年度报告

叉车租赁业务的会计处理（见表 13-22）。

表 13-22　　　　　　　　叉车租赁业务的会计处理

关键审计事项	该事项在审计中如何应对
潍柴动力之子公司 KION 向其客户提供叉车租赁服务，如财务报表附注五、17、30 及 36 所述，租赁的形式包括直接与终端客户租赁、售后回租再转租（直接租赁）和通过金融合作伙伴租赁给终端客户（间接租赁）。上述租赁业务安排涉及的合同条款复杂且交易量大，KION 利用信息系统进行融资租赁或经营租赁分类以及相应的会计处理，存在输入数据错误以及信息系统未能恰当对租赁合同进行分类和会计处理的风险。因此，我们将叉车租赁业务的会计处理作为关键审计事项	我们针对叉车租赁业务的会计处理执行的审计程序主要包括： • 了解和评价与叉车租赁业务会计处理相关的关键财务报告内部控制； • 选取叉车租赁合同，检查合同条款，评价潍柴动力有关租赁分类的会计政策是否符合企业会计准则的要求； • 评价信息系统中所设定的用于对租赁合同进行分类的标准、以及相应的自动化会计分录是否符合潍柴动力的相关会计政策； • 在抽样的基础上，将信息系统中输入的合同数据核对至相关原始合同，以评价输入数据的准确性； • 选取金融合作伙伴，执行函证程序，评价信息系统中输入数据的完整性和准确性； • 在抽样的基础上，基于输入数据，检查信息系统中租赁合同的分类和相应的会计处理是否符合潍柴动力的相关会计政策

【披露示例 13-23】000063.SZ 中兴通讯 2019 年度报告

深圳湾总部基地土地使用权的终止确认收益（见表 13-23）。

表 13-23　　　　深圳湾总部基地土地使用权的终止确认收益

关键审计事项	该事项在审计中如何应对
中兴通讯股份有限公司和深圳市万科房地产有限公司（以下简称"万科"）签订一系列合作协议（以下简称"合作协议"），将其持有的深圳湾超级总部基地编号 T208-0049 的相关地块（以下简称"相关地块"）全权委托给万科开发建设，由万科全权主导，承担全部开发建设资金、费用和风险，并享有相应的全部收益。中兴通讯股份有限公司取得部分房产以及现金作为相关地块土地使用权的对价。	我们执行的审计程序主要包括： • 获取并检查与万科签署的系列协议，了解交易的背景，访谈了相关人员该交易安排，查看该事项相关的股东大会、董事会决议及相关文件。

续表

关键审计事项	该事项在审计中如何应对
基于合作协议下的相关安排，虽然土地使用权的法律权属未转移，但万科获得该土地使用权的期间为地块使用期限的全部，且中兴通讯股份有限公司有权取得的对价已相当于上述土地使用权的公允价值，满足企业会计准则中融资租赁的条件。中兴通讯股份有限公司作为出租方终止确认相关土地使用权资产，确认收益 2 662 740 千元，占集团合并报表本年利润总额的 37%。 由于该金额对财务报表影响重大，且涉及管理层的重大判断与估计，因此，我们将其识别为关键审计事项。 关于租赁的会计政策的披露参见财务报表附注三、29、30；关于租赁的重大会计判断和估计的披露参见财务报表附注三、33；关于租赁的会计政策和会计估计变更的披露参见财务报表附注三、34；关于租赁的财务报表披露参见财务报表附注十四、1	●阅读管理层聘请的评估师提供的公允价值评估报告；评价了管理层聘请的评估师的胜任能力、专业素质和客观性。 ●引入了内部估值专家协助复核公允价值评估方法、模型和关键参数。 ●复核管理层对该事项会计处理的分析，检查财务报表相关披露的充分性和完整性。 ●复核管理层对土地使用权终止确认收益的计算

附录一:
租赁准则新旧对比

2006《CAS 21——租赁》	2018《CAS 21——租赁》	新旧差异
第一章 总则	第一章 总则	
第一条 为了规范租赁的确认、计量和相关信息的列报,根据《企业会计准则——基本准则》,制定本准则	第一条 为了规范租赁的确认、计量和相关信息的列报,根据《企业会计准则——基本准则》,制定本准则	新旧一致
第二条 租赁,是指在约定的期间内,出租人将资产使用权让与承租人,以获取租金的协议	第二条 租赁,是指在一定期间内,出租人将资产的使用权让与承租人以获取对价的合同	定义基本一致;修改部分措辞
第三条 下列各项适用其他相关会计准则: (一)出租人以经营租赁方式租出的土地使用权和建筑物,适用《企业会计准则第3号——投资性房地产》。 (二)电影、录像、剧本、文稿、专利和版权等项目的许可使用协议,适用《企业会计准则第6号——无形资产》。 (三)出租人因融资租赁形成的长期债权的减值,适用《企业会计准则第22号——金融工具确认和计量》	第三条 本准则适用于所有租赁,但下列各项除外: (一)承租人通过许可使用协议取得的电影、录像、剧本、文稿、专利和版权等项目的权利,适用《企业会计准则第6号——无形资产》; (二)出租人授予的知识产权许可,适用《企业会计准则第14号——收入》。 勘探或使用矿产、石油、天然气及类似非可再生资源的租赁,承租人承租生物资产以及采用建设经营移交等方式参与公共基础设施建设或运营不适用本准则	适用范围包括经营租出的土地使用权和建筑物;适用范围不包括出租人授予的知识产权许可、非可再生资源的租赁、承租生物资产以及BOT

续表

2006《CAS 21——租赁》	2018《CAS 21——租赁》	新旧差异
	第二章 租赁的识别、分拆和合并	
	第一节 租赁的识别	新增
	第四条 在合同开始时，企业应当评估合同是否是租赁或者是否包含租赁。如果合同让渡了在一定期间内控制一项或多项已识别资产使用的权利以换取对价，则该合同是租赁或者包含租赁。 除非合同条款发生变化，企业无须重新评估合同是否是租赁或者是否包含租赁	明确租赁的识别特征：让渡了在一定期间内控制已识别资产使用的权利以换取对价
	第五条 为确定合同是否让渡了在一定期间内控制已识别资产使用的权利，企业应当评估合同中的客户是否有权在该使用期间主导已识别资产的使用，并获得因使用已识别资产所产生的几乎全部经济利益	明确租赁识别的核心：让渡了控制租赁资产使用的权利
	第六条 已识别资产通常由合同明确指定，也可以在资产可供客户使用时隐性指定	已识别资产（identified asset）
	第七条 存在下列情况之一的，可视为客户有权主导已识别资产的使用： （一）客户有权在使用期间主导已识别资产的使用方式和使用目的； （二）在已识别资产的使用方式和使用目的已预先确定的情况下，该资产由客户设计，或者客户有权在使用期间自行或主导他人按照其确定的方式运营该资产	明确客户有权主导已识别资产的使用的情形：有权主导使用方式和使用目的；由客户设计或确定运营方式
	第八条 在评估是否有权获得因使用已识别资产所产生的几乎全部经济利益时，企业应当在约定的客户可使用资产的权利范围内考虑其所产生的经济利益	明确经济利益的考虑范围
	第二节 租赁的分拆和合并	新增

续表

2006《CAS 21——租赁》	2018《CAS 21——租赁》	新旧差异
	第九条 合同同时包含租赁和非租赁部分的,承租人和出租人应当将该合同包含的各租赁部分和非租赁部分进行分拆。其中,各租赁部分应当分别按照本准则进行会计处理,非租赁部分应当按照其他适用的企业会计准则进行会计处理。 为简化处理,承租人可以按照租赁资产的类别选择是否分拆合同包含的租赁和非租赁部分。承租人选择不分拆的,应当将各租赁部分及与其相关的非租赁部分分别合并为租赁按照本准则进行会计处理。 对于满足《企业会计准则第 22 号——金融工具确认和计量》有关嵌入衍生工具分拆条件的非租赁部分,承租人不应将其与租赁部分合并进行会计处理	明确应当分拆合同包含的各租赁部分和非租赁部分; 承租人可以按照租赁资产的类别选择是否分拆合同(除了满足分拆条件的嵌入衍生工具)
	第十条 在分拆合同包含的租赁和非租赁部分时,承租人应当按照各租赁部分及非租赁部分的单独价格的相对比例分摊合同对价,出租人应当根据《企业会计准则第 14 号——收入》关于交易价格分摊的规定分摊合同对价	合同对价应当按单独价格的相对比例分摊
	第十一条 承租人和出租人与同一交易方或其关联方在同一时间或相近时间订立的两份或多份包含租赁的合同,在满足下列条件之一时,应当合并为一份合同进行会计处理: (一)该两份或多份合同基于总体商业目的作为一揽子交易而订立,若不作为整体考虑就无法理解其总体商业目的; (二)该两份或多份合同中的某份合同的支付对价取决于其他合同的价格或履约情况; (三)该两份或多份合同让渡的控制租赁资产使用的权利构成一项单独的租赁部分	明确合同合并的情形:一揽子交易;支付对价受制;构成单项租赁
第三章 融资租赁中承租人的会计处理	第三章 承租人的会计处理	
	第一节 确认和初始计量	划分章节

附录一： 租赁准则新旧对比

续表

2006《CAS 21——租赁》	2018《CAS 21——租赁》	新旧差异
第十八条 在租赁期开始日，出租人应当将租赁开始日最低租赁收款额与初始直接费用之和作为应收融资租赁款的入账价值，同时记录未担保余值；将最低租赁收款额、初始直接费用及未担保余值之和与其现值之和的差额确认为未实现融资收益。 第十九条 未实现融资收益应当在租赁期内各个期间进行分配。出租人应当采用实际利率法计算确认当期的融资收入。 第二十二条 对于经营租赁的租金，承租人应当在租赁期内各个期间按照直线法计入相关资产成本或当期损益；其他方法更为系统合理的，也可以采用其他方法。 第二十三条 承租人发生的初始直接费用，应当计入当期损益。 第二十四条 或有租金应当在实际发生时计入当期损益。 第十一条 租赁期开始日，是指承租人有权行使其使用租赁资产权利的开始日	第十二条 在租赁期开始日，承租人应当对租赁确认使用权资产和租赁负债，应用本准则第三章第三节进行简化处理的短期租赁和低价值资产租赁除外。 使用权资产，是指承租人可在租赁期内使用租赁资产的权利。 租赁期开始日，是指出租人提供租赁资产使其可供承租人使用的日期	取消承租人关于融资租赁与经营租赁的分类，要求承租人对所有租赁确认使用权资产和租赁负债（选择简化处理的短期租赁和低价值资产租赁除外）； 定义"使用权资产"，重新定义"租赁期开始日"
第七条 租赁期，是指租赁合同规定的不可撤销的租赁期间。租赁合同签订后一般不可撤销，但下列情况除外： （一）经出租人同意。 （二）承租人与原出租人就同一资产或同类资产签订了新的租赁合同。 （三）承租人支付一笔足够大的额外款项。 （四）发生某些很少会出现的或有事项。承租人有权选择续租该资产，并且在租赁开始日就可以合理确定承租人将会行使这种选择权，不论是否再支付租金，续租期也包括在租赁期之内	第十三条 租赁期是承租人有权使用租赁资产的不可撤销期间；承租人有权选择续租该资产且合理确定将行使该选择权的，租赁期还应当包含续租选择权涵盖的期间；承租人有权选择终止租赁该资产，但合理确定将不会行使该选择权的，租赁期应当包含终止租赁选择权涵盖的期间。 发生承租人可控范围内的重大事件或变化，且影响承租人是否合理确定将行使相应选择权的，承租人应当对其是否合理确定将行使续租选择权、购买选择权或不行使终止租赁选择权进行重新评估	租赁期的定义基本一致； 明确情况发生重大变化时，需重新评估租赁期； 不再列举可撤销合同的情形

续表

2006《CAS 21——租赁》	2018《CAS 21——租赁》	新旧差异
第十一条 承租人在租赁谈判和签订租赁合同过程中发生的，可归属于租赁项目的手续费、律师费、差旅费、印花税等初始直接费用，应当计入租入资产价值	第十四条 使用权资产应当按照成本进行初始计量。该成本包括： （一）租赁负债的初始计量金额； （二）在租赁期开始日或之前支付的租赁付款额；存在租赁激励的，扣除租赁激励相关金额； （三）承租人发生的初始直接费用； （四）承租人为拆卸及移除租赁资产、复原租赁资产所在场地或将租赁资产恢复至租赁条款约定状态预计将发生的成本。前述成本属于为生产存货而发生的除外。 承租人应当按照《企业会计准则第13号——或有事项》对本条第（四）项所述成本支付义务进行确认和计量。 租赁激励，是指出租人为达成租赁向承租人提供的优惠，包括出租人向承租人支付的与租赁有关的款项以及出租人为承租人偿付或承担的成本。 初始直接费用，是指为达成租赁所发生的增量成本。增量成本是指若企业不取得该租赁，则不会发生的成本	明确使用权资产初始入账成本的构成：租赁负债+租赁预付款-租赁激励+初始直接费用+预计拆卸/移除/复原/恢复成本； 定义"租赁激励"，重新定义"初始直接费用"，定义"增量成本"
第十二条 承租人在计算最低租赁付款额的现值时，能够取得出租人租赁内含利率的，应当采用租赁内含利率作为折现率；否则，应当采用租赁合同规定的利率作为折现率。承租人无法取得出租人的租赁内含利率且租赁合同没有规定利率的，应当采用同期银行贷款利率作为折现率	第十五条 租赁负债应当按照租赁期开始日尚未支付的租赁付款额的现值进行初始计量。 在计算租赁付款额的现值时，承租人应当采用租赁内含利率作为折现率；无法确定租赁内含利率的，应当采用承租人增量借款利率作为折现率。 取决于指数或比率的可变租赁付款额，应当根据租赁期开始日的指数或比率确定	明确租赁负债的折现率为租赁内含利率或承租人增量借款利率； 不再使用租赁合同规定的利率

续表

2006《CAS 21——租赁》	2018《CAS 21——租赁》	新旧差异
第八条 最低租赁付款额，是指在租赁期内，承租人应支付或可能被要求支付的款项（不包括或有租金和履约成本），加上由承租人或与其有关的第三方担保的资产余值。承租人有购买租赁资产选择权，所订立的购买价款预计将远低于行使选择权时租赁资产的公允价值，因而在租赁开始日就可以合理确定承租人将会行使这种选择权的，购买价款应当计入最低租赁付款额。或有租金，是指金额不固定、以时间长短以外的其他因素（如销售量、使用量、物价指数等）为依据计算的租金。履约成本，是指租赁期内为租赁资产支付的各种使用费用，如技术咨询和服务费、人员培训费、维修费、保险费等。 第二十一条 或有租金应当在实际发生时计入当期损益	第十六条 租赁付款额，是指承租人向出租人支付的与在租赁期内使用租赁资产的权利相关的款项，包括： （一）固定付款额及实质固定付款额；存在租赁激励的，扣除租赁激励相关金额； （二）取决于指数或比率的可变租赁付款额； （三）购买选择权的行权价格，前提是承租人合理确定将行使该选择权； （四）行使终止租赁选择权需支付的款项，前提是租赁期反映出承租人将行使终止租赁选择权； （五）根据承租人提供的余值担保预计应支付的款项。 实质固定付款额，是指在形式上可能包含变量、但实质上无法避免的付款额。 可变租赁付款额，是指承租人为取得在租赁期内使用租赁资产的权利，向出租人支付的因租赁期开始日后的事实或情况发生变化（而非时间推移）而变动的款项。取决于指数或比率的可变租赁付款额包括与消费者价格指数挂钩的款项、与基准利率挂钩的款项等	"租赁付款额"替代"最低租赁付款额"，"可变租赁付款额"替代"或有租金"； 明确租赁付款额的构成：固定及实质固定付款额 - 租赁激励 + 取决于指数或比率的可变租赁付款额 + 合理确定将行使的购买选择权的行权价格 + 将行使的就终止租赁选择权的支付 + 承租人余值担保预计支付款项； 定义"实质固定付款额"
第十四条 担保余值，就承租人而言，是指由承租人或与其有关的第三方担保的资产余值；就出租人而言，是指就承租人而言的担保余值加上独立于承租人和出租人的第三方担保的资产余值。资产余值，是指在租赁开始日估计的租赁期届满时租赁资产的公允价值。未担保余值，是指租赁资产余值中扣除就出租人而言的担保余值以后的资产余值	第十七条 余值担保，是指与出租人无关的一方向出租人提供的在租赁结束时租赁资产的价值至少为某指定金额的担保。 未担保余值，是指租赁资产余值中，出租人无法保证能够实现或仅由与出租人有关的一方予以担保的部分	"担保余值"改为"余值担保"； 包含在租赁付款额中的是"根据承租人提供的余值担保预计应支付的款项"，不再是"担保余值"本身
第十三条 租赁内含利率，是指在租赁开始日，使最低租赁收款额的现值与未担保余值的现值之和等于租赁资产公允价值与出租人的初始直接费用之和的折现率	第十八条 租赁内含利率，是指使租赁收款额与未担保余值的现值之和等于租赁资产公允价值与出租人的初始直接费用之和的利率	租赁内含利率的含义基本一致

续表

2006《CAS 21——租赁》	2018《CAS 21——租赁》	新旧差异
N/A	第十九条 承租人增量借款利率，是指承租人在类似经济环境下为获得与使用权资产价值接近的资产，在类似期间以类似抵押条件借入资金须支付的利率	定义"增量借款利率"，明确需考虑抵押条件
	第二节 后续计量	划分章节
	第二十条 在租赁期开始日后，承租人通常应当按照本准则第二十一条、第二十二条、第二十七条及第二十九条的规定，采用成本模式对使用权资产进行后续计量。 承租人采用公允价值模式计量投资性房地产的，对符合《企业会计准则第 3 号——投资性房地产》中投资性房地产定义的使用权资产，也应当采用公允价值模式进行后续计量	使用权资产后续计量通常采用成本模式； 采用公允价值模式计量投资性房地产的承租人，对符合投资性房地产定义的使用权资产也应采用公允价值模式
第十六条 承租人应当采用与自有固定资产相一致的折旧政策计提租赁资产折旧。能够合理确定租赁期届满时取得租赁资产所有权的，应当在租赁资产使用寿命内计提折旧。无法合理确定租赁期届满时能够取得租赁资产所有权的，应当在租赁期与租赁资产使用寿命两者中较短的期间内计提折旧	第二十一条 承租人应当参照《企业会计准则第 4 号——固定资产》有关折旧规定，对使用权资产计提折旧。 承租人能够合理确定租赁期届满时取得租赁资产所有权的，应当在租赁资产使用寿命内计提折旧。无法合理确定租赁期届满时能够取得租赁资产所有权的，应当在租赁期与租赁资产使用寿命两者孰短的期间内计提折旧	使用权资产参照固定资产计提折旧（类似原融资租入）； 折旧方式新旧一致
	第二十二条 承租人应当按照《企业会计准则第 8 号——资产减值》的规定，确定使用权资产是否发生减值，并对已识别的减值损失进行会计处理	使用权资产减值适用 CAS 8
第十五条 未确认融资费用应当在租赁期内各个期间进行分摊。承租人应当采用实际利率法计算确认当期的融资费用	第二十三条 承租人应当采用实际利率法计算租赁期内各个期间的利息，并计入当期损益。按照《企业会计准则第 17 号——借款费用》等其他准则规定应当计入相关资产成本的，从其规定	基本一致
第十七条 或有租金应当在实际发生时计入当期损益	第二十四条 可变租赁付款额（取决于指数或比率的除外）应当在实际发生时计入当期损益。按照《企业会计准则第 1 号——存货》等其他准则规定应当计入相关资产成本的，从其规定	计入当期损益的可变租赁付款额不包括取决于指数或比率的部分

续表

2006《CAS 21——租赁》	2018《CAS 21——租赁》	新旧差异
N/A	第二十五条 在租赁期开始日后，承租人应当分别以下情形重新确定租赁付款额，并按变动后租赁付款额的现值重新计量租赁负债： （一）因续租选择权或终止租赁选择权的评估结果发生变化或者前述选择权的实际行使情况与原评估结果不一致等导致租赁期变化的，应当根据新的租赁期重新确定租赁付款额； （二）购买选择权的评估结果发生变化的，应当根据新的评估结果重新确定租赁付款额。 在计算变动后租赁付款额的现值时，承租人应当采用剩余租赁期间的租赁内含利率作为折现率；无法确定剩余租赁期间的租赁内含利率的，应当采用重估日的承租人增量借款利率作为折现率	明确需重新确定租赁付款额的情形（重新确定折现率）：因行权判断或实际行使不一致导致的租赁期变化；购买选择权的评估结果发生变化
N/A	第二十六条 在租赁期开始日后，根据余值担保预计的应付金额发生变动，或者因用于确定租赁付款额的指数或比率变动而导致未来租赁付款额发生变动的，承租人应当按照变动后租赁付款额的现值重新计量租赁负债。在该情形下，承租人采用的折现率不变，除非租赁付款额的变动源自浮动利率变动	明确需重新确定租赁付款额的情形（折现率不变）：余值担保预计支付变动；用于确定租赁付款额的指数或比率变动
N/A	第二十七条 承租人在根据本准则第二十五条、第二十六条重新计量租赁负债时，应当相应调整使用权资产的账面价值。使用权资产的账面价值已调减至零，但租赁负债仍需进一步调减的，承租人应当将剩余金额计入当期损益	重新计量租赁负债时，应当相应调整使用权资产的账面价值
	第二十八条 租赁发生变更且同时满足下列条件的，承租人应当将该租赁变更作为一项单独的租赁进行会计处理： （一）该租赁变更通过增加一项或多项租赁资产的使用权而扩大了租赁范围； （二）增加的对价与所扩大租赁范围的单独价格按该合同情况调整后的金额相当。 租赁变更，是指原合同条款之外的租赁范围、租赁对价、租赁期限的变更，包括增加或终止一项或多项租赁资产的使用权，延长或缩短合同规定的租赁期等	明确租赁变更的会计处理——作为一项单独的租赁的变更；定义"租赁变更"

续表

2006《CAS 21——租赁》	2018《CAS 21——租赁》	新旧差异
	第二十九条 租赁变更未作为一项单独的租赁进行会计处理的，在租赁变更生效日，承租人应当按照本准则第九条、第十条的规定分摊变更后合同的对价，按照本准则第十三条的规定重新确定租赁期，并按照变更后租赁付款额的现值重新计量租赁负债。 在计算变更后租赁付款额的现值时，承租人应当采用剩余租赁期间的租赁内含利率作为折现率；无法确定剩余租赁期间的租赁内含利率的，应当采用租赁变更生效日的承租人增量借款利率作为折现率。租赁变更生效日，是指双方就租赁变更达成一致的日期。 租赁变更导致租赁范围缩小的，承租人应当调减使用权资产的账面价值，并将部分终止或完全终止租赁的相关利得或损失计入当期损益。其他租赁变更导致重新计量租赁负债的，应当相应调整使用权资产的账面价值	明确租赁变更的会计处理——不满足作为一项单独的租赁的变更； 租赁范围缩小的，调减使用权资产
	第三节 短期租赁和低价值资产租赁	新增
	第三十条 短期租赁，是指在租赁期开始日，租赁期不超过12个月的租赁。 包含购买选择权的租赁不属于短期租赁	定义"短期租赁"
	第三十一条 低价值资产租赁，是指单项租赁资产为新资产时价值较低的租赁。 低价值资产还应当符合下列条件： （一）承租人可从单独使用该资产或将其与易于获得的其他资源一起使用中获利； （二）该资产与其他资产不存在高度依赖或高度关联关系。 承租人转租或预期转租租赁资产的，原租赁不属于低价值资产租赁	定义"低价值资产租赁"

附录一： | 租赁准则新旧对比

续表

2006《CAS 21——租赁》	2018《CAS 21——租赁》	新旧差异
	第三十二条 对于短期租赁和低价值资产租赁，承租人可以选择不确认使用权资产和租赁负债。 作出该选择的，承租人应当将短期租赁和低价值资产租赁的租赁付款额，在租赁期内各个期间按照直线法或其他系统合理的方法计入相关资产成本或当期损益。其他系统合理的方法能够更好地反映承租人的受益模式的，承租人应当采用该方法	短期租赁和低价值资产租赁可以简化处理：不确认使用权资产和租赁负债
	第三十三条 对于短期租赁，承租人应当按照租赁资产的类别作出本准则第三十二条所述的会计处理选择。 对于低价值资产租赁，承租人可根据每项租赁的具体情况作出本准则第三十二条所述的会计处理选择	短期租赁按照租赁资产的类别选择简化处理，低价值资产租赁可单项选择简化处理
	第三十四条 按照本准则第三十二条进行简化处理的短期租赁发生租赁变更或者因租赁变更之外的原因导致租赁期发生变化的，承租人应当将其视为一项新租赁进行会计处理	简化处理的短期租赁发生租赁变更或租赁期变化的，作为新租赁
第二章 租赁的分类	第四章 出租人的会计处理	
	第一节 出租人的租赁分类	
第四条 承租人和出租人应当在租赁开始日将租赁分为融资租赁和经营租赁。租赁开始日，是指租赁协议日与租赁各方就主要租赁条款作出承诺日中的较早者。 第五条 融资租赁，是指实质上转移了与资产所有权有关的全部风险和报酬的租赁。其所有权最终可能转移，也可能不转移。 第十条 经营租赁是指除融资租赁以外的其他租赁	第三十五条 出租人应当在租赁开始日将租赁分为融资租赁和经营租赁。 租赁开始日，是指租赁合同签署日与租赁各方就主要租赁条款作出承诺日中的较早者。 融资租赁，是指实质上转移了与租赁资产所有权有关的几乎全部风险和报酬的租赁。其所有权最终可能转移，也可能不转移。 经营租赁，是指除融资租赁以外的其他租赁。 在租赁开始日后，出租人无须对租赁的分类进行重新评估，除非发生租赁变更。租赁资产预计使用寿命、预计余值等会计估计变更或发生承租人违约等情况变化的，出租人不进行重分类	出租人的租赁分类新旧一致； 租赁开始日、融资租赁的定义基本一致； 明确后续不对租赁的分类进行重新评估

续表

2006《CAS 21——租赁》	2018《CAS 21——租赁》	新旧差异
第六条 符合下列一项或数项标准的，应当认定为融资租赁： （一）在租赁期届满时，租赁资产的所有权转移给承租人。 （二）承租人有购买租赁资产的选择权，所订立的购买价款预计将远低于行使选择权时租赁资产的公允价值，因而在租赁开始日就可以合理确定承租人将会行使这种选择权。 （三）即使资产的所有权不转移，但租赁期占租赁资产使用寿命的大部分。 （四）承租人在租赁开始日的最低租赁付款额现值，几乎相当于租赁开始日租赁资产公允价值；出租人在租赁开始日的最低租赁收款额现值，几乎相当于租赁开始日租赁资产的公允价值。 （五）租赁资产性质特殊，如果不作较大改造，只有承租人才能使用	第三十六条 一项租赁属于融资租赁还是经营租赁取决于交易的实质，而不是合同的形式。如果一项租赁实质上转移了与租赁资产所有权有关的几乎全部风险和报酬，出租人应当将该项租赁分类为融资租赁。 一项租赁存在下列一项或多项情形的，通常分类为融资租赁： （一）在租赁期届满时，租赁资产的所有权转移给承租人； （二）承租人有购买租赁资产的选择权，所订立的购买价款与预计行使选择权时租赁资产的公允价值相比足够低，因而在租赁开始日就可以合理确定承租人将行使该选择权； （三）资产的所有权虽然不转移，但租赁期占租赁资产使用寿命的大部分； （四）在租赁开始日，租赁收款额的现值几乎相当于租赁资产的公允价值； （五）租赁资产性质特殊，如果不作较大改造，只有承租人才能使用。 一项租赁存在下列一项或多项情形的，也可能分类为融资租赁： （一）若承租人撤销租赁，撤销租赁对出租人造成的损失由承租人承担； （二）资产余值的公允价值波动所产生的利得或损失归属于承租人； （三）承租人有能力以远低于市场水平的租金继续租赁至下一期间	明确分类取决于交易的实质； 修改了部分措辞，增加了可能分类为融资租赁的列举情形（承租人承担撤租损失、资产余值波动归承租人、承租人可以超低价续租）
N/A	第三十七条 转租出租人应当基于原租赁产生的使用权资产对转租赁进行分类。 原租赁为短期租赁，且转租出租人应用本准则第三十二条对原租赁进行简化处理的，转租出租人应当将该转租赁分类为经营租赁	明确转租出租人的分类原则
	第二节 出租人对融资租赁的会计处理	

续表

2006《CAS 21——租赁》	2018《CAS 21——租赁》	新旧差异
第九条 最低租赁收款额，是指最低租赁付款额加上独立于承租人和出租人的第三方对出租人担保的资产余值	第三十八条 在租赁期开始日，出租人应当将租赁投资净额作为应收融资租赁款的入账价值，并终止确认融资租赁资产。 租赁投资净额为租赁收款额及未担保余值按照租赁内含利率折现的现值之和。 租赁收款额，是指出租人因让渡在租赁期内使用租赁资产的权利而应向承租人收取但在租赁期开始日尚未收到的款项，包括： （一）承租人需支付的固定付款额及实质固定付款额；存在租赁激励的，扣除租赁激励相关金额； （二）取决于指数或比率的可变租赁付款额； （三）购买选择权的行权价格，前提是承租人合理确定将行使该选择权； （四）承租人行使终止租赁选择权需支付的款项，前提是租赁期反映出承租人将行使终止租赁选择权； （五）由承租人、与承租人有关的一方以及有经济能力履行担保义务的独立第三方向出租人提供的余值担保。 在转租的情况下，若转租的租赁内含利率无法确定，转租出租人可采用原租赁的折现率（根据与转租有关的初始直接费用进行调整）计量转租投资净额	"租赁收款额"替代"最低租赁收款额"； 定义"租赁投资净额"：租赁收款额现值+未担保余值现值； 明确租赁收款额的构成：承租人固定及实质固定付款额－租赁激励+取决于指数或比率的可变租赁付款额+合理确定将行使的购买选择权的行权价格+承租人将行使的就终止租赁选择权的支付+余值担保
第十九条 未实现融资收益应当在租赁期内各个期间进行分配。出租人应当采用实际利率法计算确认当期的融资收入	第三十九条 出租人应当采用实际利率法计算并确认租赁期内各个期间的利息收入	基本一致
	第四十条 出租人应当按照《企业会计准则第22号——金融工具确认和计量》和《企业会计准则第23号——金融资产转移》的规定，对应收融资租赁款的终止确认和减值进行会计处理。 出租人将应收融资租赁款或其所在的处置组划分为持有待售类别的，应当按照《企业会计准则第42号——持有待售的非流动资产、处置组和终止经营》进行会计处理	应收融资租赁款的终止确认和减值适用金融工具准则

续表

2006《CAS 21——租赁》	2018《CAS 21——租赁》	新旧差异
第二十一条 或有租金应当在实际发生时计入当期损益	第四十一条 出租人取得的可变租赁付款额应当在实际发生时计入当期损益,取决于指数或比率的可变租赁付款额除外	计入当期损益的可变租赁付款额不包括取决于指数或比率的部分
N/A	第四十二条 生产商或经销商作为出租人的融资租赁,无论其是否符合《企业会计准则第14号——收入》有关资产转让的规定,在租赁期开始日,该出租人均应当按照租赁资产公允价值与租赁收款额按市场利率折现的现值两者孰低确认收入,并按照租赁资产账面价值扣除未担保余值的现值后的余额结转销售成本。 生产商或经销商出租人为取得融资租赁发生的初始直接费用,应当在租赁期开始日计入当期损益	生产商或经销商作为出租人的融资租赁,应确认销售收入(无论是否符合CAS 14有关资产转让的规定)
N/A	第四十三条 融资租赁发生变更且同时满足下列条件的,出租人应当将该变更作为一项单独的租赁进行会计处理: (一) 该变更通过增加一项或多项租赁资产的使用权而扩大了租赁范围; (二) 增加的对价与所扩大租赁范围的单独价格按该合同情况调整后的金额相当	明确租赁变更的会计处理——作为一项单独的租赁的变更
N/A	第四十四条 融资租赁的变更未作为一项单独的租赁进行会计处理的,出租人应当分别以下情况对变更后的租赁进行处理: (一) 若变更在租赁开始日生效,该租赁会被分类为经营租赁的,出租人应当自租赁变更生效日开始将其作为一项新租赁进行会计处理,并以租赁变更生效日前的租赁投资净额作为租赁资产的账面价值; (二) 若变更在租赁开始日生效,该租赁会被分类为融资租赁的,出租人应当按照《企业会计准则第22号——金融工具确认和计量》关于修改或重新议定合同的规定进行会计处理	明确租赁变更的会计处理——不满足作为一项单独的租赁的变更

续表

2006《CAS 21——租赁》	2018《CAS 21——租赁》	新旧差异
第六章 经营租赁中出租人的会计处理	第三节 出租人对经营租赁的会计处理	
第二十六条 对于经营租赁的租金，出租人应当在租赁期内各个期间按照直线法确认为当期损益；其他方法更为系统合理的，也可以采用其他方法	第四十五条 在租赁期内各个期间，出租人应当采用直线法或其他系统合理的方法，将经营租赁的租赁收款额确认为租金收入。其他系统合理的方法能够更好地反映因使用租赁资产所产生经济利益的消耗模式的，出租人应当采用该方法	确认经营租赁租金收入方法增加"其他系统合理的方法"
第二十七条 出租人发生的初始直接费用，应当计入当期损益	第四十六条 出租人发生的与经营租赁有关的初始直接费用应当资本化，在租赁期内按照与租金收入相同的确认基础分期计入当期损益。金额较小的，可以在实际发生时计入当期损益	初始直接费用应当资本化（除非金额较小）
第二十八条 对于经营租赁资产中的固定资产，出租人应当采用类似资产的折旧政策计提折旧；对于其他经营租赁资产，应当采用系统合理的方法进行摊销	第四十七条 对于经营租赁资产中的固定资产，出租人应当采用类似资产的折旧政策计提折旧；对于其他经营租赁资产，应当根据该资产适用的企业会计准则，采用系统合理的方法进行摊销。出租人应当按照《企业会计准则第8号——资产减值》的规定，确定经营租赁资产是否发生减值，并对已识别的减值损失进行会计处理	经营租出资产的核算基本一致；明确经营租出资产的减值适用 CAS 8
第二十九条 或有租金应当在实际发生时计入当期损益	第四十八条 出租人取得的与经营租赁有关的可变租赁付款额，应当在实际发生时计入当期损益	基本一致
N/A	第四十九条 经营租赁发生变更的，出租人应当自变更生效日起将其作为一项新租赁进行会计处理，与变更前租赁有关的预收或应收租赁收款额应当视为新租赁的收款额	经营变更作为新租赁
	第五章 售后租回交易	
第三十条 承租人和出租人应当根据本准则第二章的规定，将售后租回交易认定为融资租赁或经营租赁	第五十条 承租人和出租人应当按照《企业会计准则第14号——收入》的规定，评估确定售后租回交易中的资产转让是否属于销售	售后租回交易与新收入准则衔接

续表

2006《CAS 21——租赁》	2018《CAS 21——租赁》	新旧差异
	第五十一条 售后租回交易中的资产转让属于销售的，承租人应当按原资产账面价值中与所保留使用权有关的部分，计量售后租回所形成的使用权资产，并仅就转让至出租人的权利确认相关利得或损失；出租人应当根据其他适用的企业会计准则对资产购买进行会计处理，并根据本准则对资产出租进行会计处理。 如果销售对价的公允价值与资产的公允价值不同，或者出租人未按市场价格收取租金，则企业应当将低于市场价格的款项作为预付租金进行会计处理，将高于市场价格的款项作为出租人向承租人提供的额外融资进行会计处理。同时，按照公允价值调整相关销售利得和损失	售后租回交易中的资产转让属于销售的，仅就转让至出租人的权利确认相关利得或损失；出售对价不公允的，作为预付租金或额外融资处理
第三十一条 售后租回交易认定为融资租赁的，售价与资产账面价值之间的差额应当予以递延，并按照该项租赁资产的折旧进度进行分摊，作为折旧费用的调整 第三十二条 售后租回交易认定为经营租赁的，售价与资产账面价值之间的差额应当予以递延，并在租赁期内按照与确认租金费用相一致的方法进行分摊，作为租金费用的调整。但是，有确凿证据表明售后租回交易是按照公允价值达成的，售价与资产账面价值之间的差额应当计入当期损益	第五十二条 售后租回交易中的资产转让不属于销售的，承租人应当继续确认被转让资产，同时确认一项与转让收入等额的金融负债，并按照《企业会计准则第22号——金融工具确认和计量》对该金融负债进行会计处理；出租人不确认被转让资产，但应当确认一项与转让收入等额的金融资产，并按照《企业会计准则第22号——金融工具确认和计量》对该金融资产进行会计处理	售后租回不属于销售的，转让收入确认为金融工具
	第六章 列报	
	第一节 承租人的列报	

续表

2006《CAS 21——租赁》	2018《CAS 21——租赁》	新旧差异
第三十三条 承租人应当在资产负债表中，将与融资租赁相关的长期应付款减去未确认融资费用的差额，分别长期负债和一年内到期的长期负债列示	第五十三条 承租人应当在资产负债表中单独列示使用权资产和租赁负债。其中，租赁负债通常分别非流动负债和一年内到期的非流动负债列示。符合投资性房地产定义的使用权资产，应当在投资性房地产项目列示。在利润表中，承租人应当分别列示租赁负债的利息费用与使用权资产的折旧费用。租赁负债的利息费用在财务费用项目列示。在现金流量表中，偿还租赁负债本金和利息所支付的现金应当计入筹资活动现金流出，支付的按本准则第三十二条简化处理的短期租赁付款额和低价值资产租赁付款额以及未纳入租赁负债计量的可变租赁付款额应当计入经营活动现金流出	使用权资产和租赁负债单独列示；利息费用与折旧费用分别列示；偿还租赁负债本金和利息的现金计入筹资活动现金流出（不包括简化处理及未纳入租赁负债计量的可变租赁付款额）
第三十四条 承租人应当在附注中披露与融资租赁有关的下列信息： （一）各类租入固定资产的期初和期末原价、累计折旧额。 （二）资产负债表日后连续三个会计年度每年将支付的最低租赁付款额，以及以后年度将支付的最低租赁付款额总额。 （三）未确认融资费用的余额，以及分摊未确认融资费用所采用的方法。 第三十七条 承租人对于重大的经营租赁，应当在附注中披露下列信息： （一）资产负债表日后连续三个会计年度每年将支付的不可撤销经营租赁的最低租赁付款额。 （二）以后年度将支付的不可撤销经营租赁的最低租赁付款额总额	第五十四条 承租人应当在附注中披露与租赁有关的下列信息： （一）各类使用权资产的期初余额、期末余额以及累计折旧额和减值金额； （二）计入当期损益的按本准则第三十二条简化处理的短期租赁费用和低价值资产租赁费用以及未纳入租赁负债计量的可变租赁付款额； （三）转租使用权资产取得的收入； （四）与租赁相关的总现金流出； （五）售后租回交易产生的相关损益； （六）按照《企业会计准则第37号——金融工具列报》应当披露的有关租赁负债的信息。 符合投资性房地产定义的使用权资产，按照《企业会计准则第3号——投资性房地产》进行披露，不纳入本条第（一）、第（三）项。 承租人应用本准则第三十二条对短期租赁和低价值资产租赁进行简化处理的，应当披露这一事实	承租人根据会计处理模型的变化披露与租赁有关的信息：使用权资产（不含符合投资性房地产定义的）；简化处理计入当期损益租赁费用（及简化处理的事实），未纳入租赁负债计量的可变租赁付款额；转租收入；租赁总现金流出；售后租回损益；租赁负债

续表

2006《CAS 21——租赁》	2018《CAS 21——租赁》	新旧差异
第三十九条 承租人和出租人应当披露各售后租回交易以及售后租回合同中的重要条款	第五十五条 承租人应当根据理解财务报表的需要，披露有关租赁活动的其他定性和定量信息。此类信息包括： （一）租赁活动的性质； （二）未纳入租赁负债计量的未来潜在现金流出； （三）租赁导致的限制或承诺； （四）售后租回交易； （五）其他相关信息	承租人披露的信息还包括：租赁活动的性质；未纳入租赁负债的潜在现金流出；租赁导致的限制或承诺等；售后租回等
	第二节 出租人的列报	
第二十五条 出租人应当按资产的性质，将用作经营租赁的资产包括在资产负债表中的相关项目内。 第三十五条 出租人应当在资产负债表中，将应收融资租赁款减去未实现融资收益的差额，作为长期债权列示	第五十六条 出租人应当根据资产的性质，在资产负债表中列示经营租赁资产	经营租出资产的列示基本一致
第三十六条 出租人应当在附注中披露与融资租赁有关的下列信息： （一）资产负债表日后连续三个会计年度每年将收到的最低租赁收款额，以及以后年度将收到的最低租赁收款额总额。 （二）未实现融资收益的余额，以及分配未实现融资收益所采用的方法	第五十七条 出租人应当在附注中披露与融资租赁有关的下列信息： （一）销售损益、租赁投资净额的融资收益以及与未纳入租赁投资净额的可变租赁付款额相关的收入； （二）资产负债表日后连续五个会计年度每年将收到的未折现租赁收款额以及以后年度将收到的未折现租赁收款额总额； （三）未折现租赁收款额与租赁投资净额的调节表	融资租出的披露增加销售损益、融资收益与可变租赁付款额相关的收入；未折现租赁收款额与租赁投资净额的调节表；未来租赁收款额要求披露报表日后连续五个会计年度
第三十八条 出租人对经营租赁，应当披露各类租出资产的账面价值	第五十八条 出租人应当在附注中披露与经营租赁有关的下列信息： （一）租赁收入，并单独披露与不取决于指数或比率的可变租赁付款额相关的收入； （二）将经营租赁固定资产与出租人持有自用的固定资产分开，并按经营租赁固定资产的类别提供《企业会计准则第4号——固定资产》要求披露的信息； （三）资产负债表日后连续五个会计年度每年将收到的未折现租赁收款额以及以后年度将收到的未折现租赁收款额总额	经营租出的披露增加与不取决于指数或比率的可变租赁付款额相关的收入；经营租赁固定资产的信息；未来租赁收款额要求披露报表日后连续五个会计年度

续表

2006《CAS 21——租赁》	2018《CAS 21——租赁》	新旧差异
	第五十九条 出租人应当根据理解财务报表的需要，披露有关租赁活动的其他定性和定量信息。此类信息包括： （一）租赁活动的性质； （二）对其在租赁资产中保留的权利进行风险管理的情况； （三）其他相关信息	出租人披露的信息还包括：租赁活动的性质；租赁中保留的权利风险管理情况等
	第七章 衔接规定	
	第六十条 对于首次执行日前已存在的合同，企业在首次执行日可以选择不重新评估其是否是租赁或者是否包含租赁。选择不重新评估的，企业应当在财务报表附注中披露这一事实，并一致应用于前述所有合同	可以不重新评估已存在的合同
	第六十一条 承租人应当选择下列方法之一对租赁进行衔接会计处理，并一致应用于其作为承租人的所有租赁： （一）按照《企业会计准则第 28 号——会计政策、会计估计变更和差错更正》的规定采用追溯调整法处理； （二）根据首次执行本准则的累积影响数，调整首次执行本准则当年年初留存收益及财务报表其他相关项目金额，不调整可比期间信息。采用该方法时，应当按照以下规定进行衔接处理： 1. 对于首次执行日前的融资租赁，承租人在首次执行日应当按照融资租入资产和应付融资租赁款的原账面价值，分别计量使用权资产和租赁负债。 2. 对于首次执行日前的经营租赁，承租人在首次执行日应当根据剩余租赁付款额按首次执行日承租人增量借款利率折现的现值计量租赁负债，并根据每项租赁选择按照下列两者之一计量使用权资产： （1）假设自租赁期开始日即采用本准则的账面价值（采用首次执行日的承租人增量借款利率作为折现率）； （2）与租赁负债相等的金额，并根据预付租金进行必要调整。 3. 在首次执行日，承租人应当按照《企业会计准则第 8 号——资产减值》的规定，对使用权资产进行减值测试并进行相应会计处理	

续表

2006《CAS 21——租赁》	2018《CAS 21——租赁》	新旧差异
	第六十二条 首次执行日前的经营租赁中，租赁资产属于低价值资产且根据本准则第三十二条的规定选择不确认使用权资产和租赁负债的，承租人无须对该经营租赁按照衔接规定进行调整，应当自首次执行日起按照本准则进行会计处理。 首次执行日前的经营租赁，在首次执行日后应当作为采用公允价值模式计量的投资性房地产核算的，承租人应当按照首次执行日的公允价值计量使用权资产	
	第六十三条 承租人采用本准则第六十一条第（二）项进行衔接会计处理时，对于首次执行日前的经营租赁，可采用下列简化处理： 1. 将于首次执行日后12个月内完成的租赁，可作为短期租赁处理； 2. 计量租赁负债时，相似的租赁组合可采用同一折现率；使用权资产的计量可不包含初始直接费用； 3. 存在续租选择权或终止租赁选择权的，承租人可根据首次执行日前选择权的实际行使及其他最新情况确定租赁期，无须对首次执行日前各期间是否合理确定行使续租选择权或终止租赁选择权进行估计； 4. 作为使用权资产减值测试的替代，承租人可根据《企业会计准则第13号——或有事项》评估包含租赁的合同在首次执行日前是否为亏损合同，并根据首次执行日前计入资产负债表的亏损准备金额调整使用权资产。 5. 首次执行本准则当年年初之前发生租赁变更的，承租人无须按照本准则第二十八条、第二十九条的规定对租赁变更进行追溯调整，而是根据租赁变更的最终安排，按照本准则进行会计处理	
	第六十四条 承租人采用本准则第六十三条规定的简化处理方法的，应当在财务报表附注中披露所采用的简化处理方法以及在合理可能的范围内对采用每项简化处理方法的估计影响所作的定性分析	

附录一：租赁准则新旧对比

续表

2006《CAS 21——租赁》	2018《CAS 21——租赁》	新旧差异
	第六十五条 对于首次执行日前划分为经营租赁且在首次执行日后仍存续的转租赁，转租出租人在首次执行日应当基于原租赁和转租赁的剩余合同期限和条款进行重新评估，并按照本准则的规定进行分类。按照本准则重分类为融资租赁的，应当将其作为一项新的融资租赁进行会计处理。 除前款所述情形外，出租人无须对其作为出租人的租赁按照衔接规定进行调整，而应当自首次执行日起按照本准则进行会计处理	
	第六十六条 对于首次执行日前已存在的售后租回交易，企业在首次执行日不重新评估资产转让是否满足《企业会计准则第14号——收入》作为销售进行会计处理的规定。 对于首次执行日前应当作为销售和融资租赁进行会计处理的售后租回交易，卖方（承租人）应当按照与首次执行日存在的其他融资租赁相同的方法对租回进行会计处理，并继续在租赁期内摊销销售利润。 对于首次执行日前应当作为销售和经营租赁进行会计处理的售后租回交易，卖方（承租人）应当按照与首次执行日存在的其他经营租赁相同的方法对租回进行会计处理，并根据首次执行日前计入资产负债表的相关递延收益或损失调整使用权资产	
	第八章 附则	
	第六十八条 本准则自2019年1月1日起施行	明确实施日期

附录二：
《租赁准则实施问答》

2021年3月2日、4月25日、6月10，财政部会计司陆续发布租赁准则实施问答，具体如下：

序号	问题	发布时间
1	租赁合同变更导致租赁期缩短至1年以内，承租人的会计处理	2021-03-02
2	可变租赁付款额的判断	2021-03-02
3	租赁期的确定	2021-03-02
4	租赁期不超过12个月且包含购买选择权的租赁是否属于短期租赁？	2021-04-25
5	承租人发生的租赁资产改良支出及其导致的预计复原支出应当如何进行会计处理？	2021-04-25
6	承租人偿还租赁负债本金和利息、支付预付租金以及租赁保证金所支付的现金在现金流量表中应当如何列报？	2021-04-25
7	承租人与出租人签订租赁期为1年的租赁合同，能否简单认定该租赁为短期租赁？	2021-06-10

1. 问：某租赁合同变更导致租赁期缩短至1年以内，承租人应当如何进行会计处理？是否允许改按短期租赁进行会计处理并追溯调整？

答：根据租赁准则第二十九条、第三十条并参照相关应用指南，租赁变更导致租赁范围缩小或租赁期缩短的，承租人应当相应调减使用权资产的账面价值，并将部分终止或完全终止租赁的相关利得或损失计入当期损益。短期租赁是指在租赁期开始日，租赁期不超过12个月的租赁。

因此，租赁变更导致租赁期缩短至1年以内的，承租人应当调减使用权资产的账面价值，部分终止租赁的相关利得或损失记入"资产处置损益"科目。企业不得改按短期租赁进行简化处理或追溯调整。

2. 问：某租赁合同约定，承租人租赁设备用于生产 A 产品，租赁期为 5 年，每年的租赁付款额按照设备当年运营收入的 80% 计算，于每年年末支付给出租人。假定不考虑其他因素，承租人应当如何基于该租赁合同对租赁负债进行初始计量和后续计量？

答：根据租赁准则第十七条、第十八条、第二十四条并参照相关应用指南，租赁负债应当按照租赁期开始日尚未支付的租赁付款额的现值进行初始计量。取决于指数或比率的可变租赁付款额是租赁付款额的组成部分。未纳入租赁负债计量的可变租赁付款额，即并非取决于指数或者比率的可变租赁付款额，应当在实际发生时计入当期损益，但按照《企业会计准则第 1 号——存货》等其他准则规定应当计入相关资产成本的，从其规定。

按照上述租赁合同约定，租赁付款额按照设备年运营收入的一定比例计算，属于可变租赁付款额，但该可变租赁付款额取决于设备的未来绩效而不是指数或比率，因而不纳入租赁负债的初始计量。在不存在其他租赁付款额的情况下，该租赁合同的租赁负债初始计量金额为 0。后续计量时，承租人应将按照设备运营收入 80% 计算的可变租赁付款额计入 A 产品成本。

3. 问：某租赁合同约定，初始租赁期为 1 年，如有一方撤销租赁将支付重大罚金，1 年期满后，如经双方同意租赁期可再延长 2 年，如有一方不同意将不再续期，没有罚金且预计对交易双方带来的经济损失不重大。根据上述合同，企业应如何确定租赁期？

答：根据租赁准则第十五条，租赁期是指承租人有权使用租赁资产且不可撤销的期间，同时还应包括合理确定承租人将行使续租选择权的期间和不行使终止租赁选择权的期间。

按照上述租赁合同约定，租赁期开始日的第 1 年有强制的权利和义务，是不可撤销期间。对于此后 2 年的延长期，因为承租人和出租人均可单方面选择不续约而无须支付任何罚金且预计对交易双方带来的经济损失不重大，该租赁不再可强制执行，即后续 2 年延长期非不可撤销期间。因此，该租赁合同在初始确认时应将租赁期确定为 1 年。

4. 问：租赁期不超过 12 个月且包含购买选择权的租赁是否属于短期租赁？

答：根据租赁准则第三十条，短期租赁是指在租赁期开始日，租赁期不超过 12 个月的租赁。包含购买选择权的租赁不属于短期租赁。

因此，包含购买选择权的租赁即使租赁期不超过 12 个月，也不属于短期租赁。

5. 问：承租人发生的租赁资产改良支出及其导致的预计复原支出应当如何进行会计处理？

答：根据租赁准则第十四条和第十六条，使用权资产是指承租人可在租赁期内使用租赁资产的权利。使用权资产应当按照成本进行初始计量。对于承租人为拆卸及移除租赁资产、复原租赁资产所在场地或将租赁资产恢复至租赁条款约定状态预计将发生的成本，属于为生产存货而发生的，适用《企业会计准则第 1 号——存货》，否则计入使用权资产的初始计量成本；承租人应当按照《企业会计准则第 13 号——或有事项》进行确认和计量。参照《企业会计准则——应用指南》（2006）会计科目和主要账务处理，长期待摊费用科目核算企业已经发生但应由本期和以后各期负担的分摊期限在 1 年以上的各项费用。

因此，承租人发生的租赁资产改良支出不属于使用权资产，应当记入"长期待摊费用"科目。对于由租赁资产改良导致的预计复原支出，承租人应当按照租赁准则第十六条处理。

6. 问：承租人偿还租赁负债本金和利息、支付预付租金以及租赁保证金所支付的现金在现金流量表中应当如何列报？

答：根据租赁准则第五十三条，企业应当将偿还租赁负债本金和利息所支付的现金计入筹资活动现金流出，支付的按租赁准则简化处理的短期租赁付款额和低价值资产租赁付款额以及未纳入租赁负债的可变租赁付款额计入经营活动现金流出。

企业支付的预付租金和租赁保证金应当计入筹资活动现金流出，支付的按租赁准则简化处理的短期租赁和低价值资产租赁相关的预付租金和租赁保证金应当计入经营活动现金流出。

7. 问：承租人与出租人签订租赁期为 1 年的租赁合同，能否简单认定该租赁为短期租赁？

答：根据租赁准则第十五条并参考相关应用指南，租赁期是指承租人有权使用租赁资产且不可撤销的期间，同时还应包括合理确定承租人将行使续租选择权的期间和不行使终止租赁选择权的期间。在租赁期开始日，企业应当考虑对承租人行使续租选择权或不行使终止租赁选择权带来经济利益的所有相关事实和情况，包括自租赁期开始日至选择权行使日之间的事实和情况的预期变化。例如，承租人进行或预期进行的重大租赁资产改良在可行使相关选择权时预期能为承租人带来的重大经济利益、租赁资产对承租人运营的重要程度、与终止租赁相关的成本等。

因此，当承租人与出租人签订租赁期为 1 年的租赁合同时，不能简单认为该租赁的租赁期为 1 年，而应当基于所有相关事实和情况判断可强制执行合同的期间以及是否存在实质续租、终止等选择权以合理确定租赁期。如果历史上承租人与出租人之间存在逐年续签的惯例，或者承租人与出租人互为关联方，尤其应当谨慎确定租赁期。

企业在考虑所有相关事实和情况后确定租赁期为 1 年的，其他会计估计应与此一致。例如，与该租赁相关的租赁资产改良支出、初始直接费用等应当在 1 年内以直线法或其他系统合理的方法进行摊销。

附录三：
《会计准则实务问与答》

2019年12月31日，会计准则委员会收集了实务中反映的企业会计准则相关问题，组织企业会计准则咨询委员开展研究，就相关问题进行了解答，上线"会计准则实务问与答"栏目。首批共有67个问题解答中，涉及以下5个租赁相关问答，具体如下：

1. 问：根据《企业会计准则第21号——租赁》（财会〔2018〕35号），出租人在融资租赁中收到的租赁保证金，应当如何进行会计处理？

答：融资租赁双方在签订某些租赁合同时，会就租赁保证金进行约定，即在租赁期开始日，承租人需向出租人支付租赁保证金，当承租人未能及时支付租金或出现其他违约情况时，出租人将抵扣租赁保证金；如果未发生违约，保证金用于抵扣末期租金，或期满之日予以退还。

根据租赁合同条款，上述租赁保证金属于合同履约保证金，出租人不应冲减应收融资租赁款，而应当单独作为负债核算。

2. 问：财务报表应当如何列报比较信息？

答：通常情况下，企业列报所有列报项目上一个可比会计期间的比较数据，至少包括两期各报表及相关附注。当企业追溯应用会计政策或追溯重述、或者重新分类财务报表项目时，按照《企业会计准则第28号——会计政策、会计估计变更和差错更正》等的规定，企业应当在一套完整的财务报表中列报最早可比期间期初的财务报表，即应当至少列报三期资产负债表、两期其他各报表（利润表、现金流量表和所有者权益变动表）及相关附注。其中，列报的三期资产负债表分别指当期期末的资产负债表、上期期末（即当期期初）的资产负债表以及上期期初的资产负债表。

企业首次执行新金融准则、新收入准则或新租赁准则，按照上述准则的衔接规定，对因会计政策变更产生的累积影响数调整首次执行当年年初留存收益及财务报表其他相关项目金额，不调整可比期间信息的，应当对首次执行当期的财务报表的本期数或期末数按照《关于修订印发 2019 年度一般企业财务报表格式的通知》附件 2 的报表项目列报，对可比会计期间未调整的比较数据按照《关于修订印发 2019 年度一般企业财务报表格式的通知》附件 1 的报表项目列报。同时，为了提高信息在会计期间的可比性，企业可以增加列报首次执行上述各项新准则当年年初的资产负债表。

3. 问：母子公司未同步执行《企业会计准则第 21 号——租赁》（财会〔2018〕35 号）的情形下，母公司在编制合并财务报表时应如何处理？企业与联营企业或合营企业未同步执行租赁准则的情形下，企业在对联营企业或合营企业的长期股权投资采用权益法核算时应如何处理？

答：根据《财政部关于修订印发〈企业会计准则第 21 号——租赁〉的通知》（财会〔2018〕35 号），在境内外同时上市的企业以及在境外上市并采用国际财务报告准则或企业会计准则编制财务报表的企业，自 2019 年 1 月 1 日起施行新租赁准则；其他执行企业会计准则的企业自 2021 年 1 月 1 日起施行新租赁准则。

如果母公司执行新租赁准则但子公司尚未执行新租赁准则的，母公司在编制合并财务报表时，应当按照新租赁准则规定调整子公司的财务报表。如果母公司尚未执行新租赁准则而子公司已执行新租赁准则或《国际财务报告准则第 16 号——租赁》（以下简称国际租赁准则）的，母公司在编制合并财务报表时，可以将子公司的财务报表按照母公司的会计政策进行调整后合并，也可以将子公司按照新租赁准则或国际租赁准则编制的财务报表直接合并。母公司将子公司按照新租赁准则或国际租赁准则编制的财务报表直接合并的，应当在合并财务报表中披露该事实，并且对母公司和子公司的会计政策及其他相关信息分别进行披露。

企业对联营企业或合营企业的长期股权投资采用权益法核算的，比照上述原则进行处理，但不切实可行的除外。

4. 问：根据《企业会计准则第 21 号——租赁》（财会〔2018〕35 号），某租赁合同约定，初始租赁期为 1 年，如有一方撤销租赁将支付重大罚金；1 年期满后，经双方同意可再延长 2 年，如有一方不同意将不再续期，没有罚金且预计对交易双方带来的经济损失不重大。上述情形下，租赁期应如何确定？

答：根据租赁准则第十五条，租赁期是指承租人有权使用租赁资产且不可撤销的期间，包括合理确定承租人将行使续租选择权的期间和不行使终止租赁选择权的期间。

按照上述租赁合同约定，自租赁期开始日的第 1 年有强制的权利和义务，是不可撤销期间。如果承租人和出租人双方均有权在未经另一方许可的情况下终止租赁，且罚款金额、预计对交易双方带来的经济损失不重大，则该租赁不再可强制执行。按照上述租赁合同约定，此后 2 年的延长期中，承租人和出租人均可单方面选择不续约而无须支付任何罚金且预计对交易双方带来的经济损失不重大，该租赁不再可强制执行，因此 2 年的延长期并非不可撤销期间。

因此，该租赁合同在初始确认时的租赁期应确定为 1 年。

该问答与《租赁准则实施问答》一致。

5. 问：根据《企业会计准则第 21 号——租赁》（财会〔2018〕35 号），某租赁合同约定，租赁期为 5 年，年租金按照租赁资产当年运营收入的 80% 计算，于每年年末支付给出租人。假定不考虑其他因素，该租赁合同应如何对租赁负债进行初始计量和后续计量？

答：根据租赁准则第十七条、第十八条及相关应用指南，租赁负债应当按照租赁期开始日尚未支付的租赁付款额的现值进行初始计量。租赁付款额包括固定付款额及实质固定付款额（扣除租赁激励相关金额）、取决于指数或比率的可变租赁付款额、购买选择权的行权价格、行使终止租赁选择权需支付的款项、根据承租人提供的担保余值预计应支付的款项。可变租赁付款额中，仅取决于指数或比率的可变租赁付款额纳入租赁负债的初始计量中。

按照上述租赁合同约定，租赁付款额按照租赁资产年运营收入的一定比例计算，属于可变租赁付款额，但该可变租赁付款额不取决于指数或比率的变化，而是取决于租赁资产的未来绩效，因此，初始计量时取决于指数或比率的可变租赁付款额为 0。在假定不考虑其他因素的情况下，租赁负债的初始计量金额为 0。

根据租赁准则第二十四条及相关应用指南，未纳入租赁负债计量的可变租赁付款额，即并非取决于指数或者比率的可变租赁付款额，应当在实际发生时计入当期损益，但按照《企业会计准则第 1 号——存货》等其他准则规定应当计入相关资产成本的，从其规定。

该问答与《租赁准则实施问答》一致。

附录四：
《中华人民共和国民法典》摘录内容

第三编　合同

第十四章　租赁合同

第七百零三条　租赁合同是出租人将租赁物交付承租人使用、收益，承租人支付租金的合同。

第七百零四条　租赁合同的内容一般包括租赁物的名称、数量、用途、租赁期限、租金及其支付期限和方式、租赁物维修等条款。

第七百零五条　租赁期限不得超过二十年。超过二十年的，超过部分无效。

租赁期限届满，当事人可以续订租赁合同；但是，约定的租赁期限自续订之日起不得超过二十年。

第七百零六条　当事人未依照法律、行政法规规定办理租赁合同登记备案手续的，不影响合同的效力。

第七百零七条　租赁期限六个月以上的，应当采用书面形式。当事人未采用书面形式，无法确定租赁期限的，视为不定期租赁。

第七百零八条　出租人应当按照约定将租赁物交付承租人，并在租赁期限内保持租赁物符合约定的用途。

第七百零九条　承租人应当按照约定的方法使用租赁物。对租赁物的使用方法没有约定或者约定不明确，依据本法第五百一十条的规定仍不能确定的，应当根据租赁物的性质使用。

第七百一十条　承租人按照约定的方法或者根据租赁物的性质使用租赁物，致使租赁物受到损耗的，不承担赔偿责任。

第七百一十一条　承租人未按照约定的方法或者未根据租赁物的性质使用租赁物，致使租赁物受到损失的，出租人可以解除合同并请求赔偿损失。

第七百一十二条　出租人应当履行租赁物的维修义务，但是当事人另有约定的除外。

第七百一十三条　承租人在租赁物需要维修时可以请求出租人在合理期限内维修。出租人未履行维修义务的，承租人可以自行维修，维修费用由出租人负担。因维修租赁物影响承租人使用的，应当相应减少租金或者延长租期。

因承租人的过错致使租赁物需要维修的，出租人不承担前款规定的维修义务。

第七百一十四条　承租人应当妥善保管租赁物，因保管不善造成租赁物毁损、灭失的，应当承担赔偿责任。

第七百一十五条　承租人经出租人同意，可以对租赁物进行改善或者增设他物。

承租人未经出租人同意，对租赁物进行改善或者增设他物的，出租人可以请求承租人恢复原状或者赔偿损失。

第七百一十六条　承租人经出租人同意，可以将租赁物转租给第三人。承租人转租的，承租人与出租人之间的租赁合同继续有效；第三人造成租赁物损失的，承租人应当赔偿损失。

承租人未经出租人同意转租的，出租人可以解除合同。

第七百一十七条　承租人经出租人同意将租赁物转租给第三人，转租期限超过承租人剩余租赁期限的，超过部分的约定对出租人不具有法律约束力，但是出租人与承租人另有约定的除外。

第七百一十八条　出租人知道或者应当知道承租人转租，但是在六个月内未提出异议的，视为出租人同意转租。

第七百一十九条　承租人拖欠租金的，次承租人可以代承租人支付其欠付的租金和违约金，但是转租合同对出租人不具有法律约束力的除外。

次承租人代为支付的租金和违约金，可以充抵次承租人应当向承租人支付的租金；超出其应付的租金数额的，可以向承租人追偿。

第七百二十条　在租赁期限内因占有、使用租赁物获得的收益，归承租人所有，但是当事人另有约定的除外。

第七百二十一条　承租人应当按照约定的期限支付租金。对支付租金的期限没有约定或者约定不明确，依据本法第五百一十条的规定仍不能确定，租赁期限不满一年的，应当在租赁期限届满时支付；租赁期限一年以上的，应当在每届满一年时支付，剩余期限不满一年的，应当在租赁期限届满时支付。

第七百二十二条　承租人无正当理由未支付或者迟延支付租金的，出租人可以请求承租人在合理期限内支付；承租人逾期不支付的，出租人可以解除合同。

第七百二十三条　因第三人主张权利，致使承租人不能对租赁物使用、收益的，承租人可以请求减少租金或者不支付租金。

第三人主张权利的，承租人应当及时通知出租人。

第七百二十四条　有下列情形之一，非因承租人原因致使租赁物无法使用的，承租人可以解除合同：

（一）租赁物被司法机关或者行政机关依法查封、扣押；

（二）租赁物权属有争议；

（三）租赁物具有违反法律、行政法规关于使用条件的强制性规定情形。

第七百二十五条　租赁物在承租人按照租赁合同占有期限内发生所有权变动的，不影响租赁合同的效力。

第七百二十六条　出租人出卖租赁房屋的，应当在出卖之前的合理期限内通知承租人，承租人享有以同等条件优先购买的权利；但是，房屋按份共有人行使优先购买权或者出租人将房屋出卖给近亲属的除外。

出租人履行通知义务后，承租人在十五日内未明确表示购买的，视为承租人放弃优先购买权。

第七百二十七条　出租人委托拍卖人拍卖租赁房屋的，应当在拍卖五日前通知承租人。承租人未参加拍卖的，视为放弃优先购买权。

第七百二十八条　出租人未通知承租人或者有其他妨害承租人行使优先购买权情形的，承租人可以请求出租人承担赔偿责任。但是，出租人与第三人订立的房屋买卖合同的效力不受影响。

第七百二十九条　因不可归责于承租人的事由，致使租赁物部分或者全部毁损、灭失的，承租人可以请求减少租金或者不支付租金；因租赁物部分或者全部毁损、灭失，致使不能实现合同目的的，承租人可以解除合同。

第七百三十条　当事人对租赁期限没有约定或者约定不明确，依据本法第五百一十条的规定仍不能确定的，视为不定期租赁；当事人可以随时解除合同，但是应当在合理期限之前通知对方。

第七百三十一条　租赁物危及承租人的安全或者健康的，即使承租人订立合同时明知该租赁物质量不合格，承租人仍然可以随时解除合同。

第七百三十二条　承租人在房屋租赁期限内死亡的，与其生前共同居住的人或者共同经营人可以按照原租赁合同租赁该房屋。

第七百三十三条　租赁期限届满，承租人应当返还租赁物。返还的租赁物应当符合按照约定或者根据租赁物的性质使用后的状态。

第七百三十四条　租赁期限届满，承租人继续使用租赁物，出租人没有提出异议的，原租赁合同继续有效，但是租赁期限为不定期。

租赁期限届满，房屋承租人享有以同等条件优先承租的权利。

第十五章　融资租赁合同

第七百三十五条　融资租赁合同是出租人根据承租人对出卖人、租赁物的选择，向出卖人购买租赁物，提供给承租人使用，承租人支付租金的合同。

第七百三十六条　融资租赁合同的内容一般包括租赁物的名称、数量、规格、技术性能、检验方法，租赁期限，租金构成及其支付期限和方式、币种，租赁期限届满租赁物的归属等条款。

融资租赁合同应当采用书面形式。

第七百三十七条　当事人以虚构租赁物方式订立的融资租赁合同无效。

第七百三十八条　依照法律、行政法规的规定，对于租赁物的经营使用应当取得行政许可的，出租人未取得行政许可不影响融资租赁合同的效力。

第七百三十九条　出租人根据承租人对出卖人、租赁物的选择订立的买卖合同，出卖人应当按照约定向承租人交付标的物，承租人享有与受领标的物有关的买受人的权利。

第七百四十条　出卖人违反向承租人交付标的物的义务，有下列情形之一的，承租人可以拒绝受领出卖人向其交付的标的物：

（一）标的物严重不符合约定；

（二）未按照约定交付标的物，经承租人或者出租人催告后在合理期限内仍未交付。

承租人拒绝受领标的物的，应当及时通知出租人。

第七百四十一条　出租人、出卖人、承租人可以约定，出卖人不履行买卖合同义务的，由承租人行使索赔的权利。承租人行使索赔权利的，出租人应当协助。

第七百四十二条　承租人对出卖人行使索赔权利，不影响其履行支付租金的义务。但是，承租人依赖出租人的技能确定租赁物或者出租人干预选择租赁物的，承租人可以请求减免相应租金。

第七百四十三条　出租人有下列情形之一，致使承租人对出卖人行使索赔权利失败的，承租人有权请求出租人承担相应的责任：

(一) 明知租赁物有质量瑕疵而不告知承租人;

(二) 承租人行使索赔权利时,未及时提供必要协助。

出租人怠于行使只能由其对出卖人行使的索赔权利,造成承租人损失的,承租人有权请求出租人承担赔偿责任。

第七百四十四条　出租人根据承租人对出卖人、租赁物的选择订立的买卖合同,未经承租人同意,出租人不得变更与承租人有关的合同内容。

第七百四十五条　出租人对租赁物享有的所有权,未经登记,不得对抗善意第三人。

第七百四十六条　融资租赁合同的租金,除当事人另有约定外,应当根据购买租赁物的大部分或者全部成本以及出租人的合理利润确定。

第七百四十七条　租赁物不符合约定或者不符合使用目的的,出租人不承担责任。但是,承租人依赖出租人的技能确定租赁物或者出租人干预选择租赁物的除外。

第七百四十八条　出租人应当保证承租人对租赁物的占有和使用。

出租人有下列情形之一的,承租人有权请求其赔偿损失:

(一) 无正当理由收回租赁物的;

(二) 无正当理由妨碍、干扰承租人对租赁物的占有和使用;

(三) 因出租人的原因致使第三人对租赁物主张权利;

(四) 不当影响承租人对租赁物占有和使用的其他情形。

第七百四十九条　承租人占有租赁物期间,租赁物造成第三人人身损害或者财产损失的,出租人不承担责任。

第七百五十条　承租人应当妥善保管、使用租赁物。

承租人应当履行占有租赁物期间的维修义务。

第七百五十一条　承租人占有租赁物期间,租赁物毁损、灭失的,出租人有权请求承租人继续支付租金,但是法律另有规定或者当事人另有约定的除外。

第七百五十二条　承租人应当按照约定支付租金。承租人经催告后在合理期限内仍不支付租金的,出租人可以请求支付全部租金;也可以解除合同,收回租赁物。

第七百五十三条　承租人未经出租人同意,将租赁物转让、抵押、质押、投资入股或者以其他方式处分的,出租人可以解除融资租赁合同。

第七百五十四条　有下列情形之一的,出租人或者承租人可以解除融资租赁合同:

(一) 出租人与出卖人订立的买卖合同解除、被确认无效或者被撤销,且未能重新订立买卖合同;

(二) 租赁物因不可归责于当事人的原因毁损、灭失,且不能修复或者确定替代物；

（三）因出卖人的原因致使融资租赁合同的目的不能实现。

第七百五十五条　融资租赁合同因买卖合同解除、被确认无效或者被撤销而解除，出卖人、租赁物系由承租人选择的，出租人有权请求承租人赔偿相应损失；但是，因出租人原因致使买卖合同解除、被确认无效或者被撤销的除外。

出租人的损失已经在买卖合同解除、被确认无效或者被撤销时获得赔偿的，承租人不再承担相应的赔偿责任。

第七百五十六条　融资租赁合同因租赁物交付承租人后意外毁损、灭失等不可归责于当事人的原因解除的，出租人可以请求承租人按照租赁物折旧情况给予补偿。

第七百五十七条　出租人和承租人可以约定租赁期限届满租赁物的归属；对租赁物的归属没有约定或者约定不明确，依据本法第五百一十条的规定仍不能确定的，租赁物的所有权归出租人。

第七百五十八条　当事人约定租赁期限届满租赁物归承租人所有，承租人已经支付大部分租金，但是无力支付剩余租金，出租人因此解除合同收回租赁物，收回的租赁物的价值超过承租人欠付的租金以及其他费用的，承租人可以请求相应返还。

当事人约定租赁期限届满租赁物归出租人所有，因租赁物毁损、灭失或者附合、混合于他物致使承租人不能返还的，出租人有权请求承租人给予合理补偿。

第七百五十九条　当事人约定租赁期限届满，承租人仅需向出租人支付象征性价款的，视为约定的租金义务履行完毕后租赁物的所有权归承租人。

第七百六十条　融资租赁合同无效，当事人就该情形下租赁物的归属有约定的，按照其约定；没有约定或者约定不明确的，租赁物应当返还出租人。但是，因承租人原因致使合同无效，出租人不请求返还或者返还后会显著降低租赁物效用的，租赁物的所有权归承租人，由承租人给予出租人合理补偿。

后 记

本书是致同会计师事务所（特殊普通合伙）在连续21年对沪深A股上市公司年度报告进行跟踪分析、归纳总结的基础上，结合新租赁准则的实施编写的一本对资本市场具有参考和借鉴意义的书籍。

在致同专业技术委员会的指导下，本书于2024年9月定稿，虽经多次讨论和修改，但难免挂一漏万，敬请各界专业人士不吝珠玉。在此，感谢以下人员参与本书的编写工作：

张彦丽　穆晨旭　白　璐　张　娟　何　峰　黄声森　江永辉
李继明　林庆瑜　刘湘艳　刘志增　路静茹　王　远　王艳艳
吴松林　奚大伟　殷雪芳　赵雷励　赵　鹏　高　虹

联系致同

总部
北京市朝阳区建国门外大街 22 号
赛特大厦 5 层
邮编 100004
电话 +86 10 8566 5858
传真 +86 10 8566 5120

北京
北京市朝阳区建国门外大街 22 号
赛特广场 5 层
邮编 100004
电话 +86 10 8566 5588
传真 +86 10 8566 5120

长春
吉林省长春市高新区学海街 701 号
吉大科技园孵化大厦 B 座 10 层
邮编 130015
电话 +86 431 8197 2215

长沙
湖南省长沙市开福区中山路 589 号
万达广场 C 区 3 号写字楼 3303
邮编 410000
电话 +86 731 8220 8086
传真 +86 731 8220 8086

成都
四川省成都市青羊区
青羊总部经济基地 2 期
光华北六路 388 号 4 栋 7 层
邮编 610091
电话 +86 28 6150 1466
传真 +86 28 6150 1468

重庆
重庆市两江新区寸滩街道金渝大道 153 号 4 幢
22 楼/23 楼
邮编：400000
电话：+86 23 6293 3329
传真：+86 23 6293 3329

大连
辽宁省大连市中山区鲁迅路 35 号
盛世大厦 1408 室
邮编 116001
电话 +86 411 8273 9275/76
传真 +86 411 8273 9270

福州
福建省福州市台江区祥坂路口
阳光城时代广场 22 层
邮编 350002
电话 +86 591 8727 2662
传真 +86 591 8727 0678

广州
广东省广州市天河区珠江新城
珠江东路 32 号利通广场 10 层
邮编 510623
电话 +86 20 3896 3388
传真 +86 20 3896 3399

哈尔滨
黑龙江省哈尔滨市道里区
经纬五道街 16 号 7 层（右侧）
邮编 150010
电话 +86 451 8420 8418
传真 +86 451 8420 8498

海口
海南省海口市龙华区民声东路 3 号美源日月城综合楼第四层
邮编 570125
电话 +86 898 6854 1408
传真 +86 898 6854 2303

杭州
浙江省杭州市上城区市民街 200 号
圣奥中央商务大厦 3501 室
邮编 310020
电话 +86 571 8196 9519
传真 +86 571 8196 9594

香港
香港铜锣湾恩平道 28 号利园 2 期 11 楼
电话 +852 3987 1200
传真 +852 2895 6500

济南
山东省济南市历下区舜海路 219 号
华创观礼中心 4 号楼 11-12 层
邮编 250103
电话 +86 531 6897 8057
传真 +86 531 6897 8060

昆明
云南省昆明市人民西路 315 号
云投财富广场 B3 栋 23 层
邮编 650032
电话 +86 871 6838 3636
传真 +86 871 6837 6929

南京
江苏省南京市秦淮区中山东路 532-1 号
中山坊 A 幢 2 层
邮编 210019
电话 +86 25 6906 3686
传真 +86 25 6906 3667

南宁
广西壮族自治区南宁市良庆区凯旋路 18 号
广西合景国际金融广场 45 层
邮编 530028
电话 +86 771 5556 369
传真 +86 771 5536 576

宁波
浙江省宁波市鄞州区福明街道鼎泰路 399 号保税区国际贸易中心 B 座 16 楼
邮编 315042
电话 +86 0574 87060762
传真 +86 0574 87060762

青岛
山东省青岛市市南区福州南路 16 号
中港大厦 11 楼
邮编 266073
电话 +86 532 5861 5858
传真 +86 532 5861 5861

上海
上海市黄浦区西藏中路 268 号
来福士广场 45 层
邮编 200001
电话 +86 21 2322 0200
传真 +86 21 6340 3644

深圳
广东省深圳市福田区金田南路
大中华国际交易广场写字楼 14 层（中区）
邮编 518048
电话 +86 755 3699 0066
传真 +86 755 3299 5566

苏州
江苏省苏州市苏州工业园区苏州大道东 398 号太平金融大厦 31 层 3101 室
邮编：215000
电话：+86 512 6767 8088

太原
山西省太原市山西综改示范区太原学府园区南中环街426号山西国际金融中心2栋B座16层1605－1608室
邮编 030012
电话 +86 351 795 5588
传真 +86 351 795 5120

天津
天津市南开区长江道与南开三马路交口融汇广场A座2808－2812
邮编 300100
电话 +86 22 8747 5588

温州
浙江省温州市鹿城区南汇街道市府路525号恒玖大厦902室
邮编 321000
电话 +86 577 8898 6388

武汉
湖北省武汉市武昌区和平大道219号白云边大厦12层
邮编 430061
电话 +86 27 8781 9677
传真 +86 27 8781 2377

厦门
福建省厦门市思明区瑞达国际金融中心北楼2401室
邮编 361000
电话 +86 592 516 6881
传真 +86 592 571 0682

西安
陕西省西安市高新区锦业一路陕西永利国际金融中心24层2406室
邮编 710000
电话 +86 29 6563 5588
传真 +86 29 6563 5120

郑州
河南省郑州市郑东新区普惠路80号绿地之窗云峰座B座2611室
邮编 450000
电话 +86 371 5526 9186
传真 +86 371 6165 5760

珠海
广东省珠海市香洲区兴业路215号
邮编 519001
电话 +86 756 261 1335
传真 +86 756 261 1719